한울정치학강좌

미국과 유럽의 21세기 국제질서

•

데이비드 곰퍼트·스티븐 라라비 엮음

이수형 옮김

한울아카데미

America and Europe

A Partnership for a New Era

David C. Gompert & F. Stephen Larrabee, editors

Cambridge University Press

역자 서문

지난 20세기의 국제관계는 제1·2차세계대전과 냉전이라는 세 차례 대전의 중첩적 상호작용의 산물로 규정될 수 있었다. 동시에 세 차례의 대전은 부정적 요인들과 긍정적 요인들을 수반하면서 중첩적 상호작용을 통해 20세기 국제관계의 질서를 만들어나갔다.

지난 세기의 세 차례 대전이 국제관계에 미친 부정적 요인은 무엇보다도 이데올로기 문제와 관련이 있었다. 특히 수세기 동안 국제관계의 주역을 맡아왔던 유럽이 20세기 중반에 들어와 쇠퇴하게 된 궁극적인 이유는 민족주의와 관련된 유럽의 지정학적 경쟁논리였다. 20세기 민족주의에 기반한 지정학적 경쟁논리의 폭력적 표출이었던 제1차세계대전과 뒤이은 제2차세계대전으로 유럽은 수세기 동안 누려왔던 지구적 우위를 상실하게 되었을 뿐만 아니라 대륙 내에서조차 자신의 운명을 통제할 능력을 상실해버렸다. 한편, 이를 통해 잉태된 미국과 소련은 핵무기를 기반으로 세계의 초강대국으로 등장하면서 소위 '냉전 이데올로기'의 세계적 확산 및 공고화를 통해 국제관계의 질서화를 강요해왔다.

20세기에 있었던 세 차례의 대전이 국제관계에 미친 긍정적 요인은 부정적 요인을 최소화하고자 하는 측면에서 이루어져왔다. 민족주의를 희석화시키고 협력과 조화를 기반으로 하는 다자주의적 행위양식을 습관화·제도화하고자 하는 국제관계의 발전이 그것이었다. 특히 이러한 과정은 유럽에서 현저하였다. 20세기 중반 이후 미국과 소련이라는 초강대국의 관리하에서 진행된 유럽의 발전은 그것이 군사적·경제적·정치적 발전에 상관없이 민족주의에 기반한 지정학적 경쟁논리를 종식시키기 위한 다자주의적 행위양식을 습관화시켜 하나의 제도로 정착시키기 위한 노력의 결과였다. 정말로, 제2차세계대전 이후 오늘에 이르기까지 유럽의 발전은 이러한 다자주의적 행위양식의 심화과정이었다. 이런 측면에서 유럽의 발전사는 곧 다자주의적 행위양식의 제도화과정이라고 볼 수 있다.

오늘날 이들 전쟁이 모두 종식되었지만, 이제 막 출발하는 21세기 국제관계는 지난 세기 세 차례 대전을 치른 결과의 영향으로부터 완전히 벗어나지 못한 상태에 있다. 이것은 무엇보다도 초강대국들의 관리체제에서 벗어난 모든 국가들이 독자적으로 국가경영을 할 수 있는 환경을 맞이했다는 사실과 세 차례 대전의 긍정적 요인들이 국제관계 전반에 걸쳐 균등한 영향을 미치지 못했다는 사실과 관련이 있다. 따라서 오늘날의 국제관계는 상당히 유동적이다. 과거와 마찬가지로 질곡의 나래로 이끌고 갔던 민족주의에 기반한 지정학적 경쟁논리가 또다시 국제관계의 주된 모습으로 나타날 수도 있고, 그와는 달리 20세기 중반 이후 습관화 및 제도화되어왔던 협력적 국제관계가 보다 심화될 수 있는 선택적 상황에 놓여 있다고 볼 수 있다.

이런 맥락에서 이 책은 협력적 국제관계를 보다 발전시켜 21세기 국제관계의 질서화를 이끌어내기 위해 유럽과 미국에서 논의되고 실천되어온 대서양국가들간의 정치·경제·안보협력을 담고 있다. 이 책 저자들의 면면을 보아 알 수 있듯이, 이 책의 관점과 주장이 서구적 입장에서 개진되었음에도 불구하고 미국과 유럽 간의 국제관계의 방향성을 논의하는 것은 비단 분단을 극복한 유럽의 새로운 전략적 환경에 대한 이해에만 그치는 것이 아니다. 그것은 21세기의 국제관계가 어떻게 형성될 것이며, 어떠한 방향으로 나아갈 것인가를 나름대로 예측할 수 있는 하나의 척도와 밀접한 관련이 있는 문제이기도 하다. 그러므로 우리에게 보다 중요한 점은 이 책의 논거들을 심도 있게 분석하여 냉전과 탈냉전적 속성이 교차하고 있는 한반도를 중심으로 한 동북아시아의 새로운 국제관계를 위한 유의미한 함의를 추론할 수 있다는 믿음이다.

이러한 믿음을 함께 공유하고자 하는 바람이 이 책을 번역하게 된 역자의 가장 중요한 동기이다. 역자의 두번째 번역동기는 아직까지도 국내에는 냉전 이후의 대서양관계에 대해 저술된 책이나 번역서가 부족하다는 생각에 학부생이나 대학원생들이 냉전 이후 대서양관계의 역동성을 이해하는 데 약간의 도움이 되었으면 하는 바람이라고 할 수 있다. 아무쪼록 역자의 의도대로 이 책이 관심 있는 독자들에게 미미한 도움이 되었으면 한다. 아울러 번역 과정상의 잘못에 대해서는 독자 여러분의 애정어린 양해와 질정을 구한다.

모든 일이 그렇듯이 이 책을 완성하는 데 적지 않은 분들로부터 많은 도움을 받았다. 이 자리를 빌려 이 분들께 고마움을 표하고자 한다. 무엇보다도 먼저, 역자가 이 책을 완성할 수 있도록 공간적 여유를 제공해주신 국제평화전략연구원의 권헌성 이사장님, 나종일 원장님, 박호성 박사님 그리고 문재범 실장님께 고마움을 표하고자 한다.

또한 이 책을 번역하는 데 어려움에 처할 때마다 해결책을 제시해준 612D안보독회의 손희만, 윤태영, 전재성 박사의 도움과 격려에 고마움을 표한다. 그리고 독자의 입장에서 이 책을 정독하고 아낌없는 조언을 해준 강시연 씨와 한국외국어대학교의 세계정치학회 회원들의 노고에도 고마움을 전한다. 끝으로 이 책의 출판을 흔쾌히 받아들인 도서출판 한울에게도 감사드린다.

새천년 새해 광화문 연구원에서

이수형

서언

이 책은 하나의 초청장이다. 저자들은 새 시대의 필요에 부응할 실현 가능한 유럽-대서양 동반자관계의 여러 측면을 엄밀하게 고려해볼 것을 유럽인들에게 요청한다.

미국인들과 유럽인들이 당면한 공통 문제들을 규명하는 것은 비교적 쉽다. 사실, 그 목록의 크기와 범위를 살펴보면 그것들을 처리하기 위해서 아이디어와 자원들을 공동으로 출자해서 활용할 필요가 있음을 분명히 알게 된다. 유럽의 정치 및 경제적 통합은 완수되어야 한다. 구소련의 러시아, 우크라이나 및 나머지 국가들의 미래는 불확실하다. 지금은, 발칸의 투사들은 피투성이가 되어 지쳐 멈춰섰지만, 그러나 옛날의 또한 이젠 최근의 무덤으로부터 어떠한 적개심이 다시 나타날지는 아무도 모른다. 불량배 국가들도 페르시아만과 세계 에너지 공급원의 많은 곳의 안보에 위협적인 암운을 드리우고 있다. 중동의 평화정착 과정도 전망은 밝으나, 취약한 채로 있다. 북아프리카에서도 분쟁과 혼란의 위험이 나타난다. 미사일과 대량파괴무기가 확산됨으로써 새로운 위험이 조성되고 유럽인들과 미국인들의 안보에 관한 전통적인 사고에 의문이 제기되었다. 그사이, 양 사회는 한편으로는 경제 및 기술적 활력이 함축하는 바와 씨름하면서도 그것들이 약속하는 것에 흥분하고 있다. 특히, 미국인들과 유럽인들은 무역, 자본, 경쟁 및 사상에 대한 개방이 그들의 진보와 성장에 결정적으로 중요하다는 것을 알고 있다. 그러나 두 사회의 일각에서는 변화에 두려움을 느낀 나머지 이러한 힘을 위협이라고 명확하게 지적하였다.

유럽인들과 미국인들이 공통된 문제에 직면한다는 진술은 두 나라 사이에 항상 공통된 이익이 존재해왔다는 주장과 같은 것은 아니다. 때때로 그들은 도전을 서로 다르게 인식한다. 자주 그 문제들을 처리함에 있어 그들은 다양한 접근방법에 이끌린다.

이 책에는 미국인과 유럽인들 사이의 이러한 유사성과 상이성에 대한 분명한 관점이 있다. 민주적인 유럽과 미국에 대한 평가와 접근을 하는데 있어 그들 사이의 상이성보다는 그들의 전략적 공동이익이 훨씬 비중이 크다는 것을 모두 인정해야 한다는 전제로부터 저자들은 출발한다. 그러나 저자들은 효과적인 동반자관계에는 솔직하고도 현실적으로 이러한 상이성들을 평가하는 것이 필요하다고 또한 인정한다. 저자들도 이러한 노력을 시도해야 한다고 믿고 있다. 왜냐하면 동반자관계를 수립하는 것이 지극히 어려울 수도 있고, 또 경쟁과 갈등으로 인해서 유럽과 미국 사이가 예민해지고 심지어는 소원해질 수도 있기 때문이다.

이 책의 여러 장들을 읽으면서 본인은 계속 제기되는 쟁점들을 다섯 개로 규정하였다. 만일 이 책에 자극을 받아서 범대서양에 가능한 것들 —그렇게 될 것이라고 바라지만—에 대해서 새로운 검토를 하게 된다면, 그 검토에 참여하는 사람들은 이러한 문제들을 제기하는 것이 생산적이라는 것을 알게 될 것이다.

첫째, 유럽이 이러한 동반자관계를 수립하려 하겠는가? 이 문제는 유럽인들만이 결정할 수 있다. 때로는 유럽적 정체성의 등장에 찬성하는 몇몇 사람들은 미국과 대조적인 것을 제시함으로써 그들의 비전을 명확히 밝히거나, 혹은 지지를 얻으려고 해왔다. 이러한 유럽인들이 도전해야 할 과제는 미국의 지배를 피하기 위해서—정치적이건, 경제적이건, 아니면 문화적으로도—유럽을 통일하는 것이다. 이 관점에 의하면 조직

기제로서 지리적 근접성을 또한 강조하고 그리고 다른 지역에 있는 국가들과 민족들을 통합시키는 공통적인 가치의 영향력을 축소한다. 분명히 이러한 원리에 기반을 둔 유럽은 미국과 새로운 협력을 위한 기구를 수립하겠다고 공약하려 들지 않을 것 같다.

그러나 많은 유럽인들이 독특한 정체성에 가치를 두더라도, 대부분은 미국과의 긴밀한 협력에 반대하지는 않는다고 짐작된다. 그럼에도 불구하고 유럽이 자신감을 가지고 또 보다 커다란 역할을 할 수 있도록 충분히 강해질 때까지는 미국을 끌어안는 것에 관해서 몇몇 유럽인들은 조심스러워할 수도 있다. 유럽통합에 일차적으로 집중하는 것이 분산되고, 혹은 심지어 잠식될 것이라는 두려움에서 이러한 유럽인들은 동반자관계를 창출하는 힘든 일에서 물러날 수도 있다. 그들은 당분간 지금 이대로의 대서양 양 안 관계를 선호할 수도 있다. 그들은 유럽이 새로운 공약을 하든 그렇지 않든, 미국은 그 나름의 이유로 인해서 유럽과 긴밀한 유대를 유지하는 것을 선택할 것이라고 가정하고 있다. 이러한 관점을 가진 독자들은 발생했던 주요 변화에 비추어서 현상이 유지될 수 있을지 이 책에서 분석한 것에 세심한 주의를 기울일 것을 간청한다.

둘째, 비록 유럽이 이러한 동반자관계를 맺으려 한다면, 그렇게 하는 것이 가능한가? 유럽연합의 정부간 과정들은 역외 국가들은 물론이고, 회원국가들에게도 너무 방만하다는 것이 판명되었다. 변화 없이 유럽연합에 새로운 국가들을 가맹시키게 되면, 미봉적인 타협 대신에 과감하고, 내부적으로 일관된 결정을 내려야 하는 도전이 증대된다. 그리고 당분간, 유럽연합은 유럽위원회나 유럽의회의 권위를 실질적으로 증대시키기보다는 정부간 메커니즘에 의존할 듯하다.

한편 현재 유럽연합 운영 과정이 많은 비판자들이 주장하는 것보다 아마도 더 잘 돌아가지만, 이 책에서 논의되고 있는 다수의 협력기구들을 수립할 수 있는 권한이 유럽연합에게 부여될지는 분명하지 않다. 이에 못지않게 중요한 건, 비록 그 일, 특히 안보문제에 관한 사안에 합의하고 시작하길 원하더라도 유럽은 아마 많은 역할을 완전히 수행할 수 없을 수도 있다.

따라서 동반자관계의 증진을 찬성하는 사람들은 두 단계의 유럽 사이에 갇히지 않기 위해 주의해야 한다. 미래의 유럽과 동반자관계에 대한 기대를 상승시킴으로써, 실제 존재하는 유럽의 한계 때문에 사전조치들이 의도하지는 않았지만 운명적으로 실망을 가져다줄 수도 있다. 더욱이, 유럽이 새롭고 검증되지 않은 것을 계승할 것이란 기대로 인해서 미국인들과 유럽인들이 현재의 역량을 포기한다면, 둘 다 없어진 상황 속에 스스로를 가두게 될지도 모른다.

유럽이 외부에 대해 무력이나 영향력을 행사할 것으로 기대하는 장래의 동반자관계와 관련해서 이러한 위험성은 가장 커질 수도 있다. 이러한 전환에는 유럽적 사고에 중대한 조정이 필요하다. 지난 반세기 동안, 지구적 (안보)보장자 역할을 하면서 미국인들은 불완전한 세상에서 유쾌하지 못한 많은 선택에 직면해야만 했다. 미국이 수많은 실수들을 저질러왔지만, 한편 결정을 내리는 것은 필요하다고 일반적으로 인정되어왔다. 자신들의 대륙 밖의 일에 관해서는 유럽정부들 특히, 그 대중들은 해설자 역할을 하는 것에 점차 익숙해졌다. 많은 유럽인들은 이러한 마음 상태의 한계를 인식하고 있지만, 바꾸기가 쉽지 않다는 것도 또한 알고 있다.

이러한 한계에도 불구하고 미국과 유럽의 보다 완전한 동반자관계가 가능하다는 저자들의 주장에 동감한다. 사실, 혼합된 권능과 가변적 배열구조를 지닌 유럽연합 자체의 기구들에서 길을 찾아볼 수도 있다. 유럽연합이 정책분야와 심지어는 국가의 개입 정도에 따라 다양한 공동체와 정부 간 기구들을 통합하는 것을 발전시킴에 따라, 미국인들과 유럽인들은 상이성들을 용인할 수 있는 동반자관계를 창출할 수 있다. 미국과 유럽은 유럽이 행동할 의지가 있고 또한 할 수 있는 곳에서 협력할 수 있다. 미국은 결국 유럽의 여러 제도와 회원국 양측 모두와 협조해서 활동할 것이다. 비록 활동하기 위한 기구가 방만할지라도, 현재 또 잠재된 유럽의 능력은 무시하기에는 너무 영향력이 크다. 동등한 국가들 사이의 완벽한 동반자관계라는 목표가 현 상황에 적합한 좋은 제도의 적이 되어서는 안된다.

셋째, 미국은 이러한 동반자관계를 형성하려 하는가? 이 질문에 대한 대답은 그러한 동반자관계로부터 얻어진다고 기대되는 이득이 무엇인가에 달려 있다고 생각한다. 당연히 미국은 행동의 자유를 제한하는 것에는 마음내키지 않을 것이다. 미국은 그 자유를 국익을 증진하고, 또한 공통의 대의명분 아래 동맹국들을 결집시키는 데 활용해왔기 때문이다. 그러나 미국은 무수한 방식으로 수년간 수많은 제약과 의무를 받아들여왔다. 이러한 기구들을 찬성하는 논거를 강화하기 위해서 미국 지도자들은 유대의 이 점을 설명할 필요가 있다. 특히, 단지 회의를 소집하고 정책기구를 수립하는 것뿐만 아니라 이러한 동반자관계를 통해서 미국이 어떻게 구체적인 문제들을 더 잘 처리할 수 있는가를 설명해야만 한다. 미국이 홀로 얻을 수 있는 것보다 더 좋은 결과를 산출하는 동반자관계를 유럽이 발전시키려 하고 또한 할 수 있다면, 미국 대중들은 일방적 행동에 제한을 가하는 것을 받아들일 것이다.

넷째, 이러한 동반자관계가 나머지 세계, 특히 아시아와 어떤 관련을 갖게 될 것인가? 미국의 지구적 이익을 감안한다면, 새로운 범대서양 동반자관계가 아시아·태평양 지역에 평화롭고 번영된 미래를 조성하는 데 도움이 되는 미국의 능력을 대가로 수립되어선 안된다. 사실, 양자간의 협력기구들도 또한 아시아로 확대되는 것이 미국과 유럽의 목표가 되어야 한다.

이것은 쉽지만은 않을 것이다. 아시아는 역동적이지만 또한 잠재적으로 위험하다. 그 지역의 강대국들은 변동하고 있다. 중국은 강성해지고 있다. 인도도 그렇다. 러시아는 약한 상태이다. 그리고 일본은 불확실하다. 유럽은 아시아를 주로 상업적인 견지에서 바라보는 반면, 미국은 변화하는 환경에서 안보, 경제 및 정치적 실들을 엮어서 태평양의 전략적 도안을 짜야 한다. 아시아에서 유럽의 행동이 미국의 책임에 약간 민감하다는 것을 보여주지 못한다면 유럽-대서양 동반자관계는 긴장될 수 있을 것이다. 미국이 관련된 지역적 문제를 처리하는 데 유럽이 도움을 준다면 그러한 동반자관계는 강화될 것이다.

다섯째, 이러한 동반자관계가 미국의회, 유럽의회 그리고 궁극적으로 양 대륙 대중의 지지를 얻을 수 있는가? 이 계획안이 지속되기 위해서는 미국과 유럽의 입법부에 근거를 두어야만 한다. 이러한 의회에 현저한 변화가 있어왔다. 하나의 예를 들면, 435명 미국 하원의원 중 거의 절반이 1992년 이후 선출되었다. 이러한 하원의원들은 구유럽인의 경험을 공유하지 않는다. 또한 그들의 세계관에 정보를 줄 기존 제도들에 접근하지도 않는다. 미국과 유럽 사이의 새로운 동반자관계가 지속되려면, 대서양 양쪽의 의원들이 그것을 구성하는 일부가 되어야 한다.

이 책에서 제안된 구상을 고려할 때 독자들에게 명심할 것을 강하게 권하는 다른 요점이 하나 있다. 미국과 유럽이 무로부터 출발하는 것은 아니다. 그들은 기간이 냉전보다 훨씬 더 긴 동반자관계를 기록하고 있다. 1896년에 대서양을 건넜던 사람, 자본, 무역 및 사상의 흐름은 상대적인 견지에서 보면 아마도 지금보다 더 영향력이 컸다. 비록 미국인들은 그 사실을 때때로 무시하지만 세기의 전환기에, 그전이나 그후에도 마찬가지로 유럽의 불안정은 불가피하게 미국에 영향을 끼쳤다. 그리고 유럽인들은 그렇지 않기를 바랐지만, 100년 전의 미국은 또한 경제적으로 그리고 잠재된 힘을 가지고 거창하게 출현했다.

따라서 사실, 미국인들과 유럽인들은 이 책의 저자들이 제안한 동반자관계를 구축할 수 있는 공통된 경험이라는 풍부한 기반을 가졌다. 저자들의 노력은, 대서양 양 안 관계처럼, 진행중인 작업으로 보는 것이 가장 좋다. 이 책에 있는 구상을 따르면, 유럽-대서양 구상의 새로운 세기를 시작함에 따라 동반자 모두에게 엄청난 이익을 줄 수 있는 보다 높은 단계의 통합으로 미국과 유럽을 밀고나갈 수 있는 기회가 제공될 것이다.

로버트 조엘리크

서문

이 책을 쓴 의도는 미국의 목표와 동반자에 관한 지체된 논쟁에 자극을 주고 정보를 제공하는 데 있다. 이 책의 논제는 대서양 동반자관계가 탈바꿈함으로써 새로운 시대에 세계 진보를 선도하는 힘이 될 수 있다는 것이다. 동반자관계를 이토록 강조하는 것은 미국의 일방적 지도력을 포기하는 것이 된다고 많은 미국인들은 당혹해할 것이다. 아직은 자신의 고유한 정체성을 모색하고 있는 유럽에게는 제기된 도전이 너무 감당하기 힘들고 너무 이르다는 것을 많은 유럽인들은 알게 될 것이다. 그리고 많은 아시아인들은 새로운 대서양 협정이 그들을 겨냥할 수도 있다고 불필요한 걱정을 할 것이다. 그러한 반응에 실망하기는커녕, 차라리 필요하다고 믿는 논쟁을 촉발했다는 증거로 보고자 한다.

이 책은 환태평양 지역에서 대서양관계의 미래에 관해서 쓴 글이다. 저자들 모두는 유럽-미국간 문제에서 정책분석가나 정책결정자로서 경력이 있지만, 본인들이 멀리서 관찰하는 입장이 유리한 점으로 작용했다고 본다. 대서양동맹을 부활시키기 위해 무엇을 해야만 하는가 하고 스스로에게 묻지는 않았다. 그런 방식으로 질문을 하는 것은 그 관계에 무엇인가 초월적인 가치가 있고 그래서 정부가 할 일은 새로운 작업을 창안함으로써 그것을 살리는 것이라고 미리 전제하는 것이다. 바로 그러한 전제는 신선한 사고를 방해할 수 있다. 그래서 그 대신에, 냉전 후에 미국과 유럽이 직면한 핵심적인 도전들은 무엇이고, 또 어떻게 해야 그것에 가장 잘 대처하는 것인가를 질문해왔다.

이 책은 고전적 의미의 정책 분석서도 아니고—그리고 그렇게 의도하지도 않았다. 모든 선택안마다 똑같은 주의를 기울이지 않았고 또한 각 구상마다 가혹할 정도로 엄격하게 시시비비를 가리지도 않았다. 그것은 본인들의 신념을 나타낸다. 그러나 이 책에서 제안된 전체적인 세계관과 특정한 구상을 위한 분석적인 기반은 들어 있다. 미국과 유럽의 기본적 이익들은 양립 가능하다. 또 목적을 가지고 협력을 함으로써 그러한 이익을 증진하기 위한 입증할 수 있는 잠재력이 존재한다.

이 책에서 구상하고 있는 것들은 대서양관계를 미국과 유럽의 이익에 기여할 수 있도록 동반자관계로 변형시키자는 주장만이 아니다. 또한 그것들 모두가 채택되지 않는다면 대서양관계가 붕괴될 것이라고 넌지시 말하는 것도 아니다. 그러나 이 길이 정도라고 진실로 믿는다. 구체적인 구상들에 대해서는 보다 더 논쟁을 해야 할 필요성이 있다고 인정하지만, 본인들은 가장 기본적인 연구결과를 견지한다. 안이한 구시대 대서양관계를 고집하는 대신에, 미국인들과 유럽인들은 새로운 종류의 동반자관계—보다 야심적이고, 보다 세계적이고, 보다 동등한 것으로 그것을 대체해야만 한다.

미국인들과 유럽인들이 익숙했던 것에서 벗어나 새롭고 다른 방식으로 그 관계를 함께 고려하길 원한다. 많은 미국 내 유럽 전문가들과 마찬가지로 유럽인들도 저자들이 너무나 멀리까지 다리를 놓았고 그리고 현 관계를 짓누르고 있는 문제들을 과소평가한다고 생각할 것이다. 우리가 우려하는 바는 정반대이다. 만일 유럽과 미국이 눈을 보다 높은 곳에 두지 않는다면, 대서양 동반자관계의 가장 위대한 업적들은 과거지사가 될 것이다. 한 명의 유럽인을 제외하고 이 책의 저자들은 모두 미국인이다. 의도적으로 미국적인 분석을 제시하여, 분명한 논점을 제공하였다. 유럽인 친구들로부터 찬반을 표하는 반응을 환영한다.

헌사

랜드 연구소(RAND)의 수많은 동료들의 노고, 재능 그리고 아이디어가 아니었더라면, 이 책은 아직도 머릿속의 희미한 생각으로만 맴돌고 있을 것이다. 편집자들 특히 핑거(D. Finger), 클리체브스키(B. Kliszewski), 리(Gordon Lee), 리드(Maren Leed), 레서(Ian Lesser), 루이스(Judy Lewis), 슈마커(Margaret Schumacher), 심스(Carole Simms), 트레이스(Bruno Tertrais) 그리고 울프(Charles Wolf, Jr)에게 사의를 표하고 싶다. 그들에게 아무리 해도 감사의 말을 다할 수 없다.

차례

1 서론: 미국을 위한 동반자

데이비드 곰퍼트

세계 문제에서 새로운 시대의 요구와 기회에 직면함에 따라 미국이 믿을 수 있는 동반자—정치 및 경제적 자유에 대해서 미국과 공통된 신념을 가지는 부유하고 강력한 국가를 찾을 수 있다면 어떨까? 이 동반자의 이익이 미국의 이익과 부합된다면 자유무역에 의해서 통합되고, 남반구와 동구로 확대되고, 에너지 공급에 대한 위협과 테러리스트들을 보내고 대량파괴무기를 배치한 독재자들로부터 안전적 성장을 하는 세계경제라는 그것과 부합한다면? 미국처럼 이 동반자가 중동에선 평화, 러시아에선 개혁, 발칸반도에서는 인도주의를 위해서 일할 준비가 되었다고 하자. 이 동반자를 또한 알고 있고 신뢰할 수 있다면, 아마 미국은 대외정책에서 이 동반자에게 중심적 지위를 부여해서라도 동반자관계를 최대한 활용할 것이다.

어떤 국가나 국가군이 그런 동반자가 될 수 있다면 그것은 바로 유럽이다.[1] 그러나 오늘날 유럽-미국관계는 막 제안한 동반자관계에서 한참

1) 유럽이란 용어에는 다양한 의미가 있다. 서유럽, 서유럽과 동유럽이 합쳐진 것, 유럽연합, 북대서양조약기구의 유럽 동맹국들, 대서양으로부터 우랄산맥까지의 육지가 그것이다. 사실, 유럽이란 무엇인가는 '유럽인들' 사이에서도 논쟁거리가 되었다. 두 개의 대답하기 힘든 질문들을 불러일으킨다. 누가 포함되느냐? 그리고 유럽이 의미 있는 실체인가? 이 책은 이 두 질문에 대답하려는 시도는

동떨어져 있다. 그 관계의 범위는 너무 좁고, 주로 유럽 자체에 국한되어 있고, 또한 비록 미국과 유럽이 비슷한 부를 가지고 있지만 책임은 불균등하게 나누어져 있다. 공식 석상에서 상투석으로 발해시는 동반사 관계의 현재 목적－지속적으로 미국이 유럽에 개입하는 것－은 수동적이고, 영감을 불러일으키지 못하고, 보통 미국인들과 유럽인들의 삶과 희망에 부응하지 못한다. 이렇게 천명된 목적에 관리자들이 진정한 것을 부여할 필요가 없어짐으로써 실제로는 그 관계를 위험에 빠뜨린다.

대서양 열강들 각자는 자기 나름대로 폭 넓은 협력을 가로막는 사고의 틀 속에 갇혀 있다. 유럽은 미국의 지구적 동반자가 되기에는 너무 자기 일에 몰두하고 있다. 미국은 동반자관계의 개방적이고 중도적인 노선을 알아채지 못한 채, 일방주의와 고립주의라는 잘못된 선택 사이에서 길을 잃고 헤매고 있다. 그러나 관계를 진전시키고, 재차 생각해서 무엇인가 보다 큰 것으로 변형시킬 수 있는 잠재력은 존재한다.

이러한 잠재력의 조짐은 1995년 12월 미국과 유럽연합의 마드리드(Madrid) 선언에서 찾아볼 수 있다. 그리고 이 선언은 보다 광범위한 대서양 경제안보협력을 요구하고 있다.[2] 어조보다는 내용이 온건한(공정히 평가한다면, 비록 정부들이 수립한 역사적인 지침들도 종종 시험적인 것으로부터 시작된다) 그 문서는 다른 의미에서도 이목을 끈다. 그것에는 광범위하게 다양한 여러 이익들이 암시되어 있어, 대서양 동반자가 공동으로 추구한다면 어느 한쪽도 손해를 입지 않은 채 양측 모두 명백한 이득을 기대할 수 있다. 그렇다면 왜 조심스러워하는가? 마드리드 정상회담에 참석한 수뇌들이 주장하듯이 동반자관계가 지난 50년 동안 세계의 '평화와 번영을 이끈 선도적인 힘'이었다면, 다음 50년 동안 왜 그

하지 않았다. 다른 저자들과 함께 대부분 민주적이고 미국에 대해서 호의를 가지고, 또 점차 유럽연합으로 통합되고 있는 유럽 대륙에 있는 국가군을 의미하는 용어로 사용하고자 한다.

2) United States Department of State, Bureau of Public Affairs, Office of Public Communications, *The New Transatlantic Agenda: Joint U.S.-European Action Plan*, Washington, D.C., December 1995.

들의 시야를 낮추어야만 하는가?

유럽으로 하여금 이익 개념을 확장하고 보다 많은 책임을 부담하고 그리고 지구적 행위자가 되겠다고 선언한 야망을 이행하도록 미국이 힘써 권해야만 대서양 동반자관계가 세계에서 '선도적인 힘'이 될 수 있다. 그러나 미국이 진정으로 지도력의 부담뿐만 아니라 특권도 동반자와 함께할 준비가 되어 있지 않다면, 그러한 권유를 해서는 안된다. 많은 구체적인 쟁점 사안(예컨대, 아랍-이스라엘 평화협상과정)에서 미국이 계산서를 내밀 곳 대신 동반자를 원하고 있는지에 대해 유럽은 의심하고 있다. 그렇지만 어디서나 미국의 일방적인 지도력만으로 대처하기에는 새 시대의 요구가 너무나 엄중하다. 미국 시민들은 그 점을 분명히 하였다. 미국 대변인들의 고상해지고 있는 수사법에 현혹되어서는 안된다. 미국인들이(지혜롭거나 혹은 무지해서 건) 납득하지 않는다는 바로 그러한 이유로 미국의 지도력에 대한 욕구에 호소가 보다 빈번해지고 또 집요해졌다.

미국인들은 책임을 혼자서 짊어지는 것이 아니라 함께 부담하기를 원한다. 그래서 대서양 지도력은 물론 대서양 동반자관계를 필요로 하는 장래에 유럽의 이익과 아울러 미국의 이익을 증진시킬 수 있는 최고의 선택이 될 수도 있다.

이 책에서는 대서양 지도력 구상, 그 행동지침, 전망 그리고 실용성에 관해서 탐구하고 있다. 미국의 관점에서 탐구하기는 하지만, 유럽의 이익에 적당한 주의도 기울인다. 미국과 유럽 관계에 훨씬 더 많은 것을 요구해야 하고 또 동반자관계 구상을 통해서 북대서양 양 안에 있는 정책입안자들과 시민들이 활력과 지침을 얻어야 한다고 다른 저자들과 본 저자는 결론을 내린다. 정부들을 현상유지에 집착하게 하는 제약과 관성에 얽매이지 않는 저자들은 위대한 대서양 민주주의의 과거 성공, 현재 수단 그리고 미래의 필요에 부응하는 새로운 정책들을 제안한다. 이 글은 비전과 열정을 가지고 함께 나아감으로써 어떻게 미국인들과 유럽인들이 이익을 얻을 수 있는가에 관한 끝맺음이 아니라 새로운 논쟁의 첫머

리라고 본다. 무엇보다도, 유럽인들의 적극적인 반응을 바란다.

목표 추구에서의 관계양상

사람들은 공산주의의 붕괴를 냉전의 으뜸가는 결과라고 자연스럽게 생각한다. 우리의 생각이 과거보다는 미래에 미친다면, 그렇지 않다. 보다 중요한 결과는—보다 넓고 지속적인 영향을 끼치는—북대서양 전지역에 있는 국가들로 구성된 괄목할 만한 공동체의 형성이다. 비판적으로 돌이켜본다면 대개 간과되어왔던, 이러한 공동체의 특징은 전례가 없다. 경제적 생동감, 기술적 재능, 자유와 개인주의, 규칙으로서 신뢰와 협력, 절대적인 평화에 대한 공통된 신념 등이 그것이다. 이러한 민주국가들은 상대방에 대한 폭력행사를 폐기했을 뿐만 아니라 핵에 의해 멸망당할 위험이 따름에도 불구하고 다른 모든 나라를 방어하기 위해서 각국을 구속하는 동맹을 맺었다. 북대서양조약기구로 인해 전에는 지구상의 가장 위험한 대륙이었던 유럽에 항구적인 평화가 찾아왔다. 근대 역사 내내 서로 전쟁을 했던 국가들에게는 대단한 업적이다.

물론 1945년부터 1990까지 유럽-미국이 거둔 성공이 당혹스러운 것은 아니다. 그것은 1914년에서 1945년까지의 살육전에 영감을 얻어서 제2차세계대전 후 유럽을 재건하고 피난처를 제공하고자 하는 미국의 결정에 의해 성장하고 그리고 동유럽의 위협으로 해서 유지된 것이다. 처음에는 유럽에서 미국의 주둔과 지도력은 유럽이 재건되고 또 독일에서 민주주의가 확립될 때까지만 계속되기로 의도되었다. 그러나 냉전이 지속되자, 비록 서유럽 경제가 1960년대와 1970년대에 회복되고 난 후에도 미국의 군사 및 정치적 지배력은 대서양 양측에 의해 필요하다고 여겨졌다. 소련이 붕괴하기까지 미국은 결정적인 지도자였고 유럽은 충실한 추종자였다. 이러한 종속의 10년으로 해서 유럽이 책임감을 기르지 못했고 그리고 미국은 심지어 경제적으로 대등해진 후에도 유럽을 대등한 존재로 간주할 수 없게 되었다.

판명된 바와 같이, 소련 진영이 해체되었을 때 미국과 유럽인들은 그들의 동맹이 지속되길 원했다. 공산주의와의 충돌로부터 대서양 동맹이 구원받은 개략적인 이유는 통일된 독일의 힘과 진로에 대한 우려였다. 왜냐하면 오직 미국의 국력만이 독일을 확실히 통제할 수 있기 때문이다. 그러나 보다 깊은 동기는 유럽인들과 마찬가지로 미국인들도 역시 소련 시대 이후 미지의 위험들에 대처하는 데 범대서양 유대라는 알려진 가치를 버릴 준비가 되어 있지 않았다. 동맹은 그 창설자들이 의도했던 것 이상이 되었다.

동시에, 동맹의 구체적인 존재 이유—서유럽 방위는 미국의 지배와 서유럽의 종속을 정당화하는 논거와 아울러 적군이 철수함에 따라 사라졌다. 그러한 관계는 전략적 목표와 정치적 구조 없이 남겨졌고, 지금까지 양자를 모색하고 있는 중이다. 대서양 동맹은 제2의 삶을 살고 있다. 하지만 유럽이 안전해지고 건전하고, 또 부유해진 지금 미국과 유럽인들은 그들간의 협력에 활력을 불어넣을 구상을 모색해야만 한다. 그것이 바로 이 책을 저술한 이유이다. 그러한 구상인 지구적 동반자관계를 제시한다.

오늘날 미국과 서유럽(유럽연합의 가장 중요한 형태인)은 세계의 두 선도 강국이다. 미국과 서유럽은 세계 경제생산의 거의 절반과 기술의 2/3를 차지한다.[3] 그들은 세계 주요 제도들을 이끈다. 군사적 우월함, 외교적인 역량, 기술적인 우수성 그리고 다시 활기를 찾은 경제를 보유한 미국은 초강대국이다. 사회문제로 골치를 앓고 있지만, 미국은 국외에서 주요 공약을 유지하면서도 이러한 문제들을 해결하기 위해서(지금 하고 있는 것처럼) 진력할 수 있을 만큼 강건하다. 국제 정세가 미국 정치에 미치는 영향력은 냉전이 끝난 이래 쇠퇴하고 있지만, 세계 정치에 대한 미국의 영향력은 증가한 편이다.

보다 융통성이 적고 또 기술적으로 무의미하지만, 유럽 경제는 심지

---

3) Central Intelligence Agency, *Handbook of International Economic Statistics*, 1994, Washington, D.C., September 1994, p.14; National Science Foundation, *International Science and Technology Data, Update*, NSF 91-309, Washington, D.C., 1991, p.3.

어 미국경제보다 크다. 경제가 통합되고 그 기업들이 성장함에 따라, 유럽—유럽인들이 경기침체를 견딜 정치적 의지가 있다면—은 미국경제의 역동성을 본받고 또 그럼으로써 세계적으로 경쟁할 수 있다. 서유럽은 또한 세계 제2의 유능하고 현대적인 군사력(중국은 서서히 따라잡고 러시아는 급속히 쇠퇴하는)을 보유하고 있다. 서유럽인들은 유엔안전보장이사회의 상임이사국의 복수 의석을 보유하고 있으며 그리고 G-7 경제강국들 중에 다수를 점하고 있다. 미국 이외에, 경제, 군사적 및 정치적 힘을 합쳐놓고 보면 유럽에 대등한 국가는 없다. 비록 유럽연합이 통일된 행위자가 되기에는 아직 멀었지만, 독일, 프랑스, 영국, 이탈리아 그리고 다른 유럽 12개 국가들은 세계에서 가장 앞서고 안정된 민주주의의 목록에서 압도적인 다수를 차지한다. 그리고 그들 국가들은 공동외교정책을 채택함으로써 위력을 증대시키고자 한다. 느슨한 실체로 간주하건 아니면 별개 국가들의 모임으로 보건, 유럽 혼자서 미국과 나란히 한다.

그러한 척도에서 보다면, 냉전에서 승리한 대서양 동맹국들은 이젠 그 승리에 의해 도래한 시대를 협력해서 행동한다면 선도할 준비가 되어 있다. 겉으로 보면, 미국이 대서양만큼 태평양에 관심을 가짐으로 해서 오래도록 가지고 있던 유럽중심주의는 이제 과거지사가 되었다는 사실과 배치되는 듯하다. 실제로, 세계경제에 자국 경제가 점차 통합되는 덕에 미국은 양 지역에 보다 긴밀하게 연결되어가고 있다. 이러한 미국의 세계 개입이란 관점에서 보면, 유럽은 취약함 때문이 아니라 성공 때문에 중요하게 되었다. 유럽의 능력, 열망,[1] 이익 및 가치 모두를 감안하면, 독특한 새로운 관계가 가능함을 시사받을 수 있다. 미국과 유럽이 대서양 협력과 지구적 지도력이라는 원대한 강령에 헌신할 수 있는 비전, 의지 그리고 신뢰를 가질 수 있다면, 수단이 부족하다 해서 실패하지는 않을 것이다.

이 두 강대국들—중요한 것은 선의의 강대국이라는 것이다—간의 관계는 막 끝난 시대에 그랬던 것에 못지않게 새로운 시대에 영향을 미칠 수 있다. 그 관계가 어떻게 될 것인지는 미리 정해진 게 아니다. 미국과 유럽 둘 다 냉전이 시작된 이후 뿐 아니라 냉전이 종식된 이래 급격하게 변화해왔다. 대서양관계를 지속시키고자 하는 관료 진영의 바람은 예상할 수 있지만, 그것 또한 잘못 인도되고 있다. 생명 유지 장치를 통해 과거의 동맹을 유지하고자 하는 것은 생명을 위협할 수도 있다. 그러한 본질은 변화이다. 그 목표는 원대해져야만 한다. 대서양 동반자관계는 현상 유지에 고착되는 것을 피해야만 한다.

동반자가 필요한 강대국들

막 12라운드의 타이틀 매치에서 승리하고 팔을 드는 것조차 힘들어 하는 권투선수처럼, 미국도 냉전을 힘차게 끝마쳤지만 상당히 지쳤다. 1980년대 미국이 소련과 군사적으로 경쟁하는 데 미국경제가 성장한 양보다 더 많은 비용이 들었다. 하지만 베를린 장벽이 붕괴한 이래 보다 많은 것들이 초강대국에게 요청되고 있다－이라크군 격퇴, 쿠르드족(Kurds) 구원, 구소련에서 '느슨하게 관리되는 핵무기'의 안전확보, 아이티(Haiti)에서 독재자 축출, 북한의 핵무기 개발계획 저지, 세르비아 통제 등이다.

그러나 미국에 의한 평화(Pax Americana)는 존재할 순 없었다. 단 한 명의 미국 정치지도자도 그것을 옹호하지 않았고, 또 미국 시민들도 그것을 지지하지 않았을 것이다. 심지어, 보다 온건한 '신 세계질서', 미국이 새로운 시대의 경찰 역할을 하는 것이 아니라 이끌어나가자고 하는 것도 냉전을 끝낸 대통령－그의 실수는 외교정책에 너무 열중했던 것이다－을 해고한 국민들에게는 아무런 호소력이 없었다.

미국인들은 세계적 권력 그 자체에 대해서는 욕망이 없다. 그들은 자신들의 삶의 방식이 위협받고 또 다른 대안이 없었기 때문에 제2차세계대전 이후 그것을 획득하고 사용할 필요성을 인정하였다. 미국이 냉전기간 동안 유럽에서 정치적 패권을 추구했다고 하는 드골주의자의 주장은 사실이 아니라 감정에 근거했다(미국의 가장 오래된 우방이 하기에는 이상한 실수이다). 이제 자신들의 나라가 유일한 초강대국이므로 미국인들은 그 지위가 함축하는 의무나 특권에 열의를 보이지 않는다. 그들은 아직도 미국의 지도력이 필요하다는 연설에는 박수를 보내지만, 그것을 발휘하도록 요청받는 것은 원하지 않는다.4)

동시에, 고립주의의 유혹이 있었으나 지구적 경쟁국의 패배로 인해 미국을 미혹하는 데는 실패했다. 미국인들은 정치인들이 보지 못하는 것들 중 얼마쯤을 볼 수 있는 분별력이 있다. 오늘날 미국의 경제는 떼어놓을 래야 떼어놓을 수 없도록 세계경제에 얽혀 있다. 그리고 미국인들은 일방주의를 요구하는 것에 감동받지 않는다. 그러한 정책은 모든 문제를 미국의 문제로 만들기 때문이다. 그러나 일방주의와 고립주의 양자의 대안으로 일찍이 클린턴 행정부가 제안한 유엔 중심의 다자주의는 미국이 두 손을 묶인 채 분쟁으로 끌려들어갈 수 있기 때문에 거부당했다. 그렇다면 이 모든 것을 배제했을 때 미국이 필요로 하는 것은 유능한 동반자이다. 짐을 나누어 질 수 있는 재력이 있는 동반자, 미국이 믿을 수 있는(주권을 마모시키는 유엔과는 다른) 동반자, 미국의 가치를 공유하는 동반자인 친구를 필요로 한다. 그러한 동반자관계는 일방주의나 초국가적 다자주의라는 함정을 피하면서 포용정책이 긴히 요구하는 바를 만족시킬 수 있다.

그러한 역량을 지닌 여러 동반자들을 사귀는 것은 미국에 유리하지만, 오직 하나만이 완전한 자격을 가지고 있다. 보다 응집력 있고 국제적으로 책임 있는 존재가 되고자 하는 유럽의 목표는 미국의 필요에 부합된다(일본에 관해서는 나중에 좀더 다루겠다). 그러나 고귀한 목표와 충분한 수단에도 불구하고 오늘날 유럽은 미국보다도 더 단절되었다. 왜냐하면 미국은 막중한 국제 안전보장 책임을 지고 있기 때문이다. 유럽의 내부지향성은 한때 세계 대부분을 통치했던 대륙에게는 이상한 현상이다. 냉전기간 동안 침략에 대한 두려움이 원대한 외교정책을 추진하는 것보

---

4) John E. Rielly(ed.), *American Public Opinion and U.S. Foreign Policy 1995*, Chicago Council on Foreign Relations, Chicago: IL, 1995.

다 우선한 것은 이해할 수 있다. 그러나 유럽의 내부지향은 공산주의의 몰락 이후에도 지속되어왔다.

독일이 통일됨으로 해서 오랜 두려움에서 벗어난 독일과 과거 희생자였던 프랑스는 독일의 힘을 봉쇄하기 위한 방법으로 마스트리히트 조약을 통해 유럽공동체로 하여금 정치·경제 연합을 형성할 것을 공약하도록 밀고 나갔다. 몇몇 유럽 정부들(영국이 가장 유명하다)과 유럽 시민들의 대부분은 본(Bonn)과 파리에서 착안되고 브뤼셀에 있는 관료들이 다스리는 연합에게 정치적 권위와, 사회적 다양성 및 문화적 독특함을 이양할 준비가 과거에도 그리고 아직까지도 안되어 있다. 심지어 마스트리히트의 두 주창자인 독일과 프랑스조차도 주권을 양도하는 것에 대해서 어느 정도 재고해왔다. 통화 동맹의 전제 조건을 충족시키기 위해서 공공지출을 삭감하는 고통을 받아들이기 주저하는 것은 유럽 통일에 대한 강제된 행군식 접근법의 어려움을 보여주는 표시다. 통일을 향한 유럽의 발걸음은 아주 잘해야 답보상태에 있을 것이다.

1989년 혁명 이래 서유럽인들은 그 자신들의 통합 속도와 세부사항에 너무 집착한 나머지, 그들의 수단에 비해서 달리 이룩해놓은 것이 적다. 심지어 동유럽에서 자유화된 국가들을 포용하는 역사적인 과업—유럽 대륙 통합—조차도 독일 통일의 아주 적은 비용과 현 유럽공동체를 '심화'시키는 데 보다 높은 우선권이 부여됨으로 인해서 지연되었다.

제2차세계대전 후 프랑스와 영국이 차지한 유엔안전보장이사회 의석, 아프리카에 상황에 따른 소규모 군대 파견 그리고 해외 상업활동을 제외하고는 유럽 열강들은 개별적/집단적으로 세계 정치나 안보에 거의 영향력을 미치지 못해왔다. 심지어 유럽의 당면 목표들—공동 통화의 창출과 유럽대륙에 미국 군대의 주둔을 지속하는 것—에서조차도 그들이 마침내 역사의 저주에서 자유로워져서 안전하게 세계를 포용할 수 있다는 믿음에 대한 자신감이 부족하다는 것이 드러나 있다.

유럽의 대부분 지역에서는(프랑스는 주된 예외에 속한다) 국제적 힘을 행사하는 것은 유럽을 제1차세계대전으로 몰아넣는 데 일조한 착취적 유럽 제국주의와 그리고 당연히 나치(Nazi) 권력의 추악함에 대한 반응으로서 부정적 의미를 내포한다. 자국 군대를 먼 곳에서 국익을 방어할 수 있는 지원군으로 바꿔 편성한다는 프랑스의 최근 결정을 보면 새로운 시대에 위협은 유럽에 국한되지 않는다는 것을 프랑스 당국이 이해하고 있음을 알 수 있다. 하지만 유럽에서 가장 큰 나라인 독일은 무거워진 안전보장 책임을 지는 데 마지못해 하고 있다. 유럽에서 세번째 강대국인 영국은 프랑스처럼 자국 군대를 재편성하기 시작했지만, 유럽통합에 대해서 프랑스와 독일과는 달리 열성을 다하지 않는다.

이러한 대륙이 미국이 필요로 하는 동반자가 될 수 있는가? 지향점도 없고, 관심도 어제의 전쟁과 오늘의 부유함에 쏠려 있다. 유럽이 시야를 그 자신으로부터 세계로 돌릴 수 있을 것인가가 이 책이 답하고자 하는 질문들 중 하나이다. 경제적 힘이 유럽을 그 방향으로 끌고 가야 한다. 유럽연합 경제는 세계경제에 점점 더 결합되고 있고 특히 금융, 기술 및 서비스와 같은 핵심 분야가 그렇다. 동아시아와 미국에서 성장, 혁신 및 일자리 창출이 유럽을 능가함에 따라, 유럽연합 내 무역만이 아니라 세계무역이 미래 유럽경제의 활력으로 가는 길이다. 떨리기는 하지만, 세계경제 속으로 뛰어들어야 유럽이 만성적인 실업과 높은 공공 부채로부터 결국 벗어날 수 있다. 세계 시장의 부름과 미국과 아시아의 도전에 이끌려서 유럽은 껍질을 깨고 나와야만 한다.

전략상 이익을 얻기 위해서도 또한 유럽은 이 방향으로 나가야 한다. 유럽에 대한 주된 위협은 더이상 침략이 아니라 확장된 이익—북아프리카에서 평온, 페르시아만에 대한 접근, 동구에서 신생 민주주의 국가들의 성공과 안정, 발칸에서 평화—을 해치는 것이다. 유럽 군사력의 주력인 국경 방위군들은 지난 세기 이래 미국에게도 적절치 못했던 것처럼 유럽에 있는 주요 국가들에게도 그렇게 되고 있다(공평하게 말하자면 미국인들이 멕시코로부터 군사적 위협이라는 근거 없는 두려움을 극복해내는 데 반세기가 걸렸다는 것을 지적해야만 한다). 유럽의 사활이 걸린 이익을 수호하기 위해선(허깨비 적에 대항해서) 영토를 수호하는 것으로부터 필요하다면 군사 및 정치적 힘－전세계가 아니라면, 적어도 이웃 지역에－을 투입하는 것으로 전환하는 것이 강하게 요구된다.[5] 유럽의 정치인들은 군사적으로 외부의 일에 개입할 수 있는 능력이 필요하다는 걸 언급하기를 꺼려 한다. 그들은 '위기관리'란 완곡한 어법을 선호한다. 그러나 자국 군대를 파병이라는 임무로 재지향하는 데 실패한 유럽 정부들은 결국 방위비 지출에 대한 국민의 지지를 상실할 것이다. 왜냐하면 그들은 자국의 비용이 많이 드는 군대를 어떤 목적으로 사용해야 하는가를 설명할 수 없기 때문이다. 이것은 이미 프랑스 정부에서 시작되었다.

동시에 유럽통합은 계속된다. 정지사진이 아니라 활동사진으로 보면, 유럽의 통일은 인상적이다. 경제는 실질적으로 통합되었다. 한 세기 대부분 동안 서유럽을 전장으로 삼았던 두 나라에겐 괄목할 정도로 프랑스-독일 협력은 꾸준히 진행되고 심화되었다. 이 사실은 유럽은 취약하고 통합을 굽히지 않고 추진한다 해도 오직 유럽이 분열되는 것을 방지할 따름이며, 그 민족들은 다시 한번 서로를 노려보게 될 것이라는 유럽의 수도들에서 종종 들리는 견해와는 상반된다.

비록 마스트리히트 조약체결 당시의 열광적인 유럽 연방주의는 흩어졌지만, 유럽연합 내에서 보다 긴밀한 정부간 정책조정이 이루어지고 있다. 이로 인해서 점차 유럽 외교안보정책에서 보다 많은 수렴과 효율성이 산출될 것이다. 심지어 영국의 현 토리(Tory) 정부도 공동대외정책이란 목표에는 반대하지 않는다. 유고 위기 동안 유럽연합이 대책을 마련하지 못함으로써 회원국들이 힘을 합쳐 더 잘해보자는 의지는 확고하게 되었다. 미국의 식자들은 유럽인들을 비웃고 또한 진정한 동반자가 되기에는 너무 분열되어 있다고 주장한다. 그러나 유럽의 응집력, 비중 그리고 성취가 앞으로 수년간 더 향상될 것임을 인정하고, 또 유럽이 목표로 가득 차 있음을 조소하기보다는 격려하는 것이 미국의 이익에 더 잘 부

---

5) David C. Gompert and Richard Kugler, "Free-Rider Redux," *Foreign Affairs*, vol, no.1, January/February 1995, pp.7-12.

합된다.

보다 커다란 책임을 떠맡으려는 유럽의 시도를 미국인들이 비웃는 것보다 더 나쁜 것은 유럽의 자기 조소이다. 주로 유고슬라비아로 인해서 유럽회의론자들은 유럽낙관론자들을 서두르게 하였다. 회의론자들에 의하면 유럽은 자신의 일조차 처리할 수 없고, 보스니아에서 미국의 군사 및 외교적 힘의 승리를 미국이 아직까지도 유럽 안보의 중재자라는 증거로서 인용한다. 이 책의 제9장을 쓴 존 로퍼(John Roper)를 포함한 몇몇 사람들은 유럽의 '종속문화'가 이를 낳은 냉전보다 더 오래 지속되어 왔다는 의견을 제시한다.

유럽인들 스스로 유럽 안에서도 안보를 확신할 수 없다는 것을 알고 있는 데 밖에서 안보에 대한 보다 많은 책임을 질 가능성이 얼마나 있겠는가? 미국이 그렇게 하도록 강하게 권하지 않는다면 전혀 없다. 미국인들은 유럽인들에게 유럽 내부와 외부 두 곳－적어도 유럽 주변－에서 안보를 제공하는 부담은 공평하게 맡아야만 한다고 확신시킬 필요가 있다. 그리고 여기에서 공평하다는 것은 전략적 이익과 국부에 비례함을 의미한다. 냉전이 끝난 이래 미국 관리들은 이러한 취지의 강하고 일관된 신호를 보내지 않았다. 이 책이 그 일을 맡길 바란다.

유럽인들이 미국과 동반자관계를 맺는 것이 유럽의 사활이 걸린 이익을 수호하고 증진하는 가장 좋은 길이라는 것을 인정했을 때 유럽은 미국의 동반자로 등장할 수 있다. 역으로, 미국이 대량파괴무기 확산과 세계 원유공급에 대한 위협 등의 공통의 문제에 홀로 대응할 수 있다고(당연히 잘못이지만) 유럽이 확신한다면, 단지 동반자로서 활동할 수 있게 하는 유인을 줄일 뿐이다. 너무나 자신들만의 문제에 몰두한 나머지 유럽인들은 자신들이 미국 정치와 행위에 얼마나 영향을 끼칠 수 있는 지 이해하지 못한다. 유럽이 보다 커다란 책임을 분담할 준비가 된다면, 미국에서 국제주의를 고무시킬 수 있다. 지금 그곳에선 미국 지도력에 밑바탕이 되는 세계 지도력 공유에 대해서 거의 5명 중 4명꼴로 시민들이 선호하고 있다.[6] 미국의 고립주의에 대해서 우려하는 대신에, 유럽인들은 자신들의 내부지향성이 자신들이 추구하는 미국 개입의 기반을 허물고 있다는 것을 인식해야 한다. 태평양에서 대서양으로 미국의 눈이 다시 쏠리기를 바라는 유럽인들은 이를 성취할 수 있는 길이 유럽에 남아 있으라고 간청하는 것이 아니라 야심에 찬 지구적 동반자관계의 성립이라는 것을 알아야 한다. 유럽의 미국과 관련성 여부는 이제 유럽의 행동에 달려 있다.

유럽은 동-서 대결의 시작부터 끝날 때까지 그러했지만, 이젠 미국의 세계 전략의 버팀목이 아니다. 자본주의 동아시아, 엔(yen)의 힘 그리고 중국의 부상이 미국의 주의를 끌어왔다. 그러나 동아시아에는 미국과 지구적 동반자관계를 맺을 후보자가 출현하지 않았다. 일본은 세계관에서도 지구적이지 않고 또한 진정한 동반자로서 의무를 받아들이려고 하지도 않는다.[7] 한편 오늘날 유럽도 또한 이렇다고 말할 수는 있지만, 일본의 경우 모든 이웃 나라들이 일본의 국제적 역할 확대에 반대한다. 더욱이 일본의 전략이 국가 경제력을 최대화하는 것인 한, 일본은 계속해서 미국의 상업상 가장 큰 경쟁자가 될 것이다. 하지만 새로운 대서양 동반자관계는 일본을 적대시해서는 안된다. 오히려 일본은 가입하라는 권유를 받아들여야 한다. 이 책에 기고한 우리 모두는 일본(과 한국 그리고 다른 나라들)을 포함시키기 위한 새로운 대서양 동반자관계의 원칙을 확장하고 추진하는 것을 열렬히 환영한다. 능력 있고 동일한 생각을 가진 동반자가 많으면 많을수록 더욱 좋다. 이 책에서 대서양 쌍두체제를 수립하자고 말하는 것은 아니다. 하지만 일본보다 유럽과 동반자관계를 수립할 가망이 지금 더 크다고 해서 유럽에 국한에서 협력한다면, 미국의 국익에 기여하지 못할 것이다. 일본이 배제되었다는 감정을 가지지나

---

6) United States Information Agency, *The New European Security Architecture*, USIA Office of Research and Media Reaction, Washington, D.C., September 1995, p.35.

7) 이 점을 보다 철저히 논의하기 위해서 다음을 참조. Michael Mochizuki, *Japan-Domestic Change and Foreign Policy,* MR-616-OSD, RAND, Santa Monica, CA, 1995.

않을까 우려된다. 만일 일본인들이 대서양 동반자들의 지도력을 살펴본다면 그들은 자국의 부와 국익에 상응하는 책임을 수락할 가망이 더 클 것이다.

공동 국익 추구

이젠 유럽 지역이 미국에 상대적으로 덜 중요시된다 해도, 유럽인들은 더욱 중요시될 수 있다. 이것은 대서양 동반자의 공통된 기반이 유럽 역내의 그것을 능가할 만큼 충분하다는 것을 깨닫게 될 때 분명해진다. 동반자관계가 유럽 대륙에 국한되어서는 안되는 주된 이유는 양 동반자의 이익과 부가 보다 넓은 영역을 가져야 한다는 주장의 논거가 되기 때문이다.

그러한 이익이 무엇인가? 미국의 지상 목표는 민주주의의 확대, 자유기업, 관용 그리고 미국의 번영과 이상을 꽃피우는 데 도움이 되는 안보 등이 존재하는 지구이다. 이러한 목표로부터 미국의 핵심 이익들이 도출된다.

- 미국의 자본, 공장 그리고 아이디어에 유리한 개방된 조건으로 세계경제가 지속적으로 통합되는 것이다. 세계의 부, 생산 및 혁신이 집중되는 이러한 경제의 핵심은 북아메리카, 서유럽 및 동아시아로 구성되고, 따라서 이 세 지역이 미국에 절대적으로 중요하다.
- 핵심 경제와 그곳의 재화, 자본, 에너지 그리고 정보의 흐름을 공격과 단절로부터 보호하고 안보를 유지하는 것이다. 핵심에 대한 가장 큰 위험은 불안정한 중동과 구소련으로부터 비롯되는데, 우연히도 이 지역들은 또한 세계에서 화석 연료가 매장된 곳의 대부분을 포함한다.
- 신생 민주주의와 신흥 시장들, 특히 공산주의 유산 아래서 분투하고 있는 동유럽뿐만 아니라 라틴아메리카와 동남아시아에 있는 그러한 나라들도 함께 성공하는 것이다.

• 강경 무법 정권들과 그들이 절망적일 때 그들이 사용할 수 있는 도구들—테러와 대량파괴무기—을 제압하는 것이다. 이라크, 이란 그리고 리비아가 첫 손가락에 꼽힌다.

이러한 것들을 미국의 이익이라고 인용했지만, 그것들을 단어 하나 바꾸지 않고도 유럽의 이익이라고 쉽게 다시 이름붙일 수 있다. 새로운 시대에 이러한 이익의 일치가 이 책 구상의 중심에 있다. 유럽인들이 이것들을 중요 이익이라고 현재 간주하고 안하고는 다른 문제이다. 유럽은 현재 유럽 내 문제에 얽매여 있다. 발칸 반도, 프랑스와 독일 간 유대, 통화 연합, 유럽연합 역내에서 자원의 흐름 등이 그것이다. 유럽인들이 자신들의 통합에 정신을 빼앗긴 채로 있을 위험이 있다. 여기서 보기에 통합은 기복이 있지만 그럼에도 불구하고(주로 시장의 힘에 의해서) 돌이킬 수 없게 진행되고 있는 듯하다. 유럽이 자신의 지구적 이익을 미국에 넘겨준다면, 그것은 곤란을 초래하게 되는데, 그 이유는 미국이 자국의 국익을 증진함으로써 유럽의 이익을 짓밟아서가 아니라, 유럽을 무임승차자라고 인식한다면 미국은 국제 지도력의 짐을 부담할 소지가 더욱 적어질 것이기 때문이다. 유럽이 내부 문제와 풍요에 특화하는 한편 미국이 유럽의 원유공급을 보호하고 핵확산에 맞서 싸우는 노동의 분업은 그 자체의 불공평함과 미국 시민들이 끝까지 거부함으로 인해서 붕괴될 것이다.[8] 만일 유럽이 미국에 너무 많은 것을 요구한다거나 미국이 유럽에 너무 적게 요구한다면, 둘 중에 어느 나라도 결국 제 몫을 다하지 않을 것이며, 그 결과 대서양 이익과 유대는 어려움을 겪을 것이다.

공통 이익을 인식하지 못하는 것만이 새로운 동반자관계에 유일한 장애물이 되는 것은 아니다. 동반자관계가 근본적인 유럽 이익, 또는 미국의 이익과 실제로는 양립하지 않는다고 주장하는 몇몇 목소리가 있다.

---

8) 쿠웨이트를 해방시키려 한 부시 대통령의 계획에 대한 국내의 반대 중 하나가 일본인들과 마찬가지로 유럽인들이 페르시아만 원유에 접근하는 것을 보호하기 위해 미국이 실질적으로 혼자 행동한다는 것이었음을 상기하라.

유럽의 일부 항간에서는 미국은 유럽통합, 자주 및 위대함에, 반드시 악의를 가진 나라는 아니지만, 위협이 된다는 믿음이 있다. 이러한 관점에선 아무리 우호적인 동반자관계라도 패권이라고 두려워한다. 심지어 미국은 유럽의 자주성을 싫어하고 유럽인들은 유럽 상호간 협력과 미국과의 협력 사이에서 선택을 해야만 한다는 견해조차 있다.[9] 보다 덜 적대적이지만 유럽인들 사이에서 널리 지지되는 견해는 유럽이 통합 과정이 완결되기까지는 미국과 동반자관계나, 또는 세계 속에서 보다 커다란 역할을 할 준비가 안될 것이라는 것이다. 이 견해에 의하면, 통합은 역외 책임을 수락하는 것보다 우선해야만 하고 또 그것에 의해서 궤도를 이탈해서도 안된다. 이 책 제5장에서 오더나렌(John Van Oudernaren)이 언급했듯이, 유럽인들에게는 유럽의 현재 모습이 무엇을 하느냐보다 중요하다.

미국에게는 유럽에 있는 선진국들을 별개로 다루고, 또 심지어는 그들 사이의 차이를 이용하는 것이 미국의 국익에 가장 큰 도움이 된다거나, 아울러 유럽이 통합되면 유럽인들이 미국을 유럽으로부터 떼어놓을 거라고 믿는 사람들이 있다.[10] 몇몇 전략가들은 자국의 당연한 역할은 동반 국가가 아니라 지도국이라는 견해를 가지고 있다. 물론 그러한 정서는 동반자관계에 대해 환상이거나 아니면, 더 나쁘게는 유럽의 통합과 격상을 지체시키려는 미국의 전략이라고 유럽인들이 의심하도록 부추길 따름이다.

유럽에서건 미국에서건 그러한 관점은 이익과 신뢰를 희생하면서 상대적 힘과 시기심을 강조한다. 사실 미국은 유럽통합을 용이하게 했으면

---

9) 유럽연합집행위원회(Commission) 위원장이었던 들로르(Jacques Delors)는 유럽인들이 독일과 통합하지 않는다면, 독일은 미국에 보다 긴밀하게 접근할 위험이 있다고 말했다. Alan Freidman, "Paris Urged Toward EU Unity: Delors Warns France Against Isolationism," *International Herald Tribune,* October 18, 1995.

10) 그러한 견해는 일군의 부시 행정부 경제 정책 담당자들에게서 널리 퍼져 있지는 않지만 분명히 나타난다.

했지, 반대하지는 않았다. 그리고 미국은 그 과정에서 어느 한 나라가 다른 나라에 대항하도록 충동질하지 못하더라도 효과적인 유럽연합으로부터 잃는 것보다는 얻는 것이 훨씬 더 많다. 전략적 측면에서 등장하고 있는 유럽과 대결하기보다는 합심하는 것이 훨씬 더 좋다. 미국과 동반자관계를 맺는다는 것은 유럽으로 하여금 책임감을 더 많이－더 적게가 아니라－ 가지라는 강한 권유이다. 동반자관계에 대한 대안은 미국의 지도력과 유럽의 자주가 아니라, 미국의 후퇴와 유럽의 고립일 뿐이다.

동반자로 가는 길

비록 미국인들과 유럽인들이 밖을 쳐다보고 서로에게 보다 더 의지하더라도, 새로운 대서양 동반자관계를 수립하는 것은 어려울 것이다. 광범위한 이익 공동체 아래에는 세부적으로 상당한 차이점이 있다. 국제문제를 해결함에 있어 미국이 유럽에 군사적으로 의존하는 데 대해 유럽인들은 우려하고 있다. 미국은 대부분의 유럽정부들이 경제문제에 관해서 시장에 너무 개입한다고 생각한다. 또한 냉전기간에 공통적인 두려움과 방어로 인해 수십년에 걸쳐 생성된 상호 신뢰가 자동적으로 다른 일로 이전되지도 않는다. 예를 들면 중동에서 유럽-미국간에 상업적이고 외교적인 대결이 심해지고 있다. 그러나 그런 장애물로 해서 앞에서 언급했던 기본적인 공동이익이 무력화되지는 않는다. 오히려 인내와, 동반자관계가 성공적이 되기 위한 타협, 보다 큰 위업을 위해 스스로를 확장하려는 의지를 가져야만 한다는 인식이 필요하다고 주장될 수 있다.

이러한 새로운 태도를 촉진하는 것이 새로운 제도를 만드는 것보다 중요하다. 그러나 현 제도들은 기본적으로 적절하지만, 동반자관계의 원칙들을 구현할 수 있도록 개조되어야만 한다. 그것들은 보다 평등하고, 보다 야심적이고 그리고 보다 지구적이어야만 한다. 공통의 사활이 걸린 이익이 위협을 받는 곳이면 어디든지 그것을 방어하기 위한 병력을 파견할 군사적인 대서양 동맹을 준비하는 장으로 북대서양조약기구가 될 수도 있다. 새로운 시대에는 그러한 개념이 북대서양조약기구를 단지 미국이 계속 유럽에 깊이 개입하게 하는 방안으로 취급하는 것보다 적절하다. 그러나 그 경우에는 북대서양조약기구의 전력, 계획, 지휘 구조 및 의사결정 절차들은 먼 곳에서의 이익을 공동으로 방어하기에 적합하도록 변형되어야만 한다. 또한 유럽연합 회원국들은 북대서양조약기구 내에서 조화롭게 발언하고 행동할 방도가 필요하다. 북대서양조약기구가 일군의 추종 국가들을 거느리는 지배적인 힘에 반대하는 국가들간의 동반자관계의 형태를 띠면서 유럽인들에게는 별개의 유럽연합 동맹을 창설하려는 유인은 거의 없다.

안보 협력을 하더라도 새로운 대서양 동반자관계의 중심에 경제 협력의 여지가 남아 있어야만 할 것이다. 유럽의 경제적인 통합은 시장의 힘에 의해 추진력을 얻어 정치적 통합보다 앞서고 있다. 그러므로 유럽과 미국 간에 경제적 의제는 급속하게 발전할 수 있다. 관세와 무역에 관한 일반협정(GATT)과 그것의 새로운 형태인 세계무역기구(WTO)는 적절한 제도적 기반은 제공하지만 세계적으로 개방된 무역을 장려할 수 있는 정치적 에너지를 제공하지는 않는다. 대서양 자유무역조치들은 다른 지역에서 시장을 개방하는 데 기준을 제시하고 지렛대를 증대시킬 수 있다. 지구적 자유무역으로 가는 길에 앞장서겠다는 당당한 공약은 새로운 동반자관계를 활성화시키고 그에 대한 대중의 지지를 얻을 수 있는 최고의 단일 구상이다.

통합된 핵심 경제에선 낮은 인플레이션으로 지속적인 성장을 이룩하게 하고, 구공산세계에선 기업을 개선·자유화하고 그리고 국제통화기금(IMF)과 세계은행으로부터 재원을 지원받아, 성공적인 개발도상국들로 이루어진 지속적으로 성장하는 경제권의 등장을 가능하게 할 거시경제 정책을 조화시키는 데 다시 활력을 찾은 G-7은 대서양 지도력을 위한 도구가 될 수 있다. 미국과 유럽이 협조해서 이러한 국제금융기구들에게 활기를 불어넣어주고 이끌어나갈 수도 있다. 심지어 세계에서 가장 암울한 지역들도 대서양 지도력이 없는 것보다는 있을 때 더 희망을 가질 수 있다.

그러나 그러한 목표들은 대서양 동반자의 양 당사자들이 지구적 노력이라는 구상으로 시야를 돌려야만 달성될 수 있다. 냉전이 끝날 때, 미국은 유럽을 개입해야 할 동반자라기보다는 머물러야 할 장소로 여겼다. 1990년 무렵 소련군이 철수하고 유럽 단일시장이 형성되었을 때, 미테랑(F. Mitterrand)은 자주적인 유럽 동맹에 관해서 모호하게 연설했다. 부시 행정부는 미국이 유럽에서 새로 밀려나거나, 아니면 유럽에서 미국의 임무, 아이젠하워(Eisenhower)와 마셜(Marshall)에 의해 시작된 임무가 마침내 달성되었다고 확신한 미국 대중들에 의해 끌려나갈 것이라고 두려워했다. 그래서 미국은 '유럽 강대국'이라고 되풀이하면서 자신을 유럽의 수호자로부터 유럽에 참여하는 자로 전환하려고 노력했다. 미국은 유럽의 안보 방위조직을 형성하는 데 저항했다. 우루과이 라운드(Uruguay Round) 무역 협상을 이용해서 유럽 단일시장의 문을 열어제쳤다. 이 전략은 20세기의 가장 위대한 교훈 중 하나에서 나왔다. (세계대전들 사이에 그랬던 것처럼) 미국이 돌아갔을 때 유럽은 불안정해지는 반면, (1945년에서 1990년까지 그랬던 것처럼) 미국이 유럽에서 주된 역할을 할 때는 평화와 번영을 경험한다.

이러한 교훈이 올바른 것이지만 또한 부적절하다. 대서양관계를 유럽 무대로 나아갈 수 있는 미국의 입장권으로 취급하는 것은 이러했던 지난 세기에 너무 끌려다녀 인류의 노력과 진보가 지구적이 되는 다음 세기엔 충분하지 못하다. 그 역내와 마찬가지로 역외에서도 동반자가 아니라 역할을 수행할 장소로서 유럽에 접근한다면, 그것은 보다 커다란 역할을 떠맡을 수 있는 유럽의 잠재력을 과소 평가하고 그리고 지배적인 역할을 담당하는 미국의 능력을 과대 평가한 것이다. 이 책에서는 대서양관계의 무대가 유럽으로부터 세계로 확대되어야만 한다고 강하게 주장한다.

실제로는 당연히 동반자관계의 단기 정책의제가 글자 그대로 지구를 포괄하지는 않을 것이다. 여기서 우리의 목적을 위해선 지구적이란 말은 지리적으로 제한을 받지 않음을 의미한다. 이익은 지리에 제약을 점차 덜 받기 때문이다. 동반자들은 이익이 강하게 수렴됨을 볼 수 있는 지역, 문제 및 기회—대서양 무역, 북대서양조약기구의 보다 광범위한 역할, 중동과 구소련에 대한 전략, 에너지 공급의 안전 확보, 대량파괴무기의 확산에 대항하기 등—에 당연히 집중해야 한다. 대조적으로 중국의 성장에 대한 공동 전략은 기다릴 수 있다. 협력을 함으로써 양자가 이익을 얻는 것이 분명한 곳에 유럽이 개입하도록 미국은 촉구해야 한다. 이로 인해서 지구적 동반자관계 구상이 유효해지고 그리고 의제가 때가 되어 더욱 확대되는 것이 허용될 수 있다.

동반자관계가 원칙에선 지구적이고, 실천을 함에 있어서는 유럽을 넘어서까지 미쳐야 한다고 강조한다고 해서, 그것이 또한 유럽 역내에서 작동해서는 안된다는 의미는 아니다. 경제적인 이유로 인해서 소련에 위협을 받았을 때 그랬던 만큼 지금도 유럽은 미국에 절대적으로 중요하고 그리고 유럽인들도 미국의 존재, 공약은 물론, 영향력을 아직도 필요로 하고 원한다. 소련 이후의 격변(지금 귀에 익은 말로 하면 절망) 속에서 유럽은 너무 불확실해하고 확고하지 못한 상태로 있기 때문에 미국이 떠나는 것은 신중하지 못하다. 하지만 보스니아에서의 경험에도 불구하고—아마도 그로 인해서—유럽연합은 유럽 역내에선 대서양 동반자관계의 선도적인 역할을 담당하기 시작해야만 한다. 동유럽, 발트해 지역, 우크라이나 그리고 발칸에서 경제적인 안정을 지탱해주고 그럼으로써 정치적 안정을 유지하게 하는 데 미국보다는 유럽연합이 분명히 더 낳은 입장에 있다. 때가 되면 부유하고, 민주적이고 또 점차 통합되고 있는 유럽의 정치·안보문제를 처리하는 데 미국이 지도력을 발휘해야만 한다는 것을 미국인들이나 유럽인들도 받아들이지 않을 것이다. 역내에서 종속문화가 사라지기 전까지는 유럽은 외부에서 미국의 진정한 동반자가 될 수는 없다.

동반자를 받아들이는 것이 미국에게 힘든 만큼, 동반자가 되는 것도 유럽에겐 무거운 짐을 지우는 것이다. 그것이 유럽인에게 무슨 이득이 되는가? 유럽 내부에서 주요 책임을 담당하는 한편 또한 외부에서 유럽의 이익을 미국 혼자서 계속 돌보는 것이 대안이라면, 아마도 충분치 못하다. 이러한 일이 오늘날 일어나고 있기에 유럽인들은 이것이 계속되리라고 여기는 것 같다. 이 책에 기고한 본인들이 그렇게 생각했다면, 이 책은 존재할 수 없었다. 유럽이 보다 커다란 책임을 지는 것을 수락하지 못한다면, 그것은 세계에서－그리고 유럽 자체에서－미국의 분명한 의도를 지닌 역할에 대한 대중의 지지를 확고하게 만들기보다는 오히려 약화시킨다고 본인들은 믿는다. 미래에 실제 정치적인 문제로서 유럽에서 미국의 공약은 유럽과 그밖의 지역에서 유럽이 보다 커다란 짐을 지느냐에 달려 있을 것이다.

책에 관해서

책에 기고한 저자들의 특정 사안에 관한 의견은 종종 다르다. 그러나 미국이 국익을 증진하고 정치적·경제적 자유가 꽃피울 수 있는 보다 안전한 세상이라는 목표를 실현하는 데 도움을 얻을 수 있는 최선의 길은 유럽과 동반자관계라는 데 의견이 같다. 동반자관계 구상에 대해 상이한 관점과 다양하게 뒤섞인 열정과 의심을 지닌 채 접근했다. 각 장의 구상이나 문구는 그 장의 저자만이 지지한다. 그러나 하나의 집단으로서 유럽인들과 미국인들은 이 저작이 제시한 것을 고려해야 한다고 본인들은 믿는다. 동, 남 그리고 공동이익이 놓여 있는 곳이면 어디에서든지, 그 이익을 추구하기 위한 대서양 전략 및 경제적 동반자관계 수립이 필요하다.

이 저작에서는 그러한 동반자관계의 실제 형식, 동반자들의 동기부여와 기여 그리고 따라야 할 공동 정책과 아울러서 그 필요성을 다룬다. 책의 서두는 대서양관계의 현 상태와 냉전이 끝난 이래 그 관계에 대한 사고의 전환, 아니 표류에 관한 로널드 아즈머스(Ronald D. Asmus)의 검토로부터 책은 시작된다. 유럽인들은 주로 미국이 심지어 유럽 밖에서도 미국인들이 도움을 바랄 때라도 유럽에 남아 있기를 원한다고 언급한다.

그레고리 트레버턴(Gregory Treverton)은 무역과 다른 경제정책에서 보다 야심적인 대서양 동반자관계 구상을 진전시킨다. 세계무역에서 점증하는 유럽의 이익이 지구적 경제 지도력을 발휘함에 따라 얼마나 양자에게 유리하게 되는지를 살펴본다. 제임스 톰슨(James A. Thompson)은 새로운 시대를 위한 대서양 안보협정을 새로워진 북대서양조약기구가 어떻게 그 요구를 충족시킬 수 있나를 제창한다. 트레버턴과 톰슨이 쓴 장에서는 경제·안보적 이익을 각자가 지지하는 동반자관계의 구체적인 외형과 내용을 기술하고 있다.

동반자관계를 이해하기 위해선 동반자를 이해해야만 한다. 오더나렌은 변화하는 유럽—두려움과 희망, 강점과 약점, 다양성 그리고 의제, 현재와 미래—을 기술하고 있다. 그런 다음 저자는 동반자 미국을 살펴보고, 새로운 대서양 동반자관계가 미국의 이익에 기여할 것인가 그리고 그러한 동반자관계가 작동을 하도록 미국이 무엇을 찾아서 제안할 것인가에 관한 분석을 한다. 한편 이 두 장에서는 딱 들어맞는 단일한 동반자를 그려내지는 못하지만, 협력을 확대할 필요와 전제조건이 존재한다는 명제는 분명 지지된다.

동반자관계가 무엇이 되느냐는 동반자관계가 무엇을 하는가에 달려있다. 직접적으로 가장 큰 위협이 되는 지역들은 구소련과 대중동—즉 유럽 동쪽과 유럽 남쪽—이다. 스티븐 라라비(F. Stephen Larrabee)는 동반자관계의 전략은 전자, 즉 발트해에서 러시아 발칸반도까지를 목표로 해야 한다고 제안한다. 잘메이 칼리자드(Zalmay Khalilzad)는 북아프리카에서 남부아시아에 이르는 지역에서 유럽-미국 협력의 한계와 아울러 목표에 대한 자신의 견해를 제시한다.

이 책은 미국측의 유럽에 대한 제안으로 유럽에서 의심할 바 없이 많은 반응을 불러일으킬 것이다. 그러한 반응 중의 하나만 이 책에 수록하기를 원했고, 그래서 존 로퍼가 어떻게 유럽인들이 이러한 관계를 바라보는 새로운 방식과 아울러 본인들의 특정한 몇몇 구상에 반응할 것인가에 관한 견해를 제시하였다.

마지막으로 라라비와 본인은 특정한 제도적이고 정책적인 구상의 정수를 도출했다. 그것들은 엄연히 본인들의 것이지만, 다른 동료들이 기고한 것으로부터 정보를 얻은 것이다. 대서양관계나 미국의 세계전략에 대한 대안적인 견해들에 대해서는 동일한 지면을 할애하지 않았다. 그것들을 거부하기 때문이 아니라 이 책의 각 장에 들어 있는 구상은 어떤 방향을 지향하기 때문이다. 저자들은 그 방향에 대한 믿음이 있고 그리고 그것을 분명히 하고자 한다.

이 책은 유럽연합과 북대서양조약기구의 확대가 바람직한가에 관한 유럽-미국 일각의 '현 논쟁'에 대해선 곰곰이 생각해보지 않았다. 본질적으로 유럽연합과 북대서양조약기구의 확대가 다음 몇 년내에 이루어질 것이고, 따라서 동유럽에 있는 신생 민주주의 나라들 중 적어도 몇몇 국가는 대서양 동반자관계에 참여할 것이라고 확신한다. 신생 민주주의 국가들을 배제한 유럽은 보다 큰 지구적 도전에 대처함에 있어 미국의 중대한 동반자가 되기에는 역부족이다.

비록 이 책에 있는 구상이 대서양 양쪽에서 좋게 받아들여진다 해도 저자들 모두는 동반자관계를 시작할 몇몇 위대한 대서양 정상회담들을 기대하지도 않고 옹호하지도 않는다. 1973년 유럽의 해와 1990년 대서양 선언(기억할 수 있는지 의문스럽지만)은 선언과 일을 혼동한 결과를 여실히 말해준다. 오히려 저자들의 구상이 제시한 방안들—무엇보다도 새로운 동반자관계라는 공동의 구상으로 인해 미국과 유럽에서 정책결정이 결실을 맺을 수 있는 방향으로 나가길 바란다.

2 이중확대: 냉전 이후 대서양 동반자관계의 재정의

로널드 아즈머스

범대서양관계는 점증하는 역설에 직면해 있다. 미국과 유럽의 고위 관료들은 대서양동맹의 불가분성을 강조하고 냉전 이후의 시대에서 필요조건들을 충족시키기 위해 범대서양 동반자관계의 현대화에 대한 그들의 공약을 찬양하면서 거의 매주를 보낸다. 오늘날 유럽에서는 반미주의의 조짐이 없으며, 미국의 현존에 심각한 의문을 제기하거나 혹은 유럽은 미국으로부터 독립된 안보 일체감을 발전시켜야 한다고 요구하는 정치세력들도 존재하지 않는다.

사실, 북대서양조약기구가 보스니아에서 평화실행에 관여하게 되고 중·동유럽의 새로운 민주주의 국가들을 포함하는 확대를 준비하듯이, 대서양동맹은 자신의 역할을 확대하고 있다. 유럽에서의 지도력 경쟁에서 미국의 오랜 경쟁자인 프랑스조차도 독자적인 유럽방위에 대한 전통적인 드골주의 열망들을 포기해왔고, 대서양동맹에 대한 관여를 강화해왔다. 심지어 북대서양조약기구와 미국의 관여 및 현존에 대한 지지는 유럽대륙의 동쪽지역에서 더 강하다. 동유럽의 새로운 민주주의 국가들은 북대서양조약기구와 같은 미국이 주도하는 제도들에 가입하기를 갈망한다. 모든 유럽국가들이 진정으로 미국을 냉전시대 일시적인 보호국이 아니라 영원한 유럽국가로서 받아들이는 것 같다.

그리고 범대서양 동반자관계를 지속시키고자 하는 유럽의 이러한 바람은 북대서양조약기구를 유지하고자 하는 광범위한 지지를 넘어선다. 유럽 지도자들은 새로운 범대서양 시장의 창설에서부터 대서양 양 진영의 법률가들간의 확장된 연계에 이르기까지 일련의 제안들을 만들어왔다. 이러한 것들은 범대서양관계를 다양화하고 광범위하게 넓히려는 시도들이다. 독일의 콜(Helmut Kohl) 수상은 범대서양 아우토반(Autobahn)이라는 은유법을 사용하여 거기에다가 미국과 유럽 간의 연계를 강화시키기 위해 추가적인 차로를 보강해야 한다고 말한다.

그러나 그러한 노력들은 범대서양 동반자관계의 장기적 생존력에 관한 끊임없는 의구심들을 숨길 수 없다. 만약 누군가가 범대서양 관료사회에서 제기된 통일성과 성공에 대한 성명서들을 넘어서 생각한다면 합의는 고사하고, 범대서양 동반자관계의 미래 목적이나 기능에 관해 훨씬 깊은 불확실성이 존재한다. 유럽의 엘리트와 대중이 미국의 연계를 유지하는 대서양동맹에 그 어느 때보다도 큰 지지를 보내는 시기에 미국에서는 유럽의 신뢰성과 범대서양관계가 현재 미국의 이익들과 우선순위들과의 적실성을 의심하는 합치된 목소리들이 점증하고 있다. 많은 유럽인들은 (콜의 문구를 사용한) 범대서양 아우토반을 넓히고 미국의 현존을 지지하기 위한 더 좋은 방안들을 생각하는 데 초점을 두고 있지만, 미국에서는 범대서양 연계가 애초에 표명되었어야 했던 구조적 결함을 가지고 있는 것은 아닌지 의구심을 갖는 사람들이 늘어나고 있다.

대서양동맹의 장래 생존성에 의문을 제기하는 목소리들은, 그러한 목소리들이 존재하기는 하지만 미국정치에서 주류가 아닌 고립주의자의 전통적인 요구에 한정된 것은 아니다.[1] 보다 중요한 것은 전통적으로 친대서양주의자 진영의 주류 인사들 중에서 현재의 형태에 범대서양관계가 유럽에서 발생해온 극적인 변화들과 바뀌고 있는 미국의 지구적 이익들과 우선순위라는 측면에서 유지될 수 있거나 심지어는 바람직스

1) 고립주의자 견해에 대해서는 다음을 참조. Ted Galen Carpenter, *Beyond NATO: Staying Out of Europe's Wars*, CATO Institute, Washington, D.C., 1994.

러운 것인가에 대해 의구심을 갖는 사람들이 늘어나고 있다는 사실이다.

쟁점은 단순히 보스니아, 방위비 부담공유, 혹은 최근 몇 년 사이 미국-유럽 관계에서의 어떤 다른 단일한 논쟁적인 쟁점이 아니다. 냉전 종식 이후의 시대에서 미국은 새로운 지구적 국제안보의제에 직면해 있다. 유럽이 아직도 미국의 사활적 이익으로서 간주되지만, 유럽은 이제 더이상 미국의 관심이나 미국의 외교에서 핵심적이지 않다. 이제 더이상 소련의 군사력에 사로잡혀 있지 않은 미국인들은 유럽보다는 비유럽적 위협들을 더 우려한다. 따라서 미국인들이 유럽을 바라보고 유럽의 중요성을 평가하는 방법은 변화되었다. 유럽의 편협성과 전략의 근시성은 이러한 새로운 미국의 전략적 계산에서 필연적으로 미국의 유럽 동맹국들의 효용성에 관해 의문들을 제기한다. 이것은 명확한 미국의 고립주의와 관련이 있다기보다는 미국에게 있어 유럽의 중요성은 냉전 종식 이후의 전략적 의제를 표명하는 데 있어 효율적인 동반자 역할을 수행할 유럽의 능력에 달려 있다는 단순한 사실과 관련이 있다.

유럽인들은 때때로 이러한 경향을 잘못 해석한다. 유럽인들은 유럽중심주의를 미국의 국제적 공약 및 관여와 동일시한다. 만약 미국이 유럽 문제에 몰두하지 않는다면, 유럽인들은 미국은 고립주의로 가고 있다고 결론을 내린다. 동시에 많은 유럽인들은 페르시아만에서의 전쟁이나 유럽 외부의 다른 갈등지역에서 전적으로 미국과 참여하고자 하는 유럽의 의지는 유럽 국제주의의 리트머스 시험으로 간주되어야만 한다는 어떤 제안에 망설일 것이다. 지난 수십년에 걸쳐서 미국-유럽 관계의 밀접함에도 불구하고, 유럽인들은 때때로 미국의 관심과 자원에 대한 지구적 요구를 완전히 평가하지 못하고, 특히 냉전 이후의 시대에 유럽은 지구적 의제를 어떻게 조정할 것인가를 제대로 평가하지 못한다.

확실히 미국은 자국의 국내적 관심사항을 표명할 상당한 압력에 직면해 있고 때때로 혼동스럽지만, 미국은 냉전 종식 이후 자국의 외교정책 논쟁을 경험하고 있다.[2)] 동시에 곰퍼트(David C. Gompert)가 이 책에서 지적하듯이, 미국이 고립주의로 가고 있다는 확실한 증거는 없다. 주목할 만한 것은 미국이 냉전 이후 자국의 우선순위들에 관해서 논쟁을 벌이고 있다는 사실이 아니라 미국은 그러한 압력에 직면해서도 다양한 지구적 공약들을 지속시킬 수 있다는 것이다. 유럽인들은 냉전 이후 차세대 미국 정치인들의 본능을 우려하지만, 현실은 클린턴(Bill Clinton), 깅그리치(Newt Gingrich)와 같은 다양한 인물들은 고립주의자가 아닌 기본적으로 국제주의자라는 점이다. 유럽과 범대서양관계는 관련성이 있고, 그러한 것들은 미국이 지구적 의제를 추구하도록 허용하고 도와주는 정도에 중요하다.

문제는 냉전 이후의 시대에서 어떠한 종류의 범대서양 동반자관계가 어떠한 목적을 위해 의미를 갖느냐 하는 점이다. 톰슨이 대서양동맹이 존재하는 세계와 존재하지 않는 세계라는 두 개의 세계를 상상하는 '상상의 실현(Gedanken experiment)'을 제의했을 때, 그는 그 문제를 구상했다.[3] 미국이 긴밀한 범대서양관계를 원하는 강한 이유들이 확실히 존재한다. 금세기에 두 번의 세계대전을 치렀고, 냉전시대에 유럽안보를 보장하는 데 거의 1조 달러를 소모한 미국은 오늘날 유럽의 불안정을 결코 원하지 않는다. 그러나 이보다 더 중요하지는 않을지라도 동등한 것은 그 어느 때보다도 미국이 지구적 업무들에서 효율적인 역할을 수행하고 향후 몇 년에 걸쳐서 미국이 직면할 것 같은 국제적 안보도전들을 성공적으로 처리하고자 한다면, 미국은 동반자들과 동맹들을 필요로 한다는 사실이다. 미국은 같은 성향을 가진 국가들과 효율적인 연합을 구축함으로써 서방의 영향력을 극대화하고 자원을 절약할 수 있다.

이 책의 제1장에서 곰퍼트가 지적하듯이, 미국이 강인하고 강력한 유럽 동반자와 함께 지구적 의제를 공유하고, 정책들을 조정하고, 행동을 위한 공동의 능력을 보유하면서 냉전 이후 시대의 도전들에 직면할 수

2) 보다 자세한 내용에 대해서는 다음을 참조. Ronald D. Asmus, *The New U.S. Strategic Debate*, MR-240-1-A, RAND, Santa Monica, CA, 1994.

3) James A. Thomson, "Back to Square 1 with Einstein," *Los Angeles Times*, March 21, 1995를 참조.

있다면 보다 더 좋을 것이다. 그러나 단순히 이러한 요소들을 나열하는 것은 어떻게 미국의 의제가 전환되고 있는가를 강조할 뿐이다. 그것은 미국과 유럽은 유럽의 안정성을 보장할 뿐만 아니라 공동이익들을 가지고 있는 유럽 외부의 지역에서 함께 일할 수 있는 관계를 만들어야 한다는 것을 제시한다. 만약 미국이 범대서양 안보협상을 재협상해야 한다면, 미국은 확실히 아직까지도 밀접한 동반자관계에 관심이 있다는 것이다. 그러나 미국은 지금의 관계에 대한 복사판에는 거의 관심이 없을 것이다. 보다 지구적이고 보다 동등한 범대서양 동반자관계를 원할 것이다.4)

그러한 동반자관계를 위한 논거는 러시아 위협의 존재나 재발에 달려있지는 않을 것이다. 그와는 반대로 이러한 동반자관계는 미국을 위험에 처한 유럽의 보호국으로서 이해하는 과거 냉전시대를 의식적으로 뛰어넘는 것이 될 것이다. 미국의 목적은 위협을 받는 모든 곳에서 그리고 행동을 위한 합의가 존재하는 곳에서 공유된 서방의 이익을 보호하는 것이 될 것이다. 그리고 이러한 동반자관계의 존재와 생명력은 러시아의 개혁 실패에 달려 있지 않을 것이다. 그와는 반대로 성공적인 개혁과 민주주의적 러시아는 대서양동맹의 적이 아니라 미래의 동반자가 될 수 있을 것이다.

확실히, 만약 러시아가 유럽이나 그밖의 다른 지역에서 서방의 이익들을 위협하는 침략국가로 재등장한다면, 러시아 세력을 억제하고 봉쇄하는 것은 또다시 대서양동맹의 중요한 목표가 될 것이다. 그러나 러시아는 또다시 냉전시대 동안 미국의 지구적 방위기획을 지배하고 유럽전선과 미국의 전략적 사고에 핵심을 차지했던 지구적 위협이 될 것 같지는 않다. 침략적인 러시아는 대서양동맹의 회원국가들이 서방연합으로 대응할, 미국과 유럽의 이익들을 위협하는 잠재적인 지역적 위협 중의 한 국가가 될 가능성이 더 높다.

---

4) Ronald D. Asmus, Robert Blackwill and F. Stephen Larrabee, "Can NATO Survive?" *The Washington Quarterly*, vol.19, no.2, spring 1996, pp.79-101을 참조.

미국과 유럽이 그러한 새로운 동반자관계를 구축할 수 있을지의 여부와 그것을 위한 방법이 이 책의 주제이다. 가까운 장래의 작업은 북대서양조약기구의 '이중확대'이다. 첫번째 확대는 범대서양 동반자관계의 구조와 제도를 동유럽의 새로운 민주주의 국가들에게로 확대하는 것을 구성한다. 구체적으로 이것은 유럽연합과 북대서양조약기구의 동쪽으로의 확대를 의미한다. 두번째 확대는 미국과 유럽이 유럽대륙을 넘어서 범대서양 동반자관계의 시야, 의제 그리고 기능들을 사활적 이익으로 공유하는 것으로 생각하는 지역들과 쟁점들로 확대하는 것을 수반한다. 이것은 이러한 지역들과 쟁점들을 위한 이익의 공유와 조화된 일련의 외교·안보정책들을 발전시키는 것을 의미한다. 미국과 유럽은 공동으로 전쟁을 수행할 준비를 해야 할 뿐만 아니라 그들은 또한 이러한 새로운 범대서양 동반자관계의 부분으로서 평화를 유지하기 위한 공동정책들을 추구해야만 한다.

이 장은 장래에 관한 사고를 위한 출발점으로서 냉전 종식 이후에 전개된 범대서양관계를 간략히 고찰한다. 이 장에서는 공산주의의 붕괴와 냉전 종식의 충격이 장래 미국-유럽 관계를 향한 태도들에 미친 영향을 고찰한다. 이 장에서는 유럽의 새로운 전략적 전망과 유럽연합과 북대서양조약기구와 같은 주요 제도들이 탈냉전시대에 자신들을 적응시키고자 하는 노력들을 고찰한다. 이 장에서는 미국과 유럽을 이러한 방향으로 밀어붙일 가능성이 있는 요소들뿐만 아니라 새로운 범대서양 동반자관계에 대한 장애물들을 식별하면서 이러한 경험으로부터 몇 가지 교훈들을 도출해내고자 한다.

냉전 종식 이후부터 전개된 미국-유럽 관계에 대한 조사는 혼합된 상황을 제시한다. 확실히, 미국과 미국의 유럽 동맹국들은 공산주의의 붕괴와 소연방의 해체 이후 많은 사람들이 발생할지도 모른다고 우려했던 범대서양 협력에서의 일종의 붕괴를 성공적으로 모면했다. 동시에 대서양의 양 진영에서 전개된 외교는 유럽의 안정을 보장하기 위해서 주로 미국의 유럽 관여를 유지하는 데 초점을 두어왔다. 일부 관찰자들만이 이것을 뛰어넘어 탈냉전시대에서 이러한 관계를 위한 광범위한 목적과 기능을 정의하는 의제에 관심을 가졌다. 유럽인들은 미국의 유럽 관여를 유지하는 방법에 초점을 둔 반면, 미국인들은 유럽을 넘어서는 도전들에 초점을 맞춰왔다. 이러한 불일치는 현재의 문제에서 핵심을 차지하고 있다.

새로운 유럽

20세기의 역사는 유럽인들과 미국인들이 그들의 안보를 바라보는 방법의 측면에서 작은 혁명을 목격해왔다. 그리고 이러한 변화의 근본원인은 금세기 전반부 동안에 두 번 발생한 유혈적인 세계대전으로 야기된 전통적인 유럽국가체제의 붕괴였었다. 중세 이후 수세기 동안 유럽안보는 항구적으로 전환하지만 그럼에도 불구하고 일반적으로 주요 국가들 간의 세력균형을 유지하는 국가체제를 통해서 얻어졌다. 헤게모니를 추구하고자 하는 스페인, 오스트리아 그리고 프랑스의 야심을 성공적으로 막아낸 그러한 국가체제는 1870년 이후 독일의 열망과 세력부흥을 적응시키거나 혹은 해소시킬 수 없었다. 제1차세계대전에서 독일의 패배는 오로지 미국이라는 외부세력의 개입을 통해서만 가능하였다. 그러나 제1차세계대전 이후 구유럽체제를 복원시키려는 시도가 뒤따랐다. 인위적이고 일시적인 그 체제는 1939년 제2차세계대전의 발발 이전에 독일세력의 부흥으로 붕괴되었다.

히틀러(Hitler)가 수립한 유럽대륙에 걸친 독일의 짧은 헤게모니는 역사가 데이오(Ludwig Dehio)가 '축에 있는 강대국들'이라 부른 미국과 소련의 연합세력에 의해서 무너졌다.[5] 미국과 소련 권력의 엄청난 증대를 동반한 제2차세계대전에서 유럽의 총체적인 파괴는 미국이나 소련 어느 국가도 과거 유럽의 세력균형 게임에서 균형적 역할을 맡지 못한다는 것을 의미했다. 따라서 미국은 유럽국가가 되었고, 공산주의의 붕괴가 유럽의 장래 정치질서—그리고 미국과 유럽 간의 장래 전략적 관

5) Ludwig Dehio, *Germany and World Politics in the Twentieth Century*, New York: W. W. Norton, 1967, p.30.

계에 관한 문제를 또다시 재개할 때까지 근 50년을 지속한 새로운 냉전 질서를 구축한 일국이 되었다.

공산주의의 붕괴는 지정학적 지진이었고, 그 여진은 아직도 느껴지고 있다. 1989년의 혁명은 동유럽에서 공산주의의 붕괴와 소연방의 해체를 가져왔을 뿐만 아니라 금세기 두 번에 걸친 세계대전의 여파로 수립된 얄타와 베르사유 질서를 전복시켰다. 독일 통일은 얄타 질서를 뿌리째 뽑아버렸고, 소연방, 유고슬라비아 그리고 체코슬로바키아의 해체는 주로 베르사유 질서를 해체시켰다. 그것들의 충격은 또한 유럽을 넘어서서도 느껴졌다. 페르시아만 전쟁과 중동에서 평화과정의 역사는 유럽에서의 냉전 종식을 참고하지 않고는 이야기될 수 없다.[6]

공산주의의 붕괴라는 즉각적인 여파로 유럽은 새로운 시대에 들어선 것 같았다. 동유럽은 자유화되었고, 독일은 통일되었으며 그리고 이전의 소연방의 병력들은 동쪽으로 수천 킬로미터 철수하였다. 미국과 서유럽은 완전하고 자유로운, 강화된 유럽연합과 변화된 대서양동맹에 기반한 새로운 유럽의 비전을 받아들였다.

그러나 공산주의의 붕괴와 냉전 종식에 의해서 표출된 초기의 행복감은 곧 사라졌다. 이전 유고슬라비아에서의 전쟁과 민족주의의 발흥, 러시아의 장래에 대한 계속되는 불확실성, 동유럽에서 개혁 노력들의 부침, 유럽통합에서의 관성의 상실 그리고 장래 미국의 역할에 대한 점증하는 불확실성은 곧 유럽의 장래에는 어려움들과 위험들이 있을 것이라는 주의들로 나타났다. 이제 더이상 분할되지는 않았지만, 냉전 종식의 초기 여파에서 가졌던 것처럼 유럽은 이제 더이상 안정적이지 않다. 유럽의 역사는 끝나지 않았다. 대신 유럽의 역사는 그러한 복귀가 의미하

6) 유럽에서의 사건과 걸프전 외교 사이의 상호작용에 관한 전 베이커 미 국무장관의 회고를 참조. James A. Baker III, *The Politics of Diplomacy: Revolution, War & Peace 1989~1992*, New York: G. P. Putnam and Sons, 1995. 또한 다음을 참조. Lawrence Freedman and Efraim Karsh, *The Gulf Conflict 1990~1991: Diplomacy and War in the New World Order*, Princeton, NJ: Princeton University Press, 1994.

는 모든 불확실성을 지니고 유럽대륙으로 되돌아가는 위험에 처해 있는 것 같다.[7)]

그러한 인식들은 대부분 1990년대 초반의 상황에서 발생하는 두려움, 즉 이전의 유고슬라비아에서 나타났던 치명적이고 조정된 민족주의가 특히 동유럽에서의 다른 새로운 민주주의 국가들이나 혹은 이전의 소연방으로 퍼지고 확산될 수 있다는 두려움과 당시 그러한 불안정이 서유럽으로 확산될 수 있다는 두려움에 뿌리를 두고 있었다.[8)] 당시 서방 관찰자들은 동유럽에서의 연약한 민주주의와 더불어 1920년대와 1930년대로의 복귀라는 새로운 바이마르 증후군에 빠지기 쉬운 유럽의 악령을 되살렸다.[9)] 동유럽에서는 양차 세계대전 사이에 그 지역을 특징지었던

---

7) 1993년 봄 독일의 영향력 있는 주간지인 ≪디자이트(*Die Zeit*)≫ 편집장인 좀머(Theo Sommer)는 다음과 같이 설명했다. "이제 더이상 부정될 수 없다. 서방에서는 또한 그러한 토대들이 흔들리기 시작한다. 이전에 안정적이었던 모든 것들 즉 북대서양조약기구, 유럽공동체 그리고 지구적 자유무역체제가 갑자기 잘못되기 시작했다. 1989년 민주주의와 자유시장의 사상이 승리했다. 그러나 이러한 사상에 기반한 정당, 제도 그리고 이념들이 그들의 영향력, 정당성 그리고 정치적 충격의 상당부분을 상실했다. 서방 국가들은 외교정책, 국내적·경제적 그리고 정신적인 면에서 위기에 처해 있다. 1989년에 후쿠야마(Frances Fukuyama)는 두 가지 의미에서 잘못되었다. 그는 역사의 종언을 예언했으나 우리는 엄청난 호전적인 격정을 동반한 역사의 반복을 목격하고 있다. 현실에 있어서 민주주의는 실존적 공격을 받고 있다(Theo Sommer, "Die Krise holt den Westen," *Die Zeit*, no.15, April 9, 1993, p.1).

8) 1993년 프리드먼(Lawrence Freedman)은 다음과 같이 설명했다. "유럽질서를 위한 초기 계획의 주된 가정은 서구 정치·경제체제의 혜택은 신생 국가들이 자유주의적 헌법과 시장 개혁을 채택함에 따라 점진적으로 동쪽으로 확장될 것이라는 점이었다. 그러나 서방에서의 통합력의 머뭇거림과 동구에서의 분열적 경향의 강도는 모순적인 가능성을 제시하였다. 상당히 추정적인 이러한 점은 가장 질서가 잡힌 선진적인 세계의 일부 국가들이 생각했었던 것을 파괴시키는 단편화라는 거의 종말론적 이미지를 만들어낸다(Lawrence Freedman, "Strategic Studies and the New Europe," *European Security After the Cold War, Part 1, Conference Studies Papers*, Adelphi Paper no.284, International Institute for Strategic Studies, London, January 1994, p.20.)

9) 1920년대와 1930년대의 파시즘의 등장과 지금 유럽에서 발생하고 있는 것과의 어떠한 유사성이 존재하는가에 대한 질문을 받고 1993년 봄 독일 정치학의 일인자이자 바이마르 공화국의 붕괴와 국가 사회주의의 등장이라는 주제의 뛰어

내적 허약함과 외교정책의 취약성이라는 과거의 유형으로 빠져들어가는 두려움이 존재하였다.[10] 보스니아에서의 전쟁이 억제되고 평화 계획이 작성됨에 따라 그리고 동유럽에서 새로운 민주주의 국가들이 초기의 개혁 문제에 의한 실수를 성공적으로 관리해왔고 어느 정도 정상적으로 진행됨에 따라 그러한 두려움들은 사라져갔다.

그럼에도 불구하고 이러한 변화하는 전략적 전망은 유럽의 전략적 주의를 전환시키고 있다. 분단된 독일과 나뉘진 대륙의 중심부에서 불안정에 관한 냉전시대의 우려는 대륙의 주변에 걸쳐 있는 두 개의 지리적 호형을 따라 집중된 잠재적 불안정에 관한 우려감으로 대체되었다. 첫번째는 동쪽의 호형으로 독일과 발칸반도를 지난 러시아 사이의 북유럽의 발트해에서부터 흑해에까지 미친다. 두번째는 남쪽의 호형으로 북아프리카와 지중해를 거쳐 터키에 이르고 더 넓은 중동지역을 포함한다.[11]

난 전문가인 브라커(Karl Dietrich Bracher)는 다음과 같이 대답했다. "이것은 신·구의 위험성이다. 여기에서 나는 바이마르 공화국과의 가능성 있는 유사성을 목격했다. 그러나 이것은 독일만의 특별한 위험성은 아니다. 러시아와 동유럽국가들에 있어서 우리는 새롭지만 아직 안정적이지 못한 민주주의가 이식되고 좌·우익 세력들의 양극화에 의해서 그것이 흔들리고 있는 것을 목격하고 있다. 민주주의의 새로운 토대가 또다시 파괴될 위험성은 상당히 존재한다. 프랑스, 이탈리아, 네덜란드 그리고 독일에서 우익의 운동은 그렇게 쉽게 사라지지 않을 것이지만 우리가 현재 처해 있는 정치·경제적 위기의 결과로써 성장할 가능성이 있다. 이번에는 이것은 좌익 극단주의자들과 이전 공산주의자들에게 그들의 정치적 이 점을 위해 이러한 상황을 이용할 수 있게 만든다. 그렇다면 우리는 정말로 바이마르 징후에 직면해 있다. 특히 무서운 것은 민주주의의 무력함이다. 우리는 또한 자신을 보호할 수 있는 강력한 민주주의에 관해 이야기했고, 이것을 우리 헌법의 기본 원칙으로 이해했으며 그리고 지금 우리는 이러한 난폭한 행위에 직면했을 때 거의 무력한 우리 자신들을 볼 수 있다"(Adelbert Reif's interview with Prof. Karl Dietrich Bracher, *Die Welt*, April 26, 1993).

10) 예를 들면 다음을 참조. Przemyslaw Grudzinski and Andrzej Karkoszka, "East-Central Europe in an Uncertain World," in Jeffrey Laurenti(ed.), *Searching for Moorings: East Central Europe in the International System*, United Nations Association of the United States of America, New York, 1994.

11) 이중 호형에 대해서는 다음을 참조. Ronald D. Asmus, Richard L. Kugler, and F. Stephen Larrabee, "Building a New NATO," *Foreign Affairs*, vol.72, no.4, September~October 1993, pp.28-40.

동쪽과 남쪽에서의 새로운 불안정에 대한 우려는 내부와 외부의 위기들 간의 과거 냉전적 구별들이 쓸모없게 되고 있는 방법을 강조했다. 서유럽과 동유럽에 대한 징의들이 안보적 측면에서 점차 모호해졌듯이, 남유럽국가들의 전략적 이해관계가 점점 더 이슬람 세계와 중동으로까지 확대됨에 따라 지중해와 중동의 안보 간의 전통적인 구별도 모호해졌다. 그리고 서유럽이 공산주의의 붕괴 이후 자신의 전략적 시야를 어쩔 수 없이 동쪽으로 확대하고 있듯이, 또한 상이하지만 중요한 일련의 세력들도 점점 더 서유럽의 전략적 주의를 남쪽으로 끌어가고 있다. 유럽은 하나의 딜레마에 직면해 있다. 이러한 지역들을 안정시키고자 할 것인가 아니면 이들 지역에서의 불안정이 파급되는 위험을 감수할 것인가이다. 유럽 내부와 주변에서 발생하는 이러한 새로운 불안정을 어떻게 다룰 것인가가 냉전 이후 유럽대륙의 일차적인 안보문제이다.

유럽의 전략적 전망에서 이러한 극적인 변화들은 필연적으로 범대서양관계의 핵심을 형성하는 주요 유럽제도들과 범대서양 제도들에 단계적인 충격을 가해왔다. 이러한 제도들을 좌우하는 묵시적이고 명시적인 협상들뿐만 아니라 근본적인 가정들은 사건들의 과정과 그러한 사건들이 많은 주요 행위자들의 의제들과 우선순위들에 미친 영향으로 뒤집어졌다. 공산주의의 붕괴와 더불어 냉전시대 동안 범대서양 전략사회뿐만 아니라 외무부와 국방부의 사고를 지배했던 유럽의 장래에 관한 전통적인 지혜의 많은 것들이 또한 쓸모없게 되었다.

유럽연합의 미래를 재정의하기

아마도 이러한 변화로부터 가장 극적인 영향을 받은 제도는 유럽연합이었다. 유럽통합과정은 그 역사를 통해서 3개의 상이하지만 중첩적인 의제들/비전들을 추구해왔다. 첫번째는 화해의 의제/비전이었다. 이것은 민족주의와 과거의 갈등유형들을 극복하고 유럽의 심장부, 특히 프랑스와 독일 간의 전쟁을 불가능하게 만들기 위한 바람인 유럽통합을 위한 원래의 동기였다. 두번째는 유럽이 성공적으로 경쟁하고 성장하고자 한다면 유럽은 경제적으로 통합해야만 한다는 경제적 번영이었다. 세번째 이자 마지막 의제/비전은 궁극적으로 그 자신의 정치적, 경제적 그리고 최종적으로 전략적 운명을 통제하여 미국으로부터 독립적인 지구적 세력이 되는 하나의 유럽이었다.

그러므로 공식적 의미에서 유럽연합은 냉전의 피조물이 아니었다. 그럼에도 불구하고 유럽연합의 전개, 정치 그리고 의제는 주요 방식에서 냉전에 의해 형성되었다. 유사하게 냉전 종식은 또다시 1989년 이전에는 생각할 수 없는 방식으로 유럽연합의 전개, 정치 그리고 의제를 전환시켰다. 1989년 이전에 서유럽에서는 유럽통합과정이 과거를 지닌 유럽대륙의 서쪽진영을 성공적으로 화해시키고 수십년 동안의 경제적 성장과 번영을 위한 초석을 다져온 것으로 광범위하게 인식되었다. 요컨대, 첫번째 의제는 성공적으로 완성되어왔고, 또한 두번째 의제에서도 엄청난 진보가 이루어져왔다.

마스트리히트(Maastricht) 조약은 유럽연합 회원국가들간의 정치적, 경제적 통합의 심화라는 측면에서 대도약의 첫걸음을 내딛는 시도를 상징화하였다. 그것은 정체감과 '유럽경화증'을 극복하고, 특히 경제와 무역문제들에서 서유럽을 미국과 보다 평등하고 독립적인 동반자로 변화시킬 경제적 부흥을 위한 초석을 세우기 위해 서유럽 지도자들의 일치된 노력들을 의미했다. 그러나 마스트리히트 배후에 놓여 있는 동기는 경제적인 것 그 이상이었다. 또한 단일 유럽법안은 유럽이 세번째 의제, 즉 보다 통일된 정치적, 경제적 그리고 궁극적으로는 전략적 행위자로서의 유럽의 등장을 표명하기 위한 토대를 세우기 위해 계획되었다. 그것은 또한 서유럽연합을 부흥시키기 위한 시도들로서 완성되었다.

범대서양 공동체에서 전문가들과 정책 결정자들의 격론과 열정을 자극했던 쟁점들은 과연 유럽이 미국에 대한 자신의 전략적 의존성으로부터 궁극적으로 독립하고자 하는 열망을 가져야 하느냐 혹은 보다 결집력 있고 통합되고자 하는 자신의 노력들을 계속적인 대서양간 틀 안으로 맞추어야 하느냐의 여부였다. 수년간에 걸쳐서 서유럽의 관료들은 궁극적으로 많은 진영에서 신학의 한 쟁점이 되었던 것에 대해서 양분되었다. 그러나 소연방과 바르샤바조약기구가 존재하고 소련의 군사력과 균형을 이루기 위해 미국의 군사적 현존이 필요했던 한, 그러한 논의들은 때때로 이론적이었고 본질과 마찬가지로 많은 것들은 상징주의를 맴돌았다.

그러나 1970년대 말까지 많은 서유럽 지도자들 사이에서는 서유럽은 미국에 대한 유럽의 의존성을 완화하고 궁극적으로 이를 극복해야 한다는 점증하는 의식이 존재하였다. 이러한 과정은 초기에는 1970년대 후반 프랑스의 데스탕(Val'ery Giscard d'Estaing) 대통령과 서독의 슈미트(Helmut Schmidt) 수상하의 프랑스-독일 관계에 의해서 추진되었다.[12] 1980년대에는 유럽의 점증하는 좌절과 때때로 레이건 행정부하의 미국의 정책에 대한 불만에 의해서 더욱 자극되었다.[13] 정치적, 경제적 그리고 군사적 문제들에서 독자적으로 행동할 유럽의 능력을 만들고자 하는 바람은 프랑스에서 특히 강했으나, 또한 서유럽의 다른 나라들에서도 가시적이었다.[14]

냉전 종식은 이러한 기본적인 쟁점을 완전히 구제하였다. 학문적 의미에서 열띤 논쟁이 있었지만, 그 쟁점은 결코 정책적 차원으로 발전되지 못했다. 확실히, 유럽은 냉전기간 동안 소연방과 균형을 이루기 위해 미국인들을 필요로 했었다. 그러나 유럽은 산산이 깨지고 약한 러시아와 균형을 이룰 만큼 충분히 강력하지 않은가? 유럽은 미국의 원조 없이는 그 자신의 문제들을 경영할 수 없는가? 북대서양조약기구는 소련의 위협을 봉쇄하기 위한 일시적인 연합이었는가, 혹은 북대서양조약기구는

12) 슈미트의 동기에 대해서는 다음을 참조. Helmut Schmidt, *Menschen und Machte*, Berlin: Siedler Verlag, 1987; *Die Deutschen und ihre Nachbarn*, Berlin: Siedler Verlag, 1990.

13) 당시 레이건 행정부에 대한 유럽의 태도에 대해서는 다음을 참조. Michael Howard, "A European Perspective on the Reagan Years," *Foreign Affairs: America and the World*, vol.66, no.3, Winter 1987~1988, pp.478-493.

14) 프랑스 입장에 대한 개관은 다음을 참조. Philip H. Gordon, *A Certain Idea of France*, Princeton, NJ: Princeton University Press, 1993.

냉전을 초월하는 논거와 가치를 지녔는가? 이것은 유럽이 자신의 독자성을 천명하고 미국이 철수하여 그 자신의 국내적 문제들에 초점을 맞출 시기였는가? 만약 미국이 냉전이 끝난 지금 유럽에서 철수한다면 유럽은 그 자신을 천명할 수밖에 없지 않은가?

그 역설은 공산주의의 붕괴는 마스트리히트 의제와 그것과 더불어 유럽이 미국에 대한 의존성으로부터 벗어날 수 있게 하는 공고하게 통합된 서유럽이 주도하는 유럽연합의 비전을 약화시키는 것이다. 마스트리히트는 정확히 그것이 아직까지도 분할된 유럽에서 유럽통합을 전제로 한 의제를 반영하고 있기 때문에 냉전의 마지막 조약이라고 불려왔다. 그 조약에 관한 잉크가 마르기도 전에 베를린 장벽의 붕괴에 따른 독일통일의 결과로 독일민주공화국이 독일연방공화국으로 통합됨에 따라 확대의 문제는 유럽연합의 의제가 될 수밖에 없었다. 독일과 덴마크에 의해 주도된 일부 국가들은 오스트리아, 핀란드 그리고 스웨덴으로의 확대를 성공적으로 밀어붙였다. 그리고 1995년 후반 유럽연합은 정부간회담에 뒤따른 1997년 초반에 동유럽에서의 잠재적인 후보 국가들과의 가입협상을 벌일 자신의 의지를 밝혔다.

더군다나 그 조약의 장식물인 경제통화연합의 생존성은 환율 메커니즘의 위기로 인해 의문시되었다. 환율 메커니즘은 최소한 부분적으로는 통일에 따른 독일의 재정적자에 묶여 있었다. 독일통일의 비용을 위한 독일의 재정적자 정책과 연계된 고이자율은 유럽의 경제성장을 늦추었다. 유럽연합의 많은 국가들은 마스트리히트 기준을 맞추기 위해 그들의 재정과 예산정책을 신속하게 긴축적으로 운영하지 못했다. 독일통일의 경제적 충격은 예산 지출에서의 심도 있고 어떤 경우에는 대량적인 삭감 없이 제시간에 이러한 기준들을 충족시켜야 하는 어려움들만을 악화시켰다. 1996년 초반까지 프랑스와 독일을 포함하여 얼마나 많은 국가들이 1999년 말까지 경제통화연합의 자격을 갖출지는 아직까지도 불확실하다. 독일 내에서도 통화연합을 위한 현존하는 시간예정표와 관련하여 회의주의가 늘어나고 있다. 전통적으로 유럽통합을 지지했던 유럽연합국가들조차도 그에 대한 엘리트와 대중의 점증하는 회의주의와 결부되어 마스트리히트 조약에 대한 전례 없는 비판으로 많은 정치인들은 기절할 정도였다. 경제통화유럽을 유럽통합의 미래에 대한 상징이라고 정치적으로 평가했던 정치인들은 그들 자신의 의구심들을 인정하거나 그로 인해 발생할 정치적 결과를 두려워하여 그 계획의 연기를 주장하는 점증하는 압력에 굴복하기를 주저했다.[15)]

마지막으로, 외부적 사건들은 혼란감을 더욱 심화시켰다. 페르시아만 전쟁은 냉전 이후의 세계는 경제력이 필연적으로 군사적 힘을 지배하는 세계가 될 것이라는 지적으로 세련된 믿음을 깨트렸고 또다시 미국의 힘과 우월성을 강조하였다. 크로아티아와 이전의 유고슬라비아의 계승국가들의 승인에 관한 분열된 논쟁으로 유럽의 공동외교안보정책에 관한 과감한 협의가 약화되었을 때 마스트리히트는 가까스로 비준되었다. 비록 유럽연합은 유고슬라비아의 해체로 인해 부과된 도전을 자신의 강화된 외교정책능력을 입증할 기회로 받아들였지만, 유럽연합 내에서 그 위기에 대한 아주 다른 대응책과 결부·연계되어 보스니아에서 한 민족의 말살이라는 악몽은 외교정책의 중요성과 유럽 내에서 과거의 지정학적 대항과 경쟁유형은 또다시 저절로 등장할 수 있다는 위험성을 제시하였다.

통일 독일은 많은 측면에서 유럽연합의 이러한 재정향에서 주요 행위

---

15) 다렌도르프(Ralf Dahrendorf) 경은 유럽통화연합과 1950년 중반의 유럽방위공동체 사이에서 유사성을 이끌어냈다. 유럽의 정치인들은 초기에 상당한 열정을 가지고 방위공동체를 체결하고 그것을 성공적인 유럽통합 노력의 시험으로 간주한 반면, 엘리트들과 여론은 궁극적으로 그 프로젝트에 대해서 큰 관심을 보이지 않았다. 프랑스 국회가 실질적으로 방위공동체를 반대했을 때까지 공동체에 관한 의구심들은 보편적이었고 사실상 프랑스의 거부를 안도감으로 여겼다. 다렌도르프의 예측은 유럽통화연합을 위한 현재의 시간표가 포기되었을 경우 그와 똑같은 안도감이 오늘날의 유럽에 존재할 것이라는 점이다. 남아 있는 유일한 의문은 언제, 어떻게 현재의 계획을 포기할 것이며, 공식적으로 누가 이러한 조치에 책임을 질 것이냐이다. 다렌도르프와의 인터뷰 참조. "Alle Eier in einen Korb," Thomas Darnstadt and Romain Leick, *Der Spiegel*, no.50, December 11, 1995, pp.27-33.

자였다. 유럽통합과정에서 금융가이자 주요 정치적 브로커로서의 독일의 전통적인 역할을 고려했을 경우, 독일의 정책결정자들은 자신들은 유럽통합을 범유럽제도로 전환시키기 위한 강력한 도덕적, 정치적, 경제적 그리고 전략적 동기들을 가지고 있다고 신속히 결론내렸다. 이와 동등한 중요성을 가지고 독일은 냉전 이후 프랑스의 안보관심을 반영하는 지중해 지역으로의 확대전략을 위한 대가로 프랑스에게 동쪽으로의 확대를 포함하는 접근방법을 수락하게 하여 이러한 새로운 우선순위에 대한 동의를 프랑스로부터 얻었다. 동시에 독일 지도자들은 확대는 심화의 비용에서 발생할 수 없다고 계속적으로 주장하였다. 독일 국민들 내에서 점증하는 회의주의에 직면하여 콜 수상은 통합은 최상의 정책 우선순위여야만 하고, 그 과정은 돌이킬 수 없으며 그리고 민족주의와 지정학은 대륙으로부터 금지될 수 없었다고 특히 강조했다.16)

그럼에도 불구하고 1990년대 중반까지 공고하게 통합된 서유럽 유럽연합의 모델은 보다 느슨하고 보다 광범위한 범유럽 제도의 전망으로 대체되고 있다는 위험에 처했다. 유럽연합은 유럽대륙에서 발생하는 지정학적 전환의 충격하에서 새로운 방향으로 추진되고 있었다. 공산주의의 붕괴 이후, 마스트리히트의 입안자들은 초기에는 확대쟁점을 천명하기 전에 유럽연합 내에서 통합의 심화를 위한 그들의 계획들을 완성할 수 있다고 믿었다. 그러나 심화에 대한 예기치 못한 장애물들과 확대에 대한 점증하는 압력들의 결합은 마스트리히트 비전을 완성하기 위한 창문이 급속하게 닫혀지고 있다는 것을 의미했다.

확대가 정치적 현실이 되고 있었다면, 심화를 위한 전망은 불확실로

---

16) 다음을 참조. Kohl's Bundestag speech in *Das Parlament*, vol.42, no.49, November 26, 1992, p.1. 1993년 봄 자신의 입장에서 유럽회의주의를 표명하면서 콜은 발칸반도와 그러한 갈등이 중유럽으로 확산되는 위험성을 지적하였다. "우리가 정치통합을 이루지 못한다면, 우리는 여기에서뿐만 아니라 유럽의 심장부에서 이러한 악의 화신에 직면할 것이다". 인용 부분은 "Kohl wendet sich nachdrucklich gegen Pessimismus in der Europapolitik," *Frankfurter Zeitung*, May 28, 1993.

흐려 있었다. 몇 년 이내에 유럽연합은 적절히 잘 연계된 서유럽의 12개국간의 통합의 심화를 위한 비전에서 25개국의 회원국을 가진 범유럽의 유럽연합의 진망으로 바뀌었다. 유럽연합이 동독을 흡수하고 오스트리아와 핀란드와 스웨덴과 같은 북유럽국가들로 확대함에 따라 '서유럽'은 점점 더 시대착오적인 개념이 되고 있었다. 동유럽으로 잘 확대되고 지중해를 가로지르는 전망을 가진 새로운 유럽의 의미가 등장하기 시작했다.

또한 경제적 영역에서 병행적인 일련의 경향들은 미국으로부터의 독립은 아닐지라도 공고하게 통합된 유럽연합의 자율성에 대한 비전을 약화시켰다. 이것은 관세와 무역에 관한 일반협정 협상의 우루과이 라운드 기간 동안 미국-유럽 협상에서 가장 명백하였다. 마스트리히트는 '유럽요새'의 위험성, 즉 통합을 강조하는 유럽과 정치적 목적들을 위해 구체적으로 유럽의 경제적·기술적 능력들의 배양은 필연적으로 미국의 재화와 서비스들을 막을 것이라는 미국의 관심을 강화시켰었다. 유럽 내에서 독자적인 유럽을 주장하는 사람들은 냉전 종식으로 유럽은 국제무대에서 미국으로부터의 독자성을 천명할 수 있는 유럽의 장래능력을 보장하는 조치들을 취할 수 있게 되었다고 주장하였다. 보다 광범위하게, 미국과 유럽 간의 점증하는 경제적 경쟁과 대결에 대한 예상들이 광범위하고 공공연하게 되었다. 어떤 논평가는 냉전의 지정학적 투쟁은 미국과 유럽이 동맹국이 아닌 적대국인 새로운 '지경제적' 투쟁에 의해서 대체되고 있다고까지 주장하였다.[17]

관세와 무역에 관한 일반협정 협상의 우루과이 라운드에서의 경험은 그러한 예견은 기껏해야 시기상조였다는 사실을 약화시켰다. 그 라운드의 결과와 미국-유럽 무역의 결과들은 다른 곳에서 평가되어왔다.[18] 확

---

17) 다음을 참조. Lester Thurow, *Head to Head: The Coming Economic Battle Among Japan, Europe and America*, William Morrow & Co., New York, 1992; Edward N. Luttwak, "From Geopolitics to Geoeconomics: Logic of Conflict, Grammar of Commerce," *The National Interest*, no.20, Summer 1990, pp.17-23.

18) 다음을 참조. Jeffrey J. Schott, *The Uruguay Round: An Assessment*, Institute for

실히, 우루과이 라운드는 대서양간 관계에 매우 복합적인 유산을 남겼다. 한편으로는 농업과 같은 쟁점들에 걸친 격렬한 논쟁은 미국과 유럽은 이러한 협상에서 그리고 보다 광범위한 무역 쟁점들에서 명확한 적대자들이었고 그리고 그러한 논쟁들은 전반적인 대서양간 동반자관계를 위태롭게 할 수 있다는 광범위한 인상을 남겼다. 그러나 농업 쟁점들을 제쳐둔다면, 미국과 유럽 모두는 그들 자신들이 때때로 보완적인 전략들과 입장을 가지고 있다는 것을 발견했다.

실질적인 당혹감은 아직까지도 존재하는 농업 보조금의 쟁점에 관한 공개적 논쟁보다는 유럽연합의 경제가 1980년대의 과정을 거치면서 점점 더 개방적으로 되었다는 데 있을 것이다. 국제화된 주요 시장들과 연관된 압력과 유럽의 경쟁적인 산업 제 분야로부터의 압력은 외부지향적 정책을 추진하는 방향으로 국가적 정부들과 유럽연합을 몰아붙였다. 이러한 정책들은 궁극적으로 요새화된 유럽 전략을 쓸모없게 만들고, 최종적으로 관세와 무역에 관한 일반협정을 가능하게 하며 그리고 장기적으로 대서양간 관계를 강화시킬 잠재성을 가지고 있다. 1990년대 초반까지 유럽은 실제적으로 경제와 상업 영역에서 보다 더 외부지향적이 되고 있었다.

앞을 내다보았을 경우, 주요 문제는 어떠한 종류의 유럽연합이 미래에 전개될 것이고 어떠한 종류의 동반자가 새로운 대서양간 동반자관계에서 미국에게 어울릴 것인가이다. 유럽연합을 위한 주요 시금석은 1996년 3월 투린(Turin)에서 시작된 정부간회의의 결과일 것이다. 이 회담은 공동외교안보정책을 위한 전망들뿐만 아니라 무엇보다도 경제통화연합의 통화를 심화시키기 위한 노력들의 장래 진로를 결정할 것이다. 유럽연합의 정책결정에 대한 필요한 개혁들과 동쪽으로의 확대에 따른 지정학적 결과들과 남쪽에 대한 보다 활동적인 유럽연합의 역할에 대한 점증하는 압력들과 협정을 체결하기 위한 유럽연합의 투쟁들의 분수령

International Economics, Washington, D.C., 1994.

으로서 마스트리히트 II는 점점 더 크게 부각된다.

확실히, 많은 논평가들은 유럽연합에서 현재의 문제점들을 일시적이고 주로 유럽의 현새의 경세적 침제의 기능, 독일통일에 따른 예상치 못했던 비용들, 명백히 야망적인 계획들 그리고 정치적 신뢰감의 상실로 파악한다. 이러한 견해는 냉전 종식으로 야기된 지정학적 지진이 통합과정과 유럽연합의 많은 회원국가들의 정치적 우선순위에 미친 영향을 과소평가한다. 더군다나, 1950년대 이후로 유럽통합과정을 몰고왔던 바로 그 논리에 도전하고 있는 정치인들과 논평가들이 증가하고 있다. 현재 유럽연합의 어떠한 회원국가도 실제적으로 그 과정을 포기하는 것을 거의 상상할 수 없지만, 유럽통합의 신속한 심화를 위한 관성은 침식되어왔다. 유럽에서 그 자신의 안보를 경영하고 미국에 대해 그 자신의 독자성을 천명할 수 있는 응집력 있는 정치적·전략적 행위자로서 등장하는 공고하게 통합되고 응집력이 있는 유럽연합의 전망은 정치적 신기루가 되어왔고 점점 더 요원해지고 있다. 유럽통합은 계속될 것이나 보다 완만하고 자연스러운 속도로 진행될 것이다.

북대서양조약기구의 변화

냉전 종식은 적어도 그것이 유럽연합에 미친 만큼 극적으로 대서양동맹에 충격을 가했다. 공산주의의 붕괴, 소연방의 해체 그리고 이전 소련병력들의 동쪽으로의 수천 킬로미터의 철수는 대서양동맹의 영토에 대한 어떤 직접적인 군사위협을 제거했다. 냉전 종식은 또한 미국의 군사적 현존과 정말로 북대서양조약기구의 존재이유—서유럽 영토에 대한 소련의 직접적인 군사위협을 억지할 필요성을 위한 가장 직접적이고 즉효적인 논거를 제거했다.

대서양동맹에서 미국과 미국의 서유럽 동맹국가들은, 학계에서 수년동안 격렬하게 논쟁되었고 정치인들에 의해서 조심스럽게 회피되어왔던 문제들에 직면하였다. 유럽에서 미국의 현존은 일시적 보호국인가 아니면 유럽전망의 영원한 모습이 되도록 의도되었는가? 미국이 본토로 돌아간다면 무슨 일이 발생하는가? 새로운 방법에서 유럽은 합쳐질 수 있는가 아니면 단편적인가? 1980년대 조페(Joseph Joffe)는 대륙에서의 미국의 군사적 현존을 유럽의 '조정자'라고 칭했다.[19] 그는 유럽에서 미국의 군사적 현존이 지속되는 한, 유럽인들은 유럽방위에서의 진지한 노력을 결코 하지 않을 것이라고 주장했다. 오직 그 조정자가 물러났을 경우에만 유럽은 안보와 방위 측면에서 성장할 것이고 그 자신의 안보를 경영할 수 있을 것이다.

처음에 유럽이 이러한 역사적 기회를 잡아 미국과 (당시에 존재하고 있었던) 소연방 모두로부터 독립된 자신의 독자적인 역할과 운명을 천명할 시기가 마침내 도래했다는 일부 감정이 유럽에 존재하였다. 그러나 그러한 감정들은 재빠르게 사라졌다. 러시아의 불확실한 장래, 유럽이 자신의 안보를 관리할 수 있는 능력에 대한 의구심들, 통일된 독일, 민족주의의 재발에 대한 두려움, 냉전 이후의 전망에 대한 새로운 불확실성 등에 직면하여 미국의 유럽 동맹국가들은 유럽에서 미국의 계속적인 관여를 보장하는 수단으로서 유럽에서 축소되었지만 강력한 미국의 군사적 현존을 유지하는 정책을 신속히 채택하였다.

그러나 고려된 조정자 논제를 시험하는 사상은 위험할 뿐만 아니라 그 논제의 기본적인 전제도 거부되었다. 프랑스가 가장 강력하게 옹호했던 조정자 주장은 유럽에서 미국의 현존은 실제적으로 유럽통합과 스스로의 힘으로 더 큰 책임을 맡겠다는 유럽의 노력에 방해가 된다는 가정에 기초하였다. 대신 미국과 유럽 지도자들은 대서양동맹과 미국의 현존은 유럽통합을 지속시키고, 특히 동유럽의 새로운 국가들로 확장시키는 데 필요한 틀을 제공한다고 주장했다. 미국의 역할과 현존은 조정자로서가 아니라 통합자로서 여전히 요구되었다. 왜냐하면 그것은 유럽이 서로를 결합시킬 수 있도록 하는 데 필요한 틀을 제공하는 것은 대서양동맹과 특히 미국이기 때문이었다.[20]

---

19) Joseph Joffe, "Europe's American Pacifier," *Foreign Policy*, no.54, Spring 1984, p.81.

요컨대, 미국과 미국의 주요 유럽 동맹국들은 궁극적으로 유럽에서 미국의 현존이 아직까지도 필수적이라고 결론을 내렸다. 미국은 안보와 경제적 측면에서 유럽으로부터 물러나게 되는 것을 두려워했다. 미국의 관료들은 유럽인들처럼 미국이 유럽의 안보문제에서의 똑같은 공약, 현존 그리고 주장을 가진 '유럽국가'라는 논거를 받아들였다.[21] 이러한 새로운 논거는 유럽이 과거의 민족주의, 지정학적 대항 그리고 피비린내나는 갈등으로 다시 빠지지 않으려면 유럽문제에서 미국의 활동적인 역할이 필수적이라고 전제한 20세기 역사의 판독에 기반하였다. 유럽에서 미국의 현존은 러시아의 잔존 위협에 대항하는 전략적 배경으로서뿐만 아니라 유럽, 무엇보다도 독일의 통합을 유지하고 유럽정치에서의 민족주의의 재등장을 회피하기 위한 수단으로서 요구되었다. 정말로 정치적 브로커와 조정자의 역할을 하는 미국과 더불어서야만 이전에 분할된 유럽이 함께 성공적으로 성장할 수 있었다.

결과적으로 대서양동맹의 역할이 재정의되고 확대되어야만 한다는 새로운 합의가 점차적으로 등장하였다. 북대서양조약기구는 서유럽을 방위하는 것으로부터 전체로서의 유럽에서 안보를 관리하는 것으로 자신의 책무를 확대해야 했다.[22] 양 논거들은 1940년대 후반 대서양동맹의 국부들이 처음에 개진하였던 것과는 상당히 달랐다. 만약 1989년부터 오늘날까지 대서양동맹의 성명서들을 주의깊게 본다면, 대서양동맹의 정치적 논거의 단계적 재정의와 그것의 개념적 강조점들을 증거로서 입증할 수 있다. 확실히, 심지어 냉전기간 동안에도, 대서양동맹은 사실상 소련의 직접적인 군사위협을 억지하는 것 이외에 2차적인 몇 가지

---

20) 이러한 입장을 가장 잘 대변하는 사람은 독일의 국방장관인 루에(Volker Ruhe)이다. 그의 사고에 관해서는 다음을 참조. Volker Ruhe, *Deutschlands Verantwortung, Perspektiven fur das neue Europa*, Frankfurt a.M.: Ullstein Verlag, 1994.

21) 다음을 참조. Richard C. Holbrooke, "America, a European Power," *Foreign Affairs*, vol.74, no.2, March-April 1995, pp.38-51.

22) 다음을 참조. Amus, Kugler and Larrabee, "Building a New NATO."

임무들을 가정해왔다. 대서양간 결속력을 증진시키고, 민족주의의 부흥을 회피하고, 통합을 증진하거나 유럽의 분할을 종식시키는 것과 같은 업무들은 오랫동안 대서양동맹의 강력한 현존으로부터 유입되는 주요 혜택들로서 여겨져왔다. 그러나 이러한 업무들은 지금 북대서양조약기구의 목적과 공식적인 논거에 보다 핵심적이 되었다. 게다가 북대서양조약기구는 평화유지를 포함하여 확대를 통해서 동쪽으로 안정을 투사하는 것 그리고 지중해 연안지역에 걸쳐 있는 북대서양조약기구의 비회원국가들과의 대화 등 전체적인 일련의 새로운 임무들을 채택하였다. 또한 새로운 임무들의 목록상에는 위기관리가 있었다. 북대서양조약기구의 성명서들은 대서양동맹 회원국가들의 영토에 대한 불가침성뿐만 아니라 유럽에서 모든 국가들의 안보에 대한 '불가분성'을 언급하면서 시작했다. 1991년 11월 로마에서 북대서양조약기구는 그 자신을 유럽안정의 파수꾼으로 바꾸었고 자신의 군사력을 영토방위로부터 신속대응과 전력투사로 재정향하는 새로운 전략개념을 공식적으로 채택하였다. 1992년 6월 오슬로에서 북대서양조약기구의 새로운 임무들의 목록에 평화유지가 공식적으로 첨가되었다. 이것은 1994년 1월 브뤼셀 정상회담에서 원칙적으로 동쪽으로의 확대와 확산에 대한 대서양동맹의 이니셔티브를 착수하는 결정에 뒤따랐다.

이러한 새로운 임무들을 포용한 것은 새로운 시대에 맞게 그 자신을 현대화·쇄신하고자 하는 북대서양조약기구의 바람을 강조할 뿐만 아니라 불안정의 새로운 원천들에 대한 대응에 기반한 사건들이 어떻게 대서양동맹을 몰고가고 있는가를 입증했던 것이다. 북대서양조약기구의 국경선을 넘어서는 발전들이 많은 회원국가들의 최상의 국가안보 관심사가 됨에 따라 소위 영역 내부와 외부에서의 이익과 갈등 사이의 과거의 전략적 구별은 점점 더 모호해지고 있었다. 중·동유럽으로의 대서양동맹의 확대의 필요성에 대해서 독일의 국방장관인 루에(Volker Ruhe)가 지적했듯이, 북대서양조약기구는 역외로 안정을 수출하든가 아니면 역내로 불안정을 수입하는 위험을 감수해야만 했다. 1993년 중반 미국의 상원의원인 루거(Richard Lugar)는 북대서양조약기구는 확대돼야만 한다, 그렇지 않으면 북대서양조약기구는 '임무가 없을' 것이며, 따라서 대서양동맹이 냉전 이후 시대의 새로운 전략적 도전들을 표명할 필요성을 약화시킨다고 주장하면서 상당히 대중적인 연설에서 이 쟁점을 적절하게 지적하였다.[23)]

북대서양조약기구의 방위선을 넘어서서 발생하는 위협들과 사건들이 북대서양조약기구 회원국가들의 안보에 영향을 미칠 수 있다고 인정한 대서양동맹은 이러한 도전들에 대처할 정책들을 채택하기 위해 단계적 방식으로 움직였다. 냉전기간 동안 대서양동맹의 주요 초점은 소련에 의한 대규모의 전장 확대, 단기적인 경고시간 그리고 대서양동맹에 대한 직접적인 위협을 억지하는 데 있었다면, 오늘날 대서양동맹은 조약 제5조(북대서양조약기구 영토에 대한 직접적인 위협들)와 조약 제5조에 없는 우발사태를 포함하는 광범위한 지역적 우발성에 대처하기 위해 북대서양조약기구의 재편성을 추구하였다. 새로운 러시아의 위협이 부재하는 가운데 조약 제5조에 없는 지역적 위협들이 장래 대서양동맹이 직면하는 가장 중요한 전략적 도전들이 될 것이라는 인식이 점증하였다. 이번에는 이것이 연속적인 충격을 미쳐 대서양동맹으로 하여금 자신의 전략적 개념에서부터 자신의 지휘구조와 전력상황에 이르기까지 모든 것을 재고하게끔 만들었다.

이러한 과정은 1995년 12월 프랑스가 다시 한번 대서양동맹의 정책결정에 보다 깊이 관여하겠다는 자국의 의지를 천명하고 '유럽 기둥'을 강화하고 현재의 방위영역을 넘어서서 활동할 북대서양조약기구의 능력을 개선하겠다는 자국의 결정을 알렸을 때 보다 깊은 영향을 받았다. 변화의 속도는 일부 사람들에게는 너무 더뎠지만 일부 다른 사람들에게는

---

23) 1993년 6월 24일 워싱턴의 해외작가클럽에서 행한 루거(Lugar)의 연설 참조. "NATO: Out of Area or Out of Business: A Call for U.S. Leadership to Revive and Redefine the Alliance," United States Senate Media Release, Press Office of United States Senator for Indiana, Richard G. Lugar.

너무 빨랐다. 그리고 대서양동맹은 유럽의 변화하는 전망과 주요 회원국가들의 우선순위의 전환에 대응하는 데 새로운 전략과 정책을 채택할 수밖에 없게 되었다.

확실히, 대서양동맹은 또한 만약 미국이 자국의 사활적 이익들이 미국의 관여에 도움이 되지 못한다고 결정한다면 유럽인들이 특정 위기시에 미국과는 독자적으로 행동할 가능성뿐만 아니라 강화된 유럽기둥을 위한 여지를 남겨놓는 방향으로 나아갔다. 1994년 1월 브뤼셀 북대서양조약기구 정상회담에서 다국적합동수행전력(CJTFs)을 위한 대서양동맹의 제안이 이루어졌고 '개별적이지만 개별적이지 않은' 전력이 그러한 조치들을 가능하게 하기 위해 조심스럽게 초안되었다.[24] 대서양동맹은 또한 조약 제5조에 포함되지 않은 새로운 임무에 참여하는 것은 자발적이고, 따라서 만약 미국이 자국의 사활적 이익이 포함되어 있지 않다면 미국이 참여하지 않을 수 있다는 것을 조심스럽게 보장하는 것이었다. 새로운 유럽에서 융통성과 효율적인 안보를 제공할 수 있는 서로 맞물린 제도들의 개념하에서 전체적인 패키지가 포함되었다.

성명서에서는 논리 정연하게 해결되었지만 이러한 개혁들에 관한 진정한 시험은 지상에서, 특히 보스니아에서 현실세계 위기들의 형태로 나타났다. 보스니아 위기는 이러한 협정들의 많은 것들에서 내재적으로 갖고 있는 모호성들을 확연하게 밝혀주었다. 미국이 유럽국가라고 주장했지만 그 갈등에 개입하기 주저했다는 사실은 새로운 유럽에서 장래 갈등들을 해결하기 위해 미국이 어떻게 약속할 것인가에 관한 의구심들을 불러일으켰다. 확실히 미국은 개입할 법적 의무감이 없었다. 미국은 단순히 북대서양조약기구의 새로운 개념에 법전화된 선택의 자유를 이용했다. 하지만 미국이 참여하지 않을 선택의 결과는 필연적으로 보다 먼 지역에까지 이르고 있었다. 왜냐하면 그 조치는 1991년 11월의 로마 정

---

24) 다음을 참조. NATO, "Declaration of the Heads of State and Government Participating in the Meeting of the North Atlantic Council Held at NATO Headquarters," Press Communique' M-1(94)3, Brussels, 11 Janyary 1994.

상회담 이후로 대서양동맹이 계획했던 방침의 실행성에 관한 의문을 재개했기 때문이었다. 보스니아에 관한 미국 의회의 논쟁은 언제 그리고 어니에 미국의 사활적 이익이 걸려 있느냐에 관한 혼란을 강조했다. 미국과 북대서양조약기구 정책은 그 결과로서 보다 깊은 관여 쪽으로 전환되었고, 보스니아에서 궁극적인 평화 해결을 위한 전제조건들을 만들어냈다. 그러나 보스니아에 관한 미국 의회에서의 계속적인 논쟁, 보스니아 평화유지군 계획에서 미국의 참여에 대한 대중의 미비한 지지 그리고 미국의 대통령은 보스니아에서 미국 병력을 전개하는 데 따른 주요 정치적 위험을 감수해야 한다는 사실은 북대서양조약기구의 임무를 확대하기 위한 이러한 새로운 북대서양조약기구의 노력이 연약하다는 것을 강조했다.

냉전 이후의 시대에서 대서양간 동반자관계를 새롭게 하고자 하는 노력들에 대한 이러한 개괄은 동반자관계는 유럽에, 특히 미국은 장래 유럽의 안정성을 보장하기 위해 유럽국가들과 어떻게 일을 해나갈 것인가에 초점이 맞춰졌다는 사실을 부각시킨다. 동시에 대서양간 동반자관계의 주요 제도들인 유럽연합과 북대서양조약기구는 때때로 계획적, 의도적이라기보다는 현실세계 사건들의 피할 수 없는 압력으로부터 새로운 방향으로 나아갔었다.

많은 측면에서 대서양간 동반자관계는 이미 조금씩 가동되었고, 혹은 이 장의 도입부에서 제시했던 이중확대의 개념을 향해 나아갔다. 유럽연합과 북대서양조약기구는 동유럽의 새로운 국가들을 포함하는 확대의 목표를 포용해왔고, 그것들은 그들의 국경선에 인접한 지역들을 안정화시키기 위해 남쪽에서 현재의 회원국가들의 국경선을 넘어서는 계획들을 발전시켜왔다. 북대서양조약기구의 경우에 대서양동맹은 자신의 기능들을 성명서에서뿐만 아니라 갈등이 일어나는 지상으로까지 확대해왔다. 북대서양조약기구 역사상 처음으로 대서양동맹의 병력들은 소련의 대규모 침략에 대항하여 중유럽의 방위에서가 아니라 유럽에서 확산되고 있는 불안정을 예방하고, 민족주의를 가라앉히고, 발칸의 평화 계획을 실행하기 위한 역외 임무에서 전투에 참가했다.

이러한 변화들이 중요하고 인상적일지라도 그것들은 기껏해야 이 책에서 제안했던 범대서양 동반자관계의 핵심에 있는 이중확대의 불안전한 견해에 불과하다. 이 책이 옹호하는 범대서양 동반자관계의 보다 광범위한 변화를 착수하려는 노력이 어느 진영에서도 없었다. 유럽 내·외부에서 공동이익들에 대한 전략적 도전들에 관한 새롭고 확장된 미국-유럽 대화의 필요성에도 불구하고, 초점은 주로 유럽에 맞추어져 있다.

현재의 초점은 유럽에서 미국의 관여를 유지하는 열쇠는 유럽 내·외부에 걸친 미국과 유럽의 공유된 이익들의 완전한 스펙트럼을 표명하는 보다 광범위하고 공정한 동반자관계에 놓여 있다는 사실을 간과한다. 미국의 안전한 국제적 관여를 도와주는 최선의 방법은 유럽에서 미국의 관여를 유지하고자 하는 바람을 반복적으로 나타내는 끊임없는 성명서들을 발표하는 것이 아니라 유럽인들이 더 많은 책임을 맡고 미국과 함께 유럽 외부에서 공유된 이익들에 대한 위험과 위협들을 천명하는 데 있는 것이다.

그러나 미국과 유럽의 지도자들은 현재의 대서양간 동반자관계에 구조적 결함, 즉 유럽에만 초점이 맞추어져 있다는 점을 인식해야만 한다. 대서양간 아우토반이라는 콜 수상의 은유를 사용하기 위해, 그 도전은 추가적인 도로를 건설해야 할 뿐만 아니라 그것에 지속적인 형태로 대서양간의 우선순위들과 이익들을 조화시키는 보다 광범위하고 지구적인 초점을 부여하기 위한 범대서양 동반자관계를 새로 설계하는 것이다.

앞에 놓여 있는 장애물들

그러한 새로운 대서양간 협상을 형성하기 위한 전략은 많은 장애물들에 직면할 것이다. 첫번째이자 아마도 가장 중요한 장애물은 유럽은 상당히 자기 몰두적이고 고립주의자로 남아 있다는 점이다. 유럽인들은 많은 미국인들이 바라는 좀더 지구적인 도전들을 배제하고 유럽대륙의 장래 안정을 더 우려한다. 유럽의 지도자들은 또한 냉전 이후의 초기 기간에 그들이 보여주었던 상당한 자신감을 상실하였다. 냉전 이후 초기의 행복감이 사라졌다. 유럽의 정열은 유럽통합을 방침대로 유지하는 데 초점을 두고 있다. 유럽인들은 또한 러시아의 불확실한 미래에 상당한 우려감을 보인다. 유럽인들의 눈에는 러시아의 현재의 연약함에도 불구하고 러시아의 제국주의적 군사력의 장기적인 부흥이라는 잠재성이 남아 있다.

유럽 지도자들은 서로 결합하고 공산주의하에서 거의 40년 동안 분단된 유럽대륙을 화해시키는 목표에 몰두하고 있다. 과거의 유령들과 민족주의의 복귀라는 두려움과 유럽국가들간의 지정학적 갈등이라는 과거의 유형들이 표면 아래에 잠복해 있다. 유럽 내에서 화해는 유럽대륙을 넘어선 유럽의 이익들을 천명하는 것보다 우선권을 갖는다. 일부 미국인들은 냉전 이후 유럽을 주로 안정적이고 다소 궤도에 오른 것으로 치부할 수도 있으나 유럽인들에게는 안정적이고 지속적인 냉전 이후의 유럽질서를 구축하는 작업은 아직도 상당한 진보를 요하는 작업이고 그 결과는 아직까지도 불확실하다.

서유럽과 동유럽이 화해될 때까지 그리고 유럽 지도자들과 대중들이 유럽대륙에서의 안정이 확실하다고 믿을 때까지 유럽은 내부지향적일 가능성이 크다. 많은 유럽인들은 유럽안보는 미국 없이도 관리될 수 있다고 믿지 않는다. 약화되었지만 아직까지도 불길한 러시아에 대한 전략적 균형을 이루기 위해서는 정직한 정치적 브로커로서 그리고 유럽정치에서의 민족주의의 재현을 예방하고 유럽통합이 전진할 수 있는 안보우산을 계속적으로 제공하는 순진한 세력으로서 미국이 필요하다는 광범위한 합의가 존재한다. 이러한 배경과는 대조적으로 유럽에 덜 개입적이 되고 있는 미국의 전망은 전략적 측면에서 단지 유럽의 내부지향적 정향만을 강화시킨다. 그것은 유럽인들로 하여금 거의 가장 강경한 유럽제일주의자들이 미국으로부터 독립된 유럽이라는 비전을 포기했을 시기에 미국이 주도하는 대서양동맹을 대체할 독자적인 유럽안보와 방위를 구축하도록 고무시킨다.

두번째 중요한 장애물은 심지어 유럽의 내적 안정성과 균형에 관해 남아 있는 이러한 의구심들이 완화되고 궁극적으로 제거될 수 있더라도, 유럽의 전략적 문화는 이러한 새로운 대서양간 동반자관계를 형성하기 위해서 변화되어야만 한다는 점이다. 유럽의 경제적·상업적 시야는 점점 더 지구적이지만 유럽의 전략적 전망은 지역적이다. 역사의 아이러니 중의 하나는 유럽의 전략적 사고는 20세기 초반 때보다도 더 편협하고 보다 고립적이다.

확실히, 유럽인들은 냉전시대 기간 동안 자신들의 전략적 사고를 지배했던 협의적 사고를 확장해왔다. 오늘날 유럽의 초점은 과거 서유럽의 한계를 넘어서서 지중해 연안뿐만 아니라 동유럽을 안정화시킬 필요성을 포함하는 것으로까지 확대하고 있다. 그러나 그것은 본질적으로 오늘날 유럽의 전략적 관심이 멈추는 곳이다. 상기에서 논의된 새로운 동반자관계를 위해서는 유럽의 전략적 시야가 확장되어야만 한다. 이것은 유럽의 현재의 전략적 공동체에 대한 철저한 조사, 외교관들과 군장교들에 대한 다른 훈련 그리고 다른 우선순위들을 반영하는 정책결정 제도들에 대한 철저한 조사를 요할 것이다. 그것은 유럽인들의 해외·방위정책들을 수행하는 데 있어 유럽인들이 사고하고 자신들을 조직하는 방법의 측면에서 작은 혁명을 요구할 것이다.

세번째 장애물은 유럽을 넘어서는 이러한 새로운 도전들을 정의하고 천명하는 데 있어 대서양 양 진영의 대중들과 엘리트 태도에 상당한 차이가 존재한다는 점이다. 그것은 단지 자신에 대한 유럽의 몰두이거나 혹은 가장 큰 문제를 구성하는 비전이나 심지어는 정치적 대화의 결여가 아니다. 미국과 유럽의 새로운 전략적 동반자관계를 형성하는 중요한 전제조건은 잠재적 위협들과 그것들을 천명하는 방법에 대한 공유된 전략적 문화를 만드는 것이다. 오늘날 그러한 공유된 전략적 문화는 존재하지 않는다. 공동전략문화가 냉전시대 기간 동안 소련을 억지하기 위해 북대서양조약기구를 통해서 효율적으로 형성되었지만, 오늘날 그것이 새로운 도전들을 포함하는 것으로 확대될지의 여부와 그 방법에 관해서는 불확실하다.

메워져야 할 차이는 크다. 양차 세계대전의 결과로 미국은 미국의 영토에서가 아니라 종종 먼 지역에서 자국의 이익들이 보호되어야 할 필요성을 깨닫게 되었다. 미국의 심각한 국내적 문제들에도 불구하고, 오늘날 대다수의 미국인들은 장래의 전개가 사활적으로 미국의 이익들에 영향을 미치는 먼 지역들, 즉 유럽, 러시아, 중동 그리고 아시아에서 미국의 정치적, 군사적 그리고 경제적 개입을 필요로 한다는 것을 알고 있다. 미국의 전략적 문화는 군사적 개입에 대한 인식된 필요성, 때때로 해외 국가들에서 상당한 병력을 전진 배치할 필요성 그리고 미국의 지도력을 중심으로 구축된다.

오늘날 유럽의 전략적 문화는 상이한 일련의 요소들과 역사적 경험들에 의해서 형성되어왔다. 유럽은 많은 면에서 미국보다는 상당히 국제주의적인 사회들이다. 그러나 때때로 이러한 국제주의는 개별적 국가로서 그리고 유럽연합을 통해서 유럽이 효과적인 지구적 행위자로 활동하는 상업적 영역으로 돌려져왔다. 그러나 전략적으로 냉전은 유럽의 주요 국가들의 사고를 내부지향적으로 돌려놨다. 이러한 많은 국가들의 식민주의적 유산은 또한 그들 중 많은 국가들에게 해외에서 군사력 사용에 대한 애매모호한 태도를 갖게 했다. 많은 유럽인들에게 있어서 이러한 역사의 교훈은 지정학적 이득을 얻고자 하는 것과 지정학적 목적들을 얻기 위해 군사력을 사용하는 것은 무용하다는 것을 일깨워주었다. 유럽은 확실히 그 자신의 독립과 주권을 보호하기 위해 군사력을 사용할 준비가 되어 있지만 해외에서 군사력을 사용하고자 하는 자신의 의지는 냉전시대 동안 쇠퇴하였다. 자신들의 인접한 지역을 넘어서서 자신들의 이익들을 보호할 수 있는 작지만 잠재적으로 특별한 능력들을 보유하고 있는 영국과 프랑스를 예외로 하고는 대다수의 유럽국가들은 자신들의 군사체제를 배타적으로 영토방위에만 맞춘다. 이러한 국가들은 자신들의 국가 영토 방위가 일차적인 목적인 징병 군대를 가지고 있다.

많은 유럽국가들은 또한 '시민 세력'으로서의 유럽의 견해에 상당히 만족해왔다.[25] 그들은 유럽인들이 '연성 권력'의 측면에서 주도적인 역할을 맡고 '강성 권력'의 부담을 미국에게 맡기는 미국과 유럽 간의 분업이 존재한다는 믿음을 내재화해왔다. 그들은 미국의 행동 형태를 비난하지만 자신들이 더 큰 책임감을 맡거나 미국의 역할을 대체할 보다 활동적인 역할을 맡고자 하는 의향이 거의 없다. 더군다나, 많은 유럽인들은 이것은 또한 많은 미국인들이 선호하는 분업이라는 믿음, 즉 종종 미국을 폭력적이고 군사적인 사회라는 상투적인 표현에 시달려온 견해에 뿌리를 둔 믿음을 갖고 있다.[26]

독일은 그러한 딜레마를 설명한다. 유럽이 보다 응집력 있고 강력한 미국의 전략적 동반자로서 등장하기 위해서는 독일은 많은 측면에서 변화를 요구받게 될 것이다. 많은 측면에서 이것은 이미 발생하고 있다. 독일은 많은 관찰자들이 기대했던 것 이상으로 군사적 영역을 포함해서 더 큰 책임감을 맡는 방향으로 심도 있고 빠르게 움직여왔다. 독일은 전통적으로, 특히 겐셔(Hans-Dietrich Genscher)가 외무장관으로 재직했을 기간 동안 고전적인 시민세력이었다. 그러나 독일 내에서 독일은 국제공동체의 다른 정상적 국가들과 똑같은 의무감을 맡아야 한다고 주장하는 사람들(정상화 지지자들)과 독일의 역할은 시민세력의 역할로 제한되어야 한다고 주장하는 사람들간의 지속적인 논쟁이 있어왔다. 좌파진영에

---

25) Hanns W. Maull, "Zivilmacht Bundesrepublik Deutschland, Vierzehn Thesen fur eine neue deutsche Aussenpolitik," *Europa Archiv*, vol.47, no.10, 1992, p.269.

26) 나는 선별적인 독일인과의 집중그룹토론에서 이러한 노동분업의 국제화의 정도를 강조했다. 랜드 연구소가 후원한 주요 국가안보 쟁점에 관한 독일인들의 태도에 대한 일련의 여론조사를 준비하는 과정에서 있었던 이러한 논의에서 일부 참가자들은 통일 독일은 군사분야를 제외하고는 보다 큰 지도력과 책임감을 맡아야 한다는 견해를 피력하였다. 왜 독일은 적극적인 군사적 역할을 기피하면서 보다 큰 지도력과 책임감을 맡아야 하는가를 질문받은 한 학생은 "전쟁, 즉 우리가 미국에게 맡기는 어떤 것이다"라고 답변했다. 보다 자세한 내용에 대해서는 다음을 참조. Ronald D. Asmus, *German Strategy and Public Opinion After the Wall, 1990~1993*, MR-444-FNF/OSD/A/AF, RAND, Santa Monica, CA, 1994.

대한 일부 비판자들은 정상화는 독일사회가 재군사화와 재민족주의화로 나아가는 것을 종결짓고 우파진영으로의 정치적 선회를 재촉할 것이라고까지 주장하였다.[27] 저자의 견해로는 그러한 관심은 상당히 과장되었지만, 그들은 유럽의 전략적 문화를 변화시키기 위해서 극복되어야 할 필요가 있는 당황스러운 문제들을 강조한다.

확실히, 이것은 미국을 주의를 요하게 하는 상황에 빠지게 만든다. 유럽인들은 유럽이 또다시 재민족주의화되지 않기 위해서는 미국이 새로운 유럽에서 안보를 보장하기 위해 계속적으로 개입하는 것 이외에는 다른 대안이 없다고 주장한다. 유럽 외부에서 발생할 장래의 우발사건에서 유럽이 미국의 보다 효율적인 동반자가 될지의 여부와 시기는 유럽이 자신의 문제를 해결하는 데 걸리는 시기에 달려 있고, 심지어 그 이후에도 유럽이 기꺼이 보다 광범위한 의제를 논의하고자 하는 것은 먼 이후의 일이다. 유럽으로부터의 메시지는 일단 유럽이 완전히 안정되고 안전하다면 유럽 외부에서의 새로운 도전들을 관리하고자 하는 새로운 동반자관계를 논의할 수 있다는 것이다. 그러나 20세기 말에 유럽이 그 노선을 세울 것이라는 보장은 없다. 많은 유럽인들은 미국이 유럽을 도와 유럽안보를 보장하고 그밖의 다른 지역에서 중요한 국제적 안보쟁점들을 책임지고 때때로 그 시나리오에 따라 유럽이 기여할 가능성이 있는 그러한 노동분업에 따라 기꺼이 영위하고자 한다.

새로운 대서양간 협상을 형성하는 데 직면할 네번째 장애물은 이러한 매우 상이한 전통과 전략적 문화 때문에 미국과 유럽은 매우 상이한 군사체계와 전력을 가져왔다는 점이다. 비록 미국과 유럽은 거의 반세기

---

27) 예를 들면, 다음을 참조. Peter Glotz, *Die falsche Normalisierung, Essays*, Frankfurt a.M.: Suhrkamp Verlag, 1994. 냉전 종식때 독일 연방군대의 확대된 역할에 반대했던 전 외무장관인 겐셔(Hans Dietrich Genscher)는 또한 독일의 확대된 군사 역할은 독일 정치에서 우익의 창궐을 야기할 것이라는 입장을 표명했다고 보도되었다. 자신의 비망록에서 그는 유럽 정치에서 파괴적인 민족주의의 부활의 위험성을 재차 언급하고 있다. Hans Dietrich Genscher, *Erinnerungen*, Berlin: Siedler Verlag, 1995.

동안 밀접한 동반자관계였지만, 그들의 전력은 냉전 이후의 전략적 도전들을 표명하기에는 적합하지 않다. 미국의 방위예산은 영토방위의 원칙이 아니라 멀리 떨어진 미국의 이익들을 보호하기 위한 전력투사원칙을 근거로 이루어진다. 현재 미 국방예산의 소규모 부분만이 영토방위에 쓰여진다. 다액의 방위비가 해외에 있는 미국의 이익들과 가치들을 보호하는 전력투사능력을 위해 지출된다.

대다수 유럽의 군사체계의 경우에 있어서 상황은 정반대이다. 냉전기간 동안 절대다수의 방위예산들이 영토방위에 초점을 두었다. 인접 지역들을 넘어서 자신들의 이익들을 보호할 수 있는 소규모지만 잠재적으로 특별한 능력을 가진 영국과 프랑스를 예외로, 대다수 유럽국가들의 군사체계는 아직까지도 주로 영토방위에 맞춰져 있다.[28] 그러나 냉전 종식과 더불어 유럽 국경선에 대한 위협은 감소되었다. 동시에 유럽의 인접 국경선을 넘어서는 위협들이 점증하고 있다. 그리고 유럽의 도움 없이 서방의 공동이익들을 보호할 미국의 의지는 감소하고 있다. 만약 유럽이 미국과 더불어 새로운 국제안보질서를 형성할 수 있는 동등한 동반자로서 나가고자 한다면 유럽의 군사체계와 전력들은 오늘날 유사한 변화를 겪어야만 한다.

의심의 여지 없이, 프랑스와 영국의 군사체계는 투사능력을 수행할 적절한 군사능력뿐만 아니라 보다 광범위한 전략적 전망을 가져야 한다. 독일은 1990년대 말까지 자국의 동맹국들과 독일신속대응군을 해외에서 전개할 수 있는 적절하고도 잠재적인 능력을 갖출 독일군사력에 대한 개념적이고 프로그램적인 조사에 착수하였다.[29] 그러나 이러한 노력

28) 다음을 참조. Richard L. Kugler, *U.S.-West European Cooperation in Out-of-Area Military Operations: Problems and Prospects*, MR-349-USDP, RAND, Santa Monica, CA, 1994; John E. Peters and Howard Deshong, *Out of Area or Out of Reach? European Military Support for Operations in Southwest Asia*, MR-629-OSD, RAND, Santa Monica, CA, 1995.

29) 독일 연방군대의 재건에 관한 보다 자세한 내용에 대해서는 다음을 참조. Ronald D. Asmus, *Germany's Contribution to Peacekeeping: Issues and Outlook*, MR-602-OSD, RAND, Santa Monica, CA, 1995.

들은 주로 조정이 되지 않았고 유럽의 주요 국가들 사이에서 혹은 미국을 상대로 한 응집력 있는 전략으로 통합되지 않았다. 하지만 대서양동맹은 이러한 임무들에 충분한 우선순위를 부여하거나 혹은 그러한 임무들의 완전한 함축성에서 그것들을 채택해야만 한다. 그것은 아직까지 냉전적 사고에 사로잡혀 있으며, 그 사고에서 조약 제5조의 임무들을 수행할 준비들은 필요하다면 동시에 다른 임무들을 추구할 수 있는 적절한 능력들을 자동적으로 보장하였다. 실제적으로 필요한 것은 그러한 통합 군사력과 그것을 실행할 합의된 의제의 필요성과 정당성에 대한 사려깊고 정치적인 인식이다.

다섯번째 장애물은 새로운 대서양간 협상의 필요성에 관한 미국과 유럽의 어조에도 불구하고 대서양간 동반자관계의 장래에 대한 비전 공유가 아직도 없다는 점이다. 서방의 어떠한 지도자도 그러한 비전을 표명하지 않아왔다. 40년이 넘게 미국과 유럽이 전략적 동반자관계를 선언해왔지만 그리고 미국와 유럽이 유럽을 넘어서는 발전들에 확실하게 주요 전략적 이익들을 가지고 있지만, 이러한 이익들을 어떻게 최상으로 보호할 것인가에 관한 진지한 대화는 아직까지 나타나고 있지 않다.

비록 유럽의 정치인들이 새로운 대서양간 협상의 필요성에 관해 반복적으로 말하지만, 그러한 협상에 대한 그들의 이해는 때때로 유럽을 다루는 문제와 연관된 부담과 책임감의 재분배에 국한되어왔다. 그들은 유럽에서의 미국의 계속적인 안보개입의 '대가'는 미국의 엘리트들과 대중들에게 받아들여질 수 있는 수준으로 떨어질 것이라는 희망을 가지고 미국의 안보부담을 경감시키면서 미국과의 유대를 심화시키고자 한다. 대서양간 동반자관계에서 주요 쟁점은 사활적인 공동이익에 영향을 미치는 유럽을 넘어서는 문제들에 대한 미국과 유럽의 공동의 접근방법의 결여라는 점을 공공연하게 인정하고자 하는 유럽의 고위 관료들을 발견하기가 어렵다는 점이다. 심지어 그러한 새로운 동반자관계의 필요성을 인정하는 유럽인들의 수가 늘어난다 하더라도 그것의 실행성과 개연성에 관한 상당한 의구심들이 존재한다. 대다수의 유럽인들은 미국이 유럽을 동등한 전략적 동반자로 취급하거나 공동의 사활적 이익들이 걸려 있는 지역들에서 미국의 영향력을 유럽과 공유할 것이라고는 믿지 않는다.

이와 유사하게 '유럽을 안정시키고' 유럽을 넘어서서 공유된 국제안보관심을 관리하는 것간의 새로운 균형을 이루는 새로운 범대서양 동반자관계를 구축하고자 하는 것은 고사하고 이를 제안하고자 하는 진지한 노력들이 미국측으로부터 제시되지 않아왔다. 미국인들은 때때로 유럽의 전략적 근시를 불평하지만, 미국은 미국의 유럽 동맹국가들을 그러한 쟁점들에 개입시키고자 하는 진지한 노력이나 그러한 방침에 따라 새로운 범대서양 동반자관계를 최우선적으로 다루고자 하지 않았다. 정말로, 미국의 방위계획을 얼핏보면, 미국은 자신의 유럽 동맹국가들이 유럽을 넘어서는 장래 우발사건들에서 주요 역할을 맡을 것을 기대하지 않는다는 것을 알 수 있다. 미국은 유럽에서 안보문제들을 다루기 위해 동맹과 연합 접근방법을 채택해왔다. 그러나 미국은 유럽을 넘어서는 우발사건들에서 특별한 접근방법과 페르시아만과 동북아시아에서의 장래 지역적 갈등들을 일방주의적으로 다루기 위한 군사적 입장을 유지하고 충당하기 위한 계획들에 의존한다.

일부 미국인들은 또한 유럽을 고무시켜 유럽을 넘어서는 새로운 국제적 안보도전들을 관리하는 데 활동적으로 개입하게 하는 것에 대해 애매모호한 입장을 취한다. 왜냐하면 그들은 미국과 유럽의 우선순위들이 똑같지 않을 것이라는 점을 두려워하거나 아니면 그들은 그러한 동반자관계는 정당하게 미국의 정책을 구속하고 만약 유럽이 보다 적극적으로 활동한다면 미국은 필연적으로 영향력을 상실할 것이라고 두려워하기 때문이다. 심지어 유럽의 그러한 역할이 바람직스럽다고 믿는 미국인들 사이에서도 그것이 현실적인가에 대해서 상당한 의문들이 존재한다. 그것이 비현실적이라고 믿는 사람들에게 있어서 그러한 협상을 야기하는 주요 노력은 출발부터 운명적이고 거의 노력의 가치가 없어보일 것이다.

그 결과, 만약 북대서양조약기구의 현재 계획 우선순위들을 미국과 유럽의 사활적 이익들을 포함하는 가능한 갈등들의 목록과 비교한다면,

오늘날 대서양동맹은 최고로 무장되었고 서방의 사활적 이익들, 즉 지금이나 미래의 북대서양조약기구 회원국가들의 영토적 통합에 대한 있을 것 같지 않은 위협들에 대한 확고한 공약들을 가지고 있다. 북대서양조약기구는 서방의 공유되고 사활적인 이익들에 대한 가능성이 높은 위험들, 즉 대서양동맹의 회원국가들의 국경선을 넘어서는 위험들에 대처할 준비가 거의 되어 있지 않다.

정책도전들

만약 새롭고 효율적인 범대서양 동반자관계가 구축되어야만 한다면, 이러한 장애물들을 식별하는 것은 동시에 표명되어야 할 정책도전들을 부각시키는 것이다. 이러한 것들의 많은 것들은 다음 장들에서 보다 심도 있게 논의되고 있으나 여기에서는 몇 가지 점들을 특별히 강조할 필요가 있다.

첫째, 유럽의 장래 전략적 사고가 내부지향적 혹은 외부지향적이 될 것인가는 거의 모든 부분에서 유럽 자신의 눈앞에서 발생하는 것에 좌우될 것이다. 유럽이 자국의 뒷마당에서 계속해서 제2의 보스니아 사태에 직면하거나 혹은 유럽 정치의 재민족주의화라는 현실적 혹은 상상적 두려움에 의해서 무력해지는 한 유럽이 미국과 보다 활동적이고 효율적인 전략적 동반자가 되는 것을 생각하는 것은 거의 불가능하다.

따라서 거기에 있는 미군 병력의 개입을 포함하여 보스니아에서 평화 정착을 형성하는 것을 도와주는 미국의 의지가 중요하다. 마찬가지로 북대서양조약기구 확대에 대한 대서양동맹의 현재 공약도 중요하다. 이러한 문제들을 표명하는 것은 유럽이 충분히 안정되어 자신의 전략적 시야를 넓힐 수 있게 되는 것이 필요하다. 유럽이 정치적, 경제적 그리고 전략적 실재로서 통합으로 나아갈 때에만 유럽인들은 이 책에서 옹호한 보다 동등하고 지구적인 동반자관계를 만들 정도로 충분히 확신하게 될 것이다. 북대서양조약기구 확대는 유럽의 안정을 위해서도 필요하고 이러한 새로운 동반자관계를 향한 디딤돌로서도 필요하다.

둘째, 범대서양 동반자관계에 대한 새로운 비전이 천명되어야만 하고, 그것은 유럽을 안정적으로 유지하고 유럽의 주변 국경선들을 넘어서는 공유된 사활적 이익들을 표명하는 병행적 필요성을 조화시키는 것이다. 유럽인들, 특히 프랑스가 미국과의 밀접한 동반자관계를 유럽통합에 해로운 것으로 파악하는 한 그리고 유럽건설을 위한 동기가 미국으로부터의 독립에 대한 필요인 한 이러한 새로운 대서양간 동반자관계는 불가능할 것이다. 이것은 언제나 내부지향적이고 고립적인 유럽을 위한 처방이 될 것이다. 요컨대, 미국이 추구하지 않는 동반자 유형이 될 것이다. 대신, 미국과 유럽이 채택해야만 하는 비전은 새로운 국제안건을 형성하는 데 있어 미국과 유럽 모두가 동등하게 되는 비전이다.

셋째, 이러한 새로운 비전의 추구는 미국과 유럽이 어디에서 그리고 어떻게 함께 행동해야 하는가에 대한 보다 광범위하고 구조화된 대화를 위한 흡인력으로서 기능할 수 있다. 만약 함께 전쟁을 수행할 전략을 갖고자 한다면, 먼저 전쟁을 예방할 공동전략을 발전시켜야만 한다. 이것은 조정된 정치적·경제적 전략의 필요성을 강조한다. 그러한 대화를 한 이후에만 새로운 동반자관계를 위한 대들보를 세울 수 있다. 요컨대, 미국과 유럽은 공동외교안보정책의 기능적 등가물을 필요로 한다.

이러한 새로운 동반자관계의 기저에 있는 철학은 냉전 이후의 시대에 걸쳐서 대서양동맹을 활성화시킨 것과 유사하다. 당사자들이 자신들만으로는 표명할 수 없는 도전들을 집단적으로 표명하는 것이 보다 효율적이다. 안보와 방위일체감을 형성하고자 하는 그들의 시도에서 유럽인들은 자신들의 공동이익들은 공동적이고 조정된 외교방위정책을 필요로 한다는 것을 오랫동안 받아들여왔다. 대서양동맹에서 그 원칙은 냉전시대 동안 소련을 다루기 위한 초석이었다. 지금은 그 원칙을 확장해야 할 필요가 있다. 이것은 미국과 유럽이 전쟁을 수행해야 할 가능성을 보다 줄이게 만들 뿐만 아니라 만약 전쟁수행이 필요할 경우 그를 위한 정치적 지지와 합의가 존재할 가능성을 더욱 높게 만들 것이다.

넷째, 그러한 조치들은 잠재적 위협들을 바라보고 표명하는 방법의 측면에서 새로운 대서양간 전략적 문화를 형성하는 데 있어 핵심적인 대들보가 될 것이다. 냉전시대 동안 소련의 위협을 억지하기 위해 북대서양조약기구 내에서 그러한 문화가 효율적으로 형성되었지만, 그것은 유럽을 넘어서는 전략적 도전들을 다루는 데 있어 대체적으로 부재하다. 그것을 상당히 필요로 한다. 그것은 국가적 이익들과 가능한 위협들에 대한 평가에 관해서는 상이한 견해들과 다툼을 극복하는 데 도움이 될 수 있을 뿐만 아니라 적절한 정책 수단들, 예를 들면 무력사용과 경제적 역할과 무역 제재에 관해서 양 진영에 존재하는 많은 편견들을 극복하는 데 도움이 될 수 있을 것이다. 이것은 유럽의 전략적 문화를 변화시키고 확대시켜 궁극적으로 장래 문제들과 도전들을 표명하는 방법에 관한 미국과 유럽 견해 간의 수렴을 낳는 유일한 방법이 될 것이다. 오늘날 유럽인들은 미국을 정치적·경제적 수단들에는 반대하면서 군사력에 의존하는 경향이 있다고 파악한다. 많은 사람들은 유럽인들은 전략수행에 별 영향력을 갖지 못하고 희생자 노릇을 하는 역할을 맡는 미국 주도의 연합에 연루될 것이라고 두려워한다. 이번에는 미국인들은 유럽인들을 상업적 이익들에만 매달리고 그들의 일정 몫의 중요한 전략적 행동에 대해서는 무관심하거나 부주의하다고 파악한다. 이러한 차이를 메우는 것은 공동 틀 내의 문제들과 정책적 해결들을 정의하기 위해서 공유된 전략적 문화를 확장시키는 중요한 조치가 될 것이다.

다섯째, 그러한 동반자관계는 단지 서류상의 동반자관계가 될 수 없다. 그보다는 그것은 제도화되어야 하고 내용물이 채워져야만 한다. 냉전시대 동안 대서양동맹에게 의미와 전력을 부여한 것은 워싱턴 조약 제5조에 대한 법적 공약만이 아니었다. 억지력을 갖추고 서방이 엄청난 전략적 도전들을 제압할 수 있었던 것은 또한 문제들을 표명하는 구조들과 메커니즘 그리고 공유된 방식이었다. 미국과 유럽은 냉전시대 동안 했던 것처럼 이러한 새로운 동반자관계를 작동시킬 수 있는 적절한 구조들과 메커니즘을 채택해야만 할 것이고 필요하다면 이를 만들어내야 할 것이다.

여섯째, 미국의 정책과 행동들은 장래 유럽의 태도를 형성하는 데 중요하기 때문에 이러한 논의에서 미국의 역할은 중요하다. 미국은 자국이 유럽정세에 개입하지 않는 것은 유럽을 보다 내부지향적이고 그 자신의 문제에만 몰두하게 만든다는 점을 깨달아야만 한다. 그러나 새로운 유럽에서 미국의 계속적인 개입은 본질적으로 그리고 자연히 유럽이 전략적 측면에서 보다 외부지향적이 되는 것을 보장하지는 않는다. 미국의 정책은 유럽에 개입하는 것과 냉전 이후의 현실에 보다 더 잘 부합하기 위해 대서양간 전략적 대화의 조건들을 변화시키는 것 사이에서 균형을 찾아야만 한다.

물론 실질적인 연합은 공유된 영향력과 책임감에 기초한다. 이것은 중동과 같은 지역에서 외교력과 영향력을 공유할 것을 미국에게 요구할 것이다. 미국은 정신과 이름에서 실질적인 연합동반자가 될 필요가 있다. 또한 새로운 범대서양 동반자관계와 대서양동맹의 국경선을 넘어서는 공유된 안보 도전들에 대한 연합 접근방법은 보다 결집력 있는 정치적, 전략적 동반자가 될 것을 유럽에게 요구할 것이고 미국은 이러한 발전을 지지해야만 한다. 결국, 장래 위기에서 미국이 단지 소수 국가들(프랑스, 영국 그리고 아마도 네덜란드)의 특별한 공헌에만 의존하는 것은 충분치 않을 것이다. 독일은 그 자신이 중요한 기여를 하는 잠재적 동반자로서 그리고 유럽연합 내에서 응집력 있고 효율적인 공동외교안보정책의 발전을 통해서 유럽의 외부지향적인 새로운 전략시야를 형성하는 추진세력으로서의 관문이다.

새로운 동반자관계를 구축하는 것은 미국과 유럽 모두에게 지도력을 요구할 것이다. 그리고 그것은 최초의 범대서양 동반자관계와 냉전 초기에 대서양동맹을 탄생시켰던 유형과 속성이 되어야만 할 것이다. 외견상 이러한 도전이 위압적으로 보일 것 같지만, 아마도 낙관주의의 근거는 그러한 동반자관계를 형성하는 것이 미국과 유럽의 공유된 이익 안에 명확히 존재한다는 단순한 깨달음이다.

3 새로운 시대를 위한 경제적 의제

그레고리 트레버턴

제2차세계대전 이후 대서양 공동체를 창설했던 사람들이 만약 미국이 캐나다, 멕시코와 함께 자유무역에 대한 협상을 끝내고, 유럽이 아닌 칠레와 이와 같은 협상을 숙고하고 있다는 사실을 알게 된다면 깜짝 놀랄 것이다. 이와 같은 역사적 사실의 발생원인을 이야기하자면 길고 여기서 다루기에는 적절하지 않지만 본질적으로 그것은 유럽 재건의 성공과 미국의 세계적 시혜의 결과이다.

오늘날 냉전은 종식되었다. 그리고 세계경제에서 개방을 유지하기란 제2차세계대전이 끝난 무렵보다 더욱 복잡한 모험이다. 그런데도 현재 대서양국가들간의 경제적 이해의 사실에서부터 정치적 동반자관계에 이르기까지 이것을 구축하려는 주장들이 있는가? 만약 유럽과 미국이 이즈음 동반자관계를 더욱 동등하고 따라서 실질적인 것으로 재구성하기를 원한다면, 그것을 위한 경제적 토대가 존재하는가?

대답은 '그렇다'이다. 경제적인 연관 관계는 냉전기간 동안 유럽과 미국을 묶어주었던 필요불가결한 안보를 대체할 수는 없으나, 이 책에서 옹호되고 있는 새로운 유형의 동반자관계를 뒷받침해줄 수는 있다. 아시아의 성장에도 불구하고 유럽과 미국은 상호간 막대한 경제적 이해관계를 유지할 것이다. 미국 자본주의와 독일 자본주의 간 형태의 차이에 대한 모든 논쟁에도 불구하고, 두 지역은 세계경제에 대해 광범위하게 유사한 태도를 공유하고 있다. 미국은 아시아보다는 유럽과 함께 자유무역을 지지할 때 서로의 생각을 좁히는 논의를 할 수 있을 것 같다.

이와 같은 동반자관계의 기초는 자유무역이라는 의제에 대한 공통된 약속일 것이다. 이 장의 핵심사항은 왜 이와 같은 의제가 두 동반자의 관심사항이 되는가에 대한 논의이다. 이 의제에 대한 접근과정 속에서 양측은 과거에도 그랬듯이 미래에도 세계적인 경제문제를 다루기 위한 유형들을 만들 수 있을 것이다. 그들은 범대서양 동반자인 동시에 세계적인 지도국가가 될 수 있다. 그러나 그 성공여부는 그들이 동시에 둘 다 될 수 있느냐에 달려 있다. 그것이 이 장의 두번째 주제이다. 마지막으로 경제문제에서의 진전은 또한 경제를 넘어 일반적인 정치관계와 형태는 정치적이나 그 뿌리는 경제에 있는 독특한 문제들과 관계되는 정치관계에 그 혜택을 전이시키는 것이다.

자유무역의제에 대한 미국의 입장

대서양을 가로지르는 자유무역에 대한 미국의 입장을 설명하기란 쉽다. 그러한 무역은 경제적인 이득을 줄 것이고, 경제적 이득은 정치적 이익을 거두어들일 수 있는 기회를 제공하게 될 것이다. 자유무역은 세계에서 가장 큰 두 개의 무역지대를 연결하여 세계 경제산출량의 절반과 세계무역의 1/3을 포함하게 될 것이다. 그 이익은 엄청날 것이다. 예를 들어 현재 두 지역간 관세는 미국에서 유럽으로 수출되는 상품의 경우 평균 6.39%이고, 수입되는 상품의 경우는 평균 3.19%로서 높지 않지만, 이들 관세의 제거는 미국의 대유럽연합 수출을 10%까지 증가시킬 수 있다. 미국의 국내 산업 중에서 농업이 최고의 수익원이며 그 뒤를 기계설비, 플라스틱, 유기화학 등이 따르고 있다.[1)]

---

1) 이와 같은 평가는 스콧(Jeffrey J. Schott)의 1995년 9월 19일 대외관계위원회 제출 논문인 "Reflection on TAFTA," p.6과 프레스토비츠(Clyde V. Prestowitz, Jr.)와 치머린(Lawrence Chimerine)의 공동논문인 "The Case for a Transatlantic

1990년대 초반 미국경제의 회생은 1980년대 절망을 어느 정도 완화시켰다. 그러나 1990년대 초반의 양상이 지속적인 미국 산업의 침체와 지난 1970~1980년대의 혼란스러웠던 세태로부터의 전환을 반영하는지 혹은 미국경제가 알려졌던 것처럼 그렇게 불안하지 않았다는 증거를 반영하는지 확신하기는 아직 이르다. 그 해석문제는 어찌됐건 대서양을 통한 자유로운 무역은 보다 큰 시장, 보다 치열한 경쟁력 그리고 보다 많은 생산을 위한 부수적인 유인을 제공할 것이다.

1990년대 1/4분기에 미국의 생산성은 1973~1990년 동안의 연평균 생산력보다 두 배나 빨리 증가했다. 더군다나, 유럽과 아시아의 주요 경쟁국들의 생산성보다 더 빠르게 증가했다. 그들 국가들이 미국의 생산성을 따라잡을 그날은 최소한 지체되고 있었다. 같은 측면에서 1990년대 상반기 동안 미국 기술력은 최소한 부분적인 회복을 보였다. 지난 10여 년 간 일본에게 반도체 시장을 뺏겼던 미국 산업은 우위를 회복했고 차세대 고화질 TV설계에서도 정부의 도움 없이 승리했던 것 같다. '일본 붕괴의 신화'와 같은 1990년대 중반의 구호성 언론표제는 일본의 '위협'에 대한 지난 10여 년 간의 선전에 익숙해 있던 사람들에게는 이상하게 들렸다.

모든 상반된 주장에도 불구하고, 최근 회복 이전 미국경제의 저변적인 약세는 매우 명확해서 어떻게 해볼 도리가 없었다.[2)] 생산성은 증가했으나 매우 느렸고 따라서 광범위한 미국 중산계층 노동자들은 임금정체와 하락을 경험했다. 제2차세계대전 이후 미국 생산성 증가는 미국의 주요 경쟁국가들보다 느렸고, 미국의 우위는 상대적으로 약화되었다.

Free Trade Agreement "를 참조. 특히 후자의 논문은 서비스 분야의 무역과 비관세 장벽의 제거에 따른 무역의 이익을 과감히 평가하고 20%에서 30% 정도의 무역량 증가를 상정하고 있다.

2) 이러한 차이는 프리드버그(Aaron L. Friedberg)의 다음 논문에 잘 요약되어 있다. "The Political Economy of American Renewal," *Working Paper,* no.8, Harbard University, Olin Institute Project on the Changing Security Environment and American National Interests, Cambridge, MA, November 1994.

1970년대 초반부터 생산성 증가율의 하락은 대부분의 산업국가들에서 일어난 한편 미국의 경우는 그 하락 속도가 보다 빨리 그리고 보다 낮은 상태를 유지했다.

전통주의자들에 따르면, 그 범인은 1960년대 이후의 재정에 대한 무책임성이며 1980년대에는 완전히 방탕한 상태로 떨어졌다. 정부의 우선적인 재정지출은 민간부분을 위축시키고 저축률을 더욱 악화시켰다. 재정적자의 보전을 위한 차용은 이자율을 인상시켰고 민간투자를 위축시켜 새로운 공장과 설비에의 지출을 감소시켰다. 따라서 경제는 더욱 느린 생산성 증가를, 노동자는 더욱 낮은 임금을 받게 되었다. 만일 이와 같은 진단이 전통적인 것이라면 그 처방 또한 그러하다. 즉 정부지출의 감소와 세금의 인상을 적당히 조합하고 세금과 다른 유인책을 써서 미국인들로 하여금 저축을 늘리고 소비를 줄이도록 고무해야 한다.

이와 대조적으로 첨단기술을 옹호하는 사람들은 근본원인을 민간과 정부분야 모두가 지구적인 경쟁에 적응하는 데 실패한 것에서 찾는다. 결과적으로 미국은 선도적인 첨단 기술분야에서 그들의 경쟁자들, 특히 일본에게 자리를 내주었다. 미국은 잘못된 투자를 했다. 새로운 생산공정에의 투자 대신에 새로운 상품에 투자를 했던 것이다. 1990년대의 상황증거들은 이러한 비판이 과장되었다는 것을 또다시 보여주지만, 이 문제는 아직 해결된 것이 아니다.

그러나 이와 같은 비평들은 몇 가지 특별한 관심을 불러일으키는데 그것은 결국 미국의 군사정책이나 심지어 대외정책이 외국생산품들에 의해 제약을 받을 수도 있다는 우려와 같은 것이다. 근본적으로 역시 그 문제는 생산성으로 귀결된다. 즉 기술집약적인 산업은 높은 수준의 생산성과 그 결과 고임금의 경향을 가진다. 따라서 미국이 기술집약적인 산업의 세계경쟁에서 속수무책으로 밀려나면 날수록, 미국민들은 더욱더 저임금 일자리에 처하게 된다.

첨단기술의 옹호자들은 세제유인책으로 특정 산업분야를 지원하거나 전 산업분야에 걸쳐 투자와 같은 특정 행위를 이롭게 하고자 한다. 일부 사람들은 더 나아가 유럽풍의 산업정책을 제안하기도 하는데 이는 단순히 투자를 안내하는 것이 아니라 제공해주는 정책이다. 그러나 장애요인들이 위협하고 있다. 기술적인 것이 그중 하나로, 만일 공공투자를 정당화시켜주는 확산적 이익의 창출로 가능한 전략적 첨단산업의 식별이 쉬워진다면 상기의 전략들은 필요하지 않을지도 모른다. 이미 시장이 그 역할을 수행했을 것이기 때문이다.

또 하나의 장애요인은 여전히 보다 자주 언급되는 것으로 정치적인 것이다. 어느 누구도 아직 창출되지 않은 첨단산업분야의 일자리를 위해서 로비하지는 않는다. 그러나 그들은 점증하는 대외경쟁에 직면한 사양산업을 위해 로비한다.[3] 따라서 그들의 의도가 무엇이건 간에 정부는 단지 잘못된 수혜자들을 위해 행위할 것이라는 우려를 변함없이 갖게 만든다. 이는 클린턴 행정부가 차세대 반도체소자나 생명공학 대신에 자동차분야에서 일본 길들이기를 하는 데서 목격된다.

더욱 근본적으로 첨단기술진단법은 문제의 핵심을 잘못 판단하는지도 모른다. 미국이 부족한 것은 첨단기술 관련 일자리라기보다는 노동자들인 것 같다. 임금하락을 경험했던 미국인들은 일반적으로 고도의 기술을 필요로 하는 일자리를 갖고자 지원했던 사람들은 아니다. 따라서 세 번째 진단법은 바로 노동자들과 관계되는 것이다. 정통파 경제학자들은 생산성 전반에 있어서 미국의 선도적인 지위의 약화에 중점을 두는 한편 다른 사람들, 특히 저명한 리치(Robert Reich)와 같은 사람들은 특정 분야의 미국 노동자들에 주목한다. 치열한 국제경쟁 속에서 노동자들의 수입은 그들의 공헌도에 달려 있다. '운좋은 20%'의 미국인들, 즉 리치가 말하는 추상적인 문제를 다루는 '상징적 분석가들'은 상당히 잘하고 있으나 근로자의 25%를 차지하고 있는 평범한 생산자들은 그렇지 못하다. 이들은 보다 적은 임금을 받는 외국인 노동자들에게 일자리를 잃고

3) 이러한 관점에 대한 정평 있는 교재는 다음과 같다. Ramond A. Bauer, Ithiel De Sola Pool and Lewis Anthony Dexter, *American Business and Public Policy: The Politics of Foreign Trade,* New York: Atherton Press, 1963.

있다.[4)]

정통 경제학자들의 처방은 교육, 운송 그리고 의사소통과 같은 개선된 공공기반이다. 리치와 같은 더욱 모험적인 학자들은 일반적인 생산자들이 상징적 분석가들의 범주로 나아가도록 도울 것이며, 위의 처방들에 교육과 노동훈련 그리고 사회복지사업으로 불려질 수 있는 여러 유형의 생활개선책에 대한 확대된 공적 책임을 부가할 것이다.

그러나 아직까지 최근의 지표들은 초기 비관론으로의 경향 혹은 이를 중화시키는 것으로 해석되고 있지만, 자유무역은 미국의 생산성에 큰 이익이 될 것이다. 캐나다, 멕시코와 더불어 유럽은 미국의 상사들에게 7억7,000만의 인구와 10조 달러는 족히 넘는 국내총생산액의 시장에 접근하게 해줄 것이다. 유럽연합의 15개 회원국가들과 미국 간 총상품거래는 1994년에 2,320억 달러로 집계됐는데, 이것은 미국 총무역량의 1/5이며 미국-캐나다간 무역량과 거의 같다. 역사적으로 미국의 대유럽 무역은 균형을 이루거나 흑자를 기록했는데, 1994년에는 그 이전 해의 78억 달러 적자에서 160억 달러 적자로 적자폭이 늘어났고 1995년에는 유럽경제의 성장으로 적절한 균형을 유지했다.

더욱이 대서양무역은 태평양을 가로지르는 무역과는 달리 분야간 균형을 이룬다. 예를 들면 1994년 미국으로 수출되는 유럽연합 수출품의 90%와 유럽연합으로 수출되는 미국 수출품의 85%가 제조품이었다. 경제적 관점에서 이러한 균형(정의에 따르면 일방의 무역흑자는 타방의 경상계정에 적자로 일치된다)은 그다지 중요하지 않으나, 대서양무역이 균형을 이룬다는 사실은 정치적인 목표로서 미국이 대규모 적자를 보고 있는 미-일간 무역보다 중요하지 않게 취급한다.

그러나 비록 대서양 무역규모가 크지만 투자만큼 주목할 만하지는 않다. 유럽연합은 미국 내 외국투자의 절반 이상을 위한 원천이며, 그 투자의 몫은 최근 몇 년간 증가해오고 있다.[5)] 미국은 해외투자의 절반 가

---

4) Robert Reich, *The Work of Nation: Preparing Ourselves for 21st Century Capitalism*, New York: A.A. Knopf, 1991, pp.174, 212-215 참조.

까이를 유럽에 하고 있는데 이는 일본 지분의 약 9배나 된다.[6] 유럽연합으로 수출되는 미국상품의 약 30%가 미국 상사들의 유럽 자회사들에게 보내지며 미국으로 수출되는 유럽연합 상품의 15%는 그와 같은 자회사들에서 나오는 제품들이다. 대서양을 가로지르는 투자는 매우 오랜 기간 지속되어 우리 대부분은 무엇이 미국제품이고 무엇이 유럽 제품인지 좀처럼 알 수 없다. 유럽에서는 포드(Ford), 아이비엠(IBM) 그리고 제록스(Xerox)가 본래 유럽 제품으로 여겨진다. 대부분의 미국인들은 아마도 셸(Shell) 혹은 필립스(Pillips)가 유럽에서 기원한 것이라는 사실을 모를 것이다.

이런 대규모의 대서양 투자는 상공인들간에 일반적으로 긍정적으로 묘사된다. 그리고 그것은 긍정적이다. 대서양을 사이에 둔 쌍방간의 이러한 규모의 모험적 투자행위의 존재는 양 지역간 경제적인 관계에 대한 논쟁을 잠재우는 데 도움을 준다. 그러나 대규모의 해외투자는 무역장벽이 여전히 존재하고 있음을 반영하는 것이다. 어찌되었건 대부분의 상사들은 해외투자보다는 오히려 해외판매를 한다. 유럽의 통합된 시장(1992년 단일 유럽시장의 창설 계획 결과)으로 유럽의 역내보다 적어진 지역에서 생산을 통합하는 정도로 자유무역의 진전은 역외 행위자들에게 유럽연합이나 미국이건 역내로 진입할 필요를 느끼도록 해야 한다. 그러나 양 지역의 행위자들이 서로에게 투자할 이유가 여전히 존재하는데, 그것은 시장의 변화에 대한 반응과 환율의 변화에 따른 위험을 회피하기 위해서이다.

과거에 대한 성찰은 미래에 대해 교훈을 준다. 유럽의 독자적 시장(유럽공동체, 현재는 유럽연합)이 확장하는 매단계에서 미국은 자국의 수출과 투자가 차별대우를 받을 것이라는 우려를 해왔다. 아마도 실제 미국

---

5) European Commission, *Report on United States Barriers to Trade and Investment 1995*, European Commission, Brussels, May 1995, p.2.

6) United States Bureau of the Census, *Statistical Abstract of the United States 1994*, U.S. Bureau of the Census, Washington, D.C., 1994, p.811.

과 그외 국가들로부터 확대된 유럽으로의 무역전환이 어느 정도 있었던 것 같다. 그런데 왜 유럽은 더 거대해진 국내시장을 격리시키려고 노력해야만 했는가? 이 모든 것에도 불구하고 미국은 매단계마다 결국에는 어떠한 무역의 전환도 더욱 확대된 시장의 영향에 의해 보상되는 것보다 미국을 위해서 유리하다는 결론을 내렸다. 즉 무역의 전환이 새로운 무역의 창출보다는 유리할 것이 없다는 것이다. 예를 들어 1958~1962년 간 미국-유럽공동체간 무역은 50%까지 증가했고, 유럽공동체 국가들간에는 두 배나 증가했다.

자유무역지역 내 국가들이 서로간 가지는 엄청난 이해관계를 생각할 때, 거래로 인한 분쟁이 자주 있기는 했으나 비교적 사소한 것이었다. 예를 들면 1960년대의 '닭 전쟁'이 그러했다. 자유무역의제는 추가적으로 무역과 투자에서 미국기업들이 가지는 특별한 관심사들, 즉 표준화, 방송, 공공조달 그리고 지적재산권 문제들을 도출시킬 것이다.[7] 이러한 문제들에 대해 특별한 조치를 취하는 데 합의한다면 현재 진행중인 협상의 진전을 위한 시간계획은 물론 이미 논의중인 그 문제들의 해결을 앞당길 수 있을 것이다.

자유무역의제에 대한 유럽의 입장

유럽이 대서양 자유무역에 호의를 보여야 하는 이유는 그다지 명확하지 않다. 관세의 제거를 통해 얻어지는 수출이익은 미국이 이를 통해 얻는 이익의 절반 정도가 될 것이며, 운수, 유기화학, 신발 및 의류 등의 분야가 포함되지만, 그것의 '특별한 수익자들'을 찾아보기 어렵다. 따라서 유럽인들의 주장은 재빠른 정치인들의 말보다는 역사와 장기적인 전략과 같은 강력한 동기에 더 기반을 둔다.

---

7) 예를 들어 다음을 참조. United States International Trade Commission, *The Effect of Greater Economic Integration Within the European Community on the United States: Fifth Followup Report,* Investigation no.332-267, USITC, Washington, D.C. April 1993.

유럽의 진정한 수익자는 소비자들이 될 것이다. 그들은 보다 쉽게 매력적인 외국산 상품을 접할 수 있으며, 국내 기업들은 보다 싼 양질의 상품을 생산하도록 더 자극을 받을 것이다. 소비자들의 주장은 틀림없이 중요한 것이지만 쉽게 정치적으로 지지될 수 있는 것은 아니다. 어떠한 개별 소비자들에게 있어 유럽경제의 구조조정으로부터 얻어지는 이익은 미미한 것이고 실현되는 데도 시간이 걸리며 정치적인 활동과 같은 것은 거의 아니다. 반면 구조조정의 과정에서 일자리를 잃은 사람들은 정치세계에 의존하려는 강력한 동기를 갖게 된다.

대부분의 유럽무역은 역내에서 이루어지기 때문에 세계의 지배적인 무역지대로서의 이미지는 호도된 것이다. 서유럽 국내총생산의 약 28%는 수출된 것이지만 70%에 해당하는 것은 역내거래에 의한 것이다. 단지 서유럽 국내총생산의 약 1/10만이 유럽 이외의 국가들에게 수출한 것이다. 역내무역을 제외한 수출품의 약 25%가 북미지역으로, 약 23%는 아시아로 그리고 10%가 남미로 수출된다.[8] 그러나 서유럽 무역의 가치는 북미보다 훨씬 크기 때문에 서유럽의 역외 수출은 여전히 북미보다 거의 1/3 정도 높다.

유럽연합 관료들은 유럽연합이 현재의 구성국들간의 통합을 심화시킬 필요와 동유럽과 결국에는 남부유럽으로 양적인 확대의 필요에 직면해 있다고 한다. 그렇게 되면 유럽연합은 번영하겠지만 유럽연합의 경제는 어려움을 겪게 된다. 그 어려움들이 국내경제들, 유럽 내에서의 상대적 번영 그리고 유럽경제 전반에 대한 진망에 타격을 주게 된다.

국가적으로 실업률은 높은 상태이다. 1993년에는 북부지역 국가들의 노동력의 약 10%가 실업상태였고 남부지역은 거의 15%였다. 생산성의 증가는 유럽 생산품 증가의 대부분을 설명해준다. 따라서 최근 경기 활황은 2%에서 3%로 연간 성장을 이루었으나 실업률에서는 별다른 인상을 주지 못했다. 사실상 실업률은 계속 증가하고 있다.

---

8) 이것은 미국에서 조사된 1992년도 수치이다. *Economic Survey of Europe in 1993~1994,* United Nations, Geneva, 1994, p.16.

그 결과 유럽과 미국은 의도하지 않았을지라도 대규모의 사회적 실험을 실시하고 있다. 미국은 많은 일자리를 창출했으나 평균임금은 하락해 왔다. 반면 유럽에서는 평균임금이 계속해서 상승했으나 민간분야의 고용은 경직되었다. 1976년과 1990년 사이에 민간부분의 총고용률은 미국의 경우 33%, 일본의 경우 19%까지 증가했으나 유럽의 경우는 겨우 8%에 그쳤다. 그리고 그 증가율의 97% 정도가 공공분야에서 이루어졌다.[9)]

사회보장제도는 일자리가 없는 유럽인 대부분을 위해 마련되어 있으나, 이로 인해 공공부채의 악순환이 발생한다. 국내총생산의 일부분으로서 그 부채는 1970년대 중반까지 미국보다는 유럽에서 더 많이 증가했다. 더욱이 그 비용의 일부는 정부가 고용자들로부터 보다 많아진 사회 기부금을 위임받았기 때문에 가려졌다. 노르웨이의 노동비용은 영국을 제외한 모든 유럽연합의 주요 국가들에서의 총노동비용의 절반 가까이 된다.

결과는 다음 현상들의 악순환이다. 지구적 경쟁을 생각해볼 때, 노동비용이 상승함에 따라 최저 실업률도 증가할 것이며, 실업률이 상승하면 실업자의 선정을 위한 비용도 상승할 것이다. 스웨덴은 두드러지며 대체로 고무적이지는 않은 위와 같은 순환의 정치를 보여주는 국가이다. 스웨덴의 사회복지제도는 유럽에서 가장 광범위하며, 가장 비용이 많이 들었다. 따라서 붕괴되는 첫번째 경우였다. 스웨덴에서는 1991년에 40여 년 만에 보수주의자들이 정권을 잡아 보다 경쟁력 있는 복지국가를 만들었다. 3년 남짓 지나서 사회민주주의자들이 정권에 복귀해서 비록 완전히 실행되지는 않았지만 열성적으로 구조조정의 사회적 고통을 감소시키려 했다.

유럽 내부에서 남부지역과 북부지역 간의 격차는 그렇게 빨리 좁혀지지는 않고 있다. 그리스는 실제로 가망없는 땅이다. 이 국가의 문제는

9) OECD statistics compiled in European Round Table of Industrialists, *European Labour Markets,* European Round Table of Industrialists, Brussels, 1993, p.6.

유럽연합 확장이라는 기대를 억누르고 있다. 만일 유럽연합의 세금부담자들이 회원국의 증가가 고율의 세금을 부담할 정도로 가치가 있다고 확신하지 못한다면, 중부유럽국가들의 회원가입은 현 회원국가 중 특히 가난한 4개국가(그리스, 포르투갈, 스페인, 아일랜드)들로부터 유럽연합 자금을 중유럽국가들로 재분배하게 됨을 의미할 것이다. 이러한 전망은 가난한 국가들에게 영향을 미칠 수밖에 없고, 그들은 어떠한 유럽연합의 확대에도 성의를 보이지 않을 것이다.

그리스를 제외한 모든 남부지역 국가들(가난한 국가들)은 혜택을 누려왔다. 그러나 프랑스를 제외한 모든 국가들이 1990년의 제2차 확대 이후 15년 간 유럽연합의 평균 국내총생산에 미치지 못했다.10) 모든 국가들은 그 기간 전반에 걸쳐 북쪽지역 국가들(상대적 부유국)의 통화가치의 하락에 호응하여 실질적 통화가치의 하락을 경험했으며, 이는 그들 국가들의 취약한 경제상태를 그대로 반영하는 것 같았다. 마찬가지로 가난한 남부지역 국가들은 통화통합을 위한 마스트리히트 조약의 요구 사항들(인플레이션율, 통화의 안전성, 이자율, 재정적자 및 공공부채가 국내총생산에서 차지하는 비율) 중에서 어느 하나에도 근접하지 못하고 있다.

마스트리히트 조약에 규정된 기준은 오더나렌이 제5장에서 기술한 대로 1995년 마드리드 정상회담에서 재확인되었다. 틀림없이 많은 북쪽지역 국가들 역시 그 기준을 충족시키는 데 근접하지 못하고 있다. 유럽연합의 이러한 두 가지 과업 중 양적인 확대는 계속 논쟁의 대상이 될 것이며, 한편 질적 심화는 비록 가능하다 해도 북쪽지역의 핵심국가들에 국한될 것이다. 위의 두 가지 과정은 유럽연합의 가진 국가들과 못 가진 국가들 간의 골을 더욱 깊게 할 것이다.

결국 유럽은 경제적 변화에 있어서 미국과 같은 대단한 진전은 없는 상태이다. 미국인들은 새로운 상품의 개발에, 일본인들은 새로운 공정의 고안에 경쟁력이 있지만, 유럽인들은 이 두 가지 모두에서 열세이다. 종

10) 이 문단과 다음 문단의 수치는 유럽연합위원회의 다음 보고서에서 인용했다. *European Economy*, no.59, European Commission, Brussels, 1995, various tables.

종 과대평가되기도 하지만, 유럽경제의 경직성은 실제로 미국보다 심하다. 따라서 국제적인 경제경쟁을 이겨낼지에 대한 우려의 근거는 미국보다는 유럽에 더 많이 존재한다. 그러나 그 이면에는 유럽의 소비자들이 외국제품들에 손쉽게 접근하게 됨으로써 생기는 보다 큰 잠재적 이익이 있기도 하다. 1994년 미국과 같은 규모의 국내총생산을 가진 유럽은 미국의 1/5 정도의 소프트웨어를 생산했다. 유럽이 세계 제조품 수출에서 차지하는 몫이 47%였지만, 컴퓨터와 사무기기에서는 겨우 7%에 불과했다.[11] 1993년도 세계 10대 반도체 생산기업들 중에 유럽기업은 하나도 없다.

유럽의 구조적인 경직성은 산업에의 국가관여와 같은 오랜 전통에서부터 마찬가지로 오랜 전통인 낮은 노동 이동현상으로 넘어왔다. 어떻든 간에 임금을 상승시켰던 그 특징들은 구조조정을 또한 방해한다. 강력한 노조와 사회복지제도 양자는 임금의 하방경직성을 가져왔다. 예를 들어 노동조합은 첨단기술정보산업과 양립하기가 거의 어려운 것 같다. 기술은 빠르게 발전하기 때문에 노동자들이 직업의 안전을 유지하는 것은 계속해서 구식의 일을 수행하는 것을 의미하게 된다.

확실히 독일의 텔레콤(Telekom) 민영화나 유럽 전역의 전자통신시장에서의 점진적인 규제완화는 불과 몇 년 전만 해도 생각할 수 없는 일이었을 것이다. 그럼에도 불구하고 우려를 불러일으키는 다른 징후들이 있다. 예를 들면 유럽의 노동비용을 쉽게 증가시킬 수 있는 '일자리 분배' 문제나 1994년 프랑스 총리 발라뒤(Balladur)가 젊은이들의 최저임금 감축에 실패한 점 등에서 나타난다. 유럽위원회의 최근 백서에서도 다음과 같이 고백하고 있다. "비록 우리가 변화해왔음에도 불구하고 세계의 다른 지역들은 우리보다 훨씬 빨리 변화해왔다."[12]

이러한 난제들이 앞으로 10여 년 동안 어떻게 전개될지 자신있게 전

11) "Can Europe Compete?" *Financial Times,* 1994, p.10.
12) European Commission, *Growth, Competition, Employment,* European Communities, Luxembourg, 1994, p.10.

망하기는 어려울 것이다. 그래도 원칙적으로 유럽은 지구적 연대의 전략을 선택했지 고립된 유럽을 추구하지는 않았다. 선택의 여지는 별로 없다. 뒤처지지 않으려면 세계시장이 필요하다. 세계시장에의 진입에는 어느 정도의 고통이 따를 것이며, 이로 인한 직접적인 피해자들은 소동을 일으킬 것이다. 그러나 유럽공동시장의 성립으로 무역이 확대되고 유럽이 부유해졌듯이, 대서양 자유무역도 그렇게 될 것이다. 단일시장은 형성된 이후 서유럽 국내총생산을 중기에 4~6%까지, 즉 약 3,000억 달러까지 증가시켰다.[13] 대서양 무역을 통해 유럽이 얻는 이익은 평가된 것에 따르면 그 증가의 약 절반 정도에 이를 것이다.[14]

보다 더 자유로워진 대서양 무역은 유럽의 세계전략의 논리적인 요인이 될 것이며, 유럽방어에 보다 강하게 호소함으로써 구조조정을 위한 강력한 동기를 유발할 것이다. 자유무역은 또한 철강, 농업과 같은 분야에서 미국과 빚어온 마찰이 유럽연합정책을 왜곡시키는 경우를 줄여줄 것이다. 그리고 유럽은 과거 미국의 불만을 샀던 광범위한 산업보조금 지급을 원하거나 할 여유도 있을 것 같지 않다. 대서양을 통한 무역전쟁이나 다툼을 회피하는 것이 양측의 이익에 부합한다. 양자간 긴밀한 제휴는 자국 내 기업들이 불공정 행위의 제소나 방어를 위한 보복행위의 요구와 같은 행동들을 할 기회를 감소시킬 것이다.

최종적이며 보다 가설에 가까운 것으로 긴밀한 연합을 통해 미국-유럽연합은 그들의 농업정책을 재편하는 것과 같은 어쨌든 필요한 것을 하게 하는 유인을 받게 될 것이다. 유럽의 공동농업정책은 현재 유럽연합 예산의 약 60%를 차지한다. 이 정책은 세금부담자들의 돈으로 농민들에게 보조금을 지급하여 농사를 짓게 하고, 수입을 제한시켜 농산물가

13) 이 수치는 세시니(Cecchini) 보고서의 공식 평가이다. 다음을 참조하라. Gary Clyde Hufbauer(ed.), *Europe 1992: An American Perspective,* Brookings Institution, Washington, D.C., 1990, p.7.

14) 프레스토비츠와 치머린의 "Free Trade Agreement" 참조. 그 측정치는 무역증가에 따른 직접적인 효과뿐만 아니라 확산에 따른 간접적인 효과에 의한 것이다. 따라서 설명적인 것으로 다루어져야 한다.

격을 증가시키고 이를 소비자에게 부담하게 한다. 그리고 농산물 수출 보조금을 지급하여 미국과 같이 유명한 농산물 수출국가들과 마찰을 일으킨다. 미국이 선호하는 정책은 농작물을 성장시키지 않도록 농민들에게 보조금을 지급하는 정도이며, 따라서 유럽의 공동농업정책의 세번째 폐해는 면할 수 있다. 미국과 유럽연합 양국이 농업보조금 삭감을 정치적으로 어쩔 수 없이 양자 모두가 할 경우 고통은 덜할 것이다. 최소한 미국의 농민들은 유럽이 미국정책에 무임승차한다고 고소하지 않게 될 것이며, 반대로 유럽의 농민들도 마찬가지일 것이다.

기회의 포착 및 확대

자유무역에 대해 이 장에서 바라보는 시각은 온건한 조치로 시작하지만, 그 목표점은 그것을 보다 더 심사숙고하게 만든다. 낮은 수준의 통합, 즉 국경에 대부분 부과되어 있는 관세의 삭감과 같은 조치들에 대한 전망은 여전히 존재하지만, 이런 조치들 모두가 농업분야에서 쉽게 목격되지는 않는다. 그러나 만일 대서양 동반자 국가들이 세계적으로 합의된 행위유형의 확립을 통해 진정으로 무역을 자유화하고자 한다면, 이 의제는 고전적인 자유무역의 범주를 넘어 순조롭게 진행될 것이다. 공동시장 경제나 예견가능한 미래에 현재의 유럽연합과 같은 위치에 이르지 않을 것이지만, 이 의제는 그러한 방향으로 나아가도록 고무시킬 것이다. 그리고 '통합의 심화', 즉 국내에서 수행되는 기업행위에 영향을 미치는 조치들과 같은 수준으로 이끌어갈 것이다.

관세의 제거를 넘어 지적재산권과 같이 상대방간에 이미 입장을 좁힌 조치들처럼 일부 조치들은, 예를 들면 노동과 안전책의 표준화 같은 경우인데, 여기서에서도 상대방들은 서로의 표준을 각각 받아들이는 데 동의하여 유럽인들의 통합술을 모방할 수 있다.

서비스 분야에서의 보다 자유로운 무역은 대개 비관세 장벽들로 관심을 돌리게 된다. 그리고 이를 제거하는 것은 쉽지 않을 것이다. 그래도 이 의제는 어떠한 사정하에서도 이를 수행하기 위한 필요한 문제에 대한 추가적인 논쟁을 미국이 하도록 할 것인데, 이는 미국의 산업을 경제공항기의 속박으로부터 계속해서 자유롭게 하는 것이다. 만일 미국의 은행들이 완전한 유럽연합으로의 진입을 의미하는 유럽연합의 일부분으로 진입하기를 원한다면, 유럽의 은행들이 미국의 일개 주로 진입할 때 미국의 경우보다는 정착하기가 힘들 것이다. 미국 의회는 열성적인 개혁가들이 아니었으며, 최근의 행정처리는 은행개혁의 시도에서 일관된 모범을 보이지 못했다. 그러나 원칙적으로 국가 내부적인 목적과 동반자관계의 목적이 상호 보강되고 있다.

농업은 통합의 질적인 진전에 장애물로 남아 있으나 궁극적인 지향점은 대단히 명백하다. 이는 수출보조금 문제에 대한 명확한 동의와 짝을 이룬 자유무역이다. 양 지역 중, 특히 유럽인들은 현재의 정책을 계속할 여유가 없다. 만일 미국-유럽연합 가운데 어느 일방이 농촌지역을 안정화시키고자 공공정책을 추구한다면 반드시 그들의 소비자들을 희생시키지 않고 혹은 타방과 불공정한 경쟁을 하지 않고 상기 정책을 추구해야 한다. 사실, 아마 무엇보다도 농업에서, 미국-유럽연합 사이의 지구적 합의를 위한 행동유형을 수립하는 능력은 통합의 심화에 성공하느냐에 달렸다.

자유무역에 대한 원칙적인 논쟁은 확실히 정치적인 논쟁과는 다르다. 그래도 몇 가지 측면에 있어서 심도 있는 통합을 이루기 위한 노력은 북미자유무역지대보다는 쉬울 것이다. 북미자유무역지대는 심도 있는 통합으로 나아가고 있다. 임금의 조화문제, 노동기준확립, 환경관련 규제 등이 모든 것이 멕시코를 상대로 문제였다. 그러나 유럽은 어느쪽인가 하면 미국보다 임금은 높고, 노동기준은 보다 잘 규율되며, 환경친화적이다. 유럽의 임금이 더 높다는 사실을 알고 있는 미국의 노동자들은 대서양자유무역지대의 설립을 오랫동안 찬성해왔다. 한편 타지역과의 무역자유화는 반대해왔다. 문화의 보호와 관련하여 캐나다와 그랬듯이 유럽에서도 특히 프랑스와 마찰이 예상된다. 그러나 좋건 싫건 간에 과학기술은 정부의 희망을 쉽게 무너뜨리고 있다. 즉 국영 TV방송시 가능했던 것들이 500개의 방송을 수신하는 위성 안테나로 불가능하게 되고 있다.

철강, 농업과 같은 분야에서의 오랜 분쟁은 여전히 비등하고 있으며, 보다 자유로운 무역에 대한 전망은 철강과 농업이 유럽연합의 확대와 관련하여 논란거리가 될 것이라는 사실에 의해 복잡한 문제가 되고 있다. 철강산업이 정치에 미치는 영향력은 세계 어디에서나 감소하고 있고, 양측 모두가 농산물 분야에서 갈등을 완화하려 하지만, 앞으로 갈 길은 위험한 상태이다. 우루과이 라운드 협상 이후에도 여전히 농업보호를 위한 관세 상당치는 유럽연합은 75%, 미국은 30%로 평가되고 있다.[15] 따라서 만일 미국인들이 자유무역을 통해 이익을 얻는다면 그중 약 절반 가까이가 농업분야에서 얻어질 것이다.

그러나 대체로 유럽은 새로운 시장을 제공해주고, 서유럽의 경직된 임금에 압력을 가해줄 유럽의 확대와 대서양자유무역지대의 창설 두 가지를 모두 실행할 필요가 있다. 유럽의 세계전략은 이 두 가지의 시도를 지시하고 있으며, 유럽은 해낼 수 있다. 예를 들면 1993년의 한 연구결과는 유럽연합의 확대가 동유럽의 대유럽연합 농산물 수출을 두 배로 증가시켜 유럽연합 농민들에게는 최악의 경우인 유럽연합의 농산물 가격을 하락시켰다고 단정했다. 심지어 그 경우에도 유럽연합의 소비자들과 세금부담자들은 농민들이 잃은 것보다 더 많은 것을 얻었다.[16]

그러나 실질적인 문제로서, 유럽연합의 확대가 가지는 정치적 함의가 완전히 발현될 때까지는 확대문제는 농업의 중요성을 부각시킬 것이며 대서양자유무역지대에 대한 유럽측의 완전한 합의는 아마도 최소한에 그칠 것이다. 농업보호를 위해 어떠한 행동을 취한다는 것은 대단히 어려운 일이며, 보조금 삭감은 공동농업정책의 핵심적인 사항을 건드리는 것이다. 따라서 유럽연합 확대의 정치적인 측면을 고려해볼 때 대서양국

---

15) Schott, "Reflections on TAFTA," p.8.

16) Jim Rollo and Alasdair Smith, "The Political Economy of Eastern European Trade with the European Community: Why So Sensitive?" *Economic Policy*, vol.8, no.16, April 1993, pp.139-181.

가들이 논의할 수 있는 것은 자유무역의제이지 성숙된 대서양자유무역지대는 아닌 것 같다.

자유무역의제는 유럽연합과 미국으로 하여금 대서양지역을 넘어서 제2차세계대전 이후 전세계적인 문제들의 해결을 위해 서로가 보여주었던 역할들을 수행하도록 할 것이다. 관세와 무역에 관한 일반협정의 후신인 세계무역기구의 출산을 위한 고통은 보다 자유로운 경제적인 상호교환이 현재 얼마나 힘겨운 것인가를 부각시키고 있다. 관세장벽의 제거와 같은 현시적인 보다 쉬운 일들은 대부분 실시되었지만 서비스 무역, 전자통신, 표준화, 지적재산권, 농업과 같은 보다 다루기 어려운 분야들은 현재 과제로 남아 있다.

이와 같은 부정적인 요인들을 감소시키기 위한 방편으로서 세계적인 차원의 접근법은 그다지 유망하지 않으며, 또한 너무 복잡하다. 대신에 지역적인 차원의 집단화는 블록을 형성할 수 있다. 지역주의에 대한 논쟁은 계속해서 맹위를 떨치고 있으나, 전반적으로 세계가 지역적인 경제블록으로 귀결될 것 같지는 않다. 민족국가들은 먼 지역의 국가들보다는 이웃국가들과 무역하려는 경향이 있다. 예를 들면 서유럽국가들의 무역은 점진적으로 내부 지향적이 되었는데, 이는 수년간 노력의 결과물인 단일 유럽시장의 창설에서도 보인다. 그러나 서유럽 지역은 동아시아나 미국보다는 덜 지역집중적인 상태이다.[17)]

대서양 동반자들의 임무는 그들에게 혜택이 주어지며 또한 세계적 상거래를 용이하게 하는 방향으로 자유무역의제를 구조화하는 것이다. 이론적으로 볼 때, 세계무역의 총체적인 수준은 어떤 특정 상황하에 놓이지 않을 것이므로 유럽과 미국 등 주요 무역국가들은 보다 이익을 볼 것이다. 따라서 세계무역구조가 붕괴의 위협을 받을지라도 무역갈등은 쉽게 일어날 것 같지 않다.[18)] 그러나 전략적 무역이론으로부터 도출된 그

17) 다음을 참조. C. Richard Neu, "Who Trades with Whom: Is World Trade Becoming More Regional?" Unpublished paper, National Intelligence Council, Washington, D.C., August 1995.

위험요소는 모든 무역행위자들이 개방된 무역환경에서 이익을 얻을 수 있음에도 불구하고 개별국가들이 무역을 통해 불균형적인 이익을 추구함으로 자국만의 이익을 구하게 되는 유혹을 받게 된다는 점이다. 이 과정에서 그들은 심각한 갈등을 일으킬 수 있다.[19)]

실제 갈등이 일어날지의 여부는 한 지배적인 국가의 의지나 안정화의 역할을 담당하고 있는 국가들에게 달려 있다. 현재 안정자는 나타나고 있는 것 같지 않다. 따라서 세계무역에 대한 비관론이 자리잡고 있다. 미국은 더이상 안정자로서의 역할을 스스로 수행할 수 없으나, 유럽과 미국은 자유무역의 동반자로서 세계무역기구와 경제협력개발기구와 같은 세계적 경제거래를 위한 행위유형을 설정할 수 있다. 1993년 북미자유무역지대와 아시아·태평양경제협력이 유럽연합으로 하여금 우루과이 라운드 협상을 마무리짓도록 재촉한 것과 같이 대서양 자유무역의제는 최소한 일본이 아닌 타국가들에게 모범인 동시에 자극제가 될 것이다. 일단 미국과 유럽연합이 함께 우루과이 라운드 협상에 동의했으므로 관세와 무역에 관한 일반협정에서 세계무역기구로의 이행은 다른 세계 무역국들에게 별다른 선택의 여지를 남겨주지 않았다. 그들은 유럽과 미국 시장에서 최혜국 대우를 잃지 않기 위해 미국과 유럽을 따랐다.

미국과 유럽은 그들 앞에 놓인 국제 경제문제들을 위해 다른 어떤 국가들보다 긴밀한 관계를 맺고 있다. 양 진영은 오랜 기간 동안 저개발국

---

18) 이러한 견해는 크루그먼(Paul Krugman)에 의해 강조되고 있다. 예를 들어 다음을 참조. “Regional Block: The Good, the Bad and the Ugly,” *The International Economy*, vol.5, November/December 1991. 이러한 주장의 뛰어난 요약본은 다음을 참조. David M. Rowe, “Trade Wars and International Security: The Political Economy of International Economic Conflict,” *Working Paper,* no.6, Harbard University, Olin Institute Project on the Changing Security Environment and American National Interests, Cambridge, MA, July 1994.

19) 예를 들면 다음을 참조. Michael Borrus, Steve Weber, Joseph Willihnganz, and John Zysman, “Mercantilism and Global Security,” *The National Interest,* no.29, Fall 1992, pp.21-29.

가들의 해적행위로부터 지적재산들(특허, 상표, 저작권)의 법률적인 보호에 앞장서왔다. 유럽이 1992년 협정으로 유럽의 인프라와 전자통신분야를 점진적으로 개방함에 따라 하나 남은 골치거리가 제거됐으나 그 속도는 점진적이다. 미국과 유럽은 법에 의한 지배에 강한 전통을 공유하고 있다. 그리고 분쟁의 해결을 위한 법률적인 틀을 세우는 것은 쉽지 않을 것이지만, 북미자유무역지대의 경우보다는 더 쉬울 것이다.

우려되는 것은 대서양 자유무역의 범위문제가 세계무역기구를 통한 지구적 협정보다 타협하기가 더 어렵게 될지도 모른다는 점이다. 더욱 나쁜 것은 만일 대서양지역간 협력이 농업의 보호를 중요시한다면, 세계적 협상은 더 힘들어지지 결코 쉽지는 않을 전망이다. 무엇보다도 우루과이 라운드 협상에서 섬유 및 농업에 대한 미국과 유럽의 미온적인 태도가 개도국가들로 하여금 서비스와 지적재산권 의무에서 벗어나도록 하는 데 부분적인 책임이 있었다. 더욱이 지난 10여 년 간 개도국들은 매우 기꺼이, 때로는 일방적인 행동을 통해 무역자유화를 호의적으로 받아들여왔다.

양 진영이 현재 필요로 하는 것은 더이상의 목청 높은 웅변이 아니라 유럽과 미국이 그들의 입장에서 받아들일 수 있고 가치 있는 몇 가지 조치들에 대한 확실한 협의이고, 이것은 또한 세계경제의 개방성을 안정화시키는 데 공헌할 것이다. 과거의 노력들, 예를 들면 1990년의 범대서양선언 및 1994년 베를린 정상회담에서 설립된 미국-유럽연합간 실무자 그룹들은 블록을 세웠다. 이 모든 것은 온건한 것이었지만 제2차 전략무기제한협상에 대한 미국의 합동참모본부의 평가를 부연하기 위해서는 유용했다. 지금까지 미국의 기업들은 1995년 세빌(Seville)에서 열린 범대서양사업자대화에 대해 냉담한 태도를 보여왔다. 그러나 상업활동이 유럽연합의 단일시장을 추진시켜왔듯이 민간분야가 보다 자유로운 대서양 무역의 엔진역활을 수행해야만 한다.

1995년 마드리드에서 미국과 유럽연합은 새로운 범대서양의제들에 대해 자신들의 입장을 분명히 했다.[20] 그러한 협의 사항들은 올바른 방향으로 가고 있지만 대서양자유무역지대에는 미치지 못한 상태로 있다. 대신 대서양을 하나의 시장으로 만드는 것에 대해 논의하고 있고, 경제문제를 범대서양 관심사항 목록에서 세번째에 위치시키고 있다. 반면에 그 협의사항들을 숙고해보면 경제문제를 대서양 동반자관계의 엔진으로 생각하고 있음을 알 수 있고, 자유무역지대를 궁극적이고 명확한 목표로 보고 있다.

따라서 자유무역의제는 전자통신과 정부조달분야에서 시작될 것이다.[21] 유럽은 이미 이 분야를 개방하고 있으며 세계무역기구는 1996년에 자체 통신협상을 매듭지어야만 한다. 그러므로 대서양지역의 처리결과가 통신협상을 지원하고 정부조달협상을 용이하게 할 것이다. 마찬가지로 정부조달의 자유화 협정이 이 분야의 경쟁을 촉진시켜 양 진영으로 하여금 비용을 절감하게 도와주며, 아시아와 남미지역 국가들에게 모범이 되고 자극제가 될 것이다. 위에서 언급한 모든 원인들로 봐서 양 진영이 농업분야의 개편에 긴밀한 협력관계를 유지하면 할수록 그들이 반드시 해야만 하는 일들을 수행할 수 있는 더 많은 기회가 주어질 것이다.

타분야에서 양 진영은 지구적인 문제들에 미리 대처할 수 있는 준비를 검증할 수 있다. 지적재산권이 그런 문제의 하나이다. 또 다른 문제로서 반덤핑 문제가 있는데 우루과이 라운드 협상 결과에 따르면 아직 심판관이 없는 상태이다. 과제는 행정관리들이 국내 반덤핑기준을 무역장벽으로 사용하지 못하도록 확실하게 협약 이행을 감시하는 것이다. 상이한 사회적 표준을 다루고 무역의 상호교차나 환경문제를 다루는 데 대서양 진영은 쌍무적으로 세계공동체가 지구적 차원에서 수행하는 것보다 모범적인 결과를 개발할 수 있는 더 좋은 기회를 가지고 있다.

---

20) 예를 들면 다음을 참조. *New York Times*, December 3, 1995, p.20.
21) 이러한 논의는 다음의 논의와 병행한다. Robert Zoellick, "How to Achieve Transatlantic Free Trade," *Wall Street Journal Europe*, June 14, 1995.

동반자관계의 확대

자유무역에서의 진전은 대서양지역간 확대된 정치적 동반자관계를 정립하는 데 배경이 될 수 있다. 산업화된 민주주의 국가로서 다른 국가들보다 더욱 친밀한 관계를 맺고 있는 미국과 유럽은 구조조정이라는 동류의 문제에 직면해 있다. 공유된 고통이 언제나 공유된 이익으로 보상되지는 않지만, 자유무역의 진전은 성장을 증진시키고 인플레이션을 감소시키며, 구조조정을 수행할 수 있는 강력한 동기를 제공하여 그 고통을 감소시킬 것이다.

또 다른 차원에서 자유무역의 진전은 양측에게 그밖의 공유된 이익이 있음을 보여줄 것이다. 그것은 특히 미국에게 중요할 것이다. 곰퍼트가 이 책에서 밝히듯이, 미국의 일반대중들은 동반자관계에 대해 찬반의 이중적 태도를 보이고 있으며, 결국 미국인들의 행동은 자신들의 적대자들에 의해 유럽인에게 호의적인 것으로 아주 쉽게 풍자될 것이기 때문이다.

안보 부담공유

대서양 양 진영에게 경제분야의 구조조정은 국가방위를 위한 자원들을 포함하여 정부의 재원을 고갈시킬 것이다. 그래서 경제가 동반자관계에 대한 강력한 정치적 논쟁을 제공하게 될 것이다. 양측의 예산 적자는 회복 이전에 악화될 것이다. 그리고 경제적 하부구조들은 노후되고, 기술적 한계는 빠르게 변화하여 측정하기 곤란하게 될 것이다. 지금까지 미국의 회복된 생산성의 증가는 이제 임금을 부추기기 시작하고 있다. 이와 같은 상황하에서 미국의 재정적자 문제가 의제의 일부분으로 남게 될 것이다. 응급조치를 취하지 않는다면, 미 군부가 지난 1990년대에 교체하지 못한 주력무기들의 대체를 요구하듯이 그 해결을 위한 노력들은 위기에 봉착하게 될 것이다.

새로운 의회의 공화당 다수파는 분열상태이며 그 속에는 국가방위를 우선시하는 전통적인 공화주의자들이 포함되어 있다. 그외 다른 공화당 의원들은 미국의 재정문제가 제자리를 찾도록 하는 데 관심을 기울이고 있다[하원 예산위원장인 캐시크(John Kasich)가 그런 부류인 것 같다]. 보건 및 사회복지와 같은 심각한 재정부담의 정치적인 고충을 고려해볼 때 그들의 시선은 방위예산으로 돌려질 것이다. 미국이 방위비를 삭감함에 따라 유럽 역시 아마도 이를 따를 것이다. 그러나 진정한 동반자관계의 구축은 미국의 힘을 지탱해줄 것이며 양 진영이 이전보다 더 커진 세계적 역할을 수행하게 할 것이다.

경제적 의제가 이끌어내는 경제성장의 수준 정도로 경제 개편의 어려운 시도는 다소 쉬워질 것이고, 양 진영은 그들의 공동안보의 이해관계에 더 많은 자금을 사용할 수 있을 것이다. 경제의제의 성과가 주는 정치적 상징성은 특히나 이 논의에서 유용한데, 그 이유는 방위비 분담에 대한 미국 내의 논쟁이 언제나 미국이 유럽 내외의 안보에 얼마나 공헌하고 있느냐 하는 것으로 귀결되기 때문이다.

지구적 거시경제의 운용

먼저 생각이 드는 것은, 이 문제에 대해 대서양지역간 유용한 논의를 하는 데 방해가 되는 장애물의 처리가 어려울 것 같다는 것이다. 즉 대부분의 과거 노력들을 국내적 고려사항들로 인해 누가 세계경제의 성장을 위한 견인차 역할을 할 것인가에 대한 모호한 논쟁으로 전락시켰을 뿐만 아니라 그 논의는 일본을 포함한 삼자간의 대화가 되었어야 했다. 게다가 지구적 거시경제의 운용과 같은 목적을 이루어낼 수 있는 준비가 유럽연합은 아직까지 되어 있지 않다. 유럽 중앙은행의 설립을 위한 계획이 현재 진행중이지만, 유럽연합이 무역에서 보여주는 장악력은 아직까지 재정정책이나 통화정책에서는 기대하기 어렵다. 따라서 지구적 거시경제의 운용문제는 아직은 요원한 프로젝트인 것 같다.

그러나 다시 한번 생각해보면, 현재 대서양지역간 대화를 시작하는 데는 그만한 이유가 있다. 그 이유 중 하나는 삼자간 대화나 G-7 정상회담이 거의 결실을 맺지 못했다는 사실이다. 독일 통일을 보증하기 위한 통화부담이 사라져감에 따라, 유럽은 일본이 바라는 것보다 더 팽창적인 재정정책을 추구하여 미국측에 보다 가까이 접근하려 한다. 그러나 장기적으로 미국이 선호하는 거시정책이 유럽의 온건하고 지속적인 성장, 낮은 인플레이션과 이자율, 예산 적자의 삭감 등으로 나타나는 거시 정책과 아마도 유사해질 것이지만, 그러한 유사성의 정도는 여전히 알 수 없는 상태로 남아 있다.

어떠한 사건에서도 일본에 집단적인 공격을 가하는 것은 좋은 생각이 아니다. 즉 연합전선을 형성하여 일본에 압력을 가하는 것과 같은 가능성이 그렇다. 대서양 동반자관계의 기술적인 운영은 모범적인 예가 될 것이며, 협력적 노력을 통해 폭 넓은 참여를 유도하고 제3자에 대해 배타적인 행동이나 집단적인 공격을 하지 않게 할 것이다. 이러한 필요조건들을 얼마나 잘 충족시킬 수 있는가 하는 것이 동반자관계의 효율성을 평가하게 될 것이다.

유럽통화통합이 단지 소수의 핵심국가들 사이에서라도 실현되면, 유럽의 통화정책을 안정된 궤도에 올려놓게 될 것이다. 이런 이유로 초기 유럽공동체의 창설자인 장 모네(Jean Monnet)와 로버트 슈먼(Robert Schuman)의 논리가 강력하게 효력을 발휘하고 있는 것이다. 왜냐하면 유럽의 공동통화정책 없이는 유럽 중앙은행도 유럽준비금제도도 있을 수 없기 때문이다. 그리고 공동통화정책은 궁극적으로 일반적인 보다 공동의 거시정책을 필요로 한다. 1980년대 초반의 프랑스를 주목하라. 독일이 통화를 팽창시키지 못하고 인플레이션이 프랑화를 평가절하시키지 못하도록 하기 위해 긴축해야만 했을 때 프랑스는 통화팽창을 추구했다.

지금은 미국이 함축된 의미들에 대해서 생각해보아야 할 때이다. 달러가 준비통화로서 유로(Euro)에 의해 대체될 것 같지는 않지만 줄어들게 될 것이다. 단일 유로준비금의 창설은 현재 유럽에 예치된 국제 준비금의 필요를 감소시켜줄 것이고, 과도한 달러 준비금으로 인한 새로운 달러과잉 현상을 일으킬 것이다. 단기적으로는 미국 이외의 달러 보유자들이 그들이 누리는 수익률의 일부를 잃게 될 것이다. 미국인들은 자국화폐로 표시된 외국상품의 가격인상을 경험하게 될 것이며, 또한 궁극적으로는 현재 미국이 겪고 있는 경상수지적자를 더욱 지탱해내기 어려울 것이다.

결과적으로 미국이 유럽연합의 무역상대국으로서의 가능성을 처음에는 두려워했으나 나중에는 환영했듯이, 미국은 단일 유로준비금이 미국과 유럽연합 간의 통화거래를 보다 쉽게 해줄 것이라는 것을 알게 될 것이다. 그러나 단기적으로 모든 것은 유럽준비금제도의 관리 방법에 달려 있다. 회원국들과 담당관료들은 1980년대 플라자(the Plaza)와 루브르(the Louvre) 합의에서 타결되었던 것과 같은 환율조정을 그때보다는 더 어렵게 타협하게 될지도 모른다. 그래도 시간이 지나, 자유무역이 환율의 안정 없이는 아마도 유럽 내에서 지속될 수 없을지 모르듯이, 똑같은 논리가 대서양지역에서도 적용된다. 이와 같은 관심사항들을 논의해야 할 시간이 멀지 않았다.

동유럽의 재건

동유럽과 최종적으로 구소연방의 재건은 대서양자유무역지대의 창설에 있어서 명확한 과제이다. 왜냐하면 그것은 유럽의 광범위한 전략 중 하나이기 때문이다. 지난 40여 년 간 서유럽과 동유럽으로부터 소련을 고립시키기 위해 국부를 쏟아부은 유럽으로서는 지금 그 일을 중단하는 것이 유감스러운 일 같을지도 모른다. 폴란드와 헝가리에서 처음 공산주의가 무너졌을 때 미국은 B-2 폭격기 가치의 절반에 해당하는 원조를 했으며 당시 유럽공동체는 대개 수출신용을 제공했는데, 이는 개개 분야에 대한 실망스런 반응이었다.

베를린 장벽이 무너진 초기에 미국과 유럽은 앞으로 민주주의체제를 갖추게 될 국가들을 위해 어느쪽이 더 많은 일을 했는가에 대해 지루하게 논쟁했다. 사실 공공분야나 민간분야를 통해 양쪽 모두 그렇게 공헌하지는 못했다. 1993년 말 무렵까지 중부와 동부유럽으로 유입된 외국인 직접투자액은 겨우 약 130억 달러에 불과하며 이는 태국에 투자된 외국인 자본액 정도이다.[22] 외국인 직접투자의 4/5 이상은 헝가리, 체코

슬로바키아, 폴란드, 러시아에 집중됐고, 1/3 이상과 1/4 이상이 각각 헝가리와 체코에 투자됐다.

동유럽의 재건은 공공자본이 아닌 민간자본의 임무가 될 것이다. 자체적으로 봐서 그 임무는 마셜플랜하의 서유럽의 재건에서처럼 그렇게 전도유망하지는 않다. 서유럽은 그 당시 무엇을 해야만 하는지 알고 있었다. 즉 그들이 필요로 했던 것은 단지 돈과 추진력뿐이었다. 몇몇 중부유럽국가들을 제외하고 동유럽국가들은 이제 겨우 학습과정에 있다. 제2차세계대전에서 승리했을 당시 미국 정부는 부유했으나, 현재 스스로를 가난한 나라로 여기고 있다. 미국의 인종주의단체들로부터의 감언이설과 특정의 주장들로 인해 동유럽의 재건을 위한 계획들은 마셜플랜과 비교하여 어떠한 것도 도출해내지 못할 것이다. 마셜플랜 당시 서유럽을 위해 존재했던 소련의 위협과 같은 미국의 중추적인 정치의식을 결집시킬 배경이나 경제적인 이익도 존재하지 않는다.

그러나 심지어 미국이 유럽에 하위의 상대자가 될 운명일지라도, 이러한 임무를 수행하는 데 보다 명확한 대서양 동반자관계는 여전히 유용할 것이다. 가장 중요한 것으로 양국간의 동반자관계는 미국인들로 하여금 유럽연합이 동쪽으로 시장을 개방하도록 계속해서 압력을 행사하는 데 강력한 기반을 제공할 것이고 또한 유럽인들에게는 동유럽에 대한 시장개방시 타국으로의 전환된 무역에 대해 미국인들이 필연적으로 가지는 불만을 처리할 수 있는 강력한 기초를 제공하게 된다.

상황은 개선되었지만 베를린 장벽의 붕괴 이후 동유럽에서의 일차적인 서유럽의 주도권은 혼돈상태였으며 비효율적이었다. 정치적인 축하의 환호성에 비해 여전히 물질적인 기반이 빈약하다. 과도한 비용을 들여 조언자들이 찾아오지만 그들은 별도움이 안되고 있다.[23]

---

22) U.N., *World Investment Report,* United Nations, New York, 1994, p.99.

23) 유럽연합의 원조에 대한 통렬한 초기 평가에 대해서는 다음을 참조. "EC Aid to the East: Good Intentions, Poor Performance," *The Economist,* vol.327, no.7806, April 10, 1993, pp.21-23. 보다 최근의 평가에 대해서는 다음을 참조. Joseph C. Brada, Roland Schonfeld and Ben Slay, "The Role of International

대서양 동반자관계는 또한 새로운 시장에서의 공유된 이익들이 불공정 무역에 대한 비난의 대상이 되지 않는 것과 자연적인 노동의 분업이 타인을 배제하는 것으로 보이게 되지 않는 것을 확신시키는 데 도움이 될 것이다. 헝가리와의 인종적인 관계가 미국인들에게 동유럽에서 특별한 역할을 하도록 할 것이며, 잔여 강대국의 이해관계가 러시아와 미국에게 많은 토론의 여지를 남길 것이다. 동유럽이 대서양 경제의제에서 중요한 비중을 갖는다는 사실에 대한 확신은 특별한 국가간 관계가 곧 이익을 제공하고 있다(그러나 이는 러시아의 경우에서처럼 미국에게 특별한 부담이 되기도 한다)는 의혹의 목소리를 낮출 것이다.

에너지 협력

에너지에 대한 범대서양간 논란은 최소한 1973년의 석유금수조치로 되돌아간다. 논쟁은 현재 잦아졌는데 그 이유는 석유가격이 낮고 공급이 상대적으로 풍부하기 때문이다. 그러나 정치적 의도와 같은 모든 요인들이 남아 있다. 유럽은 미국보다 훨씬 더 수입에너지에 의존하고 있으나 미국의 의존도 점증하고 있다. 그리고 대부분의 그와 같은 화석연료 에너지는 말썽많은 전략적인 지역들에 존재하고 있다(이에 대해서는 이 책의 칼리자드와 라라비의 장을 참조). 중동지역은 석유자원의 2/3를 보유하고 있으며, 구소련은 석유자원에 더하여 세계 천연가스의 약 2/5를 가지고 있다.[24)]

또 다른 석유위기의 예측은 상당한 신빙성이 있다. 특히 아시아 지역에서의 경제가 활성화됨에 따라 세계 에너지 시장이 공급부족을 겪게

Financial Institutions in Central and Eastern Europe," and Markus Rodlauer, "The Experience with IMF-Supported Reform Programs in Central and Eastern Europe," *Journal of Comparative Economics*, vol.20, no.2, Feburary 1995, pp.49-56 and vol.20, no.4, April 1995, pp.99-115, respectively.

24) United States Energy Information Administration, *Annual Energy Review 1994*, United States Government Printing Office, Washington, D.C., 1994, p.283.

될 것이다. 따라서 이란-이라크 혹은 쿠웨이트간의 국가간 전쟁이나, 이란에서의 국내적인 소요, 혹은 테러와 같은 일들은 세계적으로 엄청난 규모의 생산물을 소비할 수 없도록 할 것이다. 석유자원에 대한 단기적인 대체물들은 별로 없고, 그 가격 탄력성은 크기 때문에 시장은 극적으로 반응할 것이다. 이란에서 샤 정권의 붕괴로 당시 세계 석유생산량의 단지 몇 퍼센트만 줄었던 경우에서처럼, 적은 양의 변화도 시장 가격에 큰 타격을 줄 것이며 국내시장에 심각한 혼란을 야기하게 될 것이다.

위기상황이 전개됨에 따라, 일방 즉 미국이 될 경우가 많은데 이 일방의 정책이 잘못됐던 것이 아닌지에 대한 비난이 있을 것이다. 비난과 함께 국내적 파급효과들을 감소시키기 위한 특별한 협상들을 방해할 타방 국가들의 노력들이 뒤따를 것이다. 환율은 특별한 긴장요인이 될 것이다.

대서양 경제의제에 에너지분야를 포함시키는 것은 주의를 요한다. 현재 자유시장원리와 짝을 이루어 풍부해진 에너지 공급은, 특히 미국에서 그러한데 모든 상대국가들을 길버트와 설리번의 영국철도(Gilbert and Sullivan's English Railroad)의 위치에 남겨둔다. 토요일 밤 예견가능한 사건의 발생은 언제나 놀라움에 사로잡히게 한다. 국가정책의 높은 투명성은 도움이 될 것이며, 사태를 더욱 악화시킬 수도 있는 위급한 행위들을 하지 않고 타협하는 것도 도움이 될 것이다.

양 진영의 동반자관계는 국내 에너지 가격의 통제나 혹은 수출규제를 통해 위기를 악화시키지 않을 협력관계에 이르게 될지도 모른다. 적절한 에너지 비축은 이미 미국에서는 유행이 지난 것으로 비록 어려워보이는 에너지 보존은 아니지만, 위기시 비축분의 사용방법에 대한 동의와 함께 차선책이 될 것이다. 대중매체에서 떠들어대는 에너지 위기는 사실상 시장의 공황으로 이어질 것이다. 시장가격의 인상을 초기에 막기 위해 에너지 비축량을 풀어야만 한다. 그러나 이러한 행동은 위기가 악화될 경우 보유량을 유지하고자 하는 국가들의 성향과 배치되는 것이다. 다시 한번 상대국가들이 얻게 되는 교훈은 평범한 것으로 보다 공동으로 예방하는 것이 훨씬 좋다는 것이다.

사전 위기대처방안에 더하여, 대서양국가들에게는 냉전기간 동안의 갈등상황을 뛰어넘을 기회가 주어진다. 경제적으로 세계시장을 가정했을 때 항상 에너지 공급의 증가에 대한 논쟁이 있었다. 그러나 이는 냉전기간 동안 최소한 많은 미국인들이 소련에게 경화나 협상에서의 우월권을 주지 않으려는 이해관계로 무시되었다. 현재 대서양국가들은 구소연방 내의 국가들에서 에너지 생산량을 늘리려는 협력에 공동의 이해관계를 가지고 있는데 이는 구소련 내의 국가들과 대서양국가들 그리고 세계경제를 위해서 그러하다. 마찬가지로 만일 새로운 기술의 개발로 핵에너지의 가능성이 열린다면, 과거와 같은 소란 없이 이를 이용하는 데는 대서양국가들간의 활발한 동반자관계가 필요하게 될 것이다.

경제안보 다루기

이 문제는 대서양의제 가운데 어떤 주제보다도 계속해서 민감한 문제가 될 것이다(일부 특별한 사항들은 칼리자드에 의해서 제8장에서 자세히 다루어진다). 대서양국가들에게 앞으로의 문제는 골치아픈 국가들을 어떻게 다루느냐 하는 것과 수출업자들의 판매행위가 부당하게 제약당하지 않도록 하기 위해 선과 악의 이중으로 사용될 수 있는 기술의 교역을 어떻게 다루느냐 하는 것이다. 그러나 고약한 집단이나 국가들은 매우 치명적인 무기들을 위한 필요한 수단들에 쉽게 접근하지 못할 것이다.

경제 제재에 대한 논란은 국가들이 악하게 행동하고 전쟁이 치명적인 수단으로 남아 있는 한 계속될 것이다. 그런 논쟁을 재현하는 것은 현재 적절하지 못하다. 경제적 제재는 정부 내 정책 결정자들이 선택의 유혹을 받는 만큼이나 자주 민간 비평가들에 의해서도 계속해서 풍자되고 있다. 고약한 국가들을 봉쇄시킬 방법으로서 경제적 제재에 대한 범대서양 토론에는 몇 가지 유형이 있는데, 그 이유는 무역에 대한 유럽연합의 위임권이 범대서양 토론의 결과에 제재의 권한을 주고 있기 때문이다. 대서양지역간 거래의 역사도 모두가 의기소침하게 되는 것은 아니다. 예를 들면 대서양국가들은 세르비아와 이라크 사태를 함께 견디어냈다. 그리고 그들은 남아프리카 사태에 대해 다른 견해들을 가지고 있었음에도 불구하고, 그 결과는 성공적이었으며 경제적 제재는 백인들로 하여금 그들이 처한 상황을 뼈저리게 느끼도록 하는 데 중요했다.

이란 문제는 다소 기운 빠지게 하는 것으로 이에 대한 대서양국가들의 의견차이가 비생산적인 방법으로 경제와 전략을 혼합해버렸다. 클린턴 행정부가 1993년 3월 이라크와 이란에 대한 일명 이중 봉쇄정책을 통해 전임자들이 수행했던 이란의 고립화를 강화했을 때, 미국 수출업자들에 대한 미 행정부의 정책은 너무나 복잡해서 국회의원들에게 설득력 있게 설명할 수 없었으며, 동맹국가들에게는 더욱 그러하였다.[25] 영국을 제외한 유럽인들은 그들의 역할에서 이란을 움직이는 수단으로서 경제적인 압력의 행사를 꺼려 해왔다.

예를 들어 1993년 3월 독일의 은행들은 몇몇 이란의 은행들로부터 오는 신용장을 존중하는 태도를 중지했다.[26] 그러나 그 해 후반 독일은 7월 G-7 정상회담과 9월 미국-유럽연합간 회의에서 이란에 압력을 강화하고자 하는 미국의 주도적인 입장을 약화시켰다. 한편, 독일과 이란의 정보관료들은 만남을 가져왔었고, 이것은 그해가 끝날 때까지 미국과 독일 간 공적인 분야에서 서로를 공격하는 단초가 되었다. 영국은 이란이 루시디(Salman Rushdie)에 대한 사형선고를 철회할 때까지 이란을 고립시키자는 1992년도 유럽연합협정을 위반했다고 비난했다. 독일은 10월에 독일이 이란정부에 정치적·경제적 지원을 제공하고 있다는 의혹을 공식적으로 부인했으며, 독일은 미국을 대신해서 처음부터 정보접촉을 수행했다고 비공식적으로 주장했다.

1994년 이란은 독일과 일본이 이란 부채의 절반 정도를 해결하기 위

25) 이중봉쇄에 대한 유용하며, 비판적 평가를 위해서는 다음을 참조. Edward G. Shirley, "The Iran Policy Trap," *Foreign Policy,* no.96, Fall 1994, pp.75-93.

26) 이러한 내용은 언론 논평과 인터뷰 내용에서 모아진 것이다. 예를 들어 다음을 참조. *Wall Street Journal,* July 7, 1993, p.A10; October 18, p.A10; March 14, 1994, no p.; October 31, 1994, no p.; and *New York Times*, March 20, 1995, p.D2; May 3, 1995, p.A7; and May 14, 1995, p.1.

해 46억 달러의 신용을 공여하려 한다고 발표했다. 같은 해 이란에 대한 독일의 수출물량은 약 35억 달러에 이르렀는 데, 그것은 이란 총수입액의 약 1/5에 해당하는 것이었다.

1995년 초반 미국은 미국의 석유회사인 코노코(Conoco)로 하여금 이란의 시리(Siiri) 유전지대의 개발을 위한 10억 달러 계약을 취소하게 함으로써 이중봉쇄의 시지에 대한 진지성을 보여주었다. 이란은 즉각적으로 그 계약은 프랑스회사와 맺어질 것 같았다고 발표했다. 전반적으로 또한 거의 동시에 이란은 네덜란드-독일 합작회사와 남부 이란의 아부자르(Abuzar) 유전지대의 개발을 위한 또 하나의 10억 달러 계약을 체결했다.

1995년 5월 클린턴 대통령은 미국이 이란과의 모든 무역과 투자를 끊을 것이며, 이란의 핵개발 계획과 테러지원을 중단시키려는 노력을 하겠다고 발표했다. 그러나 유럽인들은 미국의 주장에 대한 근거에 회의적이라고 고백했으며, 어떤 경우에서건 미국인들의 논리에 반대했다. 프랑스인과 독일인 양자 모두 금수조치에 반대를 주장했으며, 이란에 영향을 미치는 수단으로서 간섭에는 찬성했다. 독일의 대이란 무역은 1992년에 50억 달러의 흑자를 기록했으며, 1994년에는 10억 달러로 떨어져서, 이란은 독일의 수출시장 중 16번째에서 41번째로 추락했다. 그러나 독일은 이란-이라크전쟁 이후에 정체되어 있던 수출보증계약에서 1억 1,000만 달러를 회복했다.

이러한 사실에 대해 미국인들은 유럽인들이 경제적인 이익을 추구하기 위해 벌이는 비열한 중개행위 중의 하나로 받아들인다. 반면, 유럽인들에 의하면, 이것은 실행에 있어서 일관성이 결여된 수사적인 미국인들의 지나친 열정의 하나로 혹은 스스로 고립을 자초하는 한 정권을 고립시키고자 하는 잘못된 전략의 하나로 보여질 수 있다. 이란에 의한 미국의 고충은 신경통처럼 사라지지 않을 것이다. 또한 시기에 관계없이 그들을 경제적으로 강제하기보다는 아주 고약한 국가들을 이용하여 그들을 길들이고자 하는 확대된 유럽인들의 성향 역시 사라지지 않을 것이다.

그러나 상기의 사실들이 보여주는 바가 무엇이건 간에 경제적인 이익은 대단히 엄청난 것이다. 수출에 있어서 50억 달러는 시시한 것이 아니며, 특히 기술 경쟁력에서 위협을 받는 독일의 경우에 그러하다. 그러나 이것은 대서양 경제의제에 대한 진전이 보다 가시화될 것이라는 사실처럼 미국과 유럽연합 간 경제적 유대에서 유럽이 가지는 이해관계에 의해 그 중요성이 감소될 것이다. 그리고 만약 미국과 유럽이 함께 이란에 대하여 공동전략을 추구했다면, 그 수출물량 모두를 잃지는 않았을 것이다.

결국, 진정한 대서양 동반자관계는 유럽인들의 주장과 전략을 분리하여 그들의 주장만을 진지하게 선택하려는 것을 의미한다. 미국에게 그것은 또한 미국인들의 주장이 가장 강한 분야에서 요구사항들을 제한하는 것을 의미한다. 심지어 독일의 정보업무기관들은 독일의 상사들이 이란의 핵개발 계획에 공헌했음에 동의했다. 그리고 유럽인들은 일반적으로 이중봉쇄의 핵 비확산 항목을 지지했다. 대서양 경제의제에 관한 움직임들은 단기간에 정치적인 주장들로부터 경제적인 동기들을 보다 쉽게 분류해낼 수 있을 것이다. 장기적으로는 대서양지역에서 보다 건실한 경제를 보유한 국가들이 특별한 이해관계로 인한 항변들을 가라앉힐 것이다.

불행히도 쿠바의 예를 통해 이러한 교훈들을 적용하는 것이 얼마나 어려운가를 여실히 알 수 있다. 쿠바에게 경제적인 이해관계는 별로 없는데 최소한 지금은 그러하며, 행위 의도의 핵심은 보다 순수하게 정치적인 것이다. 1996년 3월 12일 클린턴 대통령은 헬름스-버턴(Helms-Burton) 법안에 서명했는데 쿠바에 대한 미국 금수조치를 강화하려는 것이었다. 이 법안은 특히 유럽 동맹국들을 화나게 만드는 두 조항을 포함하고 있다. 한 조항은 쿠바혁명 당시에 몰수된 미국인 재산을 사용하고 있는 외국인 회사들을 미국 시민들이 미국의 법원에 제소할 수 있도록 허용하는 것이었다. 두번째 조항은 경제적인 것보다는 상징적인 것인데 미국정부로 하여금 그런 회사의 외국관리자들의 입국을 거부할 수 있도록 하는 것이었다.[27)]

27) 헬름스-버턴 법안은 공식적으로 공공법(Public Law) 104-114이다. 위반 규정은 각각 제Ⅲ과 제Ⅳ에 포함되어 있다.

클린턴은 처음에 첫째 조항의 시행을 유예했으나 두번째 조항의 시행은 승인했다. 실질적으로 입국이 거절된 사업가들은 적었지만, 캐나다와 유럽에서의 흥분은 적지 않았다. 대부분의 유럽인들은 금수조치는 이미 오래 전에 냉전의 유물이 되었으며, 동유럽의 개방과 함께 더욱 그렇다고 믿었다. 왜 쿠바에 대해서는 서유럽이 동유럽에 했던 것처럼 무역 접촉을 통해 공산주의를 포기하도록 설득하지 못하는가? 그리고 헬름스-버턴 법안은 과거의 상처들을 건드렸는데 그 상처들 중 가장 최근의 것은 1980년대 초반 소련의 가스 파이프라인 분쟁 기간 동안에 있었던 것이다. 유럽연합은 미국의 행동에 보복하겠다고 위협했다.

위와 동일한 교훈과 차이점들이 최첨단의 양면사용품목들의 무역에 적용되는 데 이 품목들은 미국과 그의 동맹국들이 냉전시 소련에 초점을 맞추고 있었던 코콤(CoCom)의 소멸 이후 제한을 가하려고 노력하고 있는 것들이다. 정치적으로 이 임무는 대단히 복잡한 것이다. 대서양국가들이 소련의 군부를 돕기 위한 경제적인 지원에 대해 논의했음에도 불구하고 그들 모두는 원칙적으로 소련의 군부가 기술이전으로 도움을 받을 수 없다는 데 동의한다. 현재 그와 같은 물품에 대한 제한 협정들은 명확한 목적을 가지고 있지 못하며, 이전의 대상물들이 군사적인 하드웨어에서 기술적인 소프트웨어로 전환됨에 따라서 제한은 더욱 모호해지고 있다.

그러나 경제적으로 의혹의 대상이 되고 있는 이러한 품목의 교역은 그렇게 수지맞는 것은 아니고, 심지어 의혹의 정의도 대단히 광범위하다. 만약 무기의 의미 자체를 높은 가치에 둔다면, 선별된 일단의 기술, 즉 성장단계에 있는 핵무기 계획은 틀림없이 그 총합계가 훨씬 적을 것이다. 무엇보다도 재래식 무기의 수출을 달러 가치로 평가해보면 1988년 54억 달러에서 1993년 22억 달러로 떨어졌다.[28] 그중에서 미국의 몫

---

28) There are U.S. Arms Control and Disarmament figures cited in a report prepared by RAND for the President's Advisory Board on Arms Transfers: Marcy Agmon, James L. Bonomo and Michael Kennedy, *Arms Proliferation*

은 오히려 꾸준하게 약 10억 달러를 유지했고, 이런 사실은 유럽인들로 하여금 코콤을 계승할 레짐을 고안하고자 하는 미국의 진지함에 회의적인 태도를 가지게 했다.

10억 달러는 미국 국내총생산의 약 0.15%에 해당되고, 무기수출산업은 약 17만 5,000명의 고용효과를 내는데 이것은 또한 미국 노동자의 약 0.15%에 해당된다. 이러한 수치들은 사소한 것이 아니다. 그러나 랜드 연구소(RAND)의 분석을 통해 보면 무기이전에 따른 10억 달러의 순수한 경제적 이윤은 4억 달러 정도로 국내총생산의 1/1,000도 안되는 것으로 평가된다.[29] 확실히 미국에게는 무기이전에 따른 경제적인 동기가 약하다. 그것은 심지어 생산고를 늘리거나 혹은 미국군에 의한 무기조달의 갭을 메운다는 차원에서도 그러하다. 물론 이러한 효과들은 랜드 연구소의 분석에 산정되어 있다. 사실 클린턴 행정부의 1995년 1월 재래식 무기 이전에 대한 대통령 결정 지침은 무기판매에서 미국의 경제적인 이익을 과대평가하고 있다

경제적인 효과는 아마도 유럽에서 다소 더 크게 나타날 것인데, 미국보다 더 적은 경제규모와 군사규모 그리고 경제적 대안의 부재 등을 고려해볼 때 그렇다. 세계무기시장에서 유럽이 차지하는 몫은 1990~1993년 사이에 8억에서 10억 달러로 미국 다음으로 강력하게 2위를 고수하고 있다. 그러나 유럽 역시 불확실한 수취자들에게 의문의 여지가 남아 있는 무기의 이전이 가지는 진정한 가치는 특정한 관련기업들에게는 크지만 국가에게는 상대적으로 적다. 대서양 경제의제의 진전은 어느 정도의 균형감과 또한 특정 국내 청원자들의 요구사항을 가라앉힐 몇몇 주장들을 제공할 것이다.

코콤 이후 무기와 기술의 이전에 대한 제한문제는 많은 공급국가들을 포함할 필요가 있으며 수취국가들에게까지 미치게 할 필요가 있다. 그러

Policy: Support to the Presidential Advisory Board, MR-771-OSD, RAND, Santa Monica, CA, 1996.

29) Ibid

나 대서양국가들은 여전히 핵심적인 지위를 차지하게 될 것이다. 그들은 지역적 단위로 접근을 모색할지도 모르고, 실제 모든 지역에서 대단히 위험스러운 기술의 수출을 거부하려 할지도 모른다. 따라서 그들은 라틴 아메리카나 동아시아와 같이 보다 광범위한 제한을 위한 제도의 실행이 가능한 지역의 국가들과 함께 제한문제을 추진해나갈 것이다.

문화적 결말

결국, 대서양지역간의 관계는 지구적 동반자관계에는 못미처도 계속해서 금전적인 것 이상일 것이다. 공유된 역사를 통한 유대나 문화 그리고 혈연적인 친밀성은 변화하였고 아마 그들이 즐겨 기억하고 있는 그대로의 정체성은 결코 아니었을 것이다. 그러나 그들은 실제 관련성을 가지고 있는 것과 마찬가지다. 미국인에게 유럽은 더욱더 미국화되어 있는 것 같다. 그러나 중국도 마찬가지다. 호소력을 가진 것으로 미국인을 미국인으로 규정하는 문화가 있다. 그러나 하버드 대학의 스웨터를 입고 있는 말레이시아 젊은이에게 인사했던 한 하버드 졸업생에게 물어보면, 진정으로 설득력을 지닌 것은 국제적인 것이다. 그럼에도 불구하고 그 국제적인 문화도 그 뿌리는 언어, 대중음악, 북대서양을 상징하는 것들에 두고 있다.

더욱이 한 세대 동안 논평가들은 비록 그들은 유럽인들로서 초조해하지만 미국 주민들에게서 일어나는 변화들에 대해 주목해왔다. 그 변화의 유럽적인 물줄기는 거의 소멸하였으나, 한편 아시아인의 변화 물줄기는 범람의 수준에 이르고 있다. 그러나 그 아시아 이주민들은 아시아화된 미국인이라기보다는 유럽화된 미국인들이었다. 지금까지 문화적으로 미국에 아시아를 광범위하게 각인시킨 경우는 희박하다. 총명한 대학 졸업생들은 도쿄에서 금융관련 인턴사원이 되기를 원하나, 나중에는 터스커니(Tuscany)에서 휴가를 보낸다. 심지어 그들이 원래 대만 출신인 경우에도 그렇다.

이러한 깊은 생각들은 정도를 벗어날 수도 있다. 미국에 대한 아시아적인 충격은 증가할 것이다. 그러나 태평양 지역과는 다른 대서양지역의 공유된 이해의 특질이 오랜 기간 동안 존재할 것이다. 만일 유럽인들과 미국인들이 상이한 의견을 갖는다면, 그들은 보다 자주 그 원인을 이해할 것이다. 결국 그들은 보다 빈번히 논의의 틀을 공유할 것이다. 그것이 항구적인 동반자관계를 조장하지는 못할 것이지만, 의지의 결합을 쉽게 할 것이며, 혹은 공통의 이해에 쉽게 도달하게 만들 것이다. 만일 미국과 유럽이 완벽한 동맹관계를 언제나 이루지 못한다면, 그들은 서로가 낯선 곳에서 환영받을 수 있는 상대를 찾게 될 것이며 세상을 불안하게 할 것이다.[30]

30) 메이(Ernest R. May)와 저자는 앵글로-아메리칸의 특별한 관계를 묘사하기 위해 이와 같은 언어를 사용하였다. 다음을 참조. Gregory F. Treverton and Ernest R. May, "Defence Relationship: American Perspectives," in William Roger Louis and Hedley Bull(eds.), *The Special Relationship: Anglo-American Relations Since 1945*, Oxford: Oxford Unicersity Press, 1986.

4 새로운 동반자관계, 북대서양조약기구의 신군사구조

제임스 톰슨

북대서양조약기구의 현재 군사지휘구조는 미국-유럽의 지구적 안보 동반자관계에 맞지 않는다. 북대서양조약기구의 군사지휘구조는 냉전시대라는 상황에서 동맹국들의 영토방위를 위해 계획되었다. 북대서양조약기구의 군사지휘구조는 동맹국들의 영토를 넘어서, 특히 유럽의 근접 지역으로까지 동맹국들의 전력을 투사하기에는 적당하지 않다. 새로운 임무들을 낡은 구조의 주요 요소들로 융합시키려는 시도들은 북대서양조약기구가 21세기에 직면할 광범위한 안보 도전들을 천명하는 데 필요한 능력들을 산출할 것 같지 않다.

필요한 것은 새로운 군사지휘구조이다. 군사지휘구조는 냉전 이후 세계의 정치적, 군사적 그리고 경제적 현실들을 인식해야만 한다. 군사지휘구조는 북대서양조약기구가 회원국가들의 본토로부터 멀리 떨어진 지역들에서 상이한 많은 임무들을 수행할 수 있어야 한다는 점을 인식해야만 한다. 군사지휘구조는 미국-유럽의 공동안보와 전략들 그리고 군사계획들을 조장해야만 한다. 그리고 군사지휘구조는 모든 동맹국들에게 동기를 부여하여 그들의 상호 지구적 안보부담을 보다 동등하게 떠맡도록 해야 한다.

본 장은 미국과 유럽이 어디에 존재하든 그들의 공동이익들을 방위할 수 있어야만 한다는 원칙을 지지하는 새로운 구조를 구축하는 하나의 방법을 살펴보는 것이다. 새로운 군사지휘구조는 이미 존재하는 두 개의 사령부를 증대시킬 수 있는 제3의 사령부의 창설을 촉구한다. 이러한 제3의 사령부는 북대서양조약기구의 전통적인 경계를 넘어선 위기들과 상황에 대응하고 전력을 조직할 수 있는 책임을 지고 전력투사능력을 위해 북대서양조약기구 방위기획담당 내에서 권한을 가져야 할 것이다. 비록 초반부에는 미국이 그러한 능력들을 제공할 것이지만 유럽의 일국이 그 사령부의 핵심 지위를 맡는 것은 또한 전력투사능력을 보유하고 있는 유럽의 중요성을 상징화할 것이다. 이러한 새로운 사령부는 북대서양조약기구 회원국가들이 장래에 직면할 것 같은 도전들은 전통적인 적성국가들이 아니라 새롭고 낯선 지역들과 위협들에서 발생할 것이라는 점을 인식해야만 한다.

북대서양조약기구가 적응할 필요가 있는 것은 새로운 현실화가 아니다. 최근 몇 년에 걸쳐 북대서양조약기구의 안보 구조물은 냉전 이후의 세계를 위해서는 맞지 않는다는 점이 점점 더 명백해졌다. 1991년 11월 로마(Rome) 정상회담에서 북대서양조약기구는 처음으로 자신의 전망을 바꾸고자 하였다. 로마 정상회담에서 북대서양조약기구 정상들은 북대서양조약기구의 군사전략이 변화되어야 한다는 점을 보여주었다. 1992년 6월 오슬로 선언(Oslo Declaration)에서 미국과 미국의 동맹국들은 현존하는 안보틀을 북대서양조약기구의 방위영역을 넘어서는 평화유지에 대한 새로운 요구들에 적응시키기 시작했다. 1994년 1월 북대서양조약기구는 이러한 노력들을 더욱 진척시켜, 이후에서 더욱 자세히 살펴볼, 다국적합동수행전력(CJTF: Combined Joint Task Forces)의 창설과 대서양동맹의 동쪽으로의 확대를 위한 시간계획에 동의하였다. 1996년 6월 동맹국가들은 CJTF의 개념에 합의하여 CJTF의 사령본부를 창설하는 과정에 착수하였다.

이러한 변화들은 중요하지만 지금까지 점진적이다. 이러한 변화들은 두 가지 기본적 측면에서 지구적 안보 동반자관계를 위해 충분하지 않다. 그러한 변화들은 멀리 떨어져 있는 동맹국가들의 공동이익들을 위한 다국적 방위를 적절하게 제공하지 못한다. 그리고 그러한 변화들은 유럽 동맹국가들이 자신들의 경제적 자원에 부합하는 책임을 맡는 것을 제공하지도 요구하지도 않는다.

동맹국가들의 전력을 21세기로 투사하기

미국과 유럽[1])은 합리적인 비용으로 페르시아만 석유에 대한 접근을 보장하고, 특히 유럽 주변의 지역들에서 핵무기의 확산을 막는 데 명백한 이익을 공유하고 있다. 이러한 이유 때문에 미국-유럽 안보 동반자관계는 확실히 페르시아만 석유와 유럽 주변 내에서 핵무기의 확산에 대한 위협들을 포함하는 시나리오들에 초점을 맞출 것이다. 장기적인 관점에서 미국-유럽의 상호 안보이익은 진정으로 지구적이다. 태평양 무역이 미국에게 갖는 중요성과 동아시아 경제의 빠른 성장 때문에 이러한 지역들에서 미국의 안보이익은 더 크게 부각되고 있다. 그러나 아시아 경제성장과 유럽의 점증하는 연결 때문에 유럽에게도 마찬가지라고 말할 수 있다. 보다 가까운 기간에서 미국-유럽의 안보 동반자관계는 페르시아만과 유럽의 주변 지역들에서의 확산위협들에 초점을 맞출 것이다. 보다 장기적인 목표는 진정한 지구적 동반자관계가 되어야만 한다.

이상적으로, 미국-유럽의 안보 동반자관계는

- 정치-군사적 평가, 협의 그리고 정치적 지휘와 군사력과 군사작전의 통제를 제공하는 수단들을 창설한다.
- 적절한 군사지휘구조와 능력들에 대한 규정을 통해서 지구적 규모에 기반한 연합군사력을 지휘하고 작전하는 데 필요한 능력들을 보

---

1) 본 장에서 저자는 광범위한 여론이나 능력 그리고 유럽연합에도 불구하고 유럽을 진정으로 대표하는 정치적 실체가 존재하지 않는다는 사실을 충분히 고려하여 유럽인의 정치적 견해나 군사적 능력 그리고 그와 같은 일반적 경향들을 기술하기 위해 유럽을 속기적으로 사용한다.

장한다.

- 연합에 토대를 두고 그러한 능력에 지구적 우발 사건들을 다룰 장래 방위능력들을 위한 계획을 제공한다는 것이다.

이러한 것들의 그 어느 것도 실제적으로 필요하지 않다－북대서양조약기구의 역외에서 발생하는 우발사건에서 특별한 토대를 바탕으로 연합적 정치구조들과 군사력을 결합시킬 수 있다고 믿기 쉽다. 결국, 이것은 1991년 페르시아만 전쟁을 위해 행해졌던 것이다.

그러나 그것은 정확하게 장래에 회피되어야 할 유형의 경험이 아니다. 미국은 90%의 안보를 공유하지 않았음에도 걸프전에서 동맹국 군사능력의 약 90%를 제공하였다. 사실, 동맹의 군사력은 실제적으로 군사적 연합이 아니라 정치적 연합이었다. 군사적 관점에서 미국은 동맹국들을 필요로 하지 않는다. 동맹국들의 현존은 군사적으로 해가 될 수도 있을 것이다. 동맹국들은 다자적 지휘구조를 구성하는 것을 어렵게 만들었다. 냉전기간 동안 북대서양조약기구의 긴밀한 협력이 이루어지지 않았다면, 요구된 지휘구조를 창설하는 것이 보다 더 오래 걸렸을 것이다. 마지막으로, 유럽의 군사능력은 걸프 지역에서의 군사작전에 특히 맞지 않았다. 유럽의 군사능력은 운송과 현대적 무기들이 부족했고, 어떤 장비는 사막이라는 환경에서 작전하기에는 문제가 있었다. 유럽의 군사능력은 요원정책들(personnel policies) 때문에 지속적인 배치에 어려움을 겪었을 것이다. 만약 일종의 평화시의 구조들이 제대로 갖추어져 있지 않다면 이와 유사하거나 혹은 더 안 좋은 문제들이 장래 우발사건들에서 거의 확실히 돌출할 것이다.[2)]

게다가, 연합적 방위기획의 한 가지 중요한 이점은 국가들에게 연합 상대국들의 군사적 능력을 고려한 그들의 방위욕구들을 조정하는 기반

---

2) 다음을 참조. John E. Peters and Howard Deshong, *Out of Area or Out of Reach?: European Military Support for Operations in Southwest Asia*, MR-629-OSD, RAND, Santa Monica, CA, 1995.

을 제공해야 한다는 것이다. 요컨대, 연합방위에 참여하는 국가들은 그들이 참여하지 않았을 경우보다 그들 자신의 방위 프로그램들에서 예산을 절약할 수 있어야만 한다. 예를 들면, 냉전기간 동안 유럽방위를 위한 미국의 방위예산은 확실히 동맹국가들의 군사적 역할에 의존하였다. 여기에서 제의한 안보 동반자관계에서 미국은 지구적 우발사건에서 동맹국들의 능력을 고려하고 이러한 방향으로 유럽의 방위기획에 영향력을 행사하는 방법을 가지고 있어야만 한다. 똑같은 이유에서 유럽국가들은 미국의 능력을 고려하고 지구적 우발사건들에서 미국의 능력에 영향력을 행사할 수 있어야만 한다. 이 책에서 곰퍼트와 다른 사람들이 지적하듯이, 그것은 우리가 제의하고 있는 요점의 핵심이다. 냉전 종식과 더불어 유럽에서 미국의 안보이익들의 중요성이 떨어져왔다는 사실에도 불구하고 유럽은 유럽에서의 우발사건들에서 계속적으로 미국의 군사능력에 의존할 수 있어야 한다. 그리고 미국은 지구적인 군사적 우발사건들에서 유럽인들의 도움에 의존할 수 있어야 한다. 이러한 측면에서 안보 동반자관계는 더이상 엄격하게 지정학과 지경제학과 관련되지 않을 것이고 안보 동반자로서 미국에 대한 유럽의 중요성을 포함할 것이다.

요컨대, 미국과 미국의 유럽 상대국들은 지구적 기반에 토대를 둔 상호 이익들을 보호하고, 그러한 합의를 지지할 정치적·군사적 구조들을 만들고 그리고 상호방위예산기획을 위한 과정을 구축하고자 한다는 데 합의해야만 한다.

지구적 안보 동반자관계를 위한 정치적-법적 틀

북대서양조약기구는 미국과 미국의 유럽 동반자들을 위한 아주 중요한 전략적 자산이다. 동맹국가들의 영토방위를 위해서 북대서양조약기구는 앞 부분에서 논의한 모든 필요 조건들을 제공한다. 북대서양조약 그 자체는 정치적·법적 틀이다. 체계가 잘 잡힌 정치적 협의 양식과 북대서양이사회(NAC)와 방위기획위원회(DPC)를 통한 군사작전에 대한 감독이 존재한다. 북대서양조약기구는 훌륭한 기능절차들과 통합군사구조에서 한쌍의 통제기능을 가지고 있다. 그리고 북대서양조약기구의 방위기획체제는 연합방위기획을 위한 기반을 제공한다.[3]

그러나 북대서양조약 그 자체—이러한 모든 것을 위한 기반—는 지구적 규모에서의 안보 동반자관계를 구축하기 위한 최적의 상황이 아니다. 그 조약의 핵심은 조약 제5조이다.[4] 일반적으로 그 조약은 일국에 대한 공격시에 모든 회원국가들의 자동적인 대응을 요구하는 것으로 이해되지만 이러한 중요한 조항은 막연하게 표현되어 있다. 어떠한 조약 준수국가들도 실제적으로 일국을 방위할 의무가 없다. 조약 준수국가들은 단지 그들이 행해야만 하는 것을 고려할 의무가 있다. 게다가 조약 제6조는 그 조약이 적용되는 지리적 영역을 엄격하게 제한한다.[5] 이것은 북

---

3) 북대서양조약기구의 주요 구조는 다음과 같다. 북대서양이사회(NAC)는 대서양 동맹의 최고의 정치 조직이다. 북대서양이사회는 대사급 수준에서 적어도 매주 회동한다. 그리고 장관급 수준에서는 적어도 연 2회 회동한다. 몇 년마다 북대서양이사회는 정상회담을 가진다. 방위기획위원회(DPC)는 방위기획과 작전들을 감독하기 위해서 창설되었다. 방위기획위원회는(이 글을 쓰고 있는 시점에서 프랑스의 역할이 변화되고 있지만 프랑스를 배제하고) 통합지휘구조에 참여하는 북대서양조약기구 회원국가들이 참여한다. 군사위원회(MC)는 북대서양이사회를 대신하여 북대서양조약기구의 주요 사령부를 관장한다. 유럽연합군사령부(ACE)와 대서양연합군사령부(ACLANT)라는 두 개의 주요 사령부가 있다. 이들 사령관들은 각각 유럽연합군최고사령관(SACEUR)과 대서양연합군최고사령관(SACLANT)이다. 전자의 사령본부는 SHAPE로 언급된다. 유럽연합군사령부는 3개의 주요 하위 사령부를 가지고 있다. 남유럽연합군(AFSOUTH), 중유럽연합군(AFCENT) 그리고 서북유럽연합군(AFNW)으로서 이들 각각은 남유럽, 중유럽 그리고 서북유럽을 맡고 있다.

4) 조약 제5조는 다음과 같다. 당사국들은 유럽이나 북아메리카에서 회원국의 일국 이상에 대한 무장 공격은 회원국 모두에 대한 공격으로 간주할 것임을 합의한다. 결과적으로 당사국들은 그러한 무장 공격이 발생한다면 회원국 각자는 유엔 헌장 제51조에 의거하여 개별적·집단적 자위권 행사에 있어서 개별적으로 그리고 다른 당사국과 협력하여 즉각적 대응으로 공격을 받은 당사국/당사국들을 지원할 것이고, 필요할 경우 그러한 행동은 북대서양지역의 안보를 회복·유지하기 위해 무력 사용을 포함할 것에 합의한다. 그러한 무장 공격과 그 결과로 취해진 모든 조처들은 지체없이 유엔안전보장이사회에 보고될 것이다. 그러한 조처들은 안전보장이사회가 국제평화와 안보를 회복·유지하기 위해 필요한 조처들을 취했을 경우에 종결될 것이다.

5) 이러한 이유 때문에 유럽연합군사령부와 대서양연합군사령부의 책임지역은 이

대서양조약을 지구적 규모로 적용하는 것을 막도록 확실히 의도되었다. 예를 들면, 일본에 있는 미 군사력에 대한 공격은 확실히 조약 제5조를 발동시키지 않는다. 본질적으로 조약 제6조는 지구적 안보 동반자관계를 반대하는 입장에 있다.

그 조약이 체결된 후 수십년 동안, 조약 제6조는 때때로 너무 제한적인 것으로 여겨져왔다. 특히 미국은 그 조약을 조약 제6조에 규정된 역외에서의 안보 협력을 위한 틀로 이용하기를 원했다. 보다 최근, 냉전 이후에, 특히 조약 제6조의 범위를 넘어서는 구유고연방에서의 전쟁의 결과로 '역외(out-of-area)' 문제가 보다 중요해져왔다.

기본적으로 조약 제6조에 의해 부과된 제한이라는 관점에서 진전된 두 가지 방법이 존재한다. 그 조약을 수정(혹은 새로운 조약을 탄생)하든가 아니면 어떠한 조약 변경도 없이 필요한 구조, 절차 그리고 능력들을 구축하는 것이다.

최소한에서 조약 수정은 조약 제6조의 삭제와 아마도 조약 제5조를 모호하게 만들어 '유럽과 북아메리카'와 '북대서양지역'을 언급하지 않는 것이다. 조약 수정을 찬성하는 주요 주장들은 지구적 안보 동반자관계구축을 위한 적절한 정치적·헌법적 기반을 보장하고 그리고 특히 위기시에 여기에서 제시된 새로운 북대서양조약기구에 대한 가능한 정치적, 법적 도전들을 회피하는 것이다. 이제까지 북대서양조약기구는 유엔의 지휘하에서 작전함으로써 그리고 지역 외 사건들에 개입할 때 북대서양조약기구의 정치적 선언으로써 그러한 문제들을 회피해왔다. 이러한 '조약 변형'이 장래에도, 특히 여기에서 제시된 동반자관계가 현실화되었을 때에도 계속적으로 충분할지의 여부는 또 다른 문제이다. 그것은 적어도 정치적 도전들을 고조시키는 데 쉽게 이용된 법적 수단들을 가지고 있는 미국, 독일과 같은 나라에서는 위험한 과정이 될 수 있다.

러한 지리적 공간으로 제한된다. 이러한 지리적 공간은 유럽과 북아메리카에 있는 회원국가들의 영토, 북대서양, 북회귀선의 북쪽 그리고 이들 지역 내에 있는 회원국가들의 함정과 항공기로 한정된다.

그러나 조약을 수정하는 것은 큰 조치이다. 그것은 수년이 걸릴 것이고 따라서 지구적 안보 동반자관계를 탄생시키는 과정을 곤경에 빠트릴 수 있다. 군사작전 동안 법정 공방에서보다도 비준논쟁 동안 정치적 반대가 진척될 가능성이 더 높을 것이다. 어떠한 경우에서도 위에서 제시한 유형의 수정은 유엔헌장과 조약 제5조에서 인용된 자위권을 수반하는 국제적인 법적 곤경에 처할 수 있다. 이러한 쟁점에 관한 법적 해석은 이 글의 영역을 넘어서는 것이다.

조약을 그대로 유지함으로써 북대서양조약기구는 이러한 불리한 점들을 피할 수 있을 것이다. 북대서양조약기구는 회원국가들이 어느 곳에서든지 그들의 이익들이 위협을 받는 사건에서 정치적 협의를 규정한 조약 제4조하에서 진행시킬 수 있다. 1992년 6월 오슬로 선언에서 북대서양조약기구 회원국가들은 북대서양조약기구의 역외에서 평화유지 임무를 위해 그들의 군사력을 공동으로 사용할 것을 약속했다. 지구적 동반자관계에 정치적 토대를 제공하기 위해 유사한 선언들이 사용될 수 있다. 조약 제5조가 제공하는 종류의 법적 의무감 없이 안보 동반자관계를 지지하는 구조, 절차 그리고 능력들은 오늘날 법적 의무감들이 그 결합들에서 동맹국가들에게 신뢰감을 부여하는 것보다 더 중요할 것이다. 특히 북대서양조약기구의 군사구조가 회원국가들을 고무시켜 정당한 전력을 유지하는 것뿐만 아니라 전력투사를 기획하고 고조시키는 데 적당할 정도로, 그 조약을 수정할 필요성은 줄어든다. 또한 구조적 개혁은 그 조약이 수정될 필요가 없다 하더라도 대서양동맹의 새로운 방향에 관한 정치적 논의들에서 미국의 의회와 유럽국가들의 의회가 관여해야만 한다.

이미 발생한 변화들

북대서양조약기구는 조약 제4조와 다양한 선언들을 통해서 점진적으로 움직이고 있지만 중요한 몇 가지 변화를 보이고 있다. 베를린 장벽의 붕괴, 바르샤바조약기구의 해체 그리고 동유럽으로부터 소련 병력의 철수와 더불어 전진방위와 유연반응이라는 북대서양조약기구의 방위 개념은 쓸모없게 되었다. 가장 명백히 유물이 된 것은 서독의 동부 국경선을 겹겹이 방어하던 9개의 군단이었다. 북대서양조약기구는 1991년 로마 정상회담에서 신전략개념을 채택하여 고전적인 조약 제5조의 영토방위 임무에 대한 강조를 완화했고 위기관리와 평화유지활동에 더 큰 관심을 부여했다.[6] 연속적으로 1992년 6월 오슬로 선언과 1994년 1월 브뤼셀 정상회담을 통해서 이러한 사상을 더욱 진척시켰다.

로마 정상회담에 뒤따른 전력구조에 대한 검토에서 북대서양조약기구는 자신의 전력을 대응전력, 주요 방위전력 그리고 보강전력으로 재조직화하였다. 북대서양조약기구는 유럽연합군사령부의 기동전력과 같은 대응전력을 오랫동안 유지해왔다. 그러나 새로운 접근방법은 보다 더 커다란 단위인 유럽연합군사령부의 신속대응군단의 창설을 자극했다. 이러한 전력요소는 원칙적으로 위기시 신속한 전개를 위해 4개 사단으로 구성되는 군단을 신속하게 조직화할 수 있었다. 그것의 명칭이 암시하듯이, 그것은 유럽연합군사령부의 통합적 부분이고 따라서 유럽연합군최고사령관의 지휘하에 있다. 그것의 설립은 기술적으로 복잡했고 시간 소비가 있었다.

신속대응군단은 다자적 지상전력인 대응전력이다. 1994년 북대서양조약기구는 공군력과 해군력을 균등하게 첨가한 결합된(다자적) 공동의(합동) 수행전력(혹은 CJTF)이라는 개념을 채택했다. 두 개의 주요 북대서양조약기구 사령부 내에서 각각의 주요 북대서양조약기구 하위사령부는 CJTF의 사령본부를 조직해야만 한다. 원칙적으로 수행전력은 조약 제6조의 지역 내·외부에서 평화유지, 인도주의적 혹은 다른 임무들을 수행하기 위해 회원국가들과 가능하면 다른 국가들의 전력으로 구성된다. 평화시 CJTF의 본부를 창설할 필요성은 최근 걸프 전쟁 동안 입증되었듯이 다국적합동지휘구조의 조직화는 더디고 힘들다는 사실과 보스니아에서 평화를 실행하기 위한 전력을 준비하는 데서 연유한다.[7]

---

6) 다음을 참조. Gen. George A. Joulwan, "A New NATO: New Strategy, New Structure and New Programs," *International Defense Review(Defense '95)*, p.4.

요약하면, 북대서양조약기구는 유럽과 북대서양조약기구의 역외에서 이루어지는 평화유지 임무에 보다 큰 강조를 둠으로써 새로운 선략적 현실을 다루기 위해 움직이고 있다. 그러한 접근방법은 명백히 점진적이다. 그것은 북대서양조약기구의 현존하는 주요 북대서양조약기구 사령부와 하위사령부에 이식되어 조약 제6조 내에서 위협들을 다루기 위해 조직된다(<그림 1> 참조). 더군다나, 두 개의 주요 북대서양조약기구 사령부는 미국의 사령관들이 이끌고 있다. 북대서양조약기구가 유럽이나 발칸 반도와 아마도 북아프리카와 같은 유럽의 인접지역에서의 위협들에 초점을 두는 한 그것으로 충분할 것이다. 북대서양조약기구가 지구적 전망을 향해서 움직일수록 CJTF 접근방법은 보다 더 적당치 않을 것이다. 어떠한 단일의 주요 하위사령부도 명백한 선택을 할 수 없을 것이고, 가까운 장래에 그 어떤 사령부도 요구된 능력을 갖추지 못할 것이다.

<그림 1> 현재의 북대서양조약기구 전력투사구조

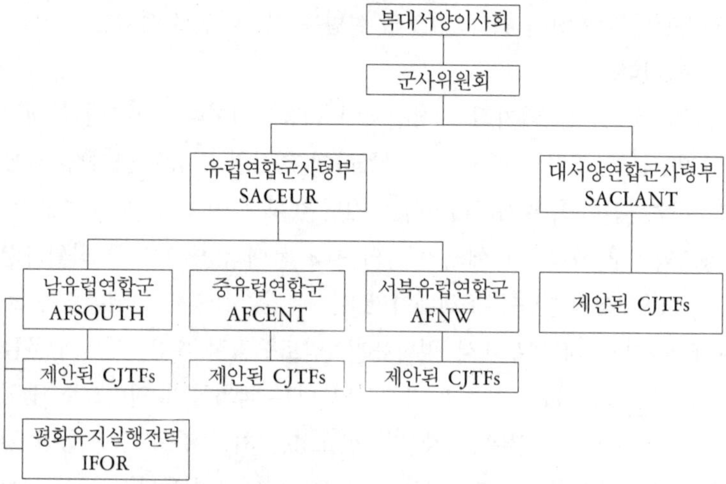

7) CJTF의 구상에 관한 자세한 설명은 다음을 참조. Charles Barry, "NATO's Combined Joint Task Forces in Theory and Practice," *Survival*, vol.38, no.1, Spring 1996, pp.81-97.

심지어 이러한 신중한 조치들도 상당히 논쟁적이었다. 왜냐하면 그러한 조치들은 북대서양조약기구의 개혁 노력들을 유럽의 장래 조직화-유럽연합 내에서 유럽방위조직을 위한 동인, 서유럽연합의 역할에 관한 논쟁(서유럽연합은 북대서양조약기구에 보충적인 존재이냐 아니면 독자적인 유럽방위의 실재인가?), 북대서양조약기구의 통합지휘구조에서 프랑스의 역할 그리고 궁극적으로 유럽에서 미국의 역할과 관련된 소용돌이적 논쟁의 와중에 위치시켰기 때문이었다. 이러한 모든 것들을 고려했을 경우, 다국적합동개념의 효력을 위해서는 상당한 시간이 걸렸다는 것은 놀라운 일이 아니다.

프랑스는 역사적으로 북대서양조약기구 외부에서 유럽방위 실재의 조직화에 대한 주도적 주창국이었다. 전통적인 프랑스 개념에 따르면, 그러한 실재는 북대서양조약기구로부터 독립적이고 미국의 도움 없이도 대규모적인 군사작전들을 수행할 수 있는 것이다. 또한 다른 나라들도 독자성을 원하나 현실적으로 미국 없이는 소규모의 군사작전, 예를 들면 아프리카에서 과거 유럽의 식민지였던 나라들에서 인도주의적 임무들만을 고려한다.

따라서 유럽의 독립에 대한 범위는 유럽의 논쟁에서 핵심적인 쟁점이다. 왜냐하면 영국은 자국의 안보는 미국과 북대서양조약기구에게 밀접히 연계되어 있다고 믿기 때문에, 영국은 유럽연합 내에서 유럽방위실재를 창설하는 것을 반대해왔고, 그 대신 유럽연합 외부에서 북대서양조약기구와 병행적인 서유럽연합의 강화를 원한다. 이러한 방식에서 유럽의 군사력은 필요하다면 서유럽연합을 통해서 독자적인 역할을 맡을 것이다. 그러나 유럽의 군사력은 대부분의 가시적인 경우에서 북대서양조약기구의 부차적인 역할을 맡게 될 것이다. 이러한 두 개의 극단 사이에서 유럽의 견해들은 다양하고 심지어 프랑스와 영국정부 내에서도 마찬가지이다. 원칙적으로 이러한 쟁점들은 유럽연합 현재의 정부간회담에 포함될 것이다. 그러나 그러한 쟁점들이 해결될 가능성은 요원할 것 같다. 이것은 지구적 안보동맹을 위한 토대를 마련하는 북대서양조약기구의 군사구조의 주요 개혁을 연기하자는 주장은 아니다. 정말로, 북대서양조약기구에서 유럽인들에게 더 많은 책임을 부여하는 구조개혁은 유럽인들을 고무시켜 북대서양조약기구 내에서 그들 자신의 통합된 구조들을 형성하는 것 이상으로 중요하다.

1966년 북대서양조약기구의 통합지휘구조에서 탈퇴한 이후로 프랑스는 한편으로는 자국의 자율성을 위한 정치적 욕구와 다른 한편으로는 방위에 대한 실제적 요건들과 투쟁해왔다. 냉전시대 동안 프랑스 정부는 자국 혼자의 힘으로는 방어할 수 없다는 점을 확실히 이해했다. 프랑스는 독일에서 방패를 제공하는 북대서양조약기구에 의존했다. 그 결과로서 프랑스는 계속적으로 북대서양조약기구 조약에 집착했고 북대서양이 사회에 참석했다. 프랑스는 북대서양조약기구의 통합지휘구조 외부에 있었지만, 프랑스 군부는 원칙에서는 아닐지라도 실제적으로는 가능한 한 많이 북대서양조약기구 전력과 자국의 전력을 통합시키고자 하였다.

유럽의 심장부로부터 소련 군사력의 철수는 그러한 모든 것을 변화시켰다. 현실 방위의 실제성은 프랑스의 인지된 독립성의 정치적인 시급함보다 중요성이 떨어졌다. 냉전 이후 북대서양조약기구의 조직화는 유럽에서 미국과 북대서양조약기구의 역할에 관한 과거의 분쟁을 격렬하게 소생시켰다. 실제적으로 개혁에서 모든 조치는 프랑스-미국 분쟁을 특징지었다. 미국은 자신의 입장에서 북대서양조약기구의 중요성과 유럽에서 계속적인 미국의 역할에 대한 일차성을 강하게 주장한다. 프랑스도 자국의 입장에서 독자적인 유럽구조의 창설과 미국이 영원히 유럽의 보호자로서 남아 있을 수 없다는 이유로 북대서양조약기구 역할에 대한 평가절하를 주장해왔다.

따라서 CJTF는 2년 이상 정치적 함정에 빠져버렸다. 특히 프랑스는 미국이 주도하는 현존하는 북대서양조약기구의 주요 사령부, 특히 유럽연합군사령부의 조약 제5조에 없는 임무들로의 확대를 반대했다. 프랑스는 그러한 확대는 결과적으로 그러한 임무에 대한 미국의 정치적 통제를 의미한다고 우려했다. 그 결과 최근까지도 프랑스는 조약 제5조에 없는 임무들을 위한 유럽 구조의 방향으로 상당히 기울어져왔다. 미국은 자국이 참여하지 않는 유럽 주도의 CJTF에서 북대서양조약기구 자산의 이용을 우려해왔다.

북대서양조약기구에 대한 프랑스의 입장은 시라크(Jacques Chirac) 대통령의 지도력하에서 변화하고 있다. 1995년 12월 프랑스는 군사위원회에 복귀하기로 결정했다. 그리고 프랑스는 북대서양조약기구 개혁에 관한 논의에 참여하고 있다. 프랑스 전력은 보스니아에서 북대서양조약기구가 주도하는 실행전력에서 주요 역할을 한다. 그리고 프랑스는 전력투사에 더 합당하게 자국의 군사력을 재조정하고 있다.

더구나 1996년 6월 베를린에서 열린 북대서양조약기구 각료회담 전 초전에서 프랑스는 CJTF에 관한 자신의 요구들을 협소화시켰고, 미국이 특정의 군사적 우발사건에 참여하지 않을 경우 유럽은 이러한 구조들을 이용할 수 있다는 보장을 확보하는 데 초점을 맞추었다. 비록 이것은 미국의 군사 요원들이 북대서양조약기구 사령부에서 혹은 조기경보통제체제(AWACS)와 같은 북대서양조약기구 자체 자산과의 연결을 통해 그러한 우발사건들에 관여하는 것을 의미하지만, 미국은 궁극적으로 이러한 보장에 대해 동의하였다. 유럽의 일반적인 전력투사능력의 미비성을 고려한다면, 미국은 그러한 '유럽만의' 우발사건들은 보다 낮은 수준의 평화유지나 평화지원 작전들이 될 것이라고 편하게 생각할 수 있을 것이다.

중요하지만 1996년 CJTF 개념에 관한 합의는 동등성에 기반을 둔 지구적 안보 동반자관계를 크게 증진시키지 못한다. 그러한 이유로 안보정책에서 보다 단결된 유럽의 역할을 증진시키고 유럽의 보다 강력한 전력투사능력의 구축을 도와주기 위해서는 더욱 극적인 어떤 것이 요구된다.

북대서양조약기구의 새로운 사령부

일반적으로, 두 개의 주요 북대서양조약기구 사령부인 유럽연합군사령부와 대서양연합군사령부는 동맹 회원국가들의 영토와 그들을 둘러싼 해양 지역의 방위에서 대규모 군사작전을 수행하도록 구조화되었다. 이러한 임무들은 언제나 회원국가들의 정부들에게 가장 중요할 것이다. 모든 정부의 일차적인 의무는 영토적·해안 방위를 통해서 자국의 국경선 내에서 자국민을 보호하는 것이다. CJTF는 동맹 국가들의 정부들에게 조약 제6조의 한계를 넘어 대서양동맹의 지리적 경계부분으로까지 확대하는 것을 허용할 것이다. 그러나 이러한 임무들은 보다 원거리에 이르기까지 전력을 투사하는 것－지구적 동반자관계에 의해서 요구된 새로운 임무들과는 매우 상이하다.

현존하는 주요 북대서양조약기구 사령부에 첨가된 조약 제6조나 CJTF의 임무를 탄생·확대하고자 하는 것보다는 북대서양조약기구 회원국가들은 북대서양조약기구의 역외에서 발생하는 우발사건들을 다루기 위한 새로운 북대서양조약기구 사령부의 창설을 고려할 수도 있다.[8] 이것은 단일 사령부에서 새로운 지구적 임무들을 위한 기획과 그 작전들을 집중시키고 이러한 임무들을 위한 기획을 영토방위와 결합시키지 않는 효과를 가질 수 있다. 유럽연합군사령부와 대서양연합군사령부와 동시에 북대서양이사회에 보고하는 주요 북대서양조약기구 사령부로서 새로운 사령부는 오늘날 이러한 두 사령부와 유사한 방식으로 활동할 수 있을 것이다.

• 벨기에의 몬스(Mons)에 위치한 유럽연합군최고사령관의 본부와 버지니아의 노퍽(Norfolk)에 위치한 대서양연합군최고사령관 본부처럼, 상설 본부들을 수립할 수 있다.

새로운 북대서양조약기구 사령부의 평시 기능들을 수행하고 위기시나 전시에 조직 확대를 위한 기반으로 본부 직원들을 만드는 것이다.[9]

---

8) 저자는 랜드 연구소의 피터스(Jed Peters)의 제안으로부터 도움을 받았다. 또한 랜드 연구소의 다른 동료들도 전력투사 사령부의 창설을 제안하였다. 다음을 참조. Ronald D. Asmus, Richard L. Kugler and F. Stephen Larrabee, "Building a New NATO," *Foreign Affairs*, vol.72, no.4, September/October 1993, pp.28-40.

• 국가들은 새로운 사령부를 위한 전력들을 지명할 수 있다. 그것은 그러한 전력들을 할당, 지정이나 혹은 다른 전력들－정확히 그러한 전력들이 오늘날 주요 북대서양조약기구 사령부를 위해서 하는 것처럼－의 여부를 암시한다. 주요 북대서양조약기구 사령관들은 '상당히 낮은 수준에서의 준비태세를 갖춘 상태에서 할당된(assigned)' 전력을 지휘통제하고, '지정된(earmarked)' 전력은 더 높은 수준에서 그리고 '다른(other)' 전력은 오직 극단적인 경우에만 주요 북대서양조약기구 사령부들이 이용할 수 있게 되기를 기대한다. 새로운 북대서양조약기구에서, 전력의 교차지명이 바람직할 것이다. 비록 국가들은 하나의 주요 북대서양조약기구 사령부에 특정의 전력만을 할당해야 하지만, 그들은 다국적인 주요 북대서양조약기구 사령부들을 위해 전력들을 지정할 것이다. 예를 들면, 미국은 새로운 주요 북대서양조약기구 사령부에 제18공수부대(the 18th Airborne Corps)를 할당하고 유럽연합군사령부에 그 부대를 지정할 수 있을 것이다. 이러한 방식으로 미국은 새로운 주요 북대서양조약기구 사령부는 대부분의 우발사건에서 제18공수부대의 조기경보능력에 관한 계획을 마련해야만 한다는 것을 암시하면서 그것은 또한 북대서양이사회와 미국이 유사시 다른 어떤 임무들보다도 유럽연합군사령부의 임무가 더 중요하다고 생각하는 사건에서 유럽연합군최고사령관에게 제 18 공수부대를 사용하라고 알리는 것이 될 것이다.

• 주요 북대서양조약기구 사령관들은 마치 미국의 군사 독트린하에서 미국의 참모총장들이 하는 것처럼 이러한 계획하에서 서로를 지원하는 역할을 맡을 것이다. 새로운 주요 북대서양조약기구 사령부는 투사능력-병력동원, 장거리 항공기, 잠수함 그리고 다른 지상병력에 책임을 질 것이다. 새로운 사령부는 결과적으로 평화시 이러한 능력들을 계획하고 그에 대해 책임을 질 것이다. 유럽의 영토를 방어하는 우발사건에서 새

9) 몬스에 위치한 사령본부(SHAPE)는 그 자체가 독립적 구조인 다국적 본부이다. 어떠한 다른 회원국가적 본부나 단위들이 존재하지 않는다. 노폭에 있는 대서양연합군사령본부는 미국 대서양사령본부와 같이 있다.

로운 사령부는 이러한 전력들의 작전통제를 유럽연합군최고사령관에게 이관하거나 혹은 유럽연합군최고사령관의 통제하에서 활동하게 될 것이다. 유럽연합군최고사령관은 전력투사가 필요한 우발사건들에서 유사한 지원 역할을 수행할 수 있다.

• 따라서 유럽연합군최고사령관은 새로운 주요 북대서양조약기구 사령부에 주요 방위전력을 제공하고 핵억지를 통제할 것이다. 또한 유럽에서 핵무기사용에 대한 어떠한 정치적 결정도 북대서양이사회에서 협의를 거친 후 이루어질 것이고 유럽연합군사령부와 그 하위사령부를 통해서 수행될 것이다. 비록 냉전 때부터 동맹국가들의 영토에 대한 침략을 억지하는 데 핵무기의 역할이 상당히 떨어졌지만, 그것이 사라진 것은 아니다. 예측할 수 없는 미래에 억지력을 유지하기 위해서 북대서양조약기구의 계속적인 핵역할과 체계가 잘 잡힌 유럽연합군사령부의 구조를 통해서 그렇게 하는 것은 의미있는 일이 될 것이다.

• 오늘날처럼, 전력은 평화시에 국가적 통제하에 있게 되고, 오직 국가적 결정에 의해서만 북대서양조약기구로 이관될 것이다. 유럽연합군최고사령관과 대서양연합군최고사령관은 평화시에는 매우 적은 병력을 보유하고 있고, 원칙적으로는 조기경보, 감시 그리고 공중방어 전력과 같은 기습공격을 막기 위해 요구된 병력만을 보유한다. 국가들은 북대서양조약기구의 지휘구조들과 유사한 지휘구조들을 유지할 수 있다. 예를 들면, 미국은 유럽연합군사령부와 유사한 미국유럽사령부(U.S. European Command)를 유지한다. 이것은 평화시 유럽에 있는 미국 전력에 대한 감시뿐만 아니라 가능성은 없지만 완전히 배제할 수 없는, 유럽 전장에서 독자적인 미국의 작전을 허용한다. 미국유럽사령부의 많은 고위 사령관들은 북대서양조약기구 사령관들로서 이중적 직책을 가지며, 또한 미국유럽사령부의 참모총장이기도 한 유럽연합군최고사령관이 맨 처음에 나온다. 미국은 확실히 새로운 주요 북대서양조약기구 사령부가 이와 유사한 구조를 갖기를 원한다. —아마도 미국중부사령부(U.S. Central Command)는 미국유럽사령부와 비슷한 역할을 수행할 것이다. 새로운

주요 북대서양조약기구 사령부를 위한 독립적인 국가적 지휘구조는 미국에게 있어 아마도 유럽연합군사령부를 위한 구조를 갖는 것보다 더 중요할 것이다. 미국은 유럽 내부보다는 외부에서 독자적으로 활동하는 것을 보다 고려할 수 있다. 새로운 주요 북대서양조약기구 사령부를 위한 더 좋은 모델은 대서양유럽군사령부가 될 수 있다. 대서양유럽군사령부에 대한 미국 사령부와 유사한 미국대서양사령부(U.S. Atlantic Command)는 때때로 북대서양조약기구 범위 외부에서 미국의 임무들을 수행한다. 독자적인 작전 가능성은 또한 역사적으로 유럽 외부에서 독자적인 작전을 펼쳤던 영국과 프랑스에게도 중요할 것이다.

• 할당되고 지정된 전력을 기반으로 새로운 주요 북대서양조약기구 사령부는 전통적인 북대서양조약기구 역외에서의 작전을 위한 우발사건 계획을 수립할 수 있다. 페르시아만은 적어도 가까운 장래에 있어서 이러한 것들 중에서 가장 중요할 것이다. 시나리오들은 또한 핵이나 생화학무기 시설물들에 대한 공습과 같은 대항확산 작전들을 갖추어야만 한다.

• 새로운 사령부의 상설 사령본부들의 위치는 실제적이고 정치적인 배경에 기반해야 한다. 처음 2~3년에 있어서 새로운 사령부는 북대서양조약기구의 주요 활동이 되어야 하고, 정치적 감독은 중요할 것이다. 따라서 새로운 사령부는 브뤼셀의 북대서양이사회에 밀접히 위치하는 것이 현명할 것이다. 또한 유럽연합군최고사령관과의 협력의 중요성 때문에 새로운 사령본부들은 어느 한쪽의 본부들로부터 너무 멀리 떨어져서는 안된다. 이러한 고려들로부터 새로운 사령부의 위치는 벨기에, 네덜란드 남부, 프랑스 북부, 독일의 극서 지역, 혹은 아마도 영국의 동남쪽이 좋을 것이다. 주요 비용들을 피하기 위해서 새로운 사령부는 현존하는 북대서양조약기구 사령부나 국가적 사령부들의 어느 한곳에 사령본부들을 세우는 것이 최선일 것이다.

• 게다가, 새로운 사령부는 적어도 육·해·공 병력과 기동병력사령관들을 위한 하위 사령부들을 필요로 할 것이다. 이러한 사령부하에서 북대서양조약기구 전력들이 먼 지역으로 전개될 사건에서 사령본부들 그

자체는 전장에 재배치될 것 같지 않다. 이것은 새로운 사령부 구조 내에서 CJTF를 위해 하나 이상—아마도 하나는 먼 지역의 우발사건을 위한 것이고 하나는 평화활동을 위한 것—배치할 수 있는 사령본부들을 위한 필요성을 제안한다. 이러한 사령본부들은 또한 (아래에서 논의된) 일련의 정치적 문제들을 다루기 위한 선택들을 제공한다는 점에서 유용할 것이다.

누가 새로운 사령부를 이끌 것인가?

핵심적인 쟁점은 새로운 사령관의 국적과 가시적인 유럽방위조직을 탄생시키기 위한 계속적인 노력에 대한 새로운 사령관의 관계(추가적으로 유럽연합군최고사령관과 대서양연합군최고사령관과의 관계)일 것이다. 포괄적으로 보아 새로운 사령관은 미국인이나 유럽인을 필요로 할 것이다.

미국인 사령관을 지지하는 입장은 미국은 우발사건에서 주요 전력투사를 위한 일련의 전력들을 제공한다는 사실에 기반하고 있다. 유럽은 그러한 전력들을 가지고 있지 않다. 그리고 설사 유럽이 그러한 전력을 보유하더라도 오랜 시간이 걸릴 것이다. 미국인이 책임을 지는 것은 미국 병사들이 외국 사령관들의 통제를 받는 것에 대한 미국 내의 정치적 반대를 피할 수 있을 것이다.

미국인들은 이미 현존하는 두 개의 주요 북대서양조약기구 사령부를 책임지고 있기 때문에, 미국이 이러한 두 개의 사령부 중 어느 하나를 포기할 필요성이 있다. 명백한 선택은 대서양연합군최고사령관의 대부분 전력이 미국인인 만큼 유럽연합군최고사령관 자리를 포기하는 것이다. 유럽연합군최고사령관은 유럽인이 될 수 있다. 왜냐하면 유럽은 유럽연합군최고사령관의 책임지역 내에서 대부분의 영토방위 전력을 제공하기 때문이다.

역사적으로 유럽연합군최고사령관을 유럽인이 맡는 것을 반대하는 두 가지 주요 주장이 있어왔다. 첫번째 반대주장은 미국을 유럽의 방위로부터 '분리'시킬 가능성이다. 두번째 반대주장은 대서양동맹의 핵전략 -대부분 미국 병력이 책임을 맡고 있는 전략에서 유럽연합군최고사령관의 중추적인 역할 때문에 미국인은 유럽연합군사령부를 통제해야 한다는 것이다. 이러한 주장들은 냉전적 주장들이고 그러한 주장들의 실효성은 냉전 종식 이후의 변화들에 의해서 약화되어왔다. 미국의 핵공약-정치적 행동-은 일례로 미국병력, 미국의 핵무기, 혹은 유럽연합군최고사령관으로서 복무하는 미국인 장성의 퇴임에 의해서 약화될 수도 있다는 사상을 포용하고 있기 때문에 분리는 덧없는 것이다. 동맹국의 핵전략에 있어서 유럽연합군최고사령본부의 역할은 보다 구체적이다. 억지를 위한 핵전략의 중요성이 떨어져왔지만 완전히 없어진 것은 아니다. 유럽방위에 대한 미국의 핵공약은 계속 남아 있을 것 같다. 만약 그렇다면, 그것은 핵전력을 위한 지휘절차와 그 가능성이 희박하지만 핵무기 사용을 위한 절차들을 통해서 현실적으로 되어야만 할 것이다. 미국이 유럽연합군최고사령관 자리를 포기한다면, 새로운 사령부 조직은 미국과 북대서양조약기구 사령부들을 통해서 미국의 대통령을 미국의 핵전력과 연계시키는 유럽연합군사령부의 틀 밖에서 요구될 것이다. 현재는 유럽에서 미국의 참모총장으로서 그와 유사한 역할을 유지하는 미국인 유럽연합군최고사령관을 둠으로써 이러한 유형의 조직이 가능하게 되어왔다. 대안들을 생각하는 것이 학문적으로는 쉬우나 정치적으로는 그렇지 않다.

유럽연합군최고사령본부에 유럽인이 들어섬으로써 유럽방위조직은 유럽의 자연스러운 고향인 유럽 내에서 발전될 수 있다. 유럽이 미국유럽사령부와 유사한 지휘구조를 발전시킨다면, 그 사령관은 유럽연합군최고사령관으로서 이중적 직책을 가질 수 있다. 이러한 접근방법하에서, 새로운 북대서양조약기구에서, 유럽인들은 유럽연합군최고사령본부를 통해서 유럽의 영토방위에 집중할 것이고 그리고 미국은 새로운 주요 북대서양조약기구 사령부를 통해서 지구적 전력투사에 집중할 수 있을 것이다. 유럽방위에서 미국의 역할은 부차적이 될 것이고, 이와 유사하게 지구적 전력투사에서 유럽의 역할 역시 부차적이 될 것이다.

대안적 접근방법—유럽인이 새로운 사령부를 맡고 미국인이 유럽연합군최고사령관을 맡는 것은 더 바람직스럽다. 이러한 접근방법은 핵문제들을 피할 것이고 그리고 이러한 접근방법은 전력투사와 영토방위를 향한 미국과 유럽의 자연스러운 경향을 반작용시키고, 각각 새로운 대서양간 협상을 공고하게 하는 데 일조할 수 있다. 미국은 영토방위로 유럽을 지원할 것이고, 유럽은 지구적 안보로 미국을 도울 것이다.

새로운 주요 북대서양조약기구 사령부를 책임지는 유럽인은 유럽의 강화된 전력투사능력(미국이 발생하기를 원하는 것, 만약 미국인이 새로운 사령부를 맡게 되면 발생할 가능성이 적은 결과)을 강력하게 옹호하게 될 것이다. 이러한 사령관은 유럽의 지역 외 사령부의 수장으로서 이중적 직책을 갖게 될 것이다. 프랑스에 새로운 사령부가 들어서는 잠재성은 매력적일 것이다. 프랑스는 새로운 사령부의 초기 지역 외 능력들 둘레에 유럽의 통제를 구축하는 데 주도적 입장을 취할 수 있을 것이다.

유럽인이 새로운 사령부의 사령관을 맡는 것은 필연적으로 미국 전력에 대한 미국의 사령부가 없는 미국의 정치적 허상을 야기할 것이다. 미국혁명 이래로 미국인들은 외국인 사령관들하에서 복무했다는 사실에도 불구하고, 이러한 쟁점은 최근에 정치적 중요성을 증대시켰던 것 같다. 보스니아 논쟁에서, 클린턴(Cliton) 대통령은 미국은 보스니아에서 지상병력의 1/3만을 제공했다는 사실에도 불구하고 미국병사들은 미국인 사령관들(실제적으로 미국인들이 맡는 북대서양조약기구 사령관들)[10]의 지휘하에 있을 것이라는 사실을 강조할 필요성을 발견했다. 이러한 쟁점은 새로운 주요 북대서양조약기구 사령부에 관한 어떠한 정치적 논쟁에서도 거의 확실히 발생할 것이다. 이러한 사령관이 교대로 유럽에서 유

10) 사실 이것은 그렇게 정확하지 않다. 보스니아에 있는 미국 사단은 미국인 4성 장군에게 보고를 하는 영국인 3성 장군의 지휘를 받는 유럽연합군사령부 소속의 신속대응군단의 일부분이다. 이러한 상황은 북대서양조약기구에서 상당히 공통적이다.

<그림 2> 제안된 북대서양조약기구의 전력투사구조

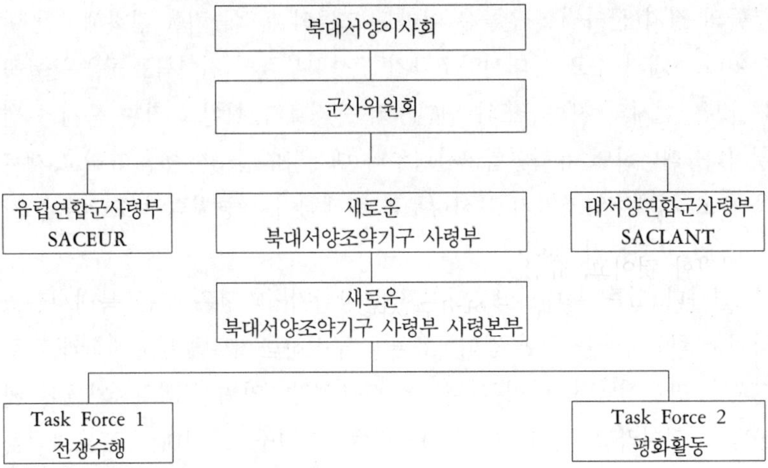

럽의 역량에 보고할지라도 만약 미국이 대부분의 전력을 제공한다면 중요한 지구적 전력투사계획을 위해 배치된 수행전력의 사령관은 미국인이 되는 것은 타당할 것이다(<그림 2> 참조). 이것은 미국의 장래 대통령들이 미국 전력은 미국의 지휘하에 작전을 수행할 것이라고 말하는 것을 보장하는 하나의 방법이다. 미국의 지도자들이 의회와 미국민들에게 만약 유럽이 참여하기를 원치 않는다면 미국은 지구적 기반하에서 독자적인 작전들을 수행할 수 있다는 점을 명백히 할 수 있도록 유사한 미국의 지휘구조를 강조하는 것은 또한 정치적으로도 중요할 것이다.

방위기획

성공적으로 군사적 연합작전을 고조시키는 것은 공동계획과 요구된 전력에 관한 합의를 발전시키는 데 달려 있다. 북대서양조약기구에 있어서 이러한 것들은 오랫동안 군사구조의 기능들이었다. 여기에서 제시된 새로운 주요 북대서양조약기구 사령부는 현존하는 방위기획과정으로 상당히 쉽게 맞추어질 것이다. 유럽연합군최고사령본부와 대서양연합군사령부에서 일어났던 것처럼, 새로운 주요 북대서양조약기구 사령부 직원은 병력목표들의 초안을 처음으로 작성할 것이다. 북대서양조약기구 본부들의 정치·군사적 직원들은 아마도 그들의 분석능력을 강화해야만 할 것이다. 3개의 주요 북대서양조약기구 사령부들의 전력목표들을 분류하는 것은 현재의 지휘구조와 연관시키는 것보다 훨씬 복잡한 문제가 될 것이다. 왜냐하면 유럽연합군사령부와 대서양연합군사령부 그리고 새로운 주요 북대서양조약기구 사령부는 경쟁적이고 중첩적인 요구들을 가지고 있기 때문일 것이다.

2년마다 있는 북대서양조약기구의 방위기획과정은 모든 북대서양조약기구 회원국들을 위한 전력목표들을 구성하는 5개년 방위계획과 프로그램을 만들어낸다. 이러한 것들은 북대서양조약기구 회원국가들이 제공받을 것이라고 기대하는 군사능력들－전력구조, 현대화 프로그램들 그리고 지원 등을 상세히 설명한다. 방위기획과정과 관련된 것은 군비증강 기획이고, 그것은 장기적인 안목을 요구하고, 전력목표들에 기반하고 그리고 동맹국가들에게 잠재적인 협력적 군비증강 프로그램들을 제시한다.

방위기획과정은 철저하고, 집약적이고, 시간 소모적이며 그리고 비용이 든다. 원칙적으로 방위기획과정은 광범위한 기획목표들을 전력목표들로 전환시키는 방위기획위원회가 발행한 '각료 지침'과 더불어 시작한다. 전력목표들의 초안은 비록 주요 북대서양조약기구 사령부 직원들과 국가적 방위 업무담당 직원들 간의 상당한 접촉이 있지만 주요 북대서양조약기구 사령부들 내에서 시작된다. 주요 북대서양조약기구 사령부들은 북대서양조약기구 본부들에게 그들이 추천한 전력목표들을 제시한다. 북대서양조약기구 사령본부들에서 민간인으로 구성되는 다국적 직원과 군사위원회가 그것들을 심사한다. 이러한 심사과정을 거친 후 전력목표들의 초안은 승인을 받기 위해 방위기획위원회로 넘겨진다.

이러한 과정은 시작 때부터 30여 년에 걸쳐서 가치가 있다고 입증되었다. 아마도 이러한 과정의 가장 중요한 공헌은 정보 공유이다. 동맹국가들은 전력들, 계획들 그리고 서로의 프로그램들에 관해서 배운다. 방위기획과정은 진실되고, 포괄적이며 그리고 조정된 동맹국들의 방위계획과 일련의 프로그램들을 성공적으로 제공하지는 못했다. 보다 커다란 국가들—미국, 영국 그리고 독일은 전력목표들은 여하튼 자신들이 하고자 계획했던 것을 일상적으로 제시해왔다. 냉전시대 동안 북대서양조약기구 과정은 북대서양조약기구 직원의 업무로부터 혜택을 받은 보다 작은 국가들의 전력목표들을 형성하는 데 보다 강력한 역할을 담당했다. 더군다나, 전력목표들을 충족시키지 못한 것과 결부된 반대는 비록 소규모 국가들에게는 이것이 일반적으로 맞다 하더라도 보다 큰 국가들이 국가적 방위결정들을 재고하게끔 해왔다. 냉전 종식 이후 방위기획과정은 계속되었으나 그 중요성은 줄어들었다. 그것은 정보 공유 메커니즘으로서는 유용하다. 그러나 방위기획 그 자체에 있어서 그것이 가졌던 효용성이 무엇이든지 간에, 급격한 방위예산의 삭감으로 그 효용성은 떨어져 왔다. 소련 위협의 상실과 더불어 북대서양조약기구 본부들의 반대는 회원국가들의 정치에서 큰 비중을 차지하지 않았다.

영향력과 미약함이 어느 정도인지 간에 방위기획과정은 확실히 없는 것보다는 낫다. 그리고 지구적 토대에 기반한 방위기획을 다루기 위해서 방위기획과정을 확대하는 것은 도움이 될 것이다. 대서양동맹들간의 노동분업들, 예를 들면, 기동성과 폭격력에서 미국의 능력을 균형맞추는 방법, 정보수집 그리고 다른 분야에서 동맹국들의 능력을 보완하는 것 등을 논의하는 것은 가능할 것이다. 이러한 과정 내에서 걸프전 이후로 인식된 것들과 같은 중요한 욕구들과 단점들은 동맹국가들 사이에서 표명·논의될 수 있다. 따라서 새로운 주요 북대서양조약기구 사령부는 필연적으로 유럽의 전력투사능력상의 주요 단점들에 초점을 맞출 것이다. 유럽의 전반적인 군사능력은 걸프전쟁 이후로 상당히 감소되어왔다. 전력투사능력은 실제적으로 존재하지 않는다. 북대서양조약기구 방위기획과정에서 새로운 주요 북대서양조약기구 사령부는 이러한 문제들에 관한 입장을 밝혀야만 할 것이다. 유럽은 자신의 전력투사능력을 증대해야만 하는가? 만약 그렇다면 어떻게 이를 달성할 수 있는가? 대신 유럽은 유럽에서 영토방위가 필요하지 않는 사례들에서 주요 지역 외 사건들에서 자신의 전력을 새로운 주요 북대서양조약기구 사령부에 지정하면서 유럽연합군최고사령관 지휘하에 영토방위에 초점을 두어야 하는가? 대답은 유럽이 자신의 지구적 역할을 어떻게 바라보느냐에 달려 있다.

대조적으로 북대서양조약기구의 현재의 군사구조의 불리한 점은 심지어 CJTF와 더불어 방위기획에서 전력투사능력을 위한 유일한 지지를 제공하지 않는다는 것이다. 대신 두 개의 주요 북대서양조약기구 사령부들은 그들의 중요한 영토적·해양방위 임무들에 의해서 결정된 보다 광범위한 요구조건들이라는 맥락에서 전력투사 욕구들을 고려할 것이라고 기대되어왔다. 과거의 욕구들을 동반한 이러한 '새로운' 욕구들에 대한 판결은 북대서양조약기구 본부들에서 정치적 차원에서 표명되기보다는 북대서양조약기구의 군사적 수준에서 행해진다. 북대서양조약기구의 이용가능한 전력들을 영토방위로부터 전력투사로 전환시킬 필요성이 상당히 크기 때문에 여기에서 옹호된 방침에 따라 현재의 타성을 극복하기 위한 극적인 개혁이 요구된다.

사령부 개혁과 유럽방위조직간의 관계

유럽방위조직은 이제까지 행동보다는 말이 앞섰다. 대다수의 유럽방위 예산들은 백분율의 측면에서 미국의 방위예산보다 더 떨어졌다. 벨기에와 같은 일부 소규모 국가들은 실제적으로 국방사업이 없어지고 있다. 그럼에도 불구하고 유럽방위구조를 탄생시키기 위한 진전은 이루어져 왔다. 독일과 프랑스의 개혁안에서 프랑스, 독일, 벨기에, 룩셈부르크 그리고 스페인으로 구성되는 다국적 유럽군단이 만들어져왔다. 그러나 유럽국가들은 유럽군단을 상당히 먼 지역으로까지 전개할 기동전력들을 갖추지 못하고 있다. 냉전 종식 이후 서유럽연합은 유럽의 방위 실체로서 보다 활동적이 되었다. 서유럽연합은 유고슬라비아 위기에서 군사작전들을 수행했다. 서유럽연합의 해군수행전력은 구유고슬라비아에 대한 통상금지를 유지하는 것을 지원했다.

비록 진전이 완만하고 유럽 정부들은 그 전망에 대해 현재는 보다 현실적이지만, 보다 통합된 유럽방위는 정치경제통합을 향한 지속적인 유럽의 동력의 일부분이기 때문에 그것은 정치적 절대성이다. 북대서양조약기구 개혁과 더불어 무엇이 이루어지든지 간에 그것은 이러한 논의들을 지지할 필요가 있고 그것들에 해가되지 않는다.

미국의 시각에서 보아 성공적인 유럽통합은 바람직스럽다. 통합된 유럽은 보다 강력한 미국의 동반자가 될 것이고 미국이 오늘날 수행하고자 하는 지구적 부담감의 일부를 완화시켜줄 것이다. 통합된 유럽은 세계무대에서 보다 자신있는 행위자가 될 것이고, 역사적으로 필요했던 미국의 강력한 개입 없이도 (보스니아와 같은) 유럽에서의 위기들을 해결할 수 있을 것이다. 이러한 것들은 미국이 환영해야만 하는 발전들이다.[11] 동시에 유럽합중국은 먼 장래의 일이다. 다양한 국가적 경제정책들을 조화시키는 것은 어려운 작업임이 입증되고 있다. 게다가, 유럽국가들은 보스니아의 경험에서 치명적으로 입증되었듯이 공동외교정책을 탄생시키는 것이 어렵다는 것을 알았다. 이러한 이유 때문에 미국이 유럽의 성공적인 통합을 기초로 하여 계획을 세우는 것은 현명치 못할 것이다. 성공적인 유럽통합은 너무 부푼 희망이자 너무 현실성을 결하고 있다.

새로운 북대서양조약기구에 접근하는 데 있어 미국정책은 유럽통합의 과정에 따라 도움을 주고 그것에 반대하지 않으면서 실제적으로 존재하는 것—통합되지 않은 유럽에 기반해야 할 필요가 있다. 이것은 명백히 실행할 까다로운 정책이다. 새로운 주요 북대서양조약기구 사령부를 위한 여기에서의 제안은 확실히 이러한 방식을 다루어야만 한다. 병행적인 회원국가의 지휘구조가 미국에게 중요한 것과 마찬가지로, 그것은 유럽에게도 중요해야만 한다. 미국은 유럽인들을 고무시켜 미국의 지휘구조처럼 독자적으로 작전을 수행할 수 있는 유사한 지휘구조를 탄생

11) 보스니아 사태에 관한 미국의 정치 논쟁처럼, 이것은 외교정책 엘리트들의 견해가 아닐지라도 명백히 미국민들의 견해이다.

시키도록 해야 한다. 만약 유럽이 그렇게 하지 못한다면, 그럴 가능성이 높아보이지만, 미국은 새로운 주요 북대서양조약기구 사령부에 대한 국가적 공헌들을 환영하고 새로운 사령부에 지정될 낮은 수준의 다국적 유럽단위들의 창설을 장려해야 한다. 제안된 새로운 지휘구조는 현재의 구조보다 그리고 그것이 CJTF를 갖춘 구조라 할지라도, 대규모로 통합된 유럽전력투사능력들을 증진시킬 가능성이 더 높다.

북대서양조약기구 확대

제7장에서 라라비가 논의하고 있듯이, 북대서양조약기구는 중유럽의 새로운 국가들을 받아들이고자 한다. 폴란드, 체코공화국 그리고 헝가리와 같은 국가들의 북대서양조약기구 가입을 위한 주요 동기는 그들 지역의 유럽에서의 새로워진 불안정, 특히 러시아로부터의 새로운 위협에 대한 그들의 두려움이다. 요컨대, 그들은 북대서양조약기구가 냉전시대 때 독일에게 했던 것처럼 그들에게 안보를 제공할 것을 희망한다. 그러나 이것은 정치적 문제의 핵심이다. 러시아는 북대서양조약기구 확대를 냉전을 향한 되돌린 조치—'차가운 평화'라고 주장한다. 서방의 많은 사람들은 이러한 견해에 동조한다. 또한 미 의회의 주요 인물들은 확대를 통해서 미국이 받아들여야만 하는 안보 위험들을 우려할 뿐만 아니라 이러한 위험들을 완화시키는 데 필요한 미국과 북대서양조약기구의 추가적인 군사능력들과 결부된 재정적 부담들에 관해서도 우려한다. 그들은 우리에게 무엇이 중요한 것인가라고 묻는다.

한 가지 대답은 새로운 주요 북대서양조약기구 사령부에 예상되는 새로운 동맹국가들이 참여하는 것이다. 그들은 새로운 사령부에 병력들을 지명할 것인가를 요청받아야만 한다. 가까운 시일에 폴란드와 같은 나라들은 영토방위를 위한 그들의 병력들을 현대화하는 데 집중할 필요가 있을 것이고, 그래서 그들은 이러한 병력들을 유럽연합군최고사령관에게 할당할 가능성이 높다. 그러나 그들은 또한 새로운 주요 사령부에 병력들을 지정할 수 있다. 따라서 그들은 걸프 지역이나 더 광범위한 지역에서의 작전들을 포함하여 새로운 북대서양조약기구의 전범위에 걸친 활동에 참여할 그들의 공약을 확실하게 할 수 있다.[12)]

중유럽과 이전에 소연방을 구성했던 국가들은 평화를 위한 동반자관계를 통해서 북대서양조약기구 활동들에 참여하고 있다. 대략 20개 국가들이 평화를 위한 동반자관계 기획과 심의과정의 부분을 이룬다. 거기에서 평화를 위한 동반자관계에 참여하는 국가들은 북대서양조약기구에게 방위기획정보, 전력목표들과 유사한 것, 평화유지를 위한 그들의 계획된 능력에 관한 것, 탐사와 구조 그리고 인도주의적 임무들을 제공한다. 동맹국가들의 전력과 그들의 상호호완성을 개선하는 것을 돕기 위해서 북대서양조약기구는 평화를 위한 동반자관계에 참여하는 국가들에게 500개의 표준화 협정을 풀어주었다. 이러한 계속적인 과정들은 보다 더 큰 범위의 군사적 임무들을 포함하기 위해 확대되고 장래에 평화를 위한 동반자관계에 참가하는 국가들에게 북대서양조약기구 전력들에 관한 정보를 제공하기 위해 심화될 가능성이 있다.

현재까지 대다수의 평화를 위한 동반자관계 활동은 유럽연합군최고사령본부에서 이루어져왔다. 그리고 이것은 아마도 그러한 것들의 대다수가 있어야만 하는 장소이다. 그러나 평화를 위한 동반자관계에 참여하는 일부 국가들은 보스니아의 북대서양조약기구 주도 실행전력을 원조하고 있다. 따라서 새로운 주요 북대서양조약기구 사령부는 또한 평화를 위한 동반자관계에서 역할을 맡아야만 한다. 동반자 국가들은 새로운 방위기획과정에서 거기에 제한적인 방식으로 참여할 수 있고 그리고 그들 국가들은 이미 유럽연합군최고사령본부와 함께 일하고 있듯이 훈련에도 참가할 수 있다.

---

12) 이것은 유럽연합군최고사령관의 국적에 대한 또 다른 고려이다. 새로운 회원국들은 미국의 안전보장을 얻기 위해 북대서양조약기구에 가입하기를 원한다. 신규 회원국들의 영토방위는 유럽연합군최고사령관의 임무가 될 것이다. 만약 미국인을 대신하여 유럽인이 유럽연합군최고사령관을 맡는다면, 북대서양조약기구에 대한 그들의 관심은 아마도 떨어질 것이다.

이론상의 변화와 실행상의 변화

북대서양조약기구의 지휘구조를 변화시킬 요청들은 많은 이론적 대상들을 발생시켰다. 그럼에도 불구하고 변화들이 발생하고 있다. 정말로, 북대서양조약기구에 관한 농담은 경제학에 관한 농담의 정반대이다. 북대서양조약기구는 때때로 이론에서가 아니라 실행에서 활동한다.

보스니아에서의 전쟁과 전쟁이 야기한 실행성은 적절한 경우이다. 그 전쟁의 실행성은 북대서양조약기구 개혁에 관한 정치적 논쟁과 중첩되었다. CJTF에 관한 논쟁이 중지된 반면, 1993~1995년의 북대서양조약기구 해·공군의 활동은 프랑스를 포함하여 북대서양조약기구의 남부 주요 하위사령부인 남유럽연합군 지휘하에서 다국적 사령부들에 의해서 수행되었다. 남유럽연합군사령부는 사라예보로부터 불과 480킬로미터에 위치한 나폴리에 사령본부들을 가지고 있다. 심지어 보다 주목할 가치가 있는 것은 남유럽연합군은 다국적 해·공군력과 더불어 지상병력으로서 신속대응군단을 구성하는 보스니아에서의 북대서양조약기구 주도 실행병력을 통제한다는 사실이다. 이러한 작전을 위해서 신속대응군단은 영국, 프랑스, 미국의 사단들 그리고 북대서양조약기구 회원국이 아닌 국가들을 포함하여 그밖의 유럽국가들로부터의 소규모 부대들을 구성한다. 보스니아의 북대서양조약기구 주도 실행병력과 신속대응군단을 위한 사령본부들은 사라예보에 있다.[13] 결과적으로 북대서양조약기구는 이론상으로는 그렇게 하는 것이 불가능할지라도 실제적으로 CJTF를 창설하였다.

CJTF를 위한 북대서양조약기구 작전들이 아닌 쟁점은 특히 논쟁적이다. 왜냐하면 그러한 작전들은 본부들, 직원들 그리고 북대서양조약기구 조기경보통제체제와 같은 전력요소들과 같은 북대서양조약기구 자산들에 의해서 지원받아야만 할 것이기 때문이다. 실제적으로 이러한 쟁점은

---

13) 원래 북대서양조약기구가 주도하는 실행전력 본부들은 자그레브(Zagreb)에 있을 예정이었으나 그 사령관은 사라예보(Sarajevo)에서 자신이 전장에 있는 대부분의 시간을 보내야 할 것 같다.

직접적으로 미국을 개입시키지는 않으나 CJTF을 통해서 유럽인들을 개입시키는 작전들에서 미국의 요원들을 참여시키는 것에 주로 관심을 가진다. 따라서 유럽연합군최고사령관은 CJTF를 위한 기획에서 북대서양조약기구 작전이 아닌 것을 포함하는 문제에 신중해왔다. 여기에서 다시, 이론은 실행보다 더 어렵다. 1994년 후반 의회의 압력하에서 미국은 이전의 유고슬라비아를 봉쇄하는 빈틈없는 보호작전(Operation SHARP-GUARD)에서 자국 병력들을 철수시켰다. 그러나 클린턴의 지시하에서 그 작전을 감시하는 북대서양조약기구 본부들에서 근무하는 미국의 요원들과 그리고 조기경보통제체제와 같은 다국적 전력요소에서 근무하는 미국의 요원들은 업무를 수행했다.

보스니아 경험으로부터 취해야 할 두 가지 점이 있다. 첫번째, 서로 모순적인 국가적·다국적 관료들에게 맡겨졌을 때 정치적으로 불가능할 것 같은 CJTF와 같은 조직적 조치들은 실행성이 해결책을 요구할 때에는 그렇게 어렵지 않다. 그러나 두번째, 보스니아 문제가 정치적으로 다루기 힘들지만, 그것은 군사지휘의 측면에서는 여기에서 요구된 새로운 전략적 동반자관계를 위한 선례가 되는 너무 쉬운 문제가 될 수도 있다. 그것은 유럽과 북대서양조약기구 사령부들에 가까이 있다. 예를 들면, 페르시아만이나 다른 주요 지구적 우발사건들과 비교해보았을 때, 지휘구조의 수립과 북대서양조약기구의 주변으로의 병력이동은 훨씬 적은 노력으로 달성될 수 있다. 따라서 보스니아의 북대서양조약기구 주도 실행병력은 오랜 구조를 흔들어놓는 데 중요했지만 새로운 구조를 위한 적절한 모델을 제공하지 않는다.

결론

점진적 변화들은 힘들다. 대규모 변화들은 더욱 힘들다. 북대서양조약기구에서 엄청난 변화들은 오직 대서양의 양 진영에 기반한 지도력을 통해서만 달성될 수 있다. 만약 계속해서 관료들의 대화에 맡겨진다면 엄청난 변화들은 발생하지 않을 것이다.

여기에서 제시된 변화의 종류들, 특히 북대서양조약기구의 전통적인 방위를 넘어서는 활동들을 위한 새로운 주요 북대서양조약기구 사령부의 창설은 확실히 대규모적이다. 이러한 변화들이 갖는 중요성은 그러한 활동들에 대한 주된 부정적 반작용의 원인이 될 것이다.

5 동반자로서의 유럽*

오더나렌

본 장에서는 탈냉전시대 미국의 동반자로서 유럽의 역할에 영향을 미칠 현재 및 향후 유럽의 발전들을 검토하는 것이다. 이는 다음과 같은 의문들을 표명한다.

- 유럽의 국제적 이익과 열망은 무엇이며, 어떤 의도와 능력에 의해 유럽이 지구적 권력의 일부를 맡아 미국과 책임을 공유할 것인가?
- 외부 세계와의 상호작용을 위해 유럽에서는 어떤 정치적·제도적 형태가 등장할 것인가? 유럽연합·서유럽연합·북대서양조약기구와 기타 제도들 그리고 개별 민족국가들의 성격 및 그 역할은 무엇이 될 것인가?
- 유럽과 미국과의 관계에서 나타나는 주요한 경향은 무엇이며 그리

* 본 제목에서 사용된 '유럽'이라는 용어를 엄밀화하지 않기로 하겠다. 이는 유럽에는 국제적 행위자로 기능하고 범대서양 동반자관계를 협상할 단일한 정치체가 없다—유럽합중국이 없다—는 사실을 반영하기 위한 것이다. 유럽연합이 그런 정치체에 가장 근접해 있기는 하지만, '유럽'을 대변하고, 또 이를 위해서 행동하기에는 그 능력에 한계가 있다. 왜냐하면, 유럽연합 자체가 초국가적 권한과 정부간 권한(회원국들이 주권과 또 주권에 따라 행동의 자유를 보유하고 있음으로 해서)으로 분리되어 있으며, 불완전하고 아직 제대로 정의되지 않은 가입조건 때문이다.

고 그것이 범대서양 동반자관계를 건설하고 유지하는 데 갖는 함의는 무엇인가?

본 장은 지구적 행위자로서 유럽에 대한 평가와 더불어 시작한다. 유럽이 지배했던 장기적 세기 동안 국제체제의 중심부에서 이루어졌던 유럽의 전통적인 역할, 제국의 종말과 함께 연이은 유럽의 몰락과 두 초강대국의 등장 그리고 냉전이 종식되고 초강대국의 영향력이 상당히 감소한 오늘날 유럽이 이전의 지구적 영향력의 상당 부분이나 혹은 전부를 회복할 수 있을 것인가와 관련된 불가피한 의문과 두번째 절에서는 냉전이 지구적 개입에 관한 유럽의 사고에 미친 유산을 검토한다. 그리고 나서 초점을 돌려 유럽의 정체성 및 그것과 행위와의 관계에 대한 문제, 특히 유럽이 현재 자신의 존재와 향후 지구적 무대에서 자신이 원하는 것을 어떻게 규정하며 그리고 유럽이 국제적 행위자로 행동하는 데 그것이 어떠한 영향을 미치고 있는지를 검토할 것이다. 네번째 절에서는 유럽의 정책과 유럽연합 및 그 회원국들이 유럽 역외에서 추구하는 목표들 그리고 그러한 것들이 미국에게 주는 함축성을 자세하게 다룰 것이다. 다섯번째 절에서는 미국과의 관계와, 특히 보스니아 협정과 1995년 12월 마드리드에서 열린 범대서양 정상회담 이후의 동반자관계를 위한 전망을 논의할 것이다.

지구적 행위자로서 유럽: 제국의 유산

서두에 이어, 한때 유럽이 세계의 여타 지역들을 지배했던 이러한 지배와 지배의 상실이 20세기 말의 사건들에 여전히 미치고 있는 그 여파들을 재음미해볼 필요가 있다. 제1차세계대전 전야에 유럽은 세계의 영토와 인구의 대부분을 지배하였다. 유럽의 산업, 과학 그리고 문화는 중국, 이슬람 세계 그리고 그밖의 다른 지역보다 훨씬 앞서 있었다. 대영제국이 당대의 '초강대국'이었다면, 프랑스, 독일, 오스트리아-헝가리 제국, 이탈리아 그리고 러시아는 강대국이었으며, 심지어 네덜란드, 벨기에, 덴마크 그리고 포르투갈과 같은 작은 국가들까지도 세계의 광범위한 지역에서 막강한 영향력을 행사하였다. 유럽의 강대국과 작은 국가들 모두에게 이러한 영향력은 일반적으로 식민지, 산업적·재정적 성공, 군사력(특히 해군력) 그리고 문화적 호소력의 결합에 그 토대를 두었다. 이 시기에 있어서 제국주의적 형태를 보인 지구적 개입은 국가 차원과 시민 차원 모두에서 경제적 이득이 되었으며, 이것은 일부 국가들을 강대국의 지위로 올라서게 하는 기반이 되었던 것으로 여겨졌다.

당시의 많은 사람들에게 유럽의 상승은 단지 그 내적인 취약성을 감추는 데에만 기여했을 뿐, 그 이후 유럽의 붕괴와 지구적 영향력을 상실하게 한 씨앗은 이미 그 속에 배태되어 있었던 것으로 여겨졌다. 미국과 일본이라는 비유럽권 국가가 등장하여 최근의 전쟁에서 각각 스페인과 러시아를 손쉽게 패배시켰다는 점은 개별 사례에 적용되는 특수한 환경에도 불구하고 유럽이 군사적으로는 그 상승 추세가 꺾이고 있다는 경고 중의 하나였다. 비록 이러한 변화가 지닌 정치적·전략적 함의가 아직 완전히 드러난 것은 아니었지만, 산업적 측면에서 보았을 때, 미국은 이미 오래 전에 지구적 지도국인 영국을 추월했다. 그리고 일부 유럽국가들은 점점 국내적 불안에 시달리게 되었으며, 이후 그 불안은 1917~1918년에 혁명으로 폭발하였다. 그 결과 중동부유럽에서는 3개의 대제국이 붕괴되었고 대륙 전체의 정치도 근본적으로 변화하였다.[1)]

제1차세계대전의 원인에 관한 논쟁이 분분했지만, 여기서 이 문제를 재론할 것까지는 없을 것이다. 이런 맥락에서, 전쟁의 원인과 결과, 즉 유럽의 지구적 영향력의 급격한 약화는 상호 분리해서 바라볼 수 없다는 지적만으로도 충분하다. 1914~1918년 동안, 유럽에서 일어난 재래식 전쟁은 대륙의 세력균형을 놓고 벌어진 최후의 일전이었던 것은 아

1) 전반적인 배경에 대해서는 다음을 참조. A. J. P. Taylor, *The Struggle for Mastery in Europe, 1848~1918*, Oxford University Press, Oxford, 1954. 이 시기에 영국이 자신의 지위를 유지하기 위해 벌인 노력을 연구한 대표적인 학술서로는 Aaron L. Friedrich, *The Weary Titan: Britain and the Experience of Relative Decline, 1895~1905,* Princeton University Press, Princeton, NJ, 1989참조.

니었지만, 그 여파로 생긴 부수적 결과는 세계의 다른 지역과 비교해보았을 때 유럽의 상대적 약화였다. 오히려 전쟁의 직접적 원인은 부분적이나마 당시에 이미 진행중에 있었던 정치적·산업적·금융적 지구화를 유럽의 평화와 질서유지에 일치시키려는 유럽국가들의 노력이 무위로 끝난 점과 관련이 있다. 여러 면에서 주요한 분쟁 유발국이었던 독일은 중요한 국내적 행위자들의 영향하에 있었다. 이들은 독일이 강대국이지만 궁극적으로는 제한된 대륙국가의 지위에서 벗어나 러시아, 미국 그리고 대영제국과 같은 세계국가의 대열에 새롭게 합류해야 한다고 주장하였다. 프랑스와 특히 영국의 입장에서 보았을 때, 독일의 부상은 자신들의 제국주의적 지위에 위협이 될 뿐만 아니라, 이들 양국이 해외무역과 투자에 의존하고 있음을 고려한다면 자유국가로서 자신들의 존재 자체도 위협하는 것으로 파악되었다. 독일의 입장에서 지구적 국가가 되기 위해서는 유럽의 균형을 제거할 수밖에 없다고 판단했다면, 영국과 프랑스는 자신들의 막대한 지구적 자산을 무기로 독일을 유럽대륙에 국한시키고자 노력하였다. 그러나 이러한 정책은 실패하였다. 따라서 1914년까지 유럽의 균형유지는 점차 정치와 산업의 세계화 및 이로부터 유럽의 주요 국가들 모두가 받는 압력과 양립할 수 없게 되어갔다.[2)]

상황도 변했고 주요 인물들의 면면도 매우 다양했지만, 한 세대 후에

2) 영국은 제1차세계대전에 영연방 자치령의 군대와 인도군에 그리고 프랑스는 종전 마지막 해에 아프리카 식민지군에 원조를 받았으며, 미국은 유럽대륙 외부의 원조물자로부터 영국을 차단시키려고 독일이 감행한 무제한 잠수함전이 문제가 되어 전쟁에 개입하게 되었음에 주목하라. 유럽의 세력균형과 범세계적인 세력균형 간의 관계에 대한 독일의 생각과 관련해 다음과 같은 제목의 데이오(Dehio)의 논문을 참조. "Germany and the Period of the Two World Wars" and "Thoughts on Germany's Mission 1900～18" in Ludwig Dehio, *Germany and World Politics in the Twentieth Century*, Norton, New York, 1967. 영국의 생각과 관련해서는 크로(Eyre Crowe) 경의 유명한 1907년 1월 1일의 비망록을 분석한 Henry Kisinger, *Diplomacy,* New York: Simon & Schuster, 1994, pp.192-193 참조. 독일의 정책에 대한 대표적인 학술서로는 Fritz Fischer, *Griff nach der Weltmacht*, 영어판으로는 *Germany's Aims in the First World War*, New York: Norton, 1967이 있다.

일어난 제2차세계대전에 와서 다시 한번 이러한 수많은 문제들을 위한 해결책을 놓고 격론이 벌어졌다. 중서부 유럽에 위치한 자국의 지리적 위치에서 벗어나려는 독일은 한층 더 격렬하고 폭력적인 충동을 재개했다. 독일의 이러한 행동은 생활권(Lebensraum)을 추구하기 위해서 그리고 전민족들, 특히 유태인을 상대로 한 전쟁을 감행함으로써 인종 공격으로 돌변하였다.[3] 프랑스군의 탁월한 용맹으로 어렵사리 성공한 제1차세계대전 당시처럼, 독일을 오직 대륙 내부의 전쟁으로만 국한시키고자 한 바람은 프랑스의 손쉬운 함락으로 오래가지 못하였다. 드골은 아프리카를 필두로 자유 프랑스군을 규합할 수 있었으며, 전쟁이 끝난 이후에도 프랑스는 강대국의 위치를 확보할 수 있었다. 그러나 독일은 대영제국, 미국 그리고 특히 러시아와 같은 유럽 대륙 밖의 혹은 그 주변부 강대국들의 노력으로 패배하였고, 제1차세계대전에 비해 그 결과도 훨씬 더 심각하였다.

따라서 그 순환은 1945년에 완성되었다. 독일은 프랑스, 영국 그리고 러시아의 민감한 반응을 무시하고 지구적 역할을 추구한 결과, 유럽에서 자신의 지위를 잃어버렸다. 영국과 프랑스는 독일의 국력을 유럽 내에 국한시킬 수 있는 기제를 찾지 못함으로써, 체임벌린(Chamberlain)과 페탱(Pétain) 같은 지도자들이 그러한 노력에 깊은 흠집을 내기도 했지만, 지구적 국가라는 자신들의 지위를 상실하였다. 따라서 유럽은 러시아를 방어하기 위해 미국에 의존하게 되었고 사정과 달리 유럽의 지구적 제국도 일찌감치 상실되었다. 제국을 건설한 경제적·기술적 요인이 변화

---

3) 제1차세계대전과 제2차세계대전 사이에는 차이가 많이 있지만, 양 전쟁에서 독일의 입장은 유럽 차원의 계산과 범세계적인 계산이 주요한 요인으로 상호작용하고 있었다. 히틀러는 전임자와 달리 대륙중심적인 시각을 갖고 있었는데, 가령 그는 해외 식민지 건설에는 별로 관심을 보이지 않았다. 다른 한편으로, 그의 대륙중심주의(Continentalism)는 범세계적인 맥락 속에도 포함된 것으로, 그는 독일이 유럽에서 패권을 잡는다는 것은 범세계적으로도 우위에 서게 됨을 의미한다고 확신하였다. 이에 대한 명저들로 Jochen Thies, *Architekt der Weltherrschaft: Die 'Endziele' Hitlers*, Düsseldorf: Droste, 1976; and Norman Rich, *Hitler's War Aims*, vols.1 and 2, New York: Norton, 1973 and 1974 참조.

함으로써 제국의 유지에 필요한 비용이 증가했고, 경제적·정치적 가치의 퇴조와 맞물려 식민지 세계에서 민족주의적 정서가 발흥하고 있었다는 점을 생각하며 제국의 상실은 기정사실이었을 것이다. 그러나 유럽국가들이 지구적 국가이면서 제국주의적 국가로서의 지위를 동시에 상실하게 된 배경은 여전히 중요하고 불가피하게 전후 유럽의 대외관계에 대한 인식 및 상호작용의 방식을 좌우하고 있다.

제1차세계대전이 지구적 무대에서 유럽의 쇠퇴를 알리는 서막이었다면, 제2차세계대전 이후 유럽은 대륙 내에서조차 자신의 운명을 통제할 능력을 상실해버렸다. 그와는 달리, 미국과 소련은 유럽의 안보를 관리하는 주요한 책무를 떠맡았다. 이들 국가들은 유럽 각국을 상호 경쟁적인 동맹체제로 편성하였다. 그러나 이것은 유럽의 주요 국가들에게 합의가 다른 매우 무질서하고 불공정한 과정이었다. 독일의 지위는 전술적인 면에서는 복잡했을지라도 전략적인 면에서는 확실한 것이었다. 30년 동안 두 번이나 유럽을 지배하고자 했던 독일은 1945년 이후 더이상 지정학적 야심을 갖지 못하도록 철저히 고립되었으며, 이는 적어도 네 가지의 중첩적인 강화 요인을 통해 이루어졌다. 민주적인 내부 개혁을 통해 세계정치의 야심을 품게 된 국내적·경제적·정치적 기반의 파괴, 이미 두 차례의 전쟁을 통해 나타난 지극히 협소한 지정학적 토대를 민족 분단과 영토상실을 통해 더욱 축소시킨 것, 보다 광범위한 동맹체제, 특히 서방체제 속으로의 통합, 그리고 세계적인 일류 국가들과 독일의 차이를 반영하고 이를 강화시키는 방법으로 핵무기와 기타 무기들의 소유를 강제적으로 또는 자발적으로 제한하는 것이다.

프랑스와 영국의 상황은 혼미하였다. 1944~1945년에 영국은, 미국·소련·영국으로 구성된 3대 강국 중 최약소국이었지만, 제2차세계대전 이후에도 계속적으로 3대 강국의 일원으로 남으리라는 기대가 영국은 물론, 그밖의 다른 지역에서도 널리 퍼져 있었다.[4] 이런 시각은 전쟁으

---

4) 폭스(T. R. Fox)가 1944년의 그의 저서, *The Super-Powers: The United States, Britain and the Soviet Union*(Harcourt, Brace and Co., New York)에서 초강대국

로 약화된 영국의 국내적 기반에 대한 과소평가와 아직도 남아 있는 힘의 원천 그리고 제국의 결속력에 대한 과대평가에 근거한 것이었다. 1956년 수에즈 사태가 끝난 이후에야 비로소 영국의 지구적 국가로서의 소임이 끝났음이 분명해졌다. 프랑스의 지위도 마찬가지였다. 호전적인 공산당의 선동으로 정치적 불안이 만성화되었고, 더욱이 전시의 파괴와 낡은 산업적 기반까지 포함해 프랑스의 국내적 취약성은 국내외인들의 눈에는 더 한층 명약관화하였다. 그리고 프랑스가 현재와 같은 안정과 번영을 향한 도상에 굳건히 서게 된 것도 1950년대 말에 들어와서였다. 그러나 정확히 이 시기에 프랑스는 자국의 지구적 지위에 집착하고 있었다. 인도차이나를 계속 점유하려고 투쟁했고 아프리카를 프랑스의 영토로 남겨두고자 하였다.[5)]

1960년대 중반에 들어와 제1차세계대전에 시작된 그 역사적 과정이 거의 종료되고, 유럽은 점차 그 관심과 정력을 유럽의 정세로 전환하면서 '세계주의의 망토'도 미국에게 넘겨주었다. 탈식민지화도 완료되었고, 영국은 수에즈 동부에서 철수하였다. 유럽의 기업들은 아직도 지구적인 수출업자인 동시에 투자가였지만, 유럽통합의 무역이전효과로 유럽 역내무역과 투자량은 지구적 유동량과 비교해 더욱 급속히 신장하고 있었다.

그러나 프랑스는 일반적인 패턴에서 다소 예외적이었다. 수에즈 사태

(super-power)이란 용어를 고안하면서, 다른 두 강대국뿐만 아니라 영국도 여기에 적용되는 것으로 생각했다는 점이 특기할 만하다. 폭스가 초강대국의 기준으로 내세운 것은 대규모 권력의 소지와 권력의 대규모 동원이었다.

5) 유엔 안보리에서 영구이사국의 지위도 영국과 프랑스를 범세계적 국가로서 계속 유지할 수 있게 하였다. 그러나 프랑스가 안보리의 영구이사국이 된 것은 대부분 처칠이 알타에서 지원한 덕분이었음을 기억할 필요가 있다. 처칠은 대륙에 강력한 동맹국이 없으면, 러시아 또는 소생하는 독일과 직접 마주하게 될 것이라는 점 때문에 염려하고 있었다. 그래서 그는 프랑스의 지위를 강대국으로 유지시키기 위해 전력을 다하였다. 따라서 어떤 의미에서 안보리의 구성은 본래 불안한 유럽의 균형을 범세계적이라는 자산에 의해 지탱시키는 여러 방법 가운데 하나가 된다.

는 영국 못지않게 프랑스에게도 하나의 충격이었지만, 드골 집권하에서 프랑스는 허세와 실제 능력을 적절히 혼용하며 국제정책의 독자성을 고수해나갔다. 하지만 프랑스의 이러한 정책도 유럽에 대한 미국의 보상과 미국과 서독이 프랑스에게 보내는 무언의 지원이 있었기에 가능한 일이었다. 따라서 프랑스의 정책은 진정한 의미에서 독자적인 것은 아니었다. 여하튼 시간이 지나면서 프랑스도 정책의 중심을 점차 유럽에 두게 되었다. 이에 따라 프랑스도 자국의 지구적 역할이 유럽연합의 맥락에서 동맹국들과 협조할 때만이 효과적으로 발휘될 수 있다고 생각하게 되었다.

결론적으로 20세기에 있었던 제1·2차세계대전과 냉전이라는 세 차례의 대전이 중첩적으로 작용함으로써 유럽은 지구적 우위를 상실하게 되었던 것이다. 이들 전쟁이 모두 종식되었지만, 최소한 그 영향의 일부가 아직까지 남아 있는 이유로 세계무대에서 유럽이 전보다 더 큰 역할을 수행할 수 있는지, 만일 그렇다면 어떤 역할을 담당할 수 있는지에 관한 문제가 제기되고 있다. 역으로 이 문제에 대한 해결방안은 유럽이 지구적 역할을 추구하면서도 그 내적 균형을 유지할 수 있는 방안은 무엇인가라는 이전 시대의 문제와도 최소한 일부 관련이 있는 것이다.

냉전과 그 이후

1940년대와 1950년대에 취했던 입장을 부분적으로 반전시켜보면, 1960년대 중반까지 미국은 지구적 정치로부터 유럽의 '철수'에 대해 아쉬움을 나타내고 있었다. 유럽국가들은 상징적이나마 유엔군의 일원으로 한국전에 크게 기여했지만, 베트남전에 대해서는 그러한 입장을 보이지 않았다. 1970년대 중동에서 불안이 증대되고 제3세계에서 소련과 쿠바의 활동이 확대되면서 소위 '데탕트의 분할'이라는 부담의 분담문제를 놓고 미국과 격론이 벌어졌다. 미국의 유럽 동맹국들은 소련과 정치·무역·기술관계를 계속 확대하였던 반면, 미국은 앙골라와 소말리아에서 쿠바의 개입과 소련의 아프가니스탄 침공이 지닌 지구적 함의와 홀로 씨름하였다. 미국으로서는 이러한 현실을 받아들일 수 없었던 것이다.

한편, 대다수 유럽의 정치지도자들은 미국의 지구적 봉쇄정책－경우야 어떠하든, 일부 유럽인들이 무모한 정책이라고 생각하고 있었던 정책을 위한 약간의 상징적인 지원조차도 유럽에서의 데탕트를 좌초시킬 수 있으며, 이는 결코 용납할 수 없는 일이라고 생각하고 있었다.

그러나 대체적으로 이 문제에 관한 미국과 서유럽 간의 입장차가 크게 벌어지지는 않았다. 본질적으로 유럽은 매번 미국의 입장을 따르고 있었으며 미국도 본능적으로는 유럽 동맹국들을 너무 강경하게 압박해서는 안된다고 생각하고 있었다. 구조적으로 복잡하고 고도로 제도화된 북대서양조약기구는 유럽의 문제를 세계 다른 지역의 빈발하는 위기로부터 차단하는 경향이 있었다. 그리고 가장 중요시될 사항은 미국과 유럽 양자에게 이득이 되는 일과 양자 모두가 상대하고 싶지 않은 일을 전략적으로 분업하는 데 있었을 것이다. 미국이 이끄는 동맹의 지원을 받아 유럽의 심장부에 대규모 무장군비를 유지함으로써 서독과 기타 유럽 동맹국들은 소련에 의한 지구적 행동의 자유(그것은 소련과 달리 미국은 별로 당연시하지 않았겠지만, 그래도 당연하게 받아들여지고 있던 사실이다)를 간접적으로 저지하였다.

냉전시대 동안 부담 공유문제를 둘러싼 미국과 유럽의 논쟁이 남긴 유산은 양측 모두에게 유럽 역외에서 서로를 경쟁자로 여길 만큼 여전히 중요성을 발휘하고 있다. 다시 말해 유럽은 미국을 쓸데없이 걱정거리를 만들다가 호전적으로 대응하는 습관이 있다고 평가하는 반면, 수많은 미국인들은 유럽 역외에서 발발하는 위험에 대응하는 데 군사적 희생은 말할 것도 없고 경제적 희생조차 감수할 의사가 없는 근시안적 시각을 가진 자들로 유럽을 바라보고 있다. 실제로 냉전 이후 오늘날 호전적인 국가들을 상대로 한 정책적 차이는 이런 양태를 정확히 보여주는 것으로 생각된다. 예를 들면 미국은 이란에 대해 보다 강경한 제재를 요구하는 반면, 유럽은 지속적인 무역관계를 통해 국내의 온건세력을 지원해야 한다고 주장하고 있다. 그러나 냉전이 역사 속으로 후퇴하고 소련의 지구적 야심에 대한 공포로 생긴 반사작용에서 미국도 벗어났다 할지라도 이전 시기의 양태가 반복될 가능성이 있다. 지리적 근접성과 다른 요인들로 인해 미국보다는 서유럽 혹은 최소한 일부 유럽국가에서는 다수의 불안정한 상황들이 등장할 가능성이 한층 더 많아졌다. 미국에 비해 서유럽은 때때로 유럽 역외의 위기상황에 대응해 경각심을 높이고 공동대처의 필요성도 더욱 절감하게 될 것이다. 실제로 알제리 문제는 그러한 최초의 사례에 해당될 수 있다.[6] 이러한 의미에서 유럽 역외에 대한 미국과 유럽정책은 어떤 측면에서는 냉전시대 때보다도 양 진영이 정책을 조정하는 것이 어려울지라도 더 균형을 이룰 가능성은 크다.

그러나 미국과 유럽의 관계를 결정한 냉전시대의 영향력이 어떤 식으로든 개발도상국의 불안정을 상대로 해서 나타나리라고 기대하는 것은 무리인 것 같다. 오히려 핵심적인 문제로 등장할 가능성이 있는 것은 구소련이 붕괴된 지금 유럽이 어떤 식으로 정치·안보 행위자로서 자신을 조직하고 정의하느냐이며, 소련이라는 절박하고도 분명한 위협이 사라진 유럽에서 미국이 자국의 이익을 어떤 식으로 정의하느냐일 것이다.

유럽에서 일어난 1989~1991년의 지정학적 혁명은 향후 유럽의 지구적 역할 및 유럽과 미국의 관계에서 그것이 갖는 함의와 관련해 시각차를 발생시켰다. 일례로 들로르처럼 이를 거대한 기회로 직감한 사람들이 있었다. 공산주의의 소멸로 유럽은 1914~1918년에 역사적으로 우회했던 길에서 벗어나 가장 강력하고 상당한 영향력을 가진 지구적 세력으로 제자리를 찾을 기회를 맞이하였다. 1991년 초에 있었던 한 기자회견에서 들로르는 다음과 같은 견해를 피력했다. "우리가 세계적인 강자로서 미국과 동반자관계를 갖고자 한다면, 그 대가를 당연히 지불해야 할

---

6) 반전(reversal)이 일어나는 그런 상황이 되면, 종종 중동의 불안이 미국측에 비해 유럽의 지도자들에게 더 걱정이 되었던 수에즈 사태 이전 시기로 돌아갈지도 모른다. 양측의 입장차를 보여주는 훌륭한 예로는, the final chapter ('Myopia') of Anthony Eden's memoirs (Full Circle, Houghton Mifflin, Boston, 1960, pp.627-654)를 참조. 여기에서 그는 이라크 국왕과 왕세자를 죽인 나세르가 수에즈 사태에서 승리한 것과 러시아의 영향력이 중동으로 확대된 것에 대해 지금까지의 정책이 실패한 결과로 설명한다.

것이다. 나는 열망의 정도에 따라 유럽인들을 판단할 것이다."[7]

프랑스의 미테랑(Mitterrand) 대통령도 그와 비슷한 정서를 드러냈다. 그는 유럽이 "어제까지는 두 초강대국에 의지하였다. 그러나 지금은 마치 귀향자와도 같이 자신의 역사와 자신의 땅으로 돌아갈 것이다"[8]라고 공언하였다. 이러한 입장을 지지하는 사람들은 국제적인 역할의 확대와 특히 통일독일에서 민족주의의 부활 및 정책수행의 독자성을 저지할 수 있는 시각의 통일과 결속력을 제공하는 더욱 심화되고 연방적인 유럽을 선호하는 경향이 있다. 비록 콜 수상은 범대서양관계의 유지에 더 애착을 지닌 채 상기의 견해와 조율을 꾀하는 경향을 보이기는 하지만, 그 역시 연방적인 유럽에 관심을 보였다.

또 다른 사조는 영국의 대처(Margaret Thatcher) 수상이 대표적 인물로서 유럽이 잠재적 열강이 되는 비전에 반대하고 있었다. 이 견해에 따르면, 유럽이 열강의 체제를 갖추려면 독일의 우위에 근거해서만 가능하다는 것이다. 이를 위해서는 다른 유럽국가들은 물론이고 독일 자신도 지불해야 할 대가가 크다는 것이다. 이에 대한 함의는 유럽이 미국과 공고한 관계를 유지하거나 최소한 열강으로서 독자적으로 행동하려는 야심을 자제할 필요가 있다는 것이다.[9] 논쟁의 세번째 조류는 독일에서

---

7) *Wall Street Journal*, March 7, 1991, in Charles Grant, *Delors: Inside the House that Jacques Built,* London: Nicholas Brealey Pub, 1994, p.186에서 재인용. Desmond Dinan, *An Ever Closer Union? An Introduction to the European Community,* Lynne Rienner, Boulder, CO, 1994, p.203도 참조. "들로르가 가진 비전은 의사소통과 관련된 것이었다. 즉 연방주의 노선에 따라 강력하게 조직되고 정치·경제적으로 통합된 공동체에 대한 비전으로서 결속력을 가진 '사회적 공간(social space)'을 포괄하면서 초강대국들을 상대로 국제적으로 자신 있게 나서는 것이었다. 냉전이 갑자기 붕괴되면서, 들로르의 비전이 부각되었다."

8) New Year's Eve Speech, December 31, 1989, in *Foreign Broadcast information Service Daily Report: Western Europe,* January 2, 1990에서 원문 인용. 동 연설에서 미테랑은 (러시아까지 포함해) 중동부유럽을 포함하는 그렇지만 미국은 제외된 유럽의 국가연합(European Confederation)을 창설하자고 제안하였다.

9) Margaret Thatcher, *The Downing Street Years,* Harper Collins, New York, 1993, p.791.

가장 빈번히 제기되는 것으로, 러시아는 여전히 세계적인 강대국의 자격을 지니고 있으며, 대혼란이 되었든 아니면 러시아의 세력부활이 되었든 동유럽으로부터 발생할 수 있는 위험요인을 강조함으로써 지정학적 변화가 갖는 함의를 과소평가하는 경향이 있다. 이런 시각을 가진 자들도 미국 및 북대서양조약기구와의 선린관계를 선호하는 경향이 있다. 그러나 이는 독-프를 중심으로 조직되는 연방주의적 유럽과 모순되는 것은 아니었다.

마지막으로, 주로 좌익정당과 여러 녹색정당에 소속된 자들이 있었다. 이들은 세계권력의 변동추이와 냉전 종식과 더불어 군사력이 국제정세에서 갖는 적실성이 줄어들고 있는 반면, 경제력 및 그와 관련된 국면들, 예를 들면 환경 및 인권문제에 대한 대처능력 등이 중요성을 얻고 있는 현상적 사실을 강조하였다. 이런 시각을 지닌 자들에 의하면, 상황은 새로운 지구적 기회와 도전에 대응하기 위해서 유럽의 변화를 필요로 하는 것이라기보다는 오히려 근본적으로 현재의 '시민국가적 유럽'에 수렴되는 식으로 세계가 이미 변해버린 데 있다는 것이다.

그러나 이러한 다양한 사조들이 유럽전략에 관한 밀도 깊은 논의로 구체화된 적은 없었다. 이를 논의하기 위한 학계나 의회의 포럼도 분명히 없었으며, 그 결과 유럽 각국 정부들로 하여금 단일한 해석과 그에 입각해 단일한 정책노선을 취하게 할 기회도 갖지 못하였다. 어쨌든 이러한 사조들은 완전히 상호배타적인 것은 아니었으며, 또한 시간이 지나면서 이러한 견해들도 점차 변하는 경향이 있었다. 그럼에도 불구하고 각국 정부와 정치 지도자들은 유럽의 역할을 지구적 행위자로 여기는 경향이 있었다. 이것은 부분적으로 그들이 유럽의 정체성에 대해 가진 견해와 앞으로 유럽이 기피해야 할 변모에 대한 두려움과 관련된 두 가지 프리즘을 통해서였다.

들로르 및 유럽의 지구적 지위를 확실히 증대시키는 데 주력하는 사람들은 미국 및 '앵글로-색슨 세계'와 다른 그리고 그와 일정 정도 다르게 정의해야 하는 사회적·문화적 체제로서 유럽을 간주하는 경향이 크다. 이들은 독일은 향후 유럽질서에서 문제의 소지가 적은 반면, 영국은 문제의 여지가 확실히 크다고 본다. 반면, 대처와 같이 유럽이 독자적인 역할을 자임하고 나서기보다는 미국과 결속을 강화해야 한다고 주장하는 사람들은 들로르가 지지하는 유럽적 가치에 대해 회의적인 시각을 가진 자들이기도 하다. 대외적 위협의 존속을 주장하는 이들은 유럽이 러시아에 맞설 물적 자원을 갖고 있지 않다는 생각에서가 아니라 오히려 막대한 대외적 과제를 맡게 될 유럽은 변모된 유럽, 구체적으로 독일의 비중이 한층 더 커지고 프랑스 및 영국과 함께 독일이 핵역할을 공유할 가능성도 농후하며 그리고 국방·외교, 궁극적으로는 경제정책들이 국가주의로 회귀함으로써 유럽의 불행했던 역사를 떠올리게 하는 그런 유럽이 될 것이라고 주장하는 것이었다.

결론적으로 과거와 마찬가지로 유럽의 지구적 열망과 그 내적 성격간의 상호작용은 지금도 계속되고 있다. 유럽의 대내적 운명을 결정하는 것은 더이상 대립적인 초강대국들이 지배하는 대외 제국이 아니다. 오히려 지구적 지위의 변화는 필경 내적 함의의 변화를 갖게 마련이다. 그러므로 미국과 지구적 동반자관계를 형성하는 중요성은 유럽이 자신의 대외정책을 협동에 의해 수행하게 된다는 사실뿐만 아니라 나아가 유럽의 정체성이라는 핵심문제를 거론하게 한다는 데 있다.

정체성 대 행위

향후 유럽의 지구적 역할을 고찰할 때, 일단의 문제들을 유럽의 정체성과 관련된 문제와 유럽의 행위와 관련된 문제들의 두 가지 범주로 구분하는 것이 유용할 것이다. 이와 관련해서 유럽은 미국과 매우 다른 상황에 있다. 다시 말해 미국은 국제정책의 기본틀을 정하는 데 자신의 정체성에 대해 고민할 필요가 없으며, 단지 보다 심층적이고 추상적인 수준의 국가적 가치와 야망만을 고려하면 된다. 그러나 유럽의 경우는 그렇지 않다. 왜냐하면 가령 유럽연합의 권한 대 국가의 권한이나 또는 정부간 권한 대 공동체의 권한처럼 유럽은 정체성과 관련해 법적·절차적 문제에 직면하고 있으며 그리고 유럽 자체를 위한 문제들, 예컨대 회원가입이나 그것이 뜻하는 의미와 같은 것들이 아직 해결되지 않았기 때문이다. 실제로 1990년대와 냉전 종식이 유럽을 위해 새로운 기회를 개진한 것이었다면, 이는 또한 유럽의 정체성에 관한 정의의 문제를 상당히 복잡화시킨 것이기도 했다. 그 이유는 첫째, '서구적' 유럽의 잠재적 회원국의 수가 세 배에 육박하게 되었으며, 둘째는 회원가입의 획일성이 약화된 데 있었다. 이러한 예는 영국 및 덴마크의 유럽통화연합의 불참과 '사회 헌장'에 대한 영국의 불참에서, 환율기제와 비환율기제(궁극적으로 유럽통화연합과 비유럽통화연합) 국가들로 분리한 데에서, 유럽연합과 서유럽연합(그리고 북대서양조약기구)의 회원가입을 별도로 한 데서 그리고 마지막으로 유럽연합의 기본틀 외부에서 그리고 일부 유럽연합 회원국가들끼리 '셍겐조약(Schengen Agreement)'을 체결한 데서 찾아볼 수 있다.

장기적인 관점에서 보았을 때, 유럽의 정체성은 정책분야에서 유럽의 행동사항보다 중요할 것이 거의 틀림없다. 만일 '유럽이 지구적 정책입안 세력'[10]이 된다면, 국제체제에서 그 지위도 1800년대 말의 미국의 지위와 유사하게 될 것이다. 요컨대 국제체제의 장래에 있어 더 중요한 것은 범상한 보통의 미국 지도자가 담당하는 어떤 특정 정책이 아니라 예리한 관찰자들의 인식처럼 미국의 파워, 바로 그것이었다.[11] 그러나 일상 정치의 세계와 특히 미국과의 관계에서 중요한 일은 유럽의 행동양식에 관한 것이다. 보스니아나 중동에서 유럽이 얼마나 짐을 나눠질

10) Günter Burghardt, "European Union: A Global Power in the Making?" in Werner Weidenfeld and Josef Janning(eds.), Europe in Global Change, Bertelsmann, Gütersloh, 1993. 부르크하르트(Burghardt)는 유럽집행위원회 대외정치관계감독위원회(the Directorate-General for External Political Relations: DGIA)의 위원장이었다.

11) 케네스 왈츠(Kenneth N. Waltz) 같은 신현실주의자들이 현재 유럽을 평가하는 데 정책보다 정체성을 강조하는 경향이 있음은 놀라운 사실이 아니다. 예를 들면, 왈츠의 "The Emerging Structure of International Politics," *International Security*, vol.18, no.2, 1993, p.70 참조.

것이며, 국제기구에서 유럽이 어떻게 행동하고, 미국의 수출상품과 투자에 대해 유럽시장은 얼마나 개방적이 될 것인가가 현재 미국의 백악관과 의회 등등에서 관심사가 되고 있다. 미국은 유럽이 현재 정체성을 모색하고 있는 일에 대해서는 별로 관심이 없다. 게다가 유럽이 미국에 적대적인 정체성을 도모하고 있다고 인식되면 미국의 반응은 부정적이 될 것이다.

행위와 정체성의 양분은 절대 불가능하다. 즉 행위는 정체성을 형성하고 정체성은 반대로 행위능력을 재형성한다. 수많은 유럽인들은 우선 체계를 갖추고 확대문제가 해결된 연후에 유럽이 추가로 국제적 책임을 맡게 되기를 바라지만, 이를 대안으로 삼기엔 그 여지도 좁고 그리고 이런 대안은 유고슬라비아 붕괴에서 보았듯이 상당한 희생을 요구한다. 유럽은 역외 세계에 대해 정책의 기본틀을 마련하도록 하는 일련의 사건 및 상황으로부터 압력을 받고 있다. 그 결과 확대의 사례에서 확연히 드러나듯이 이러한 정책들에 의해 유럽의 정체성이 형성되고 있다. 비록 확대로 인해 유럽연합의 정체성과 그 내부의 작동양태도 근본적으로 재편될 수밖에 없겠지만, 유럽연합은 중동부유럽의 대다수 국가들을 정식회원으로 수용하는 데 원칙적으로 동의해야 하는 상황에 처해 있다.

오늘날 유럽연합은 사실상 정체성과 행위와의 관계를 긴밀화시키며, 향후 그 결과가 지닌 함의도 중대한 세 가지 문제, 즉 유럽통화연합·제도 개혁 그리고 이미 언급한 대로 확대 문제와 씨름하고 있다. 이러한 문제는 유럽에게 있어 그 존재와 관련된 사안이라 생각될 수 있다. 왜냐하면 정체성과 행위의 상관성은 불가피하며 또 이의 상호불가분성을 되새길 때, 이러한 문제에 의해 유럽의 장래 모습이 상당부분 결정될 것이기 때문이다.

마스트리히트 조약에서 정한 대로 유럽통화연합의 최종 3단계가 1999년 1월 1일자로 발족될 예정이다. 덴마크는 이미 유럽통화연합체제에 불참한 상태이고, 영국도 마스트리히트 조약에 따라 불참권을 보유하고 있다. 그리고 그렇게 될 가능성이 크다. 그러나 나머지 유럽연합

13개국은 조약의정서에 명시된 네 가지 수렴조건이 충족될 경우 의무적으로 가입해야 한다.[12] 유럽통화연합이 미칠 영향이 2개국에 비해서는 작지만, 일반적으로 정치 지도자들은 유럽통화연합은 프랑스의 참여가 없으면 독일과 주변 군소국가들을 연계하는 독일-마르크화의 공식적인 사용지역에 불과하게 될 것이라고 보고 있다. 유럽통화연합은 최소한 1960년대 초반에 그 기원을 둔 꿈의 실현이기는 하지만, 그 실현에는 대외적인 경제·통화의 충격과 끊임없이 일어나는 유럽 내부의 심각한 국가적 분열로 인해 수차례 좌절을 거듭해왔다. 그렇지만 유럽통화연합은 결정적으로 단일 유럽시장을 강화하고 유럽통화를 미 달러와 동등하게 지구적 보유통화로 만들 것이다.[13]

수많은 정치 지도자들이 마스트리히트에서 정하고 이후 (합법성의 근거가 되는) 각국 의회의 비준을 받은 결정사항을 그대로 실행에 옮김으로써 유럽통화연합의 창설에 최선을 다하고 있지만 세번째 단계는 상당한 정치적 논쟁을 야기시키고 있다. 독일에서는 이른바 '에스페란토 통화(Esperanto currency)'를 위해 강력한 '독일-마르크'를 포기하는 것은 아닌가 우려하고 있다. 이는 필시 에스페란토 통화가 인플레이션을 막을 방안으로는 생각되지 않는 각국의 경제정책과 연계될 것이기 때문이다. 프랑스 정부는 수렴조건에 맞추기 위해 지출삭감이 필요하지만 상당한 어려움과 대중의 반대를 겪고 있다. 이런 복잡한 상황이 대다수 기타 유럽국가에서도 유사하게 벌어지고 있다.

유럽통화연합의 결정과정이 어떠한 결과를 낳든, 이것은 유럽 역내에서나 지구적 행위자로 유럽이 발전하는 데 심대한 영향을 미칠 것이다.

---

12) 조약원문에 관해서는 다음을 참조. European Communities, *European Union: Selected Instruments Taken from the Treaties,* Book I, vol.1, Office for Official Publications of the European Communities, Luxembourg, 1995.

13)이에 대한 배경에 관해서는 Peter B. Kenen, *Economic and Monetary Union in Europe: Moving Beyond Maastricht,* Cambridge University Press, New York, 1995를 참조. 유럽통화연합 2단계의 진전상황에 대해서는 European Monetary Institute, *Progress Towards Convergence: Report Prepared in Accordance with Article 7 of the EMI Statute*, EMI, Frankfurt, November 1995를 참조.

단일통화의 채택과 나아가 일부 유럽연합 회원국들간에 유럽중앙은행을 설립하는 것은 연합을 향한 질적 진보를 대표하면서 기타 분야에서도 수많은 부산물과 이득을 낳을 것이다. 단일 유럽통화만으로도 그것이 가진 상징적·심리적 효과는 유럽연합에 대한 세계 각국의 사고방식과 그 상호 작용 방식을 변화시킬 것이다. 유럽통화연합은 지구적 경제정책 결정포럼에서 유럽이 단일한 행위자로 부상할 것임을 의미한다. 나아가 그 이전의 발언양태와는 달리 유럽연합은 유럽집행위원회를 통해 국제무역 협상에서 단일한 목소리를 내게 될 것이다. 다른 한편으로 그 실패는 유럽의 각 정책이 다시 국가주의로 회귀할 동향을 보이거나 그 자체가 국가주의적 성격을 지님으로써 최악의 경우 단일시장과 같은 기본적인 성과물의 붕괴를 촉발시킬 것이다.

유럽통화연합은 유럽연합의 존재와 관련된 두번째 문제, 즉 제도 개혁의 문제와 연관되어 있다. 이것은 1996년 3월 투린(Turin)에서 시작되어 1997년 중반에 종결이 예정된 '정부간회담'의 주요 의제에 해당된다. 1980년대 초반부터 회원국과 브뤼셀 내부에서 정책결정과정의 번거로움과 다소 급조된 유럽연합의 제도 및 권한 양태가 회원국 수의 증가와 유럽연합에게 닥친 복잡한 과제에는 부적합하다는 우려가 비등해왔다. 그 결과로 1986년에 '단일 유럽의정서'를 채택하게 되었다. 이것은 로마 조약의 첫번째 중요한 개정이었다. 이 의정서의 주요한 목적은 유럽시장의 통합계획안을 신속히 실행하기 위해 그 계획안과 관련된 조치의 대부분을 가중다수결에 의해 각료이사회가 처리하도록 하는 데 있었다.

제도상의 두번째 변화는 1990~1991년에 열려 '유럽연합 조약'으로 절정에 달한 정부간회담에서 있었다. 마스트리히트 조약은 1989년 말 베를린 장벽의 갑작스런 붕괴에 따른 유럽 내 정치적 분위기의 부분적 소산이면서 유럽통화연합에 대한 논의가 예정된 정부간회담과 더불어 유럽의 정치연합에 대한 정부간회담도 병행 추진하자는 독일의 콜 수상과 프랑스의 미테랑 대통령의 공동 제안에서 나온 것이기도 했다. 당시 프랑스의 목적이 곧 등장할 통일되고 점차 강성해질 독일을 한층 더 심화된 연합 속에 붙잡아두려는 데 있었다면, 독일은 프랑스의 요청에 응함으로써 자신의 새로운 위상에 대한 프랑스와 기타 유럽국가들의 염려를 완화시키는 데 있었다. 협상은 당연히 12개 참가국의 상이한 정치·경제적 이해관계와 관점에 따른 다수의 세부사항들은 물론이고 나아가 제도 개혁을 위한 '정부간' 접근법과 '공동체적' 접근방법 간의 근본적인 상이성으로 인해 난항을 겪었다. 결과적으로 마스트리히트 조약은 이 두 가지 추진력 사이의 타협을 반영하는 것이었으며 세 축을 하나로 하는 구조가 그 해결책이었다. 즉 경제와 무역에 대한 책임이 한 축이고, 공동외교안보정책이 두번째 축을 이루며 그리고 법적 문제와 국내적 사안에서 협력을 제공하는 것을 세번째 축으로 하는 유럽공동체였다. 두번째와 세번째 축은 정부간 협정에 근거해 유럽연합 조약으로 성문화되었으며, 이들 분야에서 각 회원국들이 그 권한을 보유하도록 하였다.

유럽연합집행위원회와 콜 정부뿐 아니라 다수의 유럽국가들은 1996년의 정부간회담에서 대규모 개혁이 있으리라고 크게 기대하였다. 일반적으로 회원국들은 제도개혁의 주된 목적 중의 하나는 행위능력(효율성)를 증대시켜야 한다는 것과 유럽연합과 그 정책에 대한 일반의 지지(정당성)를 강화시켜야 한다는 것에 동의하고 있다. 마스트리히트 조약에서 나타나듯이 주로 강조하는 바는 현실적으로 정치연합에 대한 탄생에 있었는데 이는 경제연합의 논리적 부산물로 여겨지고 있다. 이와 더불어 공동외교안보정책의 강화를 특별히 강조하는데 이는 결과적으로 유럽연합의 대외적 정체성과 유럽의 대외행위능력의 주요 결정요소이다.

가장 최근에 있은 정부간 회담의 결과에 대해 언급하기는 아직 시기상조지만, 심의그룹의 활동과 1995년 12월의 마드리드 정상회담의 결과에 비추어볼 때, 초국가성의 강화에 근거한 연방주의적 모델로 대약진할 가능성은 없어보인다. 영국은 주권을 브뤼셀로 대폭 이전하는 데 대해 방해를 시도할 것으로 보인다. 시라크 대통령 집권하의 프랑스는 강력한 유럽연합을 선호하지만, 집행위원회와 유럽의회에 대해서는 미테랑 대통령 시기에 비해 훨씬 더 불신적이다. 이탈리아, 독일 그리고 기타 유럽 군소국가들은 '공동체적' 접근방법에 대해 애착을 갖고 있지만, 이들 국가의 내부에서조차 여론과 의회의 지지가 계속 확고부동하리라 생각되지는 않는다.[14] 따라서 정부간회담의 성과로 유럽연합에 어느 정도의 발전이 더 있어야 하며, 대체로 그 토대도 회원국들이 정책형성능력 및 권한을 보유하는 유럽이사회가 매개가 된 정부간 접근방법이 될 것이다. 유럽의회의 강화를 포함해 초국가적 권한에도 일부 단계적 도약이 있을 것이다. 그러나 가령 이전에 콜 수상 같은 지도자들이 지지했던 사실상의 정치연합에 대해서는 결정적 돌파구가 있을 것으로 보이지는 않는다. 또한 유럽연합이 5개 내지 7개 회원국들이 중심이 되어 거의 전 분야에서 통합과정을 먼저 시작하는 변동구조로 변하는 것 같다고 지적했지만, 1994년 '쇼이블레-람머스 보고서'(Schäuble-Lammers paper)의 제안,[15] 즉 의식적으로나 체계적으로 전분야에 걸쳐 '핵심 유럽'을 창설하자는 대안은 15개 회원국들에 의해 거부당했을 것으로 생각된다.[16]

유럽이 직면한 세번째 중대한 문제는 확대에 관한 것이다. 1980년대에 (당시의 명칭인) 유럽공동체의 발전에 관한 광범위한 사고의 대부분은 다음과 같은 가정에 근거해 있었다. 즉 포르투갈과 스페인의 가입과 더불어 적어도 차제에는 공동체에 더이상의 팽창은 없을 것이라는 점이

14) 독일에서는 헌법재판소(constitutional court)와 각 주들의 역할도 중요하다. 다양한 국내적 상황에 관한 개관은 다음을 참조. Hans-Peter Schwarz, "United Germany and European Integration," in David P. Calleo and Markus Jelitto(eds.), *The New Germany and the New Europe, Special Issue, SAIS Review,* Fall 1995.

15) CDU/CSU-Fraktion des Deutschen Bundestages, *Überlegungen zur Europäischen Politik,* Bonn, September 1, 1994.

16) 그러나 이것마저도 한계가 있다. 오스트리아와 네덜란드는 통화연합에 대해서는 준비되어 있지만, 공동방위정책에 대한 준비는 미진하다. 오스트리아는 중립성과 관련된 이유로 그리고 네덜란드는 영국 및 대서양 동맹에 대한 결속 때문이었다. 다수 사안에서 핵심 국가 중의 하나인 프랑스의 입장도 명확지가 않다. 유럽집행위원회는 특정 회원국들이 여타 회원국보다 앞서 나가는 '조직화된 유연성'의 사용에 신중을 기하기를 바란다. its 'Opinion' on the intergovernmental conference, "Reinforcing Political Union and Preparing for Enlargement," mimeo, Brussels, February 28, 1996을 참조.

었다. 비록 공산권 내부에서 변화가 일어나고 있었지만, '유럽자유무역지대' 회원국인 유럽 중립국가들이 머잖아 공동체에 가입하리라 추측할 만한 근거는 어디에도 없었다. 따라서 코메콘(Comecon)의 일원인 동유럽국가들과 소비에트연합의 발틱 3개국을 유럽공동체의 가입 후보국으로 여길 근거가 없음도 자명한 일이었다. 이런 상황에 변화가 발생하자 들로르를 포함해 기타 인사들이 (그리스의 가입을 반대했던 초기 집행위원회의 태도와 같이) 확대를 보류하고자 하였다. 왜냐하면 광대하지만 최소한 문화적으로는 동질적인 한 지역 내에서 진정한 연합으로 공동체가 더욱 발전하는 데 혼란이 초래될 것이라는 우려 때문이었다. 그러나 한층 심화되고 결속력을 지닌 공동체를 서방세계에다 온존 및 배양하려는 이러한 시도는 곧 포기되었다. 이것은 대내외적인 압력과 유럽－연합을 의미하는－도 역외 지역에 대해 책임을 다해야 한다는 인식의 고양에 따른 것이었다. 오스트리아·핀란드·스웨덴이 1995년에 회원국으로 가입하였다. 1993년 6월 코펜하겐의 유럽이사회 회의에서 유럽연합의 목표는 유럽연합과 유럽조약을 체결했거나 그럴 것으로 예상되는 국가들을 정식 회원국으로 가입시키는 데 있었다.[17] 현재 이들 국가들은 대내적 구조와 법률 및 행정체계를 유럽연합 국가들과 맞추도록 하는 '가입예비 전략'을 실행하면서 유럽연합과 협조하고 있다.

물론 중동부유럽에 대한 유럽연합의 단계적 실천방안에 관한 문제도 논쟁을 불러일으키고 있다. 미국 내 다수 여론은 이 문제와 관련한 유럽연합의 추진속도에 대해 상당히 비판적이다. 가령, 미 대외관계위원회의 후원을 받는 실무 그룹의 1995년 보고에 따르면, "중동부유럽의 안보와 안정을 수립하는 데 북대서양조약기구가 주도적 역할을 맡아야 한다. 유럽연합은 이 문제에 대해 특히 중동부유럽문제에 앞장서야 했지만, 그러한 도전을 회피해버렸다"[18]는 것이다. 사실 그러한 비판에는 일부 진실

17) 현재, 이들 국가로는 불가리아, 체코공화국, 헝가리, 폴란드, 슬로바키아, 루마니아, 슬로베니아, 에스토니아·라트비아·리투아니아의 발틱 3개국이 있다. 몰타와 사이프러스도 회원국이 되려고 대기중이다.

이 들어 있기는 하지만, 1991년 12월 소비에트연합이 최종 붕괴된 지 고작 18개월도 못돼서 구소련과 제휴한 국가들을 인정하는 결정이 내려졌다는 점에 주목할 필요도 있다. 과거의 행태가 암시하듯, 유럽연합에게는 심화보다 확대가 더 손쉬웠을 것이며, 따라서 유럽연합은 스페인과 포르투갈 같은 국가들의 가입을 이용해 그밖의 지역에서 통합의 추진력으로 삼으려고까지 했던 것이다. 유럽통화연합이 발족하고 연방주의자들이 원하는 제도개혁의 실현이 있기 전에, 최소한 폴란드와 체코공화국만은 유럽연합의 회원국이 될 가능성이 있다. 그러한 결과는 유럽연합이 내부 논쟁에 주안을 두기 때문에 팽창에 대처할 수 없다는 견해와 상반되는 것으로 보일 것이다. 역사적으로 팽창은 최소한 부분적으로는 국내 문제로부터의 도피로 간주되었으며, 이런 양태는 아마 거듭될 것이다. 이런 사실에 비추어보아 (불가리아·슬로바키아와 같은) 일부 중동부유럽 국가들의 상황은 계속 악화일로에 있는 것 같으며 그리고 이들 국가를 회원국으로 받아들이게 될 전망도 더욱 요원해보인다.

일반적으로 그 과정이 어떤 속도로 진행되든 확대는 기존 유럽연합의 성격과 정체성에 대한 재정의를 요구할 것이다. 단지 신규 회원국의 수만을 놓고 본다면, 이는 유럽연합에게 있어 새로운 정책결정수단의 개발 필요성이나 혹은 결속강화를 위한 의욕적인 정책형성 노력의 완화를 뜻할 것이다. 회원국의 수 이외에도 국가적, 국내적, 특히 외교정책적 목표의 다양성과 마찬가지로 언어, 문화, 역사 및 종교도 더욱 다양해질 것이다. 그 결과 버트람(Christoph Bertram)이 언급하듯이, "전체적으로 유럽연합이 유럽의 번영과 안정을 위한 기본 골격이 될 것이라는 희망 속에는 확대의 연장으로 결속을 상실하면서 구시대의 불안한 경쟁관계와 유럽에게 익숙한 그리고 유럽에 공포심을 유발하고 유럽을 파멸시킨 동맹들간의 대립을 촉발시키는 위험도 내재되어 있는 것이다."[19]

---

18) Harold Brown, Chairman, *Should NATO Expand? Report of an Independence Task Force*, Council on Foreign Relations, New York, 1995, p.3.

19) Christoph Bertram, *Europe in the Balance, Securing the Peace Won in the Cold*

비록 유럽통화연합, 제도개혁 그리고 확대는 상호 별개의 것으로 해석될 수 있고, 또한 개별 정치적 포럼에서 별도로 추진되고 있지만, 이러한 것들은 그 실행에 있어서 상호 밀접한 관계 속에서 작용하고 있다. 유럽통화연합이 예정대로 실행되지 못한다면, 이는 유럽통합의 강화를 위한 목표에 상당한 차질을 빚게 될 것이다. 따라서 유럽통화연합이 발효되기 이전에 정부간회담을 종결짓기로 했지만, 유럽통화연합에 관한 논쟁은 정부간회담에도 영향을 미쳐 정부간회담의 성과는 최소한에 그칠 것으로 여겨진다. 더군다나 정부간회담이(집행위원회가 자주 요구해 온 투명성과 정당성이라는 목표들은 말할 것도 없이) 유럽연합의 결속 및 정책입안과정을 강화하는 온건한 조치만을 양산한다면, 확대를 추진하는 데 어려운 문제가 발생할 것이다. 신규 회원국가를 받아들이는 문제는 유럽연합의 내부 문제를 더욱 심화시키거나 아니면 이들 문제로 인해 가입이 다음 세기로 연기될 수도 있을 것이다. 그러나 그 어느 것도 유럽의 지구적 행위자로서의 역할에 도움이 되지는 않을 것이다.

선택에 관한 일련의 문제에 직면했을 때, 유럽의 지도자 본인들은 엄격하고 실체적으로 이를 정의해왔다. 그러나 이제 그들은 과거와 같은 양상으로 복귀하면서도 최소한 일부 문제에서는 성취하기 어려운 업적과 손실이 막대한 좌절을 철저하게 구별하여 선택하지는 않을 것이다. 비록 유럽통화연합의 시기와 조건 모두를 마스트리히트 조약 속에 확정지으려고 노력했지만, 그 기준에 적응하는 데 있어 각국 정부들은 부분적으로 재량권을 부여받았으며, 이들 정부는 1999년에 이러한 재량권을 이용할 것으로 예상된다.[20] 제도개혁과 관련해 정부간회담에서 이룩한

War, Washington, D.C.: Carnegie Endowment, 1995, p.5.

20) 마스트리히트 조약의정서에 있는 수렴조건에 의하면, 공공부문의 적자가 GDP의 3%를 초과해서는 안된다고 명시되어 있다. 그렇지만, 유럽이사회는 (1993년도의 경제 데이타를 이용해) 3단계로 올라갈 국가들을 결정할 것이다. 비록 프랑스(또는 독일)는 3%의 상한치에서 약 0.2~3%를 초과하고는 있지만, 유럽통화연합이 추진될 가능성은 충분하다. 3단계의 시작을 연기하는 문제로 토론이 수없이 벌어졌지만, 유럽 각국의 지도자들은 이런 대안에 반대하고 있다. 1995년 12월 마드리드에서 채택된 확정에 가까운 일정표에 대해서는 다음

변화는 미진한 편이지만, 그렇다고 해서 이것이(가령, 회담의 결렬로 인해) 실패를 공식적으로 인정하는 것은 아니며, 또한 이로 인해 제도적 검토 없이 확대가 있을 경우에 간혹 예상되는 정당성의 마비와 상실을 가져오는 것도 분명 아닐 것이다. 설령, 그것이 독일의 세력 증대를 뜻할 수도 있겠지만, (특히 프랑스와 독일을 핵심으로 하는 강대국들 사이의) 정부간 협정에 대한 의존도를 높이고, 공동체 제도와 절차를 선별적으로 변화시키며 그리고 사안에 따른 변동구조에 의존하게 되더라도, 이는 유럽연합의 기능을 계속 유지시키기에 모자람이 없을 것이다. 마지막으로, 확대 자체는 융통성의 여지도 상당히 크다. 물론, 시기와 가입조건이 확정된 것도 아니며, 가입을 추진하는 국가들에게 유럽연합과 서유럽연합의 회원가입이 제외될 가능성도 크다. 요컨대, 유럽의 각국 정부들은 주요한 문제를 그 존재와 관련시켜 정의하기보다는 오히려 다양한 임시 조치를 통해 임기 응변식으로 대응해가고자 할 것이다.

이런 시나리오가 향후 몇 년간 전개될 것으로 추측되기 때문에 유럽을 미국의 지구적 동반자로 보는 시각에 혼선이 생길 수 있다. 유럽연합이 강력한 초국가적 상대국으로 발전되지는 않겠지만, 그렇다고 해서 다시 국가주의로 회귀하거나 유럽연합의 분열이라는 공포스런 예언들이 결코 현실화되지는 않을 것이다. 1995년 마드리드 조약에 의해 그 단계가 상승된 미국과 유럽연합의 상호관계는 앞으로도 중요하겠지만, 이 양자의 관계만이 '동반자관계'에 있어 중요한 혹은 유일한 수단이 되지는 않을 것이다. 북대서양조약기구는 예상했던 대로 보스니아에서 성공을 거둠으로써 소생했다. 북대서양조약기구는 신임 사무총장의 선출, 프랑스의 군사구조로의 복귀 그리고 최초로 확대의 물결이 일어나면서 앞으로도 서유럽 방위의 주요한 도구가 됨은 물론이고, 미국이 그 동맹국들

을 참조. European Commission, Directorate-General for Information, "Madrid European Council(15 and 16 December 1995) Presidency Conclusions, Annex 1: the Scenario for the Change over to the Single Currency," *The European Councils: Conclusions of the Presidency, 1995,* Office for Official Publications of the European Communities, Luxembourg, 1996.

과 방위정책을 조정하는 데 주요한 통로로 남을 것이다. 이러한 역할의 균형은 서유럽연합과 북대서양조약기구의 유럽대표위원회의 지속적인 발전 및 구유고문제에 관한 접촉그룹에서 보여지듯이 중요성이 증가된 핵심 국가들간의 '특별 제도'에 의해서 이루어질 것이다. 그리고 미-독 관계도 상당히 중요해질 것이다. 하나로 통일되지는 않았지만 행동통일을 확약한 유럽이 국제적 사태에서 행위자로 역할할 수 있도록 하는 데 독일의 국력 및 주도권이 차지하는 중요성이 점차 증대될 것이기 때문이다. 정도는 덜하지만 그러한 상황은 연합 내 다른 대다수의 국가들에게도 마찬가지일 것이다. 그리고 특별한 관계를 계속 구축해두는 것이 미국에게 중요할 폴란드와 같은 다른 대다수 비회원국들에게 있어서도 동일할 것이다.

유럽의 역내 정책과 정책수단들

지구적 역할 및 자신에 대한 정체성을 정의하는 데 유럽이 갖고 있는 어려움—앞 절에서 논의한 도전과 관련된 어려움은 여전하지만, '유럽'은 제도적·정치적으로 다양하게 세계정세에서 여전히 중요한 행위자로 활동하고 있다. 실제로, 1990년대 초 소연방의 붕괴와 1992년부터 일본이 겪은 경제적 위기가 예상과 달리 장기간 지속되면서 서유럽은 미국과 달리 세계정세에서 주요한 행위자로 부상하였다.

따라서 국제적으로 다양한 무대에서 나타나는 유럽의 역할과 행태 가운데 핵심적인 면들을 회고해보는 것이 필요할 것이다.[21)]

오늘날까지 유럽연합은 세계 최대의 무역 블록으로서 전세계 수출량도 20%를 상회하는 데 비해 미국은 16%, 일본은 12%를 차지하고 있

---

21) 이하의 단락에 나온 수치들의 출처는 OECD, *Development Cooperation: Efforts and Policies of Members of the Development Assistance Committee,* OECD, Paris, 1966; International Institute for Strategic Studies, *The Military Balance 1995/96,* Oxford: Oxford University Press, 1995; and European Commission, *Europe in a Changing World,* Office for Official Publications of the European Communities, Luxembourg, 1993.

다. (유럽공동체가 대외적 차원에서 공동상업정책을 다룰 능력이 있다면) 유럽이 국제무역포럼에서 한 목소리를 냄으로써 유럽연합은 세계무역기구(WTO)에서 영향력이 큰 두 개의 최대 행위자 중의 하나가 될 것이다. 미비한 기술력과 일부 산업분야에서 그 역동성이 주춤하면서 국제무역포럼에서 유럽이 차지하는 비중도 줄어들었지만, 야심적인 연구프로그램과 유럽의 각국 정부들이 특정 산업을 지원하는 등 결함을 고치기 위한 시정노력에 힘입어 유럽은 지구적 무대에서 더욱 활동적으로 행동할 것이다. 중동부유럽국가들이 유럽연합에 가입하고 이 가운데 일부 국가들의 경제도 호전되면서 지구적 무역포럼에서 유럽이 차지하는 비중도 더욱 증대될 것이다.

통화분야에서 유럽이 가진 영향력은(여러 측면에서 볼 때, 아직도 미진한 점이 다소 있기는 하지만) 무역에서 유럽이 차지하는 영향력에 필적하고 있다. 이는 사실상 독일이 유럽을 대표하는 G-3에서 그리고 G-7과 유럽 8개국이 회원국인 G-10에서 나타나고 있다.[22] 만일 유럽중앙은행이 예정대로 창설되면, 지구적 통화업무에서 유럽연합 및 유럽연합의 각 기구들이 차지하는 공식적 역할도 커질 것이다.

1995년 북대서양조약기구의 유럽회원국이 지출한 총국방비는 약 165억 달러로서 미국의 66%에 달하고 있다. 이 가운데 유럽국가가 연구개발에 책정한 비용은 미국의 약 35%이고, 거의 70% 정도는 군수조달비에 할당되어 있다. 모든 지표들을 보았을 때, 지출내역은 비효율성으로 가득 차 있고, 또 그런 식으로 배분되고 있다는 사실과 그리고 모든 점을 감안할 때 유럽국가들은 단순히 수치가 가리키는 것 이상으로 훨씬 비효율적으로 군사력을 사용하고 있음을 알 수 있다. 그러나 전반적으로 수준은 상당한 편인데, 이는 일련의 각 기구와 전통에 의해 그 수준이

---

22) G-10은 형식상 11개 회원국으로 구성되어 있다. 구체적으로, 미국, 캐나다, 일본과 벨기에, 프랑스, 독일, 이탈리아, 네덜란드, 스웨덴, 스위스 그리고 영국이 있다. 이들 국가는 1960년대에 체결된 '대부를 위한 일반규정(General Arragements to Borrow: GAB)'에 관한 협정에 따라 정해진 조건하에서 국제통화기금에 자금을 제공하기로 하였다.

지탱되고 있기 때문이다. 개혁과 정치적 의지가 있다면, 유럽은 군사적으로 더욱 중요한 지구적 행위자로 발전할 수 있을 것이다.

사실상, 국제정치·경제·기술분야의 모든 기구들에서 유럽세는 다수를 —혹자는 유럽세가 압도적이라고 말하겠지만—차지하고 있다. 유엔 안보리의 5개 상임이사국 중 2개국이 유럽국가이고, 독일은(일본과 마찬가지로) 영구 상임이사국에 추가될 유력한 후보국이다.[23] G-7, 경제협력개발기구, G-10, G-24 및 기타 중요한 기구들에서 유럽은 과반수를 차지하고 있다. 유엔 총회에서 단일적인 유럽연합은 30～40개 회원국들에 의해 자발적으로 구성된 블록을 통솔하는 지위에 있다. 각각의 국제기구에서 유럽의 발언권이 증대된 점은 수뇌부 구성을 놓고 최근에 미국과 유럽 사이에 벌어진 논쟁으로 반영되었다. 그 결과 미국은 수뇌부의 대부분을 상실하거나 이에 대한 타협을 받아들여야만 했다.[24]

개발도상국에 대한 원조에서 유럽연합과 그 회원국이 차지하는 비율은 53%에 달하고 있다. 미국의 대외원조 수준이 줄어드는 데 반해, 유럽연합과 그 회원국의 원조규모는 증가할 것으로 보인다. 유엔의 예산과 정기회비 그리고 유엔의 평화유지 활동비에서 유럽이 내는 분담금은 미국과 달리 증가하고 있으며, 납부의사와 능력에 비례해서 정치적 영향력도 증가추세에 있다.

여러 측면에서 보았을 때, 유럽의 NGO는 미국의 NGO(이들의 활동은 동유럽과 기타 지역에서 미국의 공공 부문의 원조가 지닌 취약점을 어느 정도 보충하고 있다)에 비해 낙후되어 있고 활동도 미진한 편이다. 그러나 이 또한 급격히 변하고 있다. 대표적인 사례는 프랑스의 '국경없는 의사회(Médecins sans Frontières)'이다. NGO로서 그들이 보여준 지

---

23) 15개 유럽연합 회원국 자체와, 유럽연합에 가입을 희망하는 중동부유럽국가들과, (언제나 그런 것은 아니지만) 때에 따라 아프리카의 프랑스어 사용 국가들까지이다.

24) 예외적으로, 네덜란드 수상을 역임한 '루트 루버스(Ruud Lubbers)가 북대서양조약기구 사무총장에 입후보하려 하자 미국이 이를 저지하기로 결정하였고 이에 유럽국가들이 지지한 적이 있었다.

구적 충격은 강렬했고 긍정적인 것이었다. 대외정책에서 NGO들이 차지하는 중요성에 대한 인식이 커지면서, 유럽연합은 최근에 유럽연합 역내의 시민사회와 지중해 연안국가들 내부의 시민사회 사이에 협력을 강조하는 '유럽과 지중해 연안국의 동반자관계'를 제창하였다.

이들의 자산과 지위가 중요해지면서, 이런 자산과 지위에도 불구하고 전체적으로 유럽이 아직도 지구적인 정치 행위자로서 그 비중을 받고 있지 못하다는 우려가 유럽 내부에 존재하고 있다. 그 이유는 두 가지로 추정할 수 있다. 첫째는 공동외교정책에 대한 진전에도 불구하고, 유럽이 단일한 모습을 보이지 못하고 있으며 국제무대에서 유럽이 한 목소리를 내지도 못하고 있기 때문일 것이다. 두번째는 공식적으로 표명하기가 더 어렵기 때문에 더 중요할 수도 있는 이유인데, 한 집단으로서의 유럽은 종종 '내부지향적'이며, (영국과 프랑스는 물론이고) 대외정책에 대한 미국의 태도에서 나타나는 열강으로서의 외향적 본능을 갖고 있지 않기 때문일 것이다. 이 후자의 경우는 이전에 독일이 펼친 '세계정치'가 재앙을 낳았으며, 프랑스와 영국의 범세계주의는 현존하지 않는 제국과 깊이 연관되어 있다는 사실에서 보면 당연할 것이다. 그리고 제도적으로도 유럽에는 공식적이거나 아니면 그보다 넓은 공개석상이거나 간에 유럽의 대외적 이해에 관해 논의하거나 또는 이를 정의할 만한 메커니즘이 없는 상황이다.

역외 세계에 대해 대안을 만들고 정책을 설정하는 일도 마찬가지로 중요하다. 이는 제1차세계대전에 그 기원을 둔 전 시대의 역동성을 발판삼아 무엇인가 또 한 차례의 소용돌이가 일고 있다는 점에서 필연적으로 유럽 역내의 균형에도 영향을 가할 것이기 때문이다. 독일이 유럽에게 있어 중동부유럽과 러시아의 중요성을 강조할 때는 그 중요성에 함축된 의미가 결코 대외적인 것만은 아니다. 유럽연합이 동부에 역점을 두게 되면, 그 안에서 독일은 다른 문제보다는 중요한 국내적 문제에 우선순위를 더 두게 될 것이다. 마찬가지로 프랑스와 스페인이 유럽연합의 관심을 지중해 지역과 남부유럽으로 돌리려 할 때, 그 동기는 대외적인 관심뿐만 아니라 유럽연합 내부의 균형과 내적인 구성에도 있는 것이다. 그리고 기타 회원국과 지역들, 즉 상당히 대서양 지향적인 영국과 일부 군소국가에서도 이와 유사한 예들을 도출할 수 있을 것이다.

이러한 차이에도 불구하고, 유럽연합 회원국들은 정책과정과 성과는 작으나 정책내용 모두를 유럽연합 차원에서 해결하려고 노력하였다. 이미 지적했듯이, 정부간회담의 중점 사항은 공동외교안보정책을 강화하는 일이었다. 이 회담을 준비한 심사그룹에 의하면, "국제관계에서 세계적인 힘을 펼치기 위하여 유럽연합은 모든 필요한 조치를 강구해야 하며, 그럼으로써 유럽연합의 가치증진과 그 이해의 수호 및 새로운 세계질서를 편성하는 데 일조할 수 있다"[25]고 한다. 독일과 프랑스 및 기타 유럽연합 회원국들도 오랫동안 이런 견해를 피력했지만, 이것이 힘을 얻게 된 원인은 구유고슬라비아 내전과 관련된 깊은 좌절감과 자신의 뒷마당에서 일어난 중대한 위기를 유럽연합이 해결하지도 그리고 단일한 정책을 추진하지도 못했다는 데 있었다. 공동외교안보정책의 제도적 발전에 관해서는 현재 논의중에 있고, 또 정부간회담의 결과로 등장할 것이다. 이 제도적 발전에는 새로운 기획분석팀의 창설, 일부 사안에서 가중다수결의 적용을 강화하고 유럽연합의 국제적 특성을 보다 선명하게 하는 조치들이 포함된다. 접근방법에 있어서 단일화를 기하는 것을 이상으로 표명하고 있는 한, 공동외교안보정책에 관한 문제에서 실수 없이 변동구조로의 이동이 있어야 한다. 그렇게 된다면 의지와 능력을 갖춘 인물로 구성된 연합기구들이 집행력을 갖게 될 것이다. 보다 실용적이고 결과지향적인 접근방법은 유럽의 상이한 제도들에서도 접근방법으로 등장할 것이다. 권한과 책임의 정확한 배분을 놓고 유럽이사회와 집행위원회 그리고 서유럽연합 사이에 무수히 벌어진 끝없는 투쟁은 집행위원회와 각국 정상으로 구성된 유럽이사회와 서유럽연합의 공동연구 및 발의

---

25) European Union, "Progress Report from the Chairman of the Reflection Group on the 1996 Intergovernmental Conference," Madrid, August 24, 1995, p.3.

가 지닌 효용성을 수용하는 방향으로 실용주의화되고 있다.

방위문제와 관련해서도 그러한 유형은 명분보다는 실용주의적 경향이 강하다고 볼 수 있다. 왜냐하면 방위문제도 정부간회담의 의제에 상정되어 있으며, 이는 브뤼셀 조약의 의무이행에 대해 거부권을 가진 조인국들로 인해 1998년에 가면 어느 정도 긴급성을 띨 것이기 때문이다. 마스트리히트에서 유럽의 안보 및 방위에 관한 정체성과 유럽연합, 서유럽연합 그리고 북대서양조약기구 사이의 관계는 논란이 된 주요한 항목이었다. 프랑스가 주도한 '유럽주의' 진영은 유럽이 방위와 관련해 정체성을 갖고 유럽연합과 서유럽연합을 병합해야 한다고 주장하였다. 이러한 입장을 지지하는 사람들에 따르면, 유럽은 미국으로부터 스스로를 방위할 책임을 이양받을 준비를 해야 하며, 유럽이 미국에 의지해 자신의 안전을 꾀한다면 그 경제적 비중과 이해에 걸맞은 영향력을 전세계에서 독자적으로 행사하는 세력이 될 수 없다는 것이다. 이러한 입장과는 반대로 영국이 이끄는 '대서양주의' 진영은 유럽연합이 방위를 담당하는데 반대하면서 북대서양조약기구가 앞장서야 한다고 주장하였다. 미국과 프랑스와의 관계 모두에 신경을 쓰는 독일은 두 진영에 양다리를 걸치면서도 프랑스 쪽으로 더 기울어져 있었다. 타협책이 등장하면서 서유럽연합은 북대서양조약기구와 유럽연합을 연결하는 교량으로 받아들여졌다. 유럽방위에서 북대서양조약기구가 행하는 역할에 대해 모두가 수긍하지만, 이러한 방위분야에서 유럽연합이 앞으로 어떠한 역할을 수행할 수 있는 여지를 얻게 되었다. 마스트리히트 조약에 의하면, "서유럽연합은 유럽연합의 발전에 없어서는 안될 일부분"이라고 선언되어 있다. 그리고 서유럽연합은 "그 함의가 방위에 관련된 유럽연합의 결정 및 조치들을 다듬고 실행해야 한다"고 요청받고 있다. 그밖의 조약내용으로는 조인국들이 유럽연합으로 하여금 "궁극적으로 공동방위정책을 만들게 하고, 때가 되면 공동방위를 선도하도록" 확약하고 있다.[26]

---

26) Preamble, and Title V, Article J.4.2, in European Communities, *European Union: Selected Instruments*; 배경에 대해서는 James B. Steinberg, *An Ever Closer*

정부간회담에서 유럽연합과 서유럽연합의 연계를 더욱 강화할 것으로 예상된다. (왜냐하면 유럽연합 회원국의 다수는 두 기구의 점진적 병합을 지지하는 데 반해, 영국만이 엄격한 제도적 분립을 고수한다는 보도 때문에)[27] 그러나 북대서양조약기구의 역할은 마스트리히트 조약 체결시에 비해 논란의 소지가 줄어들 것으로 전망된다. 유럽의 대다수 국가들이 보스니아 문제를 조율하는 데 완전히 실패함으로써 겪은 고초와 어쨌든 정부간 변동구조로 발전하는 유럽연합의 방위협력으로 인해 프랑스조차 북대서양조약기구의 역할이 계속 유지되어야 하고 선별적으로 강화되는 것조차도 반대하지 않고 있다. 1994년 당시 유럽이사회 사무총장이었던 '에스벨(Niels Ersbøll)'의 예상처럼, 구체적인 진전의 성취가 절실히 필요한데, 그 이유는 "논쟁을 이데올로기와 분리시켜 모두가 인정하는 문제에 대한 해결로 나아가게 하는 긍정적 효과가 있을 것"이기 때문이다.[28]

그러나 대다수 유럽의 안보문제 전문가들은 결국 통합의 논리와 점차 다극화되고 있는 세계로 인해 유럽연합과 서유럽연합은 궁극적으로 병합될 것이며, 또한 유럽 역외의 돌발사태나 우발적 사건을 줄일 뿐만 아니라 마스트리히트 조약 제5조에 명시된 유럽 자체에 대한 위협들 때문에라도 유럽연합이 안보에 관한 정체성 및 공동방위능력을 지니게 될 것이라고 믿고 있다. 비록 비공식적이지만 주목할 만한 한 가지 견해가 있는데, 이는 "공동방위로 나아가는 데 역점을 두어야 할 것은 유럽연합 전회원국에게 상호원조의 의무를 가령 2000년까지로 조약 속에 명문화하는 데 있을 것이다. 역으로 이를 위해서는 그때까지 합병의 전 단계로

Union: European Integration and Its Implications for the Future of the U.S.-European Relations, R-4177-A, RAND, Santa Monica, CA, 1993, pp.50-60 참조.

27) United Kingdom Foreign and Commonwealth Office, "Memorandum on the United Kingdom's Approach to the Treatment of European Defence Issues at the 1996 Inter-Governmental Conference," October 27, 1995.

28) Niels Ersbøll, "The European Union: The Immediate Priorities," *International Affairs*, vol.70, no.3, July 1994, p.416.

서유럽연합과 유럽연합 회원국을 완전히 일치시켜야 할 것이다."[29] 이렇게 될 때에만 북대서양조약기구는 '1+1 구조'(미국과 유럽연합/서유럽연합)로 변형되면서, 캐나다, 터키 및 노르웨이 같은 국가들도 추가로 포용할 수 있을 것이다.

이는 직접적으로 미국의 정책에 주는 함의도 제한된 장기적 전망이지만, 미국과 유럽의 방위관계에서 가장 바람직한 최종 상태와 관련해 기대차가 있음을 생각한다면, 이는 앞으로 긴장의 소지가 될 수도 있을 것이다. 미국에서는 북대서양조약기구가 주도하는 방위구조와 유럽연합/서유럽연합을 중심으로 조직되는 방위구조 사이에서 하나를 선택해야 하는 것으로 보는 경향이 있다. 그리고 미국이 현재 범대서양관계에 대해 만족을 느끼는 이유 중의 하나도 겉으로 밝히지는 않았지만 적어도 현재까지는 북대서양조약기구가 경쟁에서 '승리'를 거두어왔다는 데 있을 것이다. 그러나 유럽의 대다수 분석가들 및 정치 지도자들에게 있어 선택이란 대서양과 유럽을 놓고 양자택일하는 것이 아니다. 오히려 북대서양조약기구와 유럽연합/서유럽연합을 동시에 포용하는 구조와 양쪽 모두의 입지를 빼앗는 국가적 복귀 사이에서 양자 택일해야 하는 것이다. '네를리치(Uwe Nerlich)'도 저서에서 밝혔듯이, "앞으로 북대서양조약기구 존립의 대부분은 신생 유럽방위체를 북대서양조약기구가 어떤 식으로 포용하느냐 그리고 유럽연합과 미국의 관계가 더욱 강화되고 확대되면 이를 중심으로 수립되는 한층 이원적인 조직으로 북대서양조약기구가 어떻게 발전해가느냐에 따라서 결정될 것이다."[30] 이런 관점에서 범대서양동맹을 공동안보방위정책의 기본틀로서 현재의 형태로 유지

---

29) High-Level Group of Experts on the CFSP, "European Security Policy Towards 2000: Ways and Means to Establish Genuine Credibility, First Report," Brussels, December 19, 1994.

30) Uwe Nerlich, "The Relationship Between a European Common Defence and NATO, the OSCE and the United Nations," in Laurence Martin and John Roper(eds.), *Towards a Common Defence Policy*, Institute for Security Studies, WEU, Paris, 1995, p.72.

하는 것은 결코 대안이 아니다. 이것이 정확한 인식이라면, 향후 몇 년간 유럽이 목표로 삼을 일은 미국과의 협력을 통해 방위문제에 관한 유럽의 정체성이 유럽 역내 및 범대서양에 갖는 양면성을 모두 포용하는 모델개발을 성공시키는 일일 것이다. 회고컨대, 1996년 6월 베를린에서 있은 북대서양조약기구 외상회담이 중요한 그 첫 출발이 되었던 것 같았다. 그러나 동맹을 동원하는 북대서양조약기구에서 벗어나 유럽이 얼마나 독자적으로 행동하느냐와 관련해 몇 가지 이견이 저변에 깔려 있었다. 결국 합의된 계획들이 실천 속에서 어떻게 제 기능을 발휘하느냐에 따라 크게 좌우될 것이다.

유럽의 각 제도를 강화하고 개편하는 데 진전이 없자 공동이해를 명시하기가 훨씬 더 어려워졌다. 마스트리히트에서 유럽연합과 서유럽연합 그리고 북대서양조약기구와의 관계를 놓고 논쟁이 벌어지면서 공동전략이나 공동이해에 대한 문제는 상대적으로 별로 논의되지 못하였다. 그렇지만, 공동의 위협을 확인하고 공동외교안보정책의 토대가 될 일련의 공동가치를 명료화하는 데는 진전이 있었다. 마스트리히트 조약 제1조는 유럽연합이 보다 적극적인 세계정책을 추진하는 법적 토대로서, 공동외교안보정책의 일반목표, 즉 공동가치와 근본이익과 유럽연합의 독립보장, 유럽연합과 그 회원국의 안보강화, 평화유지 및 국제안보강화, 국제협력증진, 민주주의와 법규의 발전 및 강화 그리고 인권과 기본적 자유의 존중이라는 다섯 가지 목표를 확정하였다. 그리고 고위전문가 그룹도 1994년 말 집행위원 '브로엑(Hans van den Broek)'에게 보낸 공동외교안보정책에 대한 보고서에서 목표와 위협요인을 다루면서 유럽연합의 국제 행위자로서의 신뢰구축문제에 주로 역점을 두었다.[31]

마스트리히트 이후로 유럽연합은 유럽연합조약에 근거해 기타 국가들과 지역을 포괄하는 일련의 정책개발과 이들과의 관계를 발전시켜나가면서 경제적 수단과 정치적 수단을 겸비하여 정치적 안정과 경제발전

---

31) High-Level Group of Experts on the CFSP, "First Report."

이라는 일반 목표와 나아가 특별한 상업적·정치적 목표들을 추진해왔다. 유럽연합이 그러한 노력을 집중하고 있는 곳은 유럽에게 중요하고 또 그와 인접하지만 확대를 통해 유럽연합에 직접 편입될 가능성이 희박한 지역에 대한 것이었다. 그 지역에는 러시아 및 나머지 신생독립국가들, 북아프리카와 터키가 포함된다. 이런 점에서 유럽연합은 이미 상당한 정도로 그리고 그 지역정책도 범세계적 함의를 지닐 만큼 중요한 하나의 '지역적 세력'이 되었다.

유럽연합의 대러시아 정책의 초석은 1994년 6월에 조인되고 현재 회원국들에 의해 비준중에 있는 '동반자관계 및 협력조약'이다. 그리고 1995년 7월에 서명되고 1996년 2월 1일자로 발효된 '임시조약'도 마찬가지이다. 유럽의 각 조약들과 달리 '동반자관계 및 협력조약'은 궁극적으로 유럽연합의 회원가입을 용이하게 하는 데 목적이 있는 것이 아니라 유럽연합과 러시아의 상호 경제관계를 긴밀화하고 1998년 이후에 가능하다면 자유무역지대를 창설하는 데 목적이 있는 것이다. 그리고 이 조약은 다양한 수준에서 정치적 관계를 맺는 데도 목적이 있으며 그러한 조항 중에는 민주주의와 인권존중을 내용으로 한 것도 있다.[32] 비슷한 조약이 1994년 6월 우크라이나와 체결되었으며, 여타 조약들에 대한 발의 및 나머지 신생독립국가들과도 조약에 대한 협상이 진행중에 있다. 유럽연합은 이들 국가의 중요한 경제적 동반자이며, 구소련에 대한 유럽연합의 전략도 유럽협력안보기구, 북대서양조약기구(북대서양 협력위원회와 평화를 위한 동반자관계 프로그램과 함께) 그리고 러시아를 G-7/P-8 과정에 참여시키는 보다 광범위한 유럽-대서양 구조에 의지하고 있다.[33] 비록 1990년대 초에 러시아 및 다른 신생 독립국가들에 대한 역할 및 상대적인 영향력을 놓고 미국과 유럽 간에 다소 마찰이 있었지만

32) European Commission, *Conclusions of the Presidency*, "Annex 8: European Union's Strategy for Future EU/Russia Relations."

33) P-8은 G-7 국가들과 러시아로 구성되어 있으며, 정치적 사안을 논의하기 위해 러시아는 다른 7개국과 합동으로 연례 정상회담을 벌이고 있다.

유럽연합과 그 회원국들은 현재 이 지역에 미국이 참여하는 것을 중요시 여기고 있다.

유럽연합의 대지중해 정책은 오랫동안 상호특혜무역조약에 근거해왔다. 유럽연합은 현재 이 지역의 정치·경제적 불안에 응전하면서 그리고 마스트리히트 조약으로 확대된 권한을 이용하여 정치, 경제, 안보분야를 포함해 장차 다자적 수준에서 제도화될 보다 포괄적인 유럽-지중해 지역의 동반자관계를 만들어가고 있다. 프랑스와 스페인이 이사회 의장국을 맡아 확대예비협상을 벌인 후, 15개 유럽연합 국가들과 12개 중동부 및 북아프리카 국가들이 동반자관계를 출범시키기 위해 1995년 11월 바르셀로나에서 회동하였다. 바르셀로나 선언서에 서명한 조인국들은 2010년까지 재화와 서비스분야에서 자유무역지대의 창설에 협력하기로 동의하였다. 또한 유럽연합은 이 지역에 대해 대규모 원조를 제공하는 데도 합의하였다. 나아가 바르셀로나 선언서에 의하면, 조인국들이 민주적 가치와 법규의 준수, 분규의 평화적 해결, 테러리즘에 대해서도 노력을 강화하기로 약속하였다. 유럽-지중해 지역의 다자적 동반자관계는 유럽연합과 협력국들 상호간의 제휴협정들—현재까지 튀니지, 이스라엘, 모로코, 이집트, 요르단 및 레바논이 이 협정을 체결하거나 이에 대한 협상을 시작하였다—에 의해 강화될 것이다. 그리고 이들 국가 사이에 무역이나 그밖의 형태에서 협력을 증진시키려는 선별적인 동기들에 의해서도 강화될 것이다.[34]

터키는 유럽-지중해 지역의 동반자관계에 참여하면서도 유럽연합을 상대로 특별한 상호관계를 전개하고 있다. 터키는 유럽연합에 회원가입을 신청해놓은 상태이지만, 대다수 유럽국가들은 기본적으로 터키가 경제발전 수준이 낮고, 이슬람국가이면서 부분적으로 중동국가에 해당됨으로 유럽의 정치적 연합에 단순히 포함시킬 수는 없다고 생각하고 있다. 이런 점에서 본다면, 터키에게 그 가입이 허용될 가능성은 별로 없

34) European Commission, *Conclusions of the Presidency*, "Annex 11: Barcelona Declaration Adopted at the Euro-Mediterranean Conference."

어보인다. 하지만, 회원가입을 제외하고 유럽연합과 터키와의 관계는 강화될 소지가 상당하다. 1995년 3월 터키와 유럽연합은 관세동맹조약을 체결하였다. 유럽의회는 터키의 인권정책을 문제삼아 조약에 대한 비준에 거부의사를 밝혔다. 그러나 1995년 말 유럽의회가 조약을 비준함으로써 이는 1995년 12월 31일자로 발효되었고, 1995년 6월 칸느 정상회담에서 15개 회원국들은 관세동맹이 비준되면 터키를 장차 유럽연합 정상회담에 초청하기로 동의하였다.

인접지역을 넘어 유럽연합은 중국, 기타 동아시아 지역, 라틴아메리카와 같이 점차 중요성을 더해가는 지역들에서 잃어버린 근거를 구축하기 위해 노력하고 있다. 이들 지역에 대한 활동을 견인한 것은 정치적 요인 및 마스트리히트 이후의 유럽이 지구적인 모습을 발현해야 한다는 의식뿐만 아니라 경제적 요인 및 세계 최대의 시장으로 부상하는 지역을 유럽이 간과해서는 안된다는 신념이었다. 단일 유럽시장의 창설과 연이은 확대로 인해 유럽연합의 각 회원국의 총무역량에서 유럽 역내무역이 차지하는 양도 월등히 증대되었다. 앞으로 무역증가량의 대부분은 유럽 역외, 특히 동아시아 같은 역동적인 지역이 차지하게 될 것이다.

집행위원 '브리튼(Leon Brittan)' 경이 자신의 직무분야에서 강력한 지도력을 발휘한 시기에 유럽연합은 정치·경제적 협력을 격상시키기 위해 새롭게 앞장섰다. 1995년 6월 파리에서 유럽연합과 일본 사이에 정상회담이 개최되었다. 이 회담에서 집행위원회와 의장국인 프랑스는 대일 무역격차에 대한 유럽연합의 접근자세를 미국과 차별화시키려 하였다. 유럽과 아시아 사이의 최초의 정상회담이 1996년 초반 태국에서 열렸다. 이 회담에서 집행위원회와 유럽연합 15개 회원국들이 중국, 일본, 한국 및 동남아 국가연합 회원국들과 회동하여 안보, 에너지 및 무역에 관한 문제를 내용으로 한 의제에 대해서 논의하였다.[35] 그리고 유럽연합은 중국과 상호관계를 구축하는 데도 심혈을 기울였으며, 일본의 경우

---

35) Peter Montagnan, "Brittan Looks to Asia-Europe Summit," *Financial Times*, September 15, 1995.

와 마찬가지로 중국에 대한 접근자세에서 유럽연합은 미국과의 차별화를 항상 시도하였다. 또한 현재까지 유럽연합의 라틴아메리카 정책 가운데 가장 가시적인 결과로 1995년 말 '메르코수르(Mercosur)'와 체결한 '무역 및 협력에 관한 기본조약'이 있다.[36]

역외지역에 대한 정책형성에서 유럽연합은 가장 혁혁한 진전을 보이겠지만, '국가적 발의안'의 규모도 여전히 상당할 것이다. 유럽연합 회원국들 다수는 전세계 다양한 지역들과 역사적 관계를 갖고 있다. 이로 인해 이들은 때에 따라 유럽연합 안에서 주도권을 쥐거나 아니면 더욱 빈번히 쌍무적 토대에 입각해 이러한 관계를 추구하고 보전하려고 할 것이다. 각 국가는—나아가 국가들 내부의 일부 지역까지도—세계시장에서 자신의 몫을 차지하기 위해 계속 서로 치열하게 경쟁할 것이며, 국가 차원의 무역이 포함된 쌍무적 외교는 앞으로도 유럽외교정책의 한 특징이 될 것이다. 유럽방위정책이 그 시야를 중동과 북아프리카 및 기타 불안정한 역외 지역들에 두고 있는 한, 북대서양조약기구도 여전히 중요한 역할을 수행하게 될 것이다.

미국과의 관계

유럽의 현 추세 및 정치연합을 향한 진전이 한계를 보이고 있는 점을 고려할 때, 미국과 유럽연합의 동반자관계는 앞으로도 일련의 쌍무적·다자적 관계에 근거할 것이다. 이로 인해 유럽연합과 그 회원국들 그리고 북대서양조약기구, G-7, 경제협력개발기구, 유엔 및 유럽안보협력기구와 같은 공식적인 정부간기구들도 중요한 역할을 하게 될 것이다. 이런 상황하에서 미국과 유럽의 동반자관계는 그 유지와 발전을 위해 관련국 모두의 노력과 유연성을 요구하게 될 것으로 보인다.

유럽연합 회원국들의 국가적 역할 및 우선순위의 차이는 미국과의 관

---

36) European Commission, *Conclusions of the Presidency*, "Annex 12: Council Conclusions on the General Guidelines for Cooperation Between the Community and Latin America" 참조.

계에 영향을 미칠 것이다. 네덜란드와 포르투갈은 정치연합에 관한 정부간회담에서 과거 그들이 취했던 친대서양주의적인 입장과 거리를 두고 있는 것 같다. 그러나 영국은 여전히 북대서양조약기구가 유럽방위에 주된 핵심이 되어야 하며, 방위정책도 북대서양이사회 내부의 합의에 의해서 결정되어야 한다는 입장을 고수하고 있다. 이러한 입장은 장차 노동당 정부하에서는 완화되겠지만, 영국은 여전히 미국과 유럽 간의 안보와 정치동맹에 대한 발전에 걸림돌이 될 것이다. 크게 드러나지는 않지만, 이와 유사하게 독일, 그리스, 프랑스 및 기타 유럽연합 회원국들 모두도 특정 관점과 이해 및 역사적 경험에 따라서 미국과 관계할 것이다. 그러므로 유럽연합의 대미 정책도 회원국들간 정책차에 영향을 받음으로써 동등한 동반자관계의 발전을 더디게 할 것이다.

이런 사실로 인해, 대서양 양 안은 미국과 유럽연합의 관계를 제도화시키고, 일시적 협력에 불과하거나 최악의 경우 무관심 내지는 서서히 경쟁관계로까지 나아가는 범대서양 동반자관계를 구제하기 위해 전력을 다하고 있다. 최근 몇 년간, 대서양 양 안에서는 미국과 유럽의 관계가 표류하고 있으며, 새로운 구상과 제도 및 지도력을 통해 그 관계를 회복시킬 필요가 있다는 의식이 팽배해왔다. 그러한 구상으로 미국과 유럽연합의 새로운 자유무역협정, 미국과 유럽연합의 정치헌장과 다양한 분야에서 정치적 접촉 및 협력에 대한 강화를 내용으로 한 논의가 있었다.

독일 외무장관 킨켈(Klaus Kinkel)과 미 국무장관 크리스토퍼(Warren Christopher) 및 기타 인사들에 의해서 '범대서양 자유무역협정'에 대한 제안이 나왔다. 이 조약에 대한 협상의 장애물을 인식하고서 유럽집행위원회가 1995년 7월 '범대서양 경제지대'를 제안했다. 미국과 유럽연합의 관계는 1990년 말 체결된 조약에 근거해, 그러나 이를 뛰어넘는 새로운 범대서양 선언을 체결함으로써 강화되어야 한다는 공감대가 확산되어 있었다. 하지만 공동외교안보정책의 발전이 초보적인 수준에 있고 유럽연합 자체도 아직 '국제적인 법인격'이 아니라는 점에서 볼 때, '범대서양 자유무역지대'의 정치적 동격인 범대서양 조약은 지나치게 야심적인 구상이라는 인식도 있었다.

이러한 미국과 유럽연합의 새로운 관계에 대한 논의가 절정에 달한 때는 1995년 12월 마드리드 정상회담에서 유럽집행위원회 위원장 자크 상테르, 스페인 수상 펠리페 곤잘레스(유럽이사회 의장을 맡고 있던), 빌 클린턴 미국 대통령이 '신대서양선언'에 서명한 그 당시였다.[37] 마드리드 조약은 미국과 유럽연합 사이에 매년 정상회담을 개최하고, 실무자급에서 정기적으로 회합을 열고, 국내외의 양국 관심사항에 대한 협력에 동의한 1990년 대서양선언을 보충한 것이다. 이 신규 조약에 포함된 사항은 네 가지 분야에서 공동행동을 명시적으로 약속한 데 있다. 즉 전세계의 평화와 안정, 민주주의와 발전의 증진, 세계적 도전에 대한 대응, 세계무역 및 긴밀한 경제관계의 확장에 대한 공헌, 대서양 양 지역간의 교량구축이다. 이러한 의제에 더하여 네 가지 분야에서 약 150개의 구체적인 실천안이 미국과 유럽의 공동행동안에 첨부되었다.

범대서양 자유무역지대조약에 대한 언급은 없었으나 양측은 상호간 재화와 서비스 및 자본의 유통을 막는 장벽을 점진적으로 제거 및 완화함으로써 대서양 양 안을 가로지르는 새로운 시장을 창설하기로 동의하였다. 양측은 또한 경제협력개발기구의 다자간 투자조약을 완성하고 세계무역기구의 성공적 출범과 무역효과를 지닌 표준화, 허가, 법규문제에도 전념하기로 약속하였다. 그리고 관세 및 비관세 장벽의 완화 내지는 철폐의 강화를 목적으로 공동연구를 진행시키는 데에도 합의하였다.

대서양동맹과 그 목적 및 원칙만을 형식적으로 언급했던 1990년의 대서양선언과 달리, 마드리드 선언에서는(미국을 의식하여) 동맹의 역할을 강력히 재확인하고 있다. 즉 "우리는 대서양 양 안의 안보가 불가분성임을 재확인한다. 북대서양조약기구는 북미와 유럽을 필수적으로 연

---

37) United States Mission to the European Union, "The New Transatlantic Agenda" and "Joint U.S.-EU Action Plan," Press Releases, Public Affairs Office, December 3, 1995.

계시킨다는 점에서 여전히 그 회원국에게 대서양 양 안의 안보에 구심체이다." 하지만 이 선언은 동맹에서 유럽 축을 강화시킨다는 내용으로 인해 유럽의 안보방위조직과 그 역할의 등장도 시사하고 있는데, 이러한 접근방법은 1994년 1월 북대서양조약기구 정상회담의 합의에 따른 것이었다. 합의된 내용은 북대서양조약기구의 유럽 회원국에게 각자의 필요에 따라 'CJTF'를 매개로 동맹의 동원권을 부여하였고 1996년 6월 북대서양조약기구 각료회의에서 더욱더 다듬어졌다.[38] 가장 이목을 끈 의제 내용은 세계적인 안정과 민주주의와 발전을 촉진하기 위해 공동으로 행동하기로 약속한 점일 것이다. 조약에서 구유고슬라비아, 중동부유럽, 우크라이나 및 기타 신생독립국가들, 사이프러스와 중동지역의 평화와 관련해서도 협력의 중요성에 대해 특별히 언급하였다. 특정 지역을 넘어 양측은 위기관리에서 상호 협력하며, 개발 및 인도주의적 원조활동에 대해 상호 조율하고 협력하며 공동으로 활동하기로 확약하였다.

전세계를 휩쓸고 있는 변화와 대서양 양측이 날로 내부문제에 집착하는 시점에 미국과 유럽연합의 행동지침에 대한 발전으로 대서양 양 안의 관계도 안정화될 수 있을 것이다. 그러나 미국과 유럽의 관계를 강화하기 위해서 부분적으로는 기존의 협의기구를 통하거나 더욱더 정치적 수준의 특별기구에 근간해 서로 이견에 부딪히는 문제들을 관리해야 할 것이다. 이와 관련해 주목할 점은 마드리드 정상회담에서 미국과 달리 유럽 대부분이 반대하던 이란에 대한 제재가 주요 논의대상이 되었다는 점이다.[39]

무역분야에서의 관계는 대체로 우호적이다. 새로운 의제로 인해 미해결 사안이 처리될 가능성이 더욱 커지고 있다. 무역협정에 대한 기존의

38) "Declaration of the Heads of State and Government Participating in the Meeting of the North Atlantic Council, January 10-11, 1994," in NATO, NATO Handbook, Brussels: NATO Office of Information and Press, 1995, pp.269-275.

39) The Report of the Clinton-Gonzalez news conference in the *Financial Times*, December 4, 1995.

협상 메커니즘도 잘 작동하는 듯 보이며, 유럽연합도 무역협상에서 제 능력을 다하고 있다. 집행위원회와 미국 무역대표부는 서로간에 불협화음을 내기도 하면서 상호협력의 경험을 넓혀나가고 있다. 이러한 무역 토론은 캐나다와 일본도 참여시키는 4자 구도가 되면 효과적일 것이다. 만일 이 토론에서 미국과 유럽연합 사이에 문제가 생긴다면, 이는 기술적이거나 제도적인 문제가 아니라 정치적인 문제일 것이다. 즉 출세 가도를 달리던 클린턴 행정부의 권위가 회복에 어려움을 겪고, 우루과이 라운드의 최종 협상에서 유럽연합 내부에 혼선이 생긴 데서 나타났듯이, 무역협상은 갈수록 정체되고 있으며 대서양 양 안에서 무역문제도 날로 정치적 성향을 띠어가고 있다. 또 하나 분쟁의 소지를 제공한 것은 헬름스-버턴 법안(the Helms-Burton Act)이었다. 이 법안은 1996년 초 제정되었으며, 미국의 대쿠바무역봉쇄를 강화하고 어떤 형태로든 쿠바와 무역관계를 맺고 있는 유럽연합 및 기타 국적의 기업과 정부에 대해 제재를 가하기 위한 것이었다. 유럽연합은 세계무역기구에 제소했으며, 헬름스-버턴 법안 및 이란과 리비아를 겨냥한 미국의 유사한 법안 때문에 분규는 계속 커질 가능성이 있다. 그러나 클린턴 행정부의 의도와는 달리 헬름스-버턴 법안이 제정되었으며, 유럽의 각 정부는 이 법안으로 생길 수 있는 범대서양관계에 대한 피해를 제한하려는 노력을 보이고 있다.[40)]

진전이 있기는 하지만, 미국과 유럽 각국은 상품교역을 막고 있는 세계경제의 주요 성장지역을 상대로 게임의 규칙을 정하는 문제로 힘겨운 투쟁을 계속하고 있다. 과거처럼, 미국은 일부 사안에 대해 유럽연합에 내재된 모호한 권한과 틈새를 이용하고 있다. 대표적 사례로 경제협력개발기구의 다자적 투자협상과 유럽연합의 수많은 회원국과 협상한 상호간의 '영공개방' 조약들이 있다. 그와 같은 이용의 폭도 최근 몇 년 사이에 다소 늘어난 것으로 보인다. 왜냐하면 집행위원회가 들로르와 마스트

---

40) "Clinton to Threaten to Deny U. S. Entry to Foreign Executives Active in Cuba," *Wall Street Journal*, May 24, 1996.

리히트 이후에는 상대적으로 약화되었고, 일부 근본 문제들에서 유럽연합 회원국들 사이에 분열의 폭도 커졌으며, 법적·기술적인 변화의 속도에도 그 이유가 있었기 때문이다.[41] 그리고 통화와 같은 분야에서도 어떤 긴장이 존재하는데, 이는 미국이 유럽을 단일한 동반자로 수용하는 것과 또 미국이 유럽의 개별국가들과 쌍무조약을 체결하는 협상을 최선으로 혹은 최우선으로 보는 경향 사이에 놓인 것이었다.

세계적인 경제체제를 유지하는 데 미국과 유럽연합은 동반자관계에 있지만, 경제체제의 지도력을 놓고 어느 정도 이들간에 경쟁관계가 있음을 지적하는 것이 중요하다. 최근의 추세에서 드러나듯이, 비록 미국 기업의 입지는 여전히 막강하지만, 유럽연합은 국제경제체제에서 미국에 비해 상대적으로 이득을 누려왔다. 균형에 변화가 일어나는 조짐은 경제협력개발기구와 세계무역기구의 주도권 다툼에서 미국이 패배하고, 1995년 초반에 자동차분야의 분란에서 유럽연합이 사실상 일본과 합심한 것 그리고 1995년 여름 미국이 배제된 채 관세와 무역에 관한 일반협정의 금융서비스분야를 완성시키기 위해 유럽연합이 선도적인 역할을 하기로 결정한 데서 나타난다. 앞으로 유럽연합은 현재 자신의 입지가 약세에 있는 지역, 일례로 아시아에서 우세를 점할 수 있는 기회를 이용할 것으로 예상된다. 제3세계에 대한 영향력이나 국제체제의 상이한 면을 놓고서 때때로 벌어지는 미국과의 마찰은 잠재적으로 미국과 유럽연합의 상호관계에 부정적인 효과로 파급될지 모른다. 미국과 유럽 각국은 특히 G-7과 G-10에서 통화안정이라는 중요한 분야에서 협력하고 있다.

---

41) 또 다른 중요한 요인으로는 관세와 무역에 관한 일반협정과 관련해 유럽사법재판소가 내린 판결들로서 공동체가 공동상업정책을 수행하는 데 있어 그 권한의 근거가 되는 (개정된) 로마 조약 제113조의 적용범위를 정하고 있다. 유럽사법재판소는 '서비스 교류에 관한 일반협정(General Agreement on Trade in Services: GATS)'과 '지적 재산권 교류에 관한 협정(Trade-Related Aspects of Intellectual Property Rights: TRIPS)'에 포함되는 문제들에까지 제113조를 확대 해석하는 데 대해 제동을 걸었다. 집행위원회는 미국과 유럽연합의 교역관계에 함의를 지닐 수 있는 이들 분야에서의 자신의 권한을 정부간회담에서 명시해달라고 요구하고 있다.

이러한 협력을 위해 유럽연합 및 유럽연합의 각 기구가 갖는 공식적 역할도 유럽중앙은행의 설립과 함께 장차 확대될 것이다. 그렇게 되면 마찰도 계속되고 조정에 대한 요구도 커질 공산이 있다.

방위분야에서도 미국과 유럽의 관계는 비교적 우호적인 편이다. 상기한 대로 유럽연합 회원국들은 과거와 달리 북대서양조약기구의 권리 및 그 특권에 대한 이론적 논쟁에 개입하기를 꺼리는 것으로 생각된다. 또한 북대서양조약기구는 확대문제에서도 어느 정도 합의를 보았으며, 현재에는 보스니아 사태의 해결에 적잖게 몰두하고 있다. 그러나 보스니아 분쟁의 결과는 착각을 부추길 가능성이 있다. 비록 유럽인들이 북대서양조약기구를 통한 미국의 참여에 열광적으로 환영할지라도, 유럽의 유일한 대안이 미국에 대한 의존이었던 냉전적 상황이 다시 발생하지는 않는다. 북대서양조약기구의 역할은 하나의 대안－그리고 어찌되었든 수많은 여러 조직과 국가들이 참여하기 때문에 권위를 갖게 된－이었다는 사실로 인해 냉전시기의 상황 즉 바르샤바조약기구의 침략에 대해 북대서양조약기구가 자동적·독자적으로 대응하게 되어 있던 상황과 완전히 별개의 상황이 되었다. 마찬가지로 미국의 정치·군사적인 재원에 의해 보스니아 사태가 해결된다 해도 서유럽이 미국의 지정학적 관심의 주대상이고, 독·독 국경선에 대한 방위가 미국에게 있어 특별히 중요하게 생각되는 상황들이 다시 발생하지는 않는다. 유럽 스스로 해결할 수 없는 유럽의 역내 분쟁을 해결하는 것이 유럽을 위한 자신의 임무라고 미국이 다시 느끼게 된다는 것은 관계의 불균형－표면적인 냉소에도 불구하고, 5년 전까지만 해도 사라지고 있는 것으로 생각되었던－을 심화시키는 일이다. 이는 지구적 행위자로서의 유럽의 신뢰성을 떨어뜨리고, 미국이 자신의 지구적 이익을 수호하기 위해 유럽의 공헌에 의지하려 할 것이라는 그 가능성도 희박하게 한다.

유럽연합을 중동부유럽으로 확대하는 일은 미국과 유럽연합관계에서 두 가지 중요한 의미를 지닌다. 첫째, 유럽연합의 확대과정은 특히 대략 동일한 국가들로 이루어진 북대서양조약기구 자체의 확대를 의미한다는 점에서 미국의 이해와 협력증대라는 그 요구를 충족시킬 것이다. 둘째, 앞에서 언급한 대로 확대는 유럽연합 자체의 성격 및 미국과 지구적 동반자관계를 형성하는 데 있어 유럽연합이 지닌 잠재력에도 영향을 미칠 것이다. '신대서양의제'에서 동의한 바와 같이, 미국과 유럽연합은 중동부유럽의 (민주주의로의)이행을 촉진하는 데 관심을 공유하고 있으며, 또한 이를 위해 협조하기로 의견의 일치를 보았다. 그러나 실천과 관련해서 이러한 문제들에는 미국과 유럽연합 간에 이견의 소지도 있다. 미국이나 유럽연합 혹은 그 회원국 모두, 유럽연합의 확대와 북대서양조약기구의 확대가 서로에게 어떤 관계가 되어야 하는지에 대해서는 분명한 아무런 입장도 개진하지 않았다. 미국은 중동부유럽국가들이 신속히 유럽연합에 가입하는 데 찬성하면서도 이로 인해, 즉 연이은 확대의 결과로 무역대상국이 바뀌는 데 대해서는 바람직스럽게 여기고 있지 않다. 미국은 중동부유럽국가들에 대해서는 원조를 줄이면서 유럽 재건개발은행(EBRD), 세계은행 및 기타 기구들을 격려하여 러시아·우크라이나 및 전략적·정치적으로 비중이 더 큰 다른 국가들에 역점을 두는 데 관심이 있다. 반대로 유럽연합은 상당량의 원조금을 중동부유럽에 소속된 국가들에게 계속 제공하고 있으며, 이 지역의 가입예비 전략을 이행하는 데 드는 비용의 일부를 기타 공동 원조국들과 국제금융기구들이 감당하도록 하는 데 관심을 갖고 있다.[42)]

결국, 확대로 인해 미국과 유럽연합관계의 성격은 다양한 모습을 갖추게 될 것이다. 유럽연합이 더 커지고, 더 다양해지면서, 혹시라도 그 결속력이 갈수록 약화되는 한, 이에 대해 대처하기도 더 힘들어질 것이다. 다른 한편으로 폴란드와 같은 강력한 친미적 국가들로 인해 유럽연합과 미국의 관계가 더 긴밀해질 수도 있다. 유럽연합의 전선이 동부로

42) 확대문제에 대한 논의의 전 과정은, John Van Oudenaren, "Poland's Accession to the European Union: Outlook and Options," OR-96/14, Occasional Papers in European Studies, Center for Strategic and International Studies, August 1996 참조.

확대되고 러시아 및 우크라이나와 국경을 접한 일부 유럽연합 국가들의 안보가 연합 내부에서 점점 중요성을 띠게 될 것이라는 점에서 이런 경향은 더욱 촉진될 가능성이 있다.

결론

미국과 유럽의 관계는 튼튼한 토대에 기초해 있다. 사실상 그 조밀하고 복잡한 상호작용 때문에 분명히 어려움도 생길 것이다. 그러나 그런 어려움을 다루는 메커니즘도 존재한다. 수많은 지역에서 유럽이 지구적으로 더욱 적극적이 되고 자신감을 갖게 되면서, 유럽은 자신의 정체성을 확인하고 어쩌면 미국이 지닌 책임감을 이용하기 위해서 자연히 일부 문제에서 미국과 거리를 두려고 할 것이다. 그렇지만, 미국과 유럽과의 동반자관계, 즉 앞에서 언급했듯이 대서양을 가로지르는 다양한 동반자관계의 장래를 낙관적으로 전망하는 이유도 존재한다.

부분적으로는 유럽연합과 그 이외 다른 메커니즘을 통해서도 유럽은 점차 중요한 지구적 행위자가 되어왔고, 그 결과 제1차세계대전에서 상실하기 시작한 지구적 역할과 영향력의 일부를 회복하기 시작했다. 인구규모는 일반적으로 개도국과 달리 계속 줄어들고 있고, 경제적으로는 새로운 경쟁자가 등장하고 있는 시기에 유럽이 이렇게 지구적 역할과 영향력의 일부를 회복하기 시작한 것은 결코 사소한 성과가 아니다. 유럽은 또한 파괴적인 내부 분열을 겪지 않으면서 더욱 지구적 정책을 추진하기 위해 노력하고 있다. 긴장은 존재하지만, 이는 봉쇄되어왔다.

미국과 유럽의 관계가 지닌 긴밀성과 유럽의 능력증대라는 관점에서 보았을 때, 유럽은 미국의 새로운 동반자가 되고 있다. 그러나 이러한 동반자관계의 성격은 사안에 따라서 그리고 지역에 따라서 달라질 것이다. 동아시아에서 페르시아만에 이르기까지 전세계 광범위한 지역에 걸쳐 유럽이 개입하는 데에는 한계가 있으며 그 개입도 대부분 상업적 관계에 국한되어 있다. 미국이 이들 지역에서 유럽과 동반자관계를 맺음으로써 얻게 될 이익이 클지는 불확실하다. 그러한 동반자관계가 대륙 본토와 더 가까이에서 일어나는 보다 급박한 문제들에 대해 유럽으로 하여금 외면하게 하거나, 미국의 능력에 별로 보탬이 되지 않을 수도 있고, 미국이 가진 행동의 자유를 방해할 수도 있고 그리고 어쩌면 제3세계 지역에서 공식적으로 미국 및 유럽과 협력할 이유는 없다고 느낄 중요한 비유럽권 국가들을 소외시킬지도 모른다.[43)]

앞에서 본 바와 같이 본토와 인접한 지역에 대한 유럽의 개입규모는 가령 러시아, 우크라이나 그리고 기타 신흥독립국가들 및 지중해 지역과 같이 상당히 광범위하며 사실상 다양한 범위에서 미국을 초과하고 있다. 거리상 다소 떨어져 있기는 하지만, 친밀도와 식민시대 이후에도 그 관계가 유지되고 있다는 점에서 보면, 아프리카도 이러한 유형을 강화시키고 있다. 중동부유럽과 관련해 마드리드 조약에서 인정하고 있듯이, 이들 지역에서 동반자관계를 구축하는 일이 한층 더 필요하다. 그러나 수단과 때로는 목표를 놓고 양측간에 잠재적인 이견이 있음을 고려한다면, 이들 지역과 동반자관계를 구축하는 일도 앞으로의 노력을 요하는 일이다. 미국이 유럽연합 및 서유럽연합과 이들 지역의 안정에 목표를 둔 유럽 개별국가들이 앞장서줄 것을 장려하는 데에는 여러 가지 이유가 있다. 그러나 정치적, 특히 경제적 특혜협정들이 미국을 차별화시키고 미국을 겨냥하는 것으로 비친다면 이는 위험한 일이다. 가령, '지중해자유무역지대'로 인해 무역 대상국이 바뀌고 유럽연합과 미국 간에 분쟁이 촉발될 수 있다. 마찬가지로 미국이 이러한 협정에 협상국으로 참여하거나 이에 관여하기를 바라는 것은 비현실적인 일일 뿐만 아니라 설령 미국의 뜻이 수용된다 해도, 미국의 이런 의사는 유럽으로 하여금 그 친숙도를 이용해 이들 지역에서 국제공동체의 확대를 선도해나가도록 하려는 바로 그런 목표를 좌초시키게 될 것이다. 이러한 딜레마에 대한 유일

43) 이와 관련해서 미국과 일부 유럽의 주요 동맹국들도 참여한 '사막의 방패/사막의 폭풍' 작전은 유엔의 위임을 받은 것으로 비유럽권 국가들도 참여하였다. 따라서 이는 미국과 유럽의 상호 동반자관계에 의해 수행된 것이 아니라는 사실을 기억하는 것이 중요하다.

한 해결책은 미국과 유럽 간에 대화를 지속하고, 무자격이라는 이유로 배제당하지 않도록 미국이 이들 지역에 직접 개입하는 데 있다.[44] (이러한 방법은 미국이나 아시아·태평양경제공동체가 주도하는 정상회담에 참여가 허용되지 않았지만, 유럽이 라틴아메리카와 동아시아에서 자신의 입지를 확대해가려는 노력과 유사한 것이다.)

마지막은 유럽 자체에 있다. 보스니아 위기에서 다시 입증되듯이, 미국은 여전히 유럽대륙의 평화와 안정을 유지하는 데 유럽의 동반자이다. 구유고슬라비아 사태는 특별하고도 매우 어려운 난제이다. 그러나 또 다른 문제들—예상되는 러시아의 세력부활을 저지, 북대서양조약기구의 확대를 통해 안정을 기획하는 일 그리고 '국가주의의 부활'로 인한 위험을 막아 유럽 전체를 안정시키는 일—로 인해서도 이러한 특수한 동반자관계에 대한 지속적인 발전과 필요성이 부각되고 있다. 비록 피상적이나마 유럽에서 동반자관계가 재확인됨으로써 지구적 동반자관계가 머잖은 듯 보이지만, 그와 정반대의 경우가 일어날 가능성도 상당하다. 유럽의 안보를 위해서 여전히 미국의 기여가 유럽에게 필요하다는 이런 사실이 지닌 의미는 유럽의 불균형을 시정하고 그 증오를 해결하기 위해 대외 세력들이 유럽에 개입하게 된 제1·2차세계대전의 유산이 완전히 극복되지 않았다는 점에 있다. 어쩌면 미래 언젠가는 그렇게 되겠지만, 아직 그날이 도래한 것은 아니다.

이러한 사실로 인해 미국과 유럽의 관계는 커다란 불균형을 보이고 있으며 이는 양측에게 불행한 일일지도 모른다. 사실상, 유럽에서 미국과 유럽이 동반자가 되어야 한다고 해서, 그 정도까지 유럽 역외에서도

---

44) 1990년대 초에는 중동부유럽에 관해 일부 위험이 있는 것처럼 보였다. 그러나 분명히 이런 일은 발생하지 않았다. 그럼에도 불구하고 유럽의 다른 지역들보다도 작은 이 지역에 대한 미국의 원조프로그램은 다양했고, 이에는 비핵화를 위한 넌-루거(Nunn-Lugar) 협조기금 같은 혁신적인 조치들도 포함되었다. 미국의 NGO들은 상당히 적극적이고 효과적으로 활동해왔다. 그리고 미국 기업들은 유럽(및 다른 지역의) 기업들과 비교해 민간 부문에 대한 투자에 상당히 호의적이다. 북아프리카 같은 지역들에서 미국이 '게임에 잔류'할 수 있는지(또는 그렇게 하기를 원하는지)의 여부는 물론 별개의 문제이다.

이들이 진정한 의미에서 평등한 동반자가 될 수는 없다. 이는 냉전이 가져온 현실이며 세계대전에서 미국의 동맹국들이 직면한 현실이기도 했다. 지금은 많이 완화되기는 했지만, 아직까지도 이는 여전히 현실로 남아 있다.

6 동반자로서의 미국

데이비드 곰퍼트

1941년 이전의 미국은 대외적 개입에 대한 워싱턴(George Washington)의 경고에 유념하고 있었다(그가 유럽에 유념했다는 사실을 우리가 본 저서로 인해 가장 잘 확인할 수 있다는 것은 아니다!). 당시 미국은 세계대전을 통해 갑자기 국제적인 지도국의 역할을 떠맡게 되었으며, 미국의 생활방식에 대해 파괴수단을 가진 적대국과 대결함으로써 50년 동안 이를 유지했다. 지구적 전쟁과 경쟁에서 승리함으로써 미국은 지구적으로 개입하게 되었다.

그렇다면, 미국이 진정으로 바라는 모습은 무엇일까? 지구적 갈등과 치명적인 위협이 없는, 이런 것이 미국의 세계적인 목표일까? 아직 이러한 의문에 대한 해답은 제시되지 않고 있다.

오늘날 미국이 당면한 주요한 문제는 승자만큼이나 많은 패자를 만들지 않고 어떻게 경제성장을 유지하느냐에 관한 것이다. 현재 미국의 정책적인 주요 현안은 승자를 규제하고 패자를 보호하는 데 있어 국가가 어떤 역할을 해야 하느냐이다. 한편, 대다수 시민의 주요 관심사는 가족의 물질적 생활수준, 그들 개개의 안전 및 건강 그리고 이웃 및 공동체와 사회조건들과 같은 생활의 질에 관한 것이다. 동·서 대결이 종식되면서 이러한 일들이 미국의 모든 대외정책에 관한 것보다 더 큰 관심사가 되고 있다. 따라서 보스니아(혹은 기타 지역)에서의 평화유지, 중국(또는 기타 지역)의 인권 및 러시아(또는 다른 지역)에 대한 원조와 같은 그런 계획들에 대해 미국인들이 열정을 보이지 않는 점도 이로부터 설명된다.

동시에 생활수준에 대한 관심으로 인해 미국은 제2차세계대전 이전의 자세로 복귀하지 못하고 있다. 지구적 적대국과 그 전쟁이 사라지면서 지구적 경제가 도래했다. 승자를 늘리고 패자를 줄이면서 미국이 꾸준히 최대의 성장을 구가할 수 있었던 (유일한?) 이유는 세계경제에 참여했기 때문이다. 적대적인 이즘(ism)이나 이질적 문화를 두려워하지 않고 미국이 해외에 개입하도록 부추긴 논거는 바로 이것이다.

앞으로 새로운 시대에는 미국이 지배적인 역할을 수행하지 않을 것이며, 또한 논란의 여지는 있지만 그럴 필요도 없을 것이다. 세계적인 경제적 통합은 본질적으로 이를 필요로 하지 않기 때문이다. 생사가 걸린 지구적 투쟁이 사라지면서 미국의 세계정치적 참여도 선별적이 되고 신중해질 것이다. 그리고 균형을 잃은 과중한 책임도 거부하면서 공평한 몫을 요구할 것이다. 앞으로 대외관계도 심지어 옛 우방국과의 관계조차도 그것이 공정해질 때만이 바람직스런 것이 될 것이다. 이들 우방국이 더욱더 많은 짐을 맡을수록, 그만큼 미국은 이러한 관계와 그에 따른 전체적인 국제적 개입이 이익이라고 더욱 확신하게 될 것이다.

이것이 새로운 시대의 대서양관계에 대한 문제로 미국이 갖고 있는 전망이다. 이는 얼마 전의 과거와 완전히 결별하는 것으로서, 유럽 대다수가 기대하고 소망하는 단선적인 확대와 다른 것이다. 낡은 사고로 인해 이러한 신사고가 불화를 낳을지도 모른다. 그러나 이러한 신사고는 지구적 목표를 가진 새로운 대서양 동반자관계에 커다란 도전과 보상을 약속하고 있다.

유럽은 미국의 미래인가?

20세기 내내 미국은 유럽에서 일어나는 사건들에 의해 미래 자신의 생활방식이 결정될 것이라 생각하였다. 이는 사실이었다. 처음엔 파시즘이 그 다음엔 공산주의가 군사력을 이용해 호전적으로 유럽문명과 자유주의적 가치와 미국의 안녕을 위험에 빠뜨렸다. 따라서 미국은 유럽의 사유를 시키기 위해 열전과 냉전의 세계내전을 벌였다.

이제 유럽영토는 더이상 위험하지 않다. 미국의 생활방식도 역시 그러하다. 사실상 유럽에서 일어나는 사건들은 미국의 생활과 별반 무관한 것처럼 보인다. 보스니아를 제외한다면, 유럽은 세계의 다른 대다수 지역에 비해 더이상 미국에서 여론의 주목을 받지 못하고 있는 것 같다. 왜냐하면 국외로부터 받는 영향은 유럽이 아니라 달갑지 않은 이민자들과 불법마약이나 값싼 수입품의 형태를 지닌 채 라틴아메리카나 아시아에서 오고 있다고 미국인들이 인식하기 때문이다.[1] 유럽은 과거와는 달리 미국의 지구적 전략의 중심지가 아니다. 다시 말해 미국의 공식적인 방위 안에서 유럽은 전혀 중요한 자리를 차지하지 않는다.[2]

역사의 후반 세기로 인해 유럽과 맺은 특별한 관계가 미국인들에게는 습관화되어 있지만, 그러한 상황이 결코 선천적이거나 영구적인 것은 아니다. 유럽과 미국 모두 상호보호에 대한 필요성을 느끼지 않는다. 그들간 문화적 유사성과 유태-기독교적 가치가 긴밀한 우호관계를 결정한 것도 아니다. 오히려 이 공통의 뿌리 탓에 미국은 불가피하게도 일생 동안 유럽국가들과 수차례 전쟁을 벌였다. 과거에 대한 향수를 통해서는 결코 협력이 지탱되지 않을 것이다. 키신저(Henry Kissinger)의 말처럼, "다음 세기에도 유럽과 미국 간에 특별한 관계가 존재하려면, 이는 과거사에 대한 기억과는 다른 그 이상의 것에 기반해야 한다."[3] '신대서양 동반자관계'를 담는 용기는—그리고 용기의 개조가 핵심인—새로운 시

---

1) John E. Rielly(ed.), *America Public Option and U.S. Foreign Policy 1995*, The Chicago Council on Foreign Relations, Chicago, 1995. 참조.

2) 아스핀(Les Aspin)은 *The Bottom-up Review: Forces for a New Era*, U.S. Defense Department, September 1993에서 유럽이나 북대서양조약기구가 아니라, 동아시아와 페르시아만 지역을 중점적으로 다루고 있다.

3) 1995년 3월 29일 런던에서 있었던 소위 '영국과 세계(Britain and the World)'라는 회담에서 키신저가 행한 연설 참조.

대의 세계정세에서 미국의 경제 및 안보적 이해에 대한 엄정한 평가에 근거해야 하며, 바로 여기에 기반한다. 평가의 출발점은 국제적 책임에 대한 애착이 감소하는 것과 다른 지역에 대한 의존이 증대한, 즉 미국경제의 한계와 경제적 필요성이라는 미국이 당면한 두 가지 사실 사이에 존재한다. 제2차세계대전의 결과 미국경제는 경쟁을 허용치 않았으며 그 자체로 충분한 것이었다. 별로 대중의 주목을 받진 못했지만, 냉전과정에 미국과 그 동맹국의 시장경제가 성장하고 통합된 일은 사회주의 경제의 실패만큼이나 중요한 것이었다. 이러한 발전은 서유럽과 동아시아에서 거대시장이 등장하고 미 국적의 다국적 기업이 확산되고 미국의 경쟁력과 기술적 우위가 부활되면서 미국에게 이익을 가져다주었다. 고질적인 무역적자에도 불구하고, 수입과 해외경쟁을 통해 대다수 미국인들은 혜택을 받았다.

미국의 생활의 질은 현재 자원과 생산품, 부품과 서비스, 금융과 전문지식 및 세계경제를 관통하는 정보의 막힘 없는 흐름에 절대적으로 의존하고 있다. 오늘날 미국의 국내총생산에서 국제무역이 차지하는 총량은 25년 전의 10%보다 높은 약 25%에 달한다. 극우적인 토착 미국인과 정치적 영향력이 미미한 노동조합을 제외한 기타 미국인과 그 지도자들은 공고하고 안정된 세계경제에 참여하는 것이 미국의 생활수준을 향상시키는 필수조건이라고 판단하고 있다. 더 볼 것 없이 이로부터 공산주의 붕괴 이후에도 미국이 보호주의 및 그 정치적 쌍생아와 고립주의를 채택하지 않는 이유가 밝혀진다. 미국은 경쟁을 바라고 있다. 즉 1990년 이후부터 수입관세에 대한 일반의 지지가 떨어지고 있다. 그 이유는 국가경제가 받을 피해에 대한 염려 때문이다.[4] 수입 때문에 생길 실직에 대한 공포에서 벗어나 수출로 얻을 구직에 대한 희망을 향하는 이러한 변동은 국제무역은 물론이고 국제적 개입에 관한 일반의 태도를 개선시켰다.

---

4) Rielly, *America Public Option.*

미국이 앞으로도 세계에 관여해야 한다는 사실은 분명하지만, 그와 마찬가지로 미국 시민들은 지구적 지도국의 의무에 대해서 달가워하지 않는 것 또한 분명한 사실이다. 가령, 반인도주의적 처사에 대한 대응을 제외한다면, 경제원조에 대한 미국 여론의 지지는 예전과 달리 낮은 편이다.[5] 미국 국내총생산에서 대외원조가 차지하는 비율은 1980년의 절반 수준이며 이는 주요 산업국가 가운데 최하위이다. 그러나 미국인의 3/4은 아직도 이 비율이 너무나 높다고 생각하고 있다.[6] 일반적으로 말해, 소련의 붕괴는 영도비(領導費)를 감당하려는 의지를 증대시키기보다는 오히려 감소시켰다. 미국이 비록 군사적으로 우위에 있고 경제력도 추월을 허용하지 않지만, 앞으로도 '팍스 아메리카나'를 기대하기에는 무리가 있다. 미국은 여전히 국제평화와 자유무역을 지키겠지만, 결코 어느쪽도 혼자서 지키려 하지는 않을 것이다.

미국인들은 상당히 여유를 갖게 되면서 지도력의 분담을 원하고 있으며, 그에 대해 이들은 어떠한 경계심도 나타내지 않고 있다.[7] 따라서 미국이 국제적 책임을 맡을 이름 있고 신뢰할 만한 협력파트너를 둘 것이라고 전망하는 것도 설득력이 있는 일일 것이다. 그렇다면 자연히 유럽이 그 후보자가 되는 것이 아닐까? 물론, 유럽이 그 임무를 맡게 될지의 여부는 중요한 문제임에 분명하며, 이에 대해 '오더나렌(John van Oudenaren)'은 제5장에서 조건부 긍정적인 대답을 하였다. 이와 더불어 여기서 역시 중요하게 살펴봐야 할 것으로는 다음과 같은 문제이다. 즉 새로운 대서양 동반자관계로 미국의 국제적 이해가 증진될 수 있느냐의 여부, 그러한 동반자관계를 구축하는 데 기초가 되어야 할 성질과 원칙은 무엇인가, 미국이 새로운 대서양 동반자관계를 장려하면서 추구하고

---

5) Ibid.

6) World Bank, *World Development Report, 1995: Workers in an Integrating World,* World Bank, Washington, D.C., 1995, p.196; in "For the Record," *Washington Post*, February 1, 1995, p.18.

7) United States Information Agency, *The New European Security Architecture*, Office of Research and Media Reaction, Washington, D.C., September 1995.

자 하는 정책은 무엇인가 그리고 미국 대중의 정서와 미국 정계가 새로운 대서양 동반자관계를 작동시키는 데 필요한 의무와 타협을 지지할 것인지의 여부이다.

미국의 이익

냉전의 종식과 더불어 미국의 이익은 생존에서 번영으로, 유럽에서 전세계로 전환되었다. 개방적이며 성장하는 지구적 경제로 인해 미국의 기업활동과 투자욕은 계속 상당한 보상을 받고 있다. 이러한 지구적 경제에 통합되면서 미국의 경제적 안정이 향상되고, 인플레이션도 수그러들고, 다른 지역의 자원 및 생산력과 자본을 손쉽게 이용할 수 있게 되었으며, 대미 투자가 늘고, 미국 산업에 건전한 경쟁욕을 고취시키고 있다. 통합된 세계경제적 힘은 미국에게 무엇보다 중요한데, 이것과 새로운 시대와의 관계는 마치 대소 봉쇄와 이전 시대가 지닌 관계와도 같은 것이다.

그 결과, 세계경제의 핵심을 형성하는 3개 지역—서유럽, 동아시아 그리고 북미의 안보는 미국에게 무엇보다 중요한 일이 되고 있다. 핵심지역들의 경제가 더욱더 통합될수록, 그만큼 안보도 불가분의 관계에 있게 된다. 냉전기에 미국은 이 지역에 대한 소련의 지배를 막기 위해 전투준비를 하였다. 지금은 미국의 국내총생산을 방어하기 위해 싸우고 있다. 핵심적인 이들 지역이 위협을 받으면, 미국이 현재 그 일원으로 있는 이들 지역의 경제도 위험에 빠질 수 있다. 이러한 위협에는 에너지 공급의 붕괴, 난민의 대규모 유입, 대량파괴무기의 실험 및 사용과 테러리즘이 포함된다. 한국과 대만을 제외한다면, 이러한 핵심지역에 대한 '명백한 침공'의 위협은 사실상 사라졌다. 동시에, 현대적 통신수단과 운송 및 세계경제를 한데 엮고 있는 금융 네트워크는 선진 민주국가들을 간접적으로 침공하려는 자들의 매력적인 목표물이 되고 있다.

핵심 지역을 향한 이러한 위협은 지브롤터에서 인도에 이르는 광활한 중동과 구소비에트 지역과 같이 불안정한 두 지역에서 주로 시작되고 있다. 이 두 지역은 대량파괴무기와 테러리스트 및 난민을 생성시킬 가능성이 있다. 이러한 위험요인들 외에 이 지역들은 전세계 석유·가스매장량의 대부분을 갖고 있다. 이 지역은 선진경제의 '에너지 보고'이며, 달리 보면 선진경제의 지속적인 번영에 필요한 전부를 차지하고 있다. 미국은 이 두 지역을(이상적이라면 민주주의로의) 평화적 변화를 통해 안정화시키는 데 관심을 갖고 있다. 그러나 이 두 지역이 점진적으로 발전할 가능성에 대한 전망도 상당히 불확실하기 때문에 이 지역의 위험요인에 대비하는 일이 필요하다.

특히, 그 수는 줄고 있지만 필사적이며 광적인 소수 범법국가들로 인한 위험이 심각해지고 있다. 정도에 차이는 있지만, 여기에는 이란, 이라크, 시리아와 북한이 포함된다. 이들 각각은 가혹한 국내통치, 자유주의적 가치에 대한 반감, 대량파괴무기와 테러리즘과 고립주의와 어떤 파멸적 원리에 대한 관심을 겸비하고 있다. 이들은 인접국을 위협하지만, 그들이 선호하는 목표물은 선진민주주의 핵심지역이다. 미국은 이러한 정권이 고립되거나 가능하면 이들이 제거되기를 원하고 있다. 미국은 다른 선진국들보다 더 강경하고 위협적으로 이들 범법국가들을 대하고 있다. 따라서 가장 손쉬운 제물은 아니지만, 이들에게 있어 주적은 미국이 되고 있다. 폭력국가에 대적할 수 있는 능력과 책임감을 겸비한 이 유일한 국가가 '대마왕'이 된 것은 결코 우연의 일치가 아니다.

미국은 부유한 민주주의의 핵심지역이 특히 라틴아메리카와 동유럽 및 동남아시아로 더욱 확장되는 데에도 커다란 관심을 갖고 있다. 이들 지역의 변화는 사회주의와 국가주의가 소멸되고 새로운 시장 및 생산력을 갖춘 값싼 노동력을 찾아 핵심지역으로부터 자본과 기술이 도입됨으로써 가속화되고 있다. 이러한 신흥 3개 지역의 국가들은 서로간의 낡은 반목을 경제적 협력으로 대체해가고 있는 중이다. 민주주의로 인해 적대세력간의 이견도 평화적 해결이 가능해지고 있다. 또한 부패도 효율성에 대한 요구에 그 자리를 양보하고 있다. 민주화와 시장경제 및 투자가 지속되면서 미국경제도 이득을 보고 있다. 그리고 과거 분쟁지역에서 안정이 지속된다면, 선진 핵심지역의 안보도 증대될 것이며, 이러한 핵심지역에 대한 자원수요량도 줄어들 것이다.

자유와 안보 및 성숙한 민주주의의 이상을 여타 지역에 전파하기 위해서도 이러한 주변부의 성공은 중요한 일이다. 주변부에서의 고무적인 추세가 확장됨으로써 미국이 받게 되는 간접적인 영향이 지대하기 때문에, 과도단계에 있는 두 지역의 성공은 전략적으로도 중요하다. 동유럽과 동남아시아의 자유화와 안정 및 통합과 번영은 러시아와 중국, 인도 및 그들이 소속된 지역과 미국의 이익에 위험이 될 대다수 국가들에서도 동일한 상황이 일어나는 가능성을 증대시킬 것이다. 따라서 미국은 이들 신흥지역에서 정치·경제적 후퇴가 일어나지 않기를 바라고 있다.

상당히 실망스런 경로를 걷고 있는 또 다른 지역이 있는데, 이는 사하라 이남의 아프리카이다. 이 지역의 빈곤과 종족분쟁 및 국가 해체는 선진지역과 신흥경제지역 전반의 발전에 아무런 영향도 주지 못하며, 또 그로부터 어떠한 영향도 받고 있지 못한 것으로 보인다. 대다수 미국인들은 아프리카 사태에 대해 대체로 대수롭지 않게 여기고 있다. 그러나 아프리카의 비참한 상황은 종종 인류의 대재앙이 되는 심각성을 초래할 것이다. 비록 그 결과가 아프리카에 국한될지라도, 미국인들은 앞으로 '도덕적 중압감'을 느끼게 될 것이다.

동반자 찾기

비록 초강대국이라 해도, 이러한 이익은 실천하기 어려운 문제이다. 왜냐하면 미국인들은 대외문제보다는 국내 및 지역적 관심사에 우선순위를 크게 두고 있다. 그래서 미국은 격동하는 지구적 경제 그리고 견고하고 팽창적인 지구적 경제에서 자신의 이익을 보호하고 증진시킬 수 있는 필요한 경제적·정치적 자원을 집중할 수가 없기 때문이다. 10년내로 균형적 연방예산을 유지하겠다는 양 당이 밝힌 공약은 대외원조와 해외에 주둔한 미군 및 국제기구의 공헌에 드는 자원의 삭감현상을 뒷받침하다시피 한다. 최근 몇 년 동안, 그 필요성에 대해 미 의회 및 일반

여론에서 나타나는 회의적 시각은 미국인들이 양다리를 걸치려는, 즉 세계적 영향력을 갖되 이를 저렴한 가격으로 갖게 되기를 바란다는 사실을 암시해준다. 따라서 우방국의 새원에 내해 의존도를 너욱 늘리는 일, 즉 상호이해와 각각의 경제력에 걸맞게 공평하게 부담의 그 일부를 분담하도록 약속하는 일이 중요한 대안이 되고 있다.

불공평한 부담공유에 대한 미국의 조바심은 어제, 오늘의 일이 아니다. 그러나 냉전기에는 그 부담이 자유세계를 지도하고 수호하기로 한 공약을 미국이 철회해야 될 만큼 그렇게 심각하지도 않았고, 또 미국이 그 공약의 철회를 받아들이기에는 언제나 소련의 위협이 너무나 심각해보였던 것이다. 반대로 오늘날에는 구시대의 위협이 사라졌고 아시아와 유럽의 우방국과 달리 새로운 위협에 대한 미국의 취약성도 작기 때문에 미국은 불공평한 국제안보의 부담 가운데 그 일부를 분담시키고 있다.

국내총생산이 G-7 국가의 절반 미만인 미국은 나머지 6개 경제대국 모두의 방위비에 2배 이상을 지출하고 있다.[8] 그러나 민주주의 핵심지역의 중요한 이해에 위협이 될 가능성이 큰 지역, 가령 서남아시아와 동북아시아에서 미국만이 전쟁수행능력이 있다. 미국은 거의 2,500억 달러 이상을 매년 방위비로 허비하면서 미국 본토방위와 크게 관계도 없는 멀리 떨어진 곳에 그 압도적인 군사력을 투입할 수 있도록 지원하고 있다. 반대로, 유럽과 일본은 공격당할 가능성이 있는 이익을 수호하기 위해 자신의 군사력을 사용하기에는 형편이 여의치 않다. 비록 핵무기 및 생화학무기가 주는 위협이 점점 커지고 있고 그 사정거리도 유럽과 일본이 더 가깝지만, 오직 미국만이 핵무기 및 생화학무기운반용 대탄도미사일방어수단에 대해 막대한 투자를 하고 있다. 미국은 세계 최대의 산유국이지만, 사실상 세계 석유공급의 안전에 대한 모든 책임을 미국이

8) Central Intelligence Agency, *Handbook of International Economic Statistics, 1994*, CIA, Directorate of Intelligence, Washington, D.C., September 1994; International Institute for Strategic Studies, *The Military Balance, 1995/96*, Oxford: Oxford University Press, 1995, p.264.

담당하고 있다.

미국의 고립주의자들은 후한 동맹국보다는 부담의 그 일부를 불공평하게 분담시키기를 더 원할지도 모른다. 자초지종의 대부분은 돈에 의해서 설명된다. 미국의 납세자들은 미군의 파병을 통해 자신의 이익을 보호하려는 그런 동맹국들을 지키기 위해 보조금을 납부하고 있다. 만일 갈등의 발생지역에서 부유한 우방국의 이익을 수호하는 데 미군만이 막대한 사상자를 낼 뿐, 이들 우방국의 사상자가 적다면, 국제적 공약과 관련해 미국은 급격한 망설임으로 퇴조하게 될 것이다.

역할의 확대를 수용하고, 그 결과 미국에게 다소의 여유를 가져다줄 가장 가능성이 큰 후보자는 유럽, 즉 처음에는 서유럽이지만, 예정대로라면 통합유럽이다. 미국의 한 입장은 유럽연합의 결속력과 효율성 및 책임성을 배가시켜려는 유럽인들의 공공연한 포부—혹자는 지구적 행위자라고까지 말하는—가 실현될 적기는 오지 않을 것으로 보고 있다. 그러나 유럽의 자긍심 배가에 대해서 미국인들의 상반된 감정도 일부 존재하는데, 부분적으로는 강력한 경쟁자의 등장에 대한 염려에서 나온 것이지만, 대부분은 유럽시장과 안보문제에서 미국의 역할이 줄어들고 유럽의 통합과 자신감이 커지고 있는 데 대한 걱정에서 출발하고 있다.

역사적으로도 앞으로의 전망과 관련해서도 이는 근시안적인 견해이다. 경제적·정치적 통합은 지난 50년 간 서유럽의 평화와 번영에 기여했으며, 앞으로도 이러한 경제적·정치적 통합은 동유럽의 신생 민주국가에도 이득이 될 전망이다. 그리고 이러한 사실 모두는 미국에게 상당히 중요한 일이다. 비록 통합으로 인해 유럽 대륙에 대한 미국의 영향력이 일부 상실될지라도, 미국과 효율적·지구적으로 협력하는 한층 더 통합된 유럽으로부터 얻게 될 잠재적 이익은 결코 비교할 수 없을 정도일 것이다. 나아가 미국의 완전철수를 바라는 유럽인도 별로 없다. 소련군과 직접 대치하고 유럽통합도 초보단계에 있던 당시와 마찬가지로 유럽인들은 미국의 개입과 주둔에 환영을 표한다.

어쨌든, 미국과 유럽의 동반자관계가 성공하기 위해서 정치·경제적

연합이 선결조건으로 완성되어야 하는 것은 아니다. 독일과 프랑스가 대서양 협력에 대한 포부를 더욱 선호한다면, 유럽의 정부간 조정을 향상시키는 것만으로도 충분할 것이다. 유럽통합의 수준보다 더 중요한 일은 유럽과 미국의 지구적 이해를 수렴시키는 문제이다.

미국과 유럽의 이해가 현저히 일치되는 면은 이 글에서 다음과 같이 열거할 수 있다. 즉 세계경제에서 핵심지역의 건전성 및 확대, 화석연료를 포함해 핵심지역의 경제적 산출물 및 투입물의 자유로운 이동, 이 지역의 전통적 및 신생 민주국가들의 안보, 세계에서 위기발생의 가능성이 제일 큰 두 지역의 평화적 변화, 범법정권과 이들이 구하는 대량파괴무기로부터의 '취약성 해소', 인류가 겪는 고통의 완화이다. 나아가 전략적 목표에 대해서도 미국과 유럽 상호간에는 이견이 존재하지 않는다. 또한 부수적인 이해 및 전술에 있어서 그들간 이견이 있다 해도, 그 이견은 결코 동반자관계에 있어 극복 못할 장애물은 아닐 것이다.

물론, 미국과 마찬가지로 유럽도 삶의 질과 그들 각자에게 있어 유럽의 역내관계 및 제도의 발전과 같은 대내적 관심사에 매달리고 있다. 가령, 독일의 정부요직을 차지하는 15명의 핵심 인사들의 유일한 대외정책적 관심현안은 유럽통합에 관한 것뿐이다.[9] 그러나 미국과 마찬가지로 유럽도 지구적 이해가 그들 자신뿐만 아니라 유럽대륙에 대해 품고 있는 희망과 상호 이반되기보다는 오히려 그 희망을 충족시키는 것임을 인식해야 할 것이다.

또한 유럽이 조직화되고 그 지구적 이해를 확대하는 데 미국의 인내심 있는 후원이 반드시 있어야 할 것으로 생각해서도 안될 것이다. 현재 유럽은 탈냉전 시기 부담의 일부를 공평하게 분담하는 문제가 아니라 미국이 유럽과 결별하지 않도록 호소하고, 내적인 난제를 안고 있는 유럽으로부터 너무 성급히 너무나 많은 기대를 하지 말아줄 것을 주장하는 데 전력을 쏟고 있다. 미국인들은 그러한 주장에 별로 비중을 두지

9) Ronald D. Asmus, "What Does the German Elite Think About National Security Policy?" *Frankfurter Allgemeine Zeitung*, April 11, 1996.

않을 것이다. 오히려 유럽이 더 큰 책임을 맡을 때 이들에게 설득력이 있을 것이다. 강력한 새로운 대서양 동반자관계에 대한 전망도 유럽이 자신의 관심을 점차 대외적인 면에 돌릴 때 자연히 개선될 것이다. 그러나 그러한 동반자관계가 현재 절실히 필요시되고 있다.

대서양 동반자관계와 세계정치

동반자의 이상적인 특성이라 할 수 없지만, 유럽은 아마 자신의 일에 열중할 것이다. 그러나 유럽은 미국에게 있어 최선의 대안이다. 여타 선진민주주의 국가 가운데 핵심지역을 보호하고 확대하는 문제에 있어 상당량의 몫을 나누어가질 만한 부국은 일본뿐이다. 하지만 일본이 막대한 순수출과 화폐의 축적과 보유를 통해 그리고 기술 및 산업목표를 통해 국가경제력을 극대화하려 하는 한, 미국의 지구적 동반자 역할을 할 수 없을 것이다. 일본은 자신의 의도대로 모든 기술을 양산할 수 있는 유일한 국가이며, 세계 최대의 개방적 시장인 미국은 일본의 연구개발과 수출전략의 표적에 있다. 이는 미국과 사업경쟁은 물론이고 일본식으로 세력 대결을 유발하게 된다. 따라서 미국이 일본을 미국경제에 대한 주요한 위협국이자 미국의 중요한 이익에 대한 최대의 위협요인으로 간주하는 것은 당연하다.[10)]

유럽이 천천히 전략적 책임의 확대를 받아들이고 있다면, 일본은 결코 그렇게 하지 않을 것이다. 결과적으로 이는 일본이 목표로 삼는 국가경제력의 증대에 도움이 되지 않을 것이다. 일본이 어느 정도 그 경제력을 대외원조의 형태로 사용하고 있지만, 이는 수출기회를 늘릴 수 있는 방법이 되고 장소가 된다는 점에서 그렇게 하는 것이다.[11)] 표면적으로 볼 때, 일본은 무역이나 유엔평화유지활동에 대한 지원을 통해 적당히 양보하고 있는 것 같지만, 그 동기는 비판을 무마하려는 것이지 책임의

10) Rielly, *America Public Option*, p.21.
11) 예를 들면, 일본은 1989~1990년에 소련의 지배에서 벗어난 신생 민주국가들에게 사실상 어떠한 원조도 하지 않았다.

식을 새로이 느껴서가 아니다. 일본이 미국과 함께 지구적 지도력의 일부를 분담할 수 있는 진지한 후보국이 되려면, 자유무역에 대한 공약과 국제평화 및 안보를 위해 헌신할 의사가 있음을 분명히 해야 할 것이다. 그러나 일본은 그 어느 목표에 대해서도 분명한 입장을 보이고 있지 않으며, 실상은 그와 정반대에 있다.

유럽이 더욱더 자신감을 갖게 되어도, 특히 독일이 유럽과 대서양 제도에 단단히 정착되어 있는 한 이는 어느 누구에게도 위협이 되지 않을 것이다. 반면에, 일본의 역할확대에 대해서는 일본인들 스스로 뿐만 아니라 일본의 인근 국가들도 거부반응을 보이고 있다. 유럽인들은 보스니아에서(비록 수만 명의 군대를 그곳에 주둔시키고 있지만)의 활동 부진으로 어려움을 겪고 있는 반면, 한국과 대만을 방위하는 데 일본을 배제시키는 일은 관련국 모두에게 용인될 뿐만 아니라 바람직스런 일로 여겨지고 있다. 미국의 대일정책을 변호하는 인사들은 일본에 압력을 넣으면 동반자가 아니라 앞으로 골칫거리가 될 것이라고 주장한다. 이런 논리에 따라 이들 옹호자들은 의욕적인 동반자관계에 유럽을 참여시키려는 미국의 노력에 경의를 표하는 것 같다.

분명한 점은 새로운 대서양 동반자관계는 절대로 일본이나 아시아를 상대로 한 제휴에 동기를 두어서는 안된다는 것이다. 사실, 유럽과 미국간의 세력조화는 일본시장을 개방으로 유도하는 기회를 향상시킬 것이다. 그러나 이는 성장하는 아시아세력을 서구세력들의 연합에 의해 견제해야 한다는 제안과는 크게 다른 것이다. 세계적인 경제대국들로 이루어진 전략적 삼각구도라는 구상은 각자가 전체에 결정적으로 기여하면서 그들간 분할과 격차를 강화시키기보다 이를 감소시켜야 한다는 사실을 간과하고 있다. 최근 일본의 경제적 침체에 대한 미국과 유럽의 당혹감에 주목하기만 한다면, 핵심 지역의 성공은 각각의 중요한 일부가 가진 힘에 의존적이며, 또한 현재 이러한 사고에 의해서 위계정치가 대체되어 가고 있음을 알 수 있다. 세력균형의 구도도 선진민주주의 국가들이 번영되고 안정된 경제체제로 통합되면서 19세기에나 더 적합할 뿐 21세기에는 적용되기 어려운 것이 되고 있다.

세계정치의 탈양극적 구조를 전통적 관점에서 묘사하거나 진단하려는 시도는 설득력을 잃어가고 있다. 미국, 유럽, 일본, 중국, 인도, 러시아, 심지어 브라질까지 포함해 이들 열강들의 황금분할에 의해 국제적 균형이 생길 수 있다는 견해가 존재한다.[12] 또 다른 한 견해에 의하면 미국은 새로운 도전국의 등장을 예상하고 필요하다면 이에 대적해야 하며, 새로운 도전자들로는 일본, 중국, 유럽이 될 가능성이 크다는 것이다.[13] 그러한 다극 및 단극적 이론들은 대서양동반자들이 동등하게 세계적 지도력을 행사한다는 이상과 융화되기가 쉽지 않다. 이런 구상이 지닌 주요한 문제는 이것이 지구적 경제와 이해의 일치라는 신시대와 맞지 않다는 점이다. 그리고 전세계적 기업과 금융시장 및 점차 인간의 수고를 제한해가는 정보네트워크로 인해 그 정치적 지형도도 대체로 무시되고 있다.

상호간 성공에 대한 두려움 못지않게 서로간 세력균형에 대한 요구에 의해 무의미하고 악의적인 경쟁전략이 생길 정도로 선진민주주의 국가들간의 갈등은 상당히 광범위해졌다. 그러나 낡은 권력척도에 의할지라도, 유럽의 등장은 대서양 동반자관계에 구속된다면 미국의 이익에 저촉되기보다는 도움이 될 것이다. 유럽은 전세계에서 두번째로 큰 세력의 집결지이다. 공통의 이해와 그야말로 이념의 공통성이란 견지에서 세계

12) 키신저는 새로운 시대의 세계정치를 위한 적합한 모델로 다극체제를 제안하면서 냉전기에 앵글로-미국과의 관계와도 유사한 미국과 유럽의 새롭고 '특별한 동반자관계'의 필요성에 대해서도 설득력 있게 제안하였다(Kissinger speech, March 29, 1995).

13) '칼리자드(Zalmay Khalilzad)'는 미국의 전략이 어떤 지구적인 새로운 경쟁자를 제어하는 데 목표를 두고 있다고 보면서, 이에 대한 가장 분명한 사례를 제시하였다. Zalmay Khalilzad, "Losing the Moment? The United States and the World After the Cold War," *The Washington Quarterly*, vol.18, no.2, Spring 1995, pp.87-107을 참조. 동시에 저서의 내용중에 나타나듯이, 그는 자신의 주장을 연장하여 미국과 유럽이 대대적으로 협력을 확대하고 공동의 이해가 나타나는 곳에서 유럽이 부담의 일부를 담당하는 것까지 주장 속에 포함시킨다.

최강의 국가는 유럽과의 협력확대를 추구해야 하며, 마찬가지로 유럽도 이러한 초강대국과 가능한 한 최선의 관계를 유지하도록 해야 한다. 물론, 미국인과 유럽인들이 지지하는 바에 비추어, 양 강대국간의 동반자 관계는 지구적 발전을 위해 바람직한 일일 것이다.

유럽과 미국이 협력하는 데 도덕적 목표가 없어서는 안된다는 인식과 유럽과 미국이 전세계적인 템플 기사단을 자임해야 한다는 제안은 별개의 사실이다. 특히, 새로운 대서양 동반자관계는 이슬람에 대한 공포에 고취될 필요도 없고, 또 그래서도 안된다. 비록 이슬람 근본주의는 일부의 우려처럼 엄격하고, 동족중심적이며, 본질에 있어 폭력적이지만, 이는 선진민주주의 국가의 이해에 유일하거나 가장 중요할 정도의 도전세력도 아니다. 이슬람이 쿠웨이트를 침공하거나 유고슬라비아를 파괴시킨 것이 아니었다. 대중동의 광신주의가 에너지 공급로 확보와 같이 핵심지역의 이해에 특정한 위협을 가하거나 또는 이를 악화시키는 곳에서 새로운 십자군을 규합하지 않아도 이러한 위협은 해소될 수 있다.[14] 문화적 다양성을 초월하여 태국에서 터키에 이르는 다원적 정치경제를 창설하는 노력이 일부 성공을 거둔 지금, 마지막으로 해야 할 일은 이러한 다양성을 이용하여 세계정치를 조직하고 우방과 적을 선별해내는 일이다. 새로운 대서양 동반자관계는 공통의 적이 만연됨으로써가 아니라 긍정적 목표를 공유하는 동반자들에 의해서 생기를 얻을 수 있고, 또 그렇게 되어야 한다.

동반자관계의 특성과 원칙

진부한 말이지만, 동반자관계의 성공을 위해서는 이해의 일치뿐만 아니라 권리의 융합도 필요하다. 미국정부는 자국과 배치되는 가치를 가진 (혹은 가치가 부재한) 국가들과 그 관계를 지속적으로 유지하는 데 미숙함을 드러냈다. 감상적인 말이 될지는 모르겠지만 이를 감수하고라도, 개

---

14) Graham E. Fuller and Ian O. Lesser, *A Sense of Siege: The Geopolitics of Islam and the West,* Westview Press, Boulder, CO, 1995. 참조.

인의 신성함에 대한 믿음, 시장원리에 대한 신념, 민주주의의 확산에 대한 공약 등과 같이 대서양 동반자관계를 지탱하기 위한 공통가치를 되돌이켜볼 필요가 있을 것이다. 이런 가치가 견고하게 공유된다면, 신뢰와 협력에 대한 대중의 지지가 있을 것이다. 제2차세계대전이 끝나고 형성된 초기 대서양관계에서 이런 특성은 존재했고 또한 결정적이었다. 양 지역의 동반자들이 그러한 관계를 통해 추진하고 수호하기 위한 이해들에 두는 중요도에 비추어볼 때, 현재에도 이러한 특성은 존재하며, 여전히 결정적이다. 따라서 앞으로도 이러한 가치들은 아마 유지될 것이다.

유럽과 미국은 냉전기 때보다 소련의 위협이 사라진 오늘날 더 많은 것을 공유하고 있다. 이들은 국내외를 막론하고 마약, 인종관계의 긴장상태, 공공부채의 증가, 보건복지비의 상승, 제조업 분야의 실업, 이민의 압력과 같은 유사한 문제들에 봉착해 있다. 유럽이 탈산업화 시기로 접어들면서, 미국은 더이상 그들의 문제가 그들만의 것이 아니라고 느끼게 되었다. 비록 문화적으로나 성격상 여전히 미국과 유럽 사이에는 차이가 있지만, 양 지역의 민·관이 느끼는 관심사가 중첩되고, 특히 자국의 사정 또한 초국가화되면서 이해를 공유하는 기반도 강화되고 있다.

사회문제에 대한 미국과 유럽의 정치적 대응도 '중앙정부의 권한축소'와 시장의 자유라는 대체로 유사한 방향으로 나아가고 있다. 미국인들은 탈복지국가의 현명성을 유럽을 통해 확인할 수 있게 되었으며, 양 지역의 국민들은 교육과 커뮤니케이션 및 조직정비와 같은 노력에서 서로의 성공과 실패로부터 많은 것을 배울 수 있게 되었다. 유럽은 미국에 비해 규제완화와 기업 구조조정과 같은 일부 분야에서는 뒤처져 있지만, 도시의 삶의 질과 범죄 정의 같은 다른 분야에서는 미국에 앞서 있다. 이러한 후진적인 분야와 선진적인 면에도 불구하고, 일상의 문제와 해결책에 대한 비교는 가치의 공유와 같이 유대를 강화시키고 낡은 대결의식을 불식하는 데 이바지해야 한다. 그래야 더욱더 의욕적인 대서양 동반자관계에 의해 사회문제에 대한 해결책을 교환하고 개선할 수 있는 환경이 마련될 수 있다.

미국과 유럽은 근본적으로 적대관계에 있지 않다. 그리고 이들이 동반자가 된다면, 대결관계에 놓일 가능성도 없을 것이다. 오히려 이들은 대결관계에 있다기보다는 경쟁관계에 있다는 말이 옳을 것이다. 미국과 유럽 사이의 상업적인 경쟁은 분명히 파국으로 돌변하지 않았다. 유럽의 경제력이 커졌지만, 유럽을 경제적 위협으로 인식하는 미국 내부의 경향은 점점 줄어들고 있다.[15] 부분적으로 그러한 이유는 대서양을 넘나드는 상호간의 막대한 투자로 인해 양 지역의 경제적 차이가 첨예화되지 않았기 때문이며, 또 다른 이유로는 미국이나 유럽 모두 서로를 상반된 목표를 가진 존재로 인식하지 않는 데 있다.

물론, 대서양관계의 우호적 분위기는 결코 새로운 사실이 아니다. 협력의 원인을 오직 냉전기 양 지역관계의 성격을 규정한 소련의 위협에만 둔다면 잘못이다. 대서양 동맹국들의 협력은 제2차세계대전 이후 소련이 유럽에서 철군을 거부하면서 생긴 불가피한 선택이었지만, 마침내 소련군이 퇴각하고도 이들이 협력을 선택한 것은 공통의 공포의식이 아니라 운명을 공유하고 있다는 의식에서 비롯된 것이었다. 따라서 이러한 유대가, 더 적절한 표현으로는 우정이 새로운 대규모 위협이 없을지라도 앞으로 계속 존속될 것으로 기대하는 것은 비현실적인 일이 아닐 것이다. 유고슬라비아 및 몇 차례 무역분쟁과 같은 일부 심각한 충격이나 '오점의 기록'도 있지만, 공산주의가 붕괴한 5년 뒤의 오늘날에도 이러한 유대는 공고한 것으로 생각된다.

유럽과 미국은 몇 년 동안 보스니아 탈환에 대한 정책적 차이와 실패로 인해 가시 돋친 비판과 비난을 주고 받았다. 그러나 보스니아에 대한 미국의 지상군 투입여부를 놓고 논쟁을 벌일 때에도 미국의 여론은 북대서양조약기구의 유럽 동맹국들을 지원해야 한다는 주장이 압도적으로 많았다. 이전에 북대서양조약기구의 유럽 동맹국들은 미국의 지휘하에 걸프전에 참전할 '소규모 지원부대'를 급파하기로 결정하였는데, 그 동

15) Rielly, *America Public Option,* pp.21-23.

기는 미국과 협력하려는 데 있었을 뿐, 불참할 경우 발생할지도 모르는 유럽에 대한 급유 중지라는 계산에서 비롯된 것이 아니었다. 왜냐하면 이들의 군대가 군사적으로 꼭 필요한 것은 아니라는 사실을 이들도 잘 알고 있었기 때문이다. 냉전은 끝났어도 역경과 위기를 맞아 대서양 동맹의 신의는 사라지지 않았던 것이다. 특히, 미국은 이런 특성을 중히 여기고 있으며, 따라서 이는 새로운 동반자관계의 기초가 될 것이다.

경쟁이나 혹은 단순한 만족에 비해 협력이 주는 이점은 위기시마다 그리고 각각의 지역 및 개별 정책현안들에서 분명하게 나타나지 않을 수 있다. 그리고 예를 들면, 무엇 때문에 미국이 중동의 평화과정에서 유럽의 역할을 확대해야 하며, 북아프리카의 소요에 말려들고, 라틴아메리카에 대한 유럽의 개입증대를 환영해야 하느냐, 반대로, 무엇 때문에 유럽연합은 동유럽에 대한 미국의 투자를 지지하며, 유럽의 유망한 무역상대국인 이란에 대항해 미국과 한편이 되어야 하느냐와 같은 특정 관료와 정치가들이 대표하는 특수 이익들로 인해 유럽(혹은 미국)의 이해를 희생시켜서라도 미국(혹은 유럽)의 이해를 극대화하려는 상황이 나타날지도 모른다. 대서양 양 안의 지도자를 기수로 하는 원대한 계획의 가치가 더욱 커질 때만이, 전체이익은 국지적 이익을 압도하게 될 것이다. 냉전기의 경험—동맹이 그 자체로 중요시되던 당시—이러한 적실성과 신뢰를 얻는 것도 이런 점에 있다.

그러나 어떤 점에서는 냉전기의 관계에 대한 검토가 있어야 한다. 50년 동안, 하나의 지도국과 추종국들이 존재했으며, 당시에는 위계질서가 도움이 되었다. 그러나 앞으로 이러한 위계질서는 동반자관계에 도움이 되기보다는 방해가 될 것이다. 미국인들은 곧잘 유럽은 대외적 시각을 더 넓혀야 하며, 더 과단성 있고, 시장의 자유를 더욱 확고히 약속하며, 지구적 의무를 더 기꺼이 수용해야 한다고 말한다. 그러나 미국의 특정한 행동을 유럽인들이 현책으로 여기지 않는 때가 있거나 유럽과 협력을 원한다면 정책의 일부를 수정해야 한다는 사실을 미국인들은 잘 받아들이려 하지 않는다. 미국과 유럽의 이해가 근본적으로 일치하는 모든 지역이나 대상들에서도 선호하는 수단이나 방식과 특정 이익을 두고 차이가 존재한다. 미국은 반세기 동안 절대적인 지도력을 발휘함으로써 상황을 두 내안, 즉 타국으로 하여금 미국의 해결책을 따르도록 하거나 아니면 미국 독자적으로 행동하는 양단간 선택으로 보는 습관이 있다. 유럽이 맡는 책임량이 커지면, 유럽은 순종적이 되지는 않을 것이다. 미국이 받아들이기 가장 힘든 동반자적 관계의 성격은 아마 유연성일 것이다. 왜냐하면 미국은 항상 자신이 옳다고 확신하기 때문이다.

'아즈머스(Ronald Asmus)'는 유럽과 미국은 스치고 지나쳐가는 인연이 될 각오를 하고 있다고 제2장에서 설명하고 있다. 유럽인들은 미국이 유럽에 잔류하기를 바라며, 미국인들은 유럽이 그 대륙에서 벗어나기를 바라고 있다. 그러나 미국을 유럽에 계속 묶어두려면 유럽인들은 유럽대륙 이외에서도 책임을 다해야 한다. 그렇지 않으면, 미국에게 있어 유럽의 적실성은 줄어들 것이다. 마찬가지로 유럽인들을 세계 속으로 끌어들이려면 미국은 유럽에 잔류할 필요가 있다. 그렇지 않으면 유럽에게 있어 미국의 적실성도 감소할 것이다. 만일 미국이 유럽을 떠나거나 유럽이 책임의 대폭적인 수용을 거부한다면, 양자간의 동반자관계는 성립되지 못하고 각기 표류를 면치 못할 것이며, 동시에 양 지역의 이해와 전세계의 미래에 심각한 역효과를 낳을 것이다.

미국이 보는 '대서양 동반자관계'의 우선사항

유럽과 동반자관계를 맺음으로써 미국의 일부 이해는 다른 것에 비해 더욱 신속히 진척될 것이다. 중요하면서도 가장 전도유망한 것으로는 중동부유럽 신생 민주국가들의 통합, 구소련의 안정과 석유보급지의 확보, 세계 최대의 압제정권들에 대한 격리, 테러리즘의 격퇴, 인도주의적 구호수단의 제공 등이 있다. 대량파괴무기의 확산을 저지하고 자유무역을 추진하는 데 있어 대중동에 대한 공통의 해결책 역시 그에 못지않게 중요하다. 그러나 이에 대한 대책마련이 그렇게 쉬울 것으로는 생각되지 않는다. 동아시아, 특히 일본 및 중국과 조화로운 관계를 형성하기는 쉽지 않을 것이다. 그러나 그러한 관계가 그렇게 화급한 것은 아니다.

유럽의 신생 민주국가들을 유럽연합과 북대서양조약기구에 통합시키는 일은 전유럽을 포괄하는 대서양 동반자관계의 확대로 생각될 것이다. 동반자관계가 유럽의 반쪽에 머문다면 이는 불충분한 일임을 미국은 서유럽국가들에게 납득시켜야 한다. 그러나 동반자관계의 확대, 그것도 근시일내에 이루어지려면 다음과 같은 미국의 분명한 정책이 있어야 할 것이다. 다시 말해, 러시아의 경고를 무릅쓰고라도 동유럽국가들의 북대서양조약기구 가입을 추진하고, 유럽연합의 확대에 뒤이어 북대서양조약기구의 확대가 따라야 할 것임을 주장하며, 서유럽의 역할이 중동부유럽에서 받는 특혜를 수용해야 할 것이다. 이 신생 민주국가들의 통합은 대서양 동반자관계에서 중요한 최초의 실험이 될 것이다. 왜냐하면 대서양 동반자관계로 인해 기존의 유럽연합은 경제적으로 상당한 부담을 떠맡게 되며, 또 미국과 유럽연합은 동유럽에 대한 안보제공에 있어 북대서양조약기구를 매개로 그 몫을 똑같이 분담해야 될 것이기 때문이다. 만일 이러한 실험이 실패한다면, 유럽과 미국의 동반자관계는 존재할 수 없으며, 북대서양조약기구도 종언을 고할지 모르는 일이다.

에스토니아에서 불가리아에 이르는 개혁과 안정, 즉 경제적 협력의 핵심적인 열쇠는 유럽연합이 쥐고 있다. 미국이 유럽연합을 대신해 정치적 역할을 주도한다면, 이러한 협력의 가능성은 멀어질 것이다. 그리고 유럽연합이 맡아야 할 짐이 더 커야 하며, 소련 붕괴 이후의 유럽 최대의 난제—신생 민주국가들의 성공을 보장해야 하는—를 앞장서서 해결해야 한다면, 이는 현재 유럽 내에서 유력한 동반자는 미국이 아니라 유럽연합이 되어야 한다는 사실을 암시하는 것이다.

동반자관계의 선택과 책임은 동쪽으로 더 나아간 구소련지역에서는 그다지 간단치가 않다. 미국의 입장에서 가장 힘겨운 난제 중의 하나는 유럽연합이 이 지역을 말 그대로 영역 밖의, 요컨대 비유럽지역으로 여기지 않도록 하는 데 있을 것이다. 러시아가 장차 불안정과 비민주화로 향하거나 아니면 정치·경제적 자유를 지속적으로 수용하는 그 여부와 관련해 러시아를 상대할 책임은 미국에게 있다는 통념은 파기되어야 한다. 러시아의 국가규모 때문에 러시아는 미국의 문제라는 유럽의 상투적 표현 속에는 유럽연합이 상당히 중요한 조치로 인해 러시아를 왜소화시키고 있는 사실이 간과되어 있다. 사실상 러시아의 장래를 결정할 측은 미국보다 오히려 유럽이라 해도 과언이 아니다. 왜냐하면 유럽은 미국보다 더 큰 경제적 기회를 제공할 수 있기 때문이다.

작금에 있어 구소련에 대한 미국과 유럽의 가장 중대한 이해는 냉전 이후에도 잔재하는 거대한 핵위협을 제거하는 데 있다. 그러나 이로 인해 미국과 러시아의 '특별한 관계'가 필요한 것은 아니다. 왜냐하면 이것이 러시아에 대해, 즉 핵무기 때문에 러시아는 미국과 동렬을 그리고 유럽국가들에 대해 우열을 계속 고수하면서(실제로는 사라져버린) 그 열강의 지위도 유지하고 있다는 좋지 않은 인상만을 유포하기 때문이다. 그런 구시대적 사고는 러시아를 상대하는 데 공평하게 분담되어야 할 책임을 미국측에 전가하는 데 대한 정당화에 이용되기도 한다. 미국은 유럽의 더 큰 도움을 통해 러시아의 핵탄두를 축소하고 통제하도록 노력해야 한다. 동반자들끼리의 협조를 통해 구소련에서 다시는 원전사고가 일어나지 않도록 노력을 강화해야 한다. 이러한 공동전략의 일환으로서 수출품목이 많지 않은 러시아는 물론이고 대서양 동반자들에게도 최우선 사항인 유라시아의 석유보급로를 확보하는 일까지 가능하게 할 것이다.

대체적으로 동·서 대결이 종식된 이후 미국과 유럽은 핵 및 생화학무기의 확산과 같이 국제안보와 관련된 가장 심각한 문제에 공동으로 대처하는 데 아무런 진전도 보지 못했다. 유럽은 미국과 달리 탄도미사일 방어에 별로 열의를 보이고 있지 않다. 또한 유럽은 이란, 이라크, 리비아와 같이 대량살상무기의 소유에 애착을 가진 국가들에 대한 고립도 반겨하지 않는다. 오히려 유럽은 이들 국가와 협상을 통한 온건전략을 주장한다. 미국의 일반적인 태도는 유럽이 완전히 잘못 생각하고 있다는 것이다. 그 이유는 미국에게 있어 유럽의 시각은 근시안적이며, 유럽은 상업적인 욕심을 가지고 있으며, 대립으로 생길 곤란과 미국이 그 무기로 인한 위협을 어느 정도 해소해줄 것이라고 희망적으로 생각하고 있다는 것이다.

유럽이 그러한 비난을 받는 것은 당연하지만, 그렇다 해도 미국은 핵확산방지를 위해 유럽의 지원을 받지 않으면 안된다. 미국의 능력만으로는 핵무기의 위협이 해소될 수 없을 뿐만 아니라 유럽에 의해서 미국의 핵확산방지정책이 대폭 수용될 것이라 기대할 수도 없다. 카키(Cocky)의 지적과 같이, 타인의 지원이 가능할 때 이를 받으면 미국이 성공하겠지만, 필요할 때 홀로 움직이면 그 결과는 실패일 것이다. 공평하든 그렇지 않든 공동입장을 향한 노력의 책임은 주로 미국에게 있는 것이다. 미영토의 미사일 방어안과 유럽의 방어와 무관한 안을 연계시킬 바에는 차라리 '공동의 전역미사일방어체제안'이 양자 모두에게 더 효과적일 것이다. 미국은 쓸데없이 핵확산 협의국들을 고립시키려 하지 말고, 유럽에게 이들과의 접촉확대를 조건부로 허용하는 것이 정치적으로는 분명히 더 나을 것이다.

대량파괴무기의 확산에 대처할 공통된 접근방법의 부재는 주로 대중동지역에서 미국과 유럽 사이에 놓인 정책적 거리를 반영한다. 이러한 문제는 제8장에서 '칼리자드'에 의해서 거론되고 있다. 알제리에서 이스라엘에 이르기까지 유럽과 미국의 정책차는 상당하며 그 접근방법이 일치될 가능성도 희박해보인다. 물론, 북아프리카 전역의 평화적 변화와 합법적인 정부들, 정치적 경제적으로 중요한 아랍과 이스라엘의 평화, 호전적인 이란의 전복과 테러리즘 및 대량파괴무기를 포함해 세계적인 석유공급지에 대한 위협방지와 같이 그 근본에 있어 미국와 유럽의 이해는 일치하고 있다. 그러나 이 지역에서 유럽과 미국 사이의 상업적 대립과 외교적 불화는 쉽사리 공동전략으로 전향되기 힘들 것이다. 양측이 대중동을 영향력과 계약을 따내기 위한 경쟁지역으로 바라보는 한, 비록 협력의 확대가 합리적인 일이라 해도, 그러한 전망은 그리 크지 않을 것이다.

미국은 자신의 장기적 이익을 위해 그 행동방식을 바꿀 수 있는 능력이 있다. 여기에 해당될 수 있는 것으로는 아랍과 이스라엘의 포괄적 평화를 보장하고 자금지원이 가능한 '대서양 단일안'에 대한 제안이 있다. 만일 미국이 평화정착을 위한 자금지원에 유럽 각국의 도움을 원한다면, 협동정신에 입각해 그러한 평화과정에 유럽연합이 배제되지 않도록 고려하는 것이다. 러시아의 영향력은 양측 어느쪽에서도 보아도 미미하며, 또한 평화에 기여할 수단도 갖고 있지 않다는 현실을 고려했을 경우, 유럽연합은 러시아를 이러한 평화과정에 동석시킬 수 있는 분명한 대안이다. 또한 미국은 걸프지역에 대한 방어와 필요하다면 무력을 동원해서라도 국가지원의 테러리즘를 격멸하는 문제에 대해서 유럽이 그 책임을 한층 더 부담한다는 조건으로 이란과의 관계도 인정해야 할 것이다. 그러면 이란이 온건한 태도를 보이지 않을 경우 유럽은 미국과 협력하게 될 것으로 기대할 수 있다.

평화과정과 이란문제에 대해 대서양 공동의 해결책이 마련되면, 이는 이 지역에 투입하기 위해 병력을 창설하려는 북대서양조약기구의 결정과도 협조가 가능해질 것이다. 포괄적으로 말해, 이러한 조치들은 우선 중동의 석유보급로를 확보하기 위한 전략적 통합을 미국과 유럽에게 가져다줄 것이다. 몇 년내에 새로운 석유위기가 일어날지도 모른다는 가능성을 생각할 때, 시기는 적절하다.

석유공급지에 대한 확보는 아마 일본의 대대적인 협력을 유도하는 데 크게 기여하는 분야일 것이다. 왜냐하면 이는 대서양 동반자관계가 타국들, 특히 세계 3위의 민주주의 강대국에게도 그 문호가 개방되어 있음을 증명한다는 점에서 상당히 중요하기 때문이다. 에너지 확보에 대한 3자간 협력은 중동은 물론이고 구소련지역에서도 중요할 것이다. 그 이유는 선진경제의 핵심지역이 이 두 지역의 석유매장량에 크게 의존하는 데 있다. 비록 일본이 에너지 확보의 통합전략에 들어 있는 무력동원에는 참여할 의사를 갖고 있지 않지만, 일본은 중동평화와 러시아의 개혁을 경제적으로 지원하는 데 핵심적인 역할을 수행할 수 있다. 일본과 공동

보조를 취하면, 대서양 양 안의 동반자들은 러시아의 석유생산량을 확대시킬 수 있으며, 그때에 이르면 걸프지역 석유공급지에 대해 의존도를 줄이는 것도 안전해질 것이다.

미국의 가장 중점사항이 경제성장이란 사실에 비추어볼 때, 유럽의 협조가 환영받을 분야는 무역장벽의 제거일 것이다. 유럽무역정책의 본질을 구성하는 투쟁에서 우세를 보이는 쪽은 자유무역론자들이다. 우루과이 라운드가 성공적으로 종결됨으로써 대서양 양 안의 무역전쟁도 끝이 났다. 그리고 유럽연합이 단일시장이 되면 미국의 수출품과 기업에 대한 문호가 폐쇄되리라는 미국의 우려도 완화되었다. 미국과 마찬가지로 유럽 각국도 점차 국가적으로나 지역적으로 보호무역주의를 감당하기가 벅차다는 것을 인식하고 있다.

단일 유럽시장이 최근에 창설되면서, 근년에 들어와 유럽연합의 역내무역은 유럽연합과 역외지역 간의 무역에 비해 예상대로 더욱 급성장했다. 그러나 유럽경제는 유럽연합 역내무역에 기반해서는 언제까지나 성장할 수가 없다. 정보기술과 의약분야와 같이 가장 활발한 산업분야들이 만일 북미대륙과 동아시아로부터 차단당한다면, 이는 세계적 수준에 도달할 수 없다. 유럽은 이들 시장의 접근과 소프트웨어, 컴퓨터 칩과 노동력 및 경쟁에 대한 압력을 필요로 한다. 유럽은 통합된 세계경제—무엇보다 단일 유럽시장 창설의 전제가 되는—에 대한 참여도를 늘려야 하며, 이에 대해 정치적으로 후퇴가 용인되어서는 안된다. 농업 및 소수 비경쟁분야들을 제외한다면, 유럽 국적의 다국적 기업을 포함해 범세계주의자들의 이해가 보호주의자들의 이해를 누르고 우세를 점한 것으로 생각된다.

경제정책에서 유럽연합의 권위가 증대하고 그와 아울러 유럽이 '무역의 범세계화'를 요구하면서 대서양지역의 무역장벽과 왜곡을 공격할 새로운 빌미를 찾고 있다. 우루과이 라운드를 통해 범세계적인 다부문간 협상이 성공을 거두기가 얼마나 힘든가를 알 수 있었다. 반면, 최근에 유럽과 북미대륙 내부에 한층 의욕적인 자유무역조약들이 체결되었다.

만일 이 조약들이 관세와 무역에 관한 일반협정의 광대한 목적과 결합된다면, 이들 조약은 지역 차원의 자유무역지대와 연계되어 무역장벽의 범세계적 제거로 가는 유망한 방법이 될 것으로 생각된다.

미국과 유럽연합이라는 세계적인 두 경제대국 모두 전세계적인 자유무역으로부터 이득을 얻게 될 것이므로, 미국이 행하는 고독하고 무자비한 세계시장의 개방노력도 이제 대서양 동반자관계의 가장 중요한 중책이 될 것이다. 그리고 그 기점은 유럽연합과 나프타 사이의 장벽제거를 위한 협상이 될 것이다. 미국은 유럽지역 농부들의 저항이 전체협상과정에 장애가 되지 않도록 향후 어느 단계까지는 농업보조금에 대한 지원을 계속 연장하는 데 동의해야 한다[제3장에서 '트레버턴'은 다른 견해를 보인다]. 그때까지는 유럽연합의 공동농업정책은 막대한 잉여식량과 새로운 식량생산국이 유럽연합의 정회원국이 되면서 받는 압박으로 인해 소멸될 것이다.

대서양지역에다 가능하다면 많은 부문에서 자유무역을 창설하려는 협상을 통해 미국이 얻게 될 이득은 상당할 것이다. 일례로, 확장 일로에 있는 세계최대시장에 대한 접근이 개선되고, 경제적 통합이 더욱 강화되면서 그만큼 국력과 자원 및 안정도 증대되고, 지역 차원의 두 거대한 무역권을 한층 더 개방적인 하나의 세계무역체제 속에 편입된 지역권들로 변환시킬 수 있으며, 일본 및 중국과 같이 다른 국가들에게도 자유무역을 수용하도록 하는 견인력도 더욱 강화될 것이다. 나아가 다른 무엇보다도 이러한 구상은 냉전에서 승리한 대서양 동반자관계가 현재에도 생활수준의 향상이란 미국인들의 이해에도 일조하는 것임을 납득시키는데 도움이 될 것이다.

이에 대한 발의가 미국에서 나와야 한다면, 강력한 반향은 특히 독일과 영국 같은 유럽에서 나와야 할 것으로 생각된다. 그러나 북미자유무역지대 비준에 대한 논쟁에서 알 수 있듯이, 미국 시민들과 정치 지도자들 모두가 무역장벽의 제거와 경쟁이 미국의 경쟁력과 능력을 강화하고, 또 그 보상도 크다고는 생각하지 않는다는 사실이다. 미 행정부가 대서양자유무역지대를 추진하는 데 강렬한 애착을 보일지 그 여부를 결정하게 될 것은 이러한 정책을 대변하는 미 행정부가 대중으로부터 지지를 받게 되는 여부일 것이다.

대서양 동반자관계의 국내적 토대

유럽과 경제 및 안보의 지구적 동반자관계를 맺어 그 잠재력을 미국이 이용하려 할 경우, 미국은 국가경제와 안보 및 대외정책들을 총동원하는 노력을 보여야 할 것이다. 만일 미국의 동기가 불순하다면, 아무리 비전이 있어도 이는 어느 정부에게나 너무 벅찬 요구가 될 것이다. 여론의 반응이야말로 정책의 성공에 필수조건임을 감안할 때, 유럽과 의욕적으로 동반자관계를 맺는 그 이상에 대해 미국인들이 가진 생각을 살펴봄은 충분히 가치 있는 일일 것이다. 만일 보스니아가 아니었다면, 오늘날 미국인들에게 있어 유럽이 지닌 중요성은 그리 크지 않을 것이다. 따라서 미국인들이 이러한 동반자관계와 관련된 태도에 대한 고려가 있어야 한다.

세계 다른 지역에 대해 미국 시민들이 갖고 있는 최대 관심사는 특히 핵확산문제, 에너지 공급지의 확보, 마약과 불법이민의 유입, 일자리와 무역적자에 관한 것이다. 반면에, 침략에 대항해 약소국을 원조하고 빈국들의 개발을 지원하는 일에 대한 대중의 지지는 급감했다. 미국인들이 원하는 대외정책은 안전과 물질적 생활수준의 향상에 있다. 미국에 의해서 세계의 평화와 번영과 민주주의가 진작된다면, 이 또한 바람직스런 일이기는 하지만, 그것도 미국인들이 비용의 대부분을 부담할 필요가 없을 경우에 한해서이다.

애석하게도 이러한 견해는 세계 최강국다운 분명한 지도력과는 거리가 멀 것이다. 그러나 이는 만일 미국의 이해증진에 도움이 된다면, 부담의 일부는 물론이고 지도력의 일부까지도 분담하려는 것으로 간주되어야 한다. 핵확산, 에너지, 수출과 같이 현재 공론화되고 있는 관심사의 대부분은 일방적이 아니라 유럽과 의욕적으로 협력함으로써 더 잘 해결될 수 있을 것이 틀림없다. 그렇게 된다면, 책임을 공유하고 함께 행동하도록 하는 '새로운 대서양 동반자관계'의 이상도 대중적 호소력을 지니게 될 것이다.

유럽을 동반자로 삼으면 도움이 될 것이다. 과거에 비해 유럽에 대한 대접이 떨어지고 있는 것은 사실이지만, 전쟁의 위협이 사라진 현재에도 유럽에 대한 미국인들의 호감에는 변함이 없다. 일본과 달리 유럽은 일반적으로 경제적 위협이나 불공정한 무역관행과는 거리가 먼 것으로 생각하고 있다. 따라서 미국인들 대부분은 유럽통합을 바라고 있으며, 유럽 각국, 특히 독일과 영국은 캐나다와 함께 미국의 가장 환대받는 우방국의 반열에 있다.

미국의 국가적 관심사가 대서양에서 보다 역동적인 태평양 지역으로 전환되고 있음은 부인할 수 없는 사실이다. 동시에 이러한 사실이 유럽과 새로운 동반자관계에 있어 미국 내 여론의 지지를 모으는 데 장애가 되는 것은 아니다. 왜냐하면 그러한 관계는 책임과 지구적 의제를 더욱 공평하게 공유하는 것이기 때문이다. 저자의 경험에 비추어보았을 때, 서부 출신의 '정부 요인들'은 유럽의 중요성에 한층 더 큰 의미를 부여한다면, 동부 출신의 인사들은 태평양 지역에 더 큰 의미를 둔다고 할 수 있다. 그러한 전환은 실상에 있어 지구적 전망을 향한 것이었다. 물론 이것은 유럽과 미국 사이에 새로운 관계를 위한 전제가 되고 있다.

유럽과 동반자관계라는 개념이 정치적 흥분을 부추기거나 선거의 결과를 좌우하지도 않을 것이다. 기대에 부풀어 범대서양의 재탄생을 축하하는 일도 없을 것이다. 그러나 그 개념은 폭넓은 지지를 지속적으로 받아야 한다. 실용주의적 국제주의가 양 정당에서 득세하고 있다. '신 민주주의자'는 거래와 무역을 지향하는 자들이라는 자화자찬의 소리가 들린다. 이들의 의제는 범대서양 동반자관계에서 미국의 의제와 마찬가지로 경제적 통합에 근거해 강력하고 개방적이며 팽창적인 안정된 민주주의적 핵심지역이다. 흥미롭기는 하나, 이것은 공화당 내부의 '신사고론자'들이 제창하는 비전과 결코 다르지 않다. 하원의장 '깅그리치'는 미국 사회를 위한 우리(그)의 목표는 지구적인 것이 되어야 한다고 주장하였다. 그와 그의 추종자들은 자유기업사회로 이루어진 팽창적이고 통합된 하나의 공동체를 향해 전념하고 있으며, 그들이 미국 사회를 위해 지시하는 이러한 길은 그들의 모든 예비 추종자들도 따르게 될 길이기도 하다.

'대서양 동반자관계'에 대한 반대는 파편화된 것 같다. 여기에는 고립주의적 분파가 포함되는데, 이들은 지구적 경쟁과 경제적 상호의존이 미국은 물론이고 다른 국가들에게도 이롭다는 대다수 미국인들의 신념에 반대하는 자들이다. 또한 공화당 내부의 미국의 일방주의를 지지하는 측도 '대서양 동반자관계'를 반대하는 것으로 생각된다. 이들은 미국의 국제적 역할뿐만 아니라 미국이 대외국가들에 의존하는 것도 반대하기 때문이다. 선거전이 한창일 때, 일부 주류 정치인들은 이러한 요인들에 영합할 것이다. 그러나 유럽에게 더 큰 짐을 맡김으로써 얻게 될 자명한 이득에 대다수 미국인들은 경도될 것이다. 역으로, 만일 미국의 부유한 우방국들이 책임을 회피한다는 인식이 널리 퍼지면, 미국의 일방주의 및 그와 지근거리에 있는 고립주의는 정치와 정책입안 과정에서 세력을 얻게 될 것이다.

유럽과 새로운 동반자관계를 시작하는 일은 미국의 목표와 역할 및 미 우방국과 관련해서 보다 원대한 사명, 즉 일반의 관심과 전세계적 비전을 결속시키려는 사명 가운데 하나일 것이다. 동반자관계의 개념이 미국이 가진 모든 정책적 단면을 결정하거나 설명해줄 수 없듯이, 이로 인해 모든 문제가 해결될 수 있는 것도 아니다. 그러나 이로부터 절대적으로 필요한 관심의 초점이 마련될 수 있다. 그리고 이러한 개념에 의해 미국은 자신의 이해를 증진하고, 능히 감당할 만한 희생하에서 자신의 이상을 추진할 수 있을 것이다. 또한 이것은 미국인들에게 많은 면에서 공통되고 또 그들이 의지할 만한 다른 사회들이 자신들 사회 외부에 존재하고 있다는 사실을 다시 깨닫게 하는 데도 이바지할 수 있다.

그와 같은 가슴벅찬 관념들이 대서양 양 안의 접촉이 확대되면서 뿌리내릴 수 있게 될 것이다. 그리고 학생교류 및 유사한 프로그램도 유럽에 거주경험이 있는 미 군속과 그 가족의 대폭감소를 보충하는 데 도움을 줄 수 있다. 범죄와 보건과 약물남용과 교육 그리고 노령화 등의 대중적 문제를 해결하려는 실천적·지적인 노력들은 범대서양 협력을 강화시킬 뿐만 아니라 이로부터도 도움을 받을 수 있을 것이다. 이런 식으로 양 지역사회의 국내적 관심사들이 비슷해지면서 이 또한 동반자관계를 고무하게 될 것이다. 범대서양관계는 앞으로 외교관과 군인과 기업가들의 전문 영역이 아니라 비슷한 노력과 희망을 가진 사회들 사이의 통로가 되어야 할 것이다.

결론

물론, 미국은 이미 유럽과 동반자관계를 통해 공동이해를 추진하고 있다. 양 지역의 안보와 경제정책에서 협력은 일상화되어 있으며, 갈등은 예외적인 일이다. 범세계적인 중요성을 지닌 대다수 문제들에서 미국은 오랜 습관에서 비롯된 것이기는 하지만 유엔과 G-7과 북대서양조약기구 및 기타 기구들에서 유럽 동반자들의 지지를 얻기 위해 노력한다.

그러나 현재의 범대서양관계는 과거의 관행과 현재의 필요성에 의해 만들어진 기이한 변종이며, 미래를 위해서는 결코 바람직스럽지 않은 것이다. 이는 국내외적으로 미국의 중요한 이해에도 맞지 않으며, 유럽의 비범한 성공과 잠재력을 이용할 수도 없게 한다. 또한 이에는 세계를 주도하는 비슷한 성향의 두 세력이 야심적이고 범세계적으로 협력해야 한다는 강력한 전제도 결여되어 있다.

동반자관계란 미국의 연설이나 유럽의 사과 모두에서 미 지도력에 대한 강조를 줄인다는 의미일 것이다. 그러나 지도력의 공유도 지도력임에는 틀림없다. 이것은 범대서양관계는 새로운 목표와 분야의 확대, 제도개혁을 요구하고 있다는 사실을 유럽인들에게 설득시키기 위해 미국이 나서야 할 것임을 말하고 있다. 이에 대한 중요성을 유럽인들이 인식하기란 쉽지 않을 것이다. 그러나 더 큰 뜻을 품도록 유럽인들에게 요구해야 한다. 그리고 미국이 진실로 동반자를 원하고 있음을 유럽인들에게 깨닫게 해야 한다.

7 동유럽 주변지역에서의 안보문제들

스티븐 라라비

동유럽에서의 공산주의의 붕괴와 소연방의 해체는 미국과 유럽에 일련의 새로운 전략적 도전을 야기하고 있다. 냉전기간 동안 주된 도전은 소련의 군사력을 억지하는 것이었다. 오늘날에 주요한 안보상의 도전은 불안정한 동유럽 주변지역을 안정시키는 것이다. 바로 이곳에서 미국과 유럽은 대부분의 수많은 전략상의 도전과 어려운 정치적 결정에 직면해 있다. 이러한 도전들을 얼마나 성공적으로 처리하는냐의 문제는 유럽의 안보와 대서양을 가로지르는 관계형성에 매우 지대한 영향을 미칠 것이다.

미국뿐만 아니라 유럽 중 그 어느 한쪽도 혼자서는 이러한 도전들을 해결할 수 없다. 그러나 양 진영 모두는 동쪽지역으로 안정을 확대시켜 동유럽국가들과 구소연방이 유럽-대서양 제도들과 긴밀한 유대관계를 형성하는 것을 지켜볼 강력한 의지를 가지고 있다. 혼자서 행동하는 것보다 서로 협력함으로써 이러한 목표를 보다 수월하게 달성할 수 있다. 개별적인 전략은 서로의 정치적·경제적 능력을 과도하게 증대시킬 뿐만 아니라 파괴적인 경제적 경쟁과 무역전쟁을 초래하여 유럽-대서양 제도들을 약화시킬 것이며, 또한 유럽을 경제적·정치적 민족주의의 혼돈 속으로 몰아넣어 두 세력간의 전쟁을 초래할 수도 있다. 따라서 동유럽에서의 도전에 대처하는 데 새로운 동반자관계를 위하여 협력하는 것이

효과적이다.

또한 이러한 동반자관계의 속성은 변화의 필요성이 있다. 냉전기간 동안 주요 과제는 군사상의 안보를 제공하는 것이었고 미국만이 필요한 군사능력을 보유하고 있는 유일한 서방 강대국이었기 때문에 동유럽 문제를 다루는 데 중요한 부담을 미국이 책임져야 한다는 것은 타당한 일이었다. 하지만 냉전의 종식과 더불어 미국과 유럽이 동유럽에 대하여 직면하고 있는 도전의 속성이 변하였다. 오늘날의 도전은 소련으로부터의 군사력 위협을 억지하는 것이 아니라—비록 이것이 고려의 대상으로 남아 있기는 하지만—동유럽으로 정치적·경제적 안정을 확대시키는 것이 되었다.

이것은 유럽-대서양 제도들에 대한 근본적인 검토와 미국과 유럽 간의 새로운 임무의 분담을 필요로 한다. 보스니아에서 보여준 바와 같이 미국의 역할은 여전히 중요하지만 유럽의 역할은 더욱더 중요하다. 왜냐하면 오늘날 동유럽 주변지역으로 안정을 확대시키는 것은 정치·경제적인 분야가 군사적인 분야보다 비록 더하지는 않을지라도 동등한 것이 되었기 때문이다. 수많은 경우에 있어서 이러한 도전들을 맞이하는 데 미국이나 북대서양조약기구보다는 유럽연합이 더 효과적으로 대처할 수도 있다.

하지만 유럽연합 혼자서는 동유럽에 안정을 제공할 수 없다. 보스니아 사태가 증명했듯이, 유럽연합은 강력한 안보를 제공하려는 정치적 의지나 군사적인 완력을 가지고 있지 못하다. 단지 북대서양조약기구만이 이것을 할 수 있다. 게다가 북대서양조약기구는 유럽에 계속적인 미국의 개입을 보장하는 주요 수단이다. 사실 일부 분석가들이 예언했던 역할의 쇠퇴라기보다는 탈냉전시대의 유럽에서 안보 관리자로서의 북대서양조약기구의 역할은 사실상 계속 증가해오고 있다.

그러나 만약 탈냉전시대의 새로운 도전에 대응해야 한다면, 북대서양조약기구는 대규모의 변화과정을 겪어야만 할 것이다. 오늘날 서구의 주요 위협은 과거의 경우처럼 북대서양조약기구 회원국 영토에 대한 실현

가능성 있는 공격으로부터가 아니라 유럽 주변지역과 어떤 경우에는 유럽 역외에서의 불안정의 증대로부터 온다. 따라서 북대서양조약기구는 이러한 새로운 도선에 대처하기 위하여 재구성되어야만 할 것이다.[1)]

북대서양조약기구의 확대는 이러한 재구성의 일부분이다. 이는 새로운 군사적 위협이 있기 때문이 아니라 유럽확대와 동유럽으로의 안정확산이라는 보다 광범위한 과정의 일부분으로서 시행되고 있다. 이것은 또한 유럽연합의 확대도 포함된다. 비록 양 제도의 확대의 정확한 시간조절은 명확하지 않지만 폴란드, 헝가리 그리고 체코와 슬로바키아가 5년에서 10년 이내에 북대서양조약기구와 유럽연합 양쪽 모두의 회원국이 될 것으로 보인다. 북대서양조약기구와 유럽연합에 대한 이들 국가들의 가입은 서방국가들에게 중요한 교두보를 제공할 것이며 이들 국가들의 안정된 민주주의와 시장경제체제로의 이행을 도와줄 것이다.

이와 동시에 확대는 특히 회원국 자격으로부터 배제되거나 확대의 첫 논의에서 포함되지 못한 국가들로 인해서 확대된 제도들 그 자체에서는 일련의 딜레마가 발생할 것이다. 확대는 전체 유럽에서 전반적인 안정성을 강화하고 유럽의 새로운 분단선을 만들지 않는 방법으로 시행될 필요가 있다. 유럽과 미국의 협력관계는 회원국 자격으로부터 배제되거나 확대의 첫 논의에서 포함되지 못한 국가들을 어떻게 처리해야만 하는가? 어떻게 그들은 보다 더 광범위해진 서구 국가들의 전략에 부합할 수 있을까? 이러한 국가들을 처리하는 데 미국과 미국의 유럽 동맹국들 사이에 역할 분담이 이루어져야만 하는가?

본 장은 유럽의 주변지역, 특히 동쪽 지역에서 앞으로 다가오는 10년 사이에 미국과 유럽의 협력관계가 맞이하게 될 안보상의 도전과 정치적인 딜레마에 초점을 맞추고 있다. 헝가리, 폴란드, 체코 그리고 아마도 슬로바키아와 같은 비제가드(Visegard) 국가들은 유럽연합과 북대서양

---

1) 보다 자세한 논문은 다음을 참조. Ronald D. Asmus, Robert Blackwill and F. Stephen Larrabee, "Can NATO Survive?" *The Washington Quarterly*, vol.19, no.2, Spring 1996, pp.79-101.

조약기구의 회원국이 되고 그렇게 해서 확대된 미국과 유럽공동체의 완전한 일부분이 될 것이다. 그렇게 함으로써 발생되는 안보문제점들을 아주 자세히 고려하지는 않았다. 그 대신 '다른 유럽,' 즉 북대서양조약기구와 유럽연합의 확대에 대한 첫번째 논의에서 포함되지 않을 것 같거나 혹은 절대 회원국이 될 것 같지 않은 국가들에 대해 초점을 맞추고자 한다.

본 장은 여섯 개 부분으로 나누어져 있다. 첫번째 부분은 러시아에 대한 정책, 두번째는 발틱 국가들에 대한 관계, 세번째는 우크라이나에 대한 전망, 네번째는 발칸반도에서의 안보도전에 대한 고려 그리고 다섯번째는 터키의 특수한 문제점에 대하여 살펴보고자 한다. 터키는 현재 북대서양조약기구의 회원국이지만 유럽연합의 회원국은 아니며 앞으로 가까운 미래에 있어서도 회원국이 될 것 같지는 않다. 마지막 부분에서는 앞으로의 10년 간에 미국과 유럽의 협력관계가 직면하게 될 도전들에 대한 일부 정책상의 결론을 이끌어내고자 노력하였다.

러시아와의 관계 유지

아마도 미국과 유럽이 확대의 국면에 있어 맞이하고 있는 가장 크고 어려운 정치적 도전은 러시아와의 관계를 유지하는 것일 것이다. 미국과 미국의 유럽 동맹국들이 직면하고 있는 정치적 도전들은 냉전 종식 이후 중대한 변화를 겪고 있다. 냉전기간 동안에 주요한 도전은 소련의 군사적인 힘을 억지하는 것이었다. 미국은 유럽대륙에서 소련의 힘에 생존할만한 대응을 하기 위한 군사적인 힘과 '전력 범위'를 보유하고 있는 유일한 국가였다. 따라서 통합된 서구정책을 위해 미국이 주도적인 역할을 한다는 것은 당연한 일이었다.

그러나 냉전 종식은 중유럽의 안보상황과 미국과 유럽 동맹국들의 '러시아 문제들'에 대한 본바탕을 완전히 바꿔놓고 있다. 러시아의 힘은 유럽의 중심부로부터 동쪽으로 약 1,000km 가량 떨어진 곳에서 계속적으로 축소되고 있다. 현재 러시아와 중유럽 사이에 중요한 형태의 완충국인 우크라이나 독립국이 존재한다. 현재 러시아는 그곳에서 유럽이나 미국의 이익에 심각한 군사적 위협이 되지 않고 있으며, 가까운 장래에도 그럴 것이다.

오늘날에 있어서 서구국가들의 이익에 대한 진정한 위협은 러시아의 군사력이 아니라 러시아의 정치적·경제적 취약성이다. 위험한 것은 바로 러시아의 개혁이 실패로 끝난 결과로 야기되는 불안정성이 유럽, 특히 동유럽으로 전파되거나 혹은 러시아에서 더욱더 강력한 민족주의가 발현하는 것이다. 그런 까닭에 미국과 유럽이 직면하고 있는 주요한 도전은 러시아의 군사력을 억지하는 것이 아니라 러시아의 개혁과정을 도와주어 확대된 유럽 안보구조 속으로 러시아를 끌어들이는 것이다. 외견상 민주주의적이고 유럽체제 속에 포함된 러시아는 고립되고 민족주의적이 되어 지구상에서 그들만의 생존공간을 찾아헤매는 것보다는 훨씬 더 협력적인 동반자가 되거나 혹은 적어도 덜 호전적인 위협이 되리라 여겨진다. 또한 미국과 미국의 유럽 동맹국들은 만(Thomas Mann)의 표현에서 '독일화된 유럽이 아닌 유럽화된 독일'을 원했던 것처럼, 전체 유럽체제와 진행과정에 긴밀히 결합되어 있는 '유럽화된 러시아'를 바라고 있는 것이다. 이것이 러시아 민족주의와 신제국주의의 부활을 막는 최선의 방지책인 것이다.

확대된 유럽체제와 그 과정에 통합된 안정적이고 민주화된 러시아는 또한 다른 주요한 안보문제들, 특히 핵문제에 대한 고려를 훨씬 더 쉽게 해줄 것이다. 러시아는 약 7,000개의 전략 핵탄두를 자기 영토 내에 보유하고 있다. 이러한 핵탄두의 감소와 통제는 미국과 유럽 모두의 이익에 관련되는 것이다. 이러한 핵탄두에 대한 통제의 약화는 이 중 일부가 협박이나 위협의 수단으로 핵을 이용할지도 모르는 테러리스트들이나 반서구 단체의 수중에 들어갈지도 모른다는 위험을 증가시킬 수 있다. 그러나 이러한 무기들에 대한 통제를 확실히 하기 위해서는 러시아의 입장에서는 어느 정도 주제넘게 간섭하는 듯한 사찰과 협력을 필요로 한다. 러시아와 서방국가들과의 관계가 원활해서 서방국가들이 협력적인 동반자로 여겨진다면, 그렇게 발생하는 협력은 서로의 관계가 나빠서 서방국가들이 무관심하거나 적대적인 것으로 여겨질 때의 협력보다 훨씬 더 빨리 이루어질 것이다.

그러므로 미국과 유럽에게 러시아의 안정된 민주주의로의 이행과 유럽 안보체제로의 통합의 성공여부는 양쪽 모두에게 중대한 이익과 관련되어 있다. 하지만 앞으로 예상해볼 수 있는 가까운 장래에 있어서, 러시아는 영토가 너무 방대하고 또한 경제는 상당히 취약하고 미개발 상태라서 유럽연합에 들어오기에는 쉽지 않을 것이다. 또한 북대서양조약기구에 있어서 러시아의 회원국 자격도 문제가 된다. 이는 동맹의 근본을 완전히 바꿔놓을 것이다. 게다가 북대서양조약기구의 회원국이라는 것이 함축하고 있는 바가 그들의 자유로운 행동에 있어서 어떠한 형태로든 제약을 가할 것이라는 점을 러시아의 군부가 받아들일지는 불분명하다. 그리고 2,300마일에 달하는 중국과의 국경을 방어해야 한다는 생각은 대부분의 북대서양조약기구 기획자들의 생각을 머뭇거리게 하기에 충분하다.

그런 까닭에 북대서양조약기구에 러시아의 회원국 자격은 가까운 장래에서는 현실적인 선택이라 보여지지 않는다. 그렇긴 하지만 미국과 미국의 유럽 동맹국들은 러시아와의 협력에 문호를 개방하고 러시아가 전체 유럽체제 속으로 깊숙이 들어오도록 노력할 필요가 있다. 비록 단기적으로는 러시아와 서방국가들과의 관계가 냉각될 수도 있지만, 러시아 정부는 서방과의 모든 관계를 단절하고 완전한 고립으로 나아가기를 원치 않을 것이다. 비록 공산당이 이끄는 러시아 정부일지라도 서방과의 경제적인 연계, 특히 유럽과의 강력한 경제적 긴밀함을 유지하고자 할 것이다.[2] 그리고 냉전기간 동안에도 지속되었던 것처럼, 일부 무기들에

---

2) 러시아 국방부 차관인 코코신(Andrei Kokoshin)은 "우리 러시아에 유럽과 유럽 영역은 가장 중요시되는 지역이다. 이는 여기가 우리의 안보가 위협받고 있다거나 주요한 분쟁들의 원인이 존재해서가 아니라 유럽은 우리들이 선의의 조건으로 선진국들과 협력할 수 있는 주요한 장소이기 때문이다"라고 인정한다. Andrei Kokoshin, "Russia's Interests Centre on Europe, But It Has Interests in

대한 군축협상에 임하려는 필요성은 계속 유지될 것이다.

게다가 러시아의 외교정책상 선택의 범위는 한정되어 있다. 일부 러시아 관료들은 만약 북대서양조약기구가 확대된다면, 러시아는 중국과 전략적인 동맹을 체결할지도 모른다는 암시를 하고 있다.[3] 그러나 그러한 위협은 다른 심각한 선택보다 훨씬 강한 반발을 반영하고 있다. 러시아는 서방보다 중국으로부터의 위협을 더 강하게 느끼고 있다. 중국과의 그러한 전략적인 동맹을 체결하기 위해 이미 앞서 진행되었던 노력들은 문제점들을 야기시킨 채 단기에 끝나고 말았다. 현재로서는 그러한 노력들이 훨씬 더 성공적이라는 어떠한 이유도 보이지 않는다. 더군다나 오랜 기간 동안 중국도 러시아와의 동맹보다는 서방국들과의 증진된 연계로 인해 얻은 바가 훨씬 더 많았다.

이와 유사하게 러시아가 독립국가연합을 위협하여 정치-군사적 상호지역동맹을 체결하리라는 것도 실현불가능해보인다. 러시아는 그러한 지역동맹체를 형성하고자 몇 년 동안 계속 노력해오고 있지만 주목할 만한 성과는 미미한 편이다.[4] 벨라루스(Belarus)의 경우를 제외하고는 그런 계획에 열정을 보인 국가는 거의 없었다. 1995년 11월 전외무부장관인 코지레프(Kozyrev)는 "지도를 들여다보면, 우리는 누구와 함께 동맹을 맺어 북대서양조약기구에 맞서야 할지를 모르겠다"고 솔직히 시인했다.[5] 몰도바(Moldova), 투르크메니스탄(Turkmenistan) 그리고 우크라이나는 독립국가연합 내에서 집단안보체제를 구축하려는 어떠한 노력에도 반대하고 있다.

실현가능성 있는 세번째 선택은 러시아가 미국과 미국의 유럽 동맹국

Asia as Well," *International Affairs*(Moscow), no.2, February 1995, p.41.

3) John Thornhill and Bruce Clark, "Russia Waves China Card in NATO's Face," *Financial Times*, November 16, 1995.

4) 최근의 문제점들에 대한 보다 자세한 논문은 다음을 참조. Andrej Sagorskij, "Was fur eine GUS erfullt ihren Zweck?" *Aussenpolitik*, vol.46, no.3, 1995, pp.263-269.

5) *Monitor*, vol.1, no.148, November 30, 1995.

들을 갈라놓을 의도에서 유럽통합 지지정책을 추구할 것이라는 점이다. 이 방안을 선택할 경우, 러시아는 모든 서방국들과의 관계를 단절하지 않고 선택적으로 동맹을 맺는 정책을 추진하여 유럽연합과의 긴밀한 연계를 도모하고 그리고 개별적인 유럽국가들, 특히 독일을 동맹대상으로 삼는 반면, 미국이나 북대서양조약기구와는 냉담한 관계를 추진할 것이다. 이러한 정책의 목표는 미국과 유럽국가들의 차이점을 이용하여 유럽국가들이 더욱더 '독자적인' 노선을 추구하도록 부추기는 것이 될 것이다. 북대서양조약기구가 약화되고 유럽에 대한 미국의 영향력이 감소되면, 러시아는 군사적으로 약화되고 정치적으로 와해된 유럽을 다루는 데 훨씬 더 강력한 위치를 점할 수 있을 것이다.

그러나 그러한 정책은 단지 미국이 또다시 고립주의로 복귀하고 유럽으로부터 물러날 때에만 가능할 것이다. 만약 그렇게 된다면 독일이 러시아와 긴밀한 관계를 추구하고자 시도할 수도 있다. 하지만 현재 미국은 유럽에 간여하지 않겠다는 어떠한 심각한 의도도 보이지 않고 있다. 클린턴 행정부는 앞서의 부시 행정부와 마찬가지로 유럽에 대한 미국의 개입을 외교정책상의 근본원칙으로 계속 추진해오고 있다.[6] 그리고 뷰캐넌(Pat Buchanan)과 같은 극우주의자에 속하는 일부 고립된 인물들을 제외하면, 클린턴 행정부에 대한 대부분의 공화당원들의 비판은 유럽에서 손을 떼고 물러나는 것보다는 미국과 미국의 유럽 동맹국들 간의 역할분담을 더욱더 공평하게 하는 것을 선호하고 있다. 이런 경향이 계속 지속되는 한, 미국과 미국의 유럽 동맹국들 사이를 갈라놓으려는 러시아의 노력은 성공할 가능성이 거의 희박해보인다.

간단히 말해서 오랜 기간 동안 러시아는 서방측과 연합할 현실적인 대안을 거의 가져보지 못했었다. 만약 북대서양조약기구가 확대된다면, 단기적으로 볼 때 러시아와 서방측과의 관계는 냉각될지도 모른다. 하지만 이것이 새로운 냉전체제로의 돌입을 유발하지는 않을 것으로 보인다.

---

6) Richard C. Holbrooke, "America, A European Power," *Forein Affairs*, vol.74, no.2, March/April 1995, pp.38-51.

러시아는 과거 냉전기간에도 그러했듯이, 여전히 협력으로 인한 이익을 보유하고 있을 것이다. 유럽에서 러시아에 관한 최고 전문가인 다시체프(Vyacheslav Dashichev)는 다음과 같이 지적해오고 있다. "러시아는 지금도 그렇고 앞으로도 오랫동안은 너무 취약해서 스스로 유럽의 서방측과 직접 대면하기를 꺼려 할 것이다. 게다가 결국에 가서는 자립주의 정책은 자취를 감출 것이다. 조만간 러시아는 유럽통합과정 속으로 빨려들어갈 것이다."[7]

이상에서 살펴본 바에 의하면, 비록 단기적으로는 이러한 협력에 문제가 있다 하더라도 유럽연합과 북대서양조약기구의 동유럽 중심으로의 확대에는 장기적인 전략면에서 고려된 러시아와의 협력을 강화하는 방안이 보완되어야 한다. 이러한 전략이 목표로 해야 하는 것들은 다음과 같다.

- 러시아에서의 개혁을 안정시킬 것
- 러시아를 모든 유럽체제와 통합과정에 더욱 긴밀히 연결시킬 것

이러한 전략은 안보상에서뿐만 아니라 정치·경제적인 면에서도 필요하다. 경제적인 측면에서는 유럽연합을 통한 미국의 유럽 동맹국들이 중요한 역할을 담당해야만 한다. 유럽연합은 현재 러시아의 가장 큰 무역파트너로서 러시아 전체 해외 무역량의 37%를 차지한다. 또한 러시아에 대한 모든 서방국 경제원조의 75%를 담당하고 있다. 이와 같이 유럽연합이 러시아에 대한 미국과 유럽의 경제적인 정책을 추진하고 경제협력을 이끌어나가는 역할을 담당하는 것이 중요하다.

동반자관계와 협력에 대한 합의서 서명으로 타결된 1994년 7월에 있었던 코푸(Corfu) 정상회담은 계속적으로 중요한 출발을 보이고 있다. 본 협정은 관계 확대에 대한 전반적인 기본원칙을 제시하여 러시아를

---

7) Wjatscheslaw Daschitschew, "Am Scheideweg. Russland, Europa und der Nachlass des Zweiten Weltkriegs," *Osteuropa*, vol.45, no.5, May 1995, p.422.

유럽체제와 세계체제 속으로 좀더 확실하게 끌어들이고자 하는 유럽연합의 바람을 나타내는 중요한 신호이다. 본 협정은 1998년에 자유무역협약을 이끌어내기 위한 충분한 노력이 이루어지고 있는지 여부를 측정하기 위하여 재검토되고 있다.

그외에도 1994년 말에 유럽연합은 동반자관계와 협력에 대한 합의서의 전신이 되는 무역규정들을 보완하기 위하여 러시아와 잠정적인 무역협정을 채결하였다. 1996년 2월부터 구속력을 갖게 된 이 협정은 1998년까지 러시아 생산품에 대한 유럽연합의 수입 할당량을 줄여갈 것이다(방직물과 철강 그리고 핵연료는 제외된다). 이는 또한 러시아가 조절이 필요한 지역에 대한 수입규제를 부과하는 것도 허용하고 있다. 이 협정은 외국의 직접투자를 위한 보다 개선된 조건들을 제공하는 데 일익을 담당할 뿐만 아니라 유럽연합과 러시아 간의 점진적인 무역의 확대를 이끌어낼 것이다.

러시아의 개혁이 추진일로에 있다면, '만약' 거대한 유럽연합과 러시아 간의 무역은 결국 유럽연합 밖에서 이루어지는 거래의 약 10%에 이를 것으로 예상된다. 유럽연합은 결국 러시아와의 자유무역협정을 기꺼이 체결하리라 여겨진다. 하지만 이것은 어디까지나 유럽연합이 그렇게 하고자 할 경우이다. 브뤼셀 회담에서 유럽연합은 러시아의 회원국자격을 위한 어떠한 지지도 보내지 않았다. 그럼에도 불구하고 유럽연합과 러시아 간에는 더 커다란 경제적 상호작용을 위한 상당한 분야가 존재한다.

유럽연합과 러시아와의 관계가 얼마나 발전할 것인가는 전적으로 러시아에서의 국내적인 변동과정에 달려 있을 것이다. 무엇보다도 비에너지 부분에서의 수출을 확대하고 외국의 직접적인 투자유치 능력에 달려 있다. 러시아는 가능성 있는 커다란 시장과 방대한 천연자원들을 보유하고 있기 때문에 외국자본을 위한 강력한 유인을 가지고 있다. 그러나 지금까지 외국의 직접적인 투자는 비교적 작았다.[8] 이는 여러 가지 요인들 때문이다. 즉 국가의 경제적이고 정치적인 미래에 대한 불확실성과 높은 비율의 세금, 넓은 분야에 만연해 있는 법적인 불확실성, 관료적 형식주의와 비효율성, 투명성과 정책결정과정에서의 일관성의 결여, 범죄, 매수 그리고 자본의 수입에 대한 엄격한 규제 등이다.

러시아 정부는 최근에 이러한 문제점들을 시정하기 위한 조치를 취하고 있지만, 그러한 과정은 천천히 진행되고 있다. 또한 국민들 사이에는 50년 간에 걸친 공산주의 통치가 남긴 유산인 러시아의 국가재산을 "팔아버리고 있다"는 강력한 저항이 만연하고 있다. 이러한 문제점들 중 대부분은 변화과정에 있어서의 성장에 따른 고통의 일부분이다. 하지만 이러한 문제점들은 동유럽에서보다 러시아에서 훨씬 더 심각하며, 급속한 속도로 증가하여 외국의 직접적인 투자와 러시아의 세계경제로의 전반적인 통합에 심각한 방해물로 남아 있을 것 같다.

유럽 내에서 독일의 역할이 특히 중요할 것이다. 독일은 유럽연합 내에서 러시아의 가장 큰 무역 상대국이다. 또한 독일은 유럽연합 내에서도 외국경제 협력에 대한 가장 큰 기여자이다. 독일은 모든 유럽연합 재정의 원조에 있어서 80% 이상을 기부하고 있다. 그리고 유럽연합의 외국인 직접투자의 1/2 이상을 부담하고 있다. 하지만 독일 혼자서 이러한 모든 짐들을 짊어질 수는 없다. 더군다나 독일의 산업가들 중 많은 사람들이 경제적·정치적 불안정성과 외국투자를 이끌 만한 우호적인 동기의 결여 때문에 러시아 투자에 조심하고 있다. 이러한 조건들이 개선될 때까지 유럽의 투자는 말할 것도 없고 독일의 투자는 제한된 체로 계속될 것이다.

러시아를 세계경제 속으로 통합시키고 서방 경제제도들과의 긴밀한 유대를 증진시키려는 노력은 안보영역에서의 확대된 문제들, 특히 북대서양조약기구의 확대로부터 영향을 받을 것이다. 러시아는 북대서양조

---

8) 국제연합의 유럽경제위원회에 의한 보고서에 의하면 1995년 말 러시아에 대한 외국의 투자액은 55억 달러였다. 이는 동유럽에서 외국투자의 가장 많은 수납국인 헝거리(112억 달러)에 대한 투자액의 절반에도 못 미치는 수준이다(*The Budapest Sun*, July 25~31, 1996).

약기구의 확대에 대하여 강하게 반발하고 있다. 이것은 북대서양조약기구의 확대가 유럽에서의 새로운 분단선과 러시아 특유의 고립을 이끌어낼 것이라는 러시아의 두려움 때문이다. 원칙적으로 유럽연합과 북대서양조약기구 양쪽 모두에게 확대의 주요 목표인 중동부유럽의 안정은 러시아에게도 역시 이익이 되어야 한다는 것이다. 러시아 서부국경의 불안정성의 증대는 러시아 안보보장을 감소시키기 때문이다. 그러나 러시아의 공직자들, 특히 군부 내에서는 계속적으로 북대서양조약기구를 대체적으로 냉전시대에 있었던 제로섬 관계로 바라보고 있다. 그들에게는 북대서양조약기구를 확대하려는 어떠한 노력도 러시아의 안전보장을 감소시키려는 것으로 보여질 것이다.

그러나 북대서양조약기구의 확대에 대한 러시아의 반대는 1996년 초반 이래로 점차 완화되기 시작했다. 1996년 6월 베를린에서 있었던 북대서양조약기구 각료회의에서 프리마코프(Primakov) 외무장관은 러시아는 '원칙적으로는' 북대서양조약기구의 확대를 반대하지 않는다고 언급했다. 그가 언급한 러시아의 주요 관심사는 북대서양조약기구의 '하부조직'이 러시아국경 근처에까지 배치되지 않는 것이라고 말했다.[9] 그러한 언급은 러시아는 북대서양조약기구의 확대로 인한 서방국들과의 커다란 충돌을 회피하고자 하는 길을 모색하고 있으며 새로운 회원국의 영토에 핵무기를 배치하는지, 아닌지 혹은 외국군대가 주둔하는지의 여부 등 확대로 인한 군사상의 변화가 중요할 것이라는 것을 암시해준다.

그러나 현재의 안보환경 내에서는 새로운 회원국들의 영토에 핵무기를 배치할 필요는 없다. 노르웨이 같은 북대서양조약기구의 회원국은 자국 영토에 핵무기의 배치를 반대한다. 뿐만 아니라 현재의 상황하에서는 새로운 회원국의 영토에 대규모의 외국 전투부대가 주둔할 필요는 없는

---

9) Primakov's interview in *Komsomolskaya Pravda*, June 11, 1996.; "Russia Softens Opposition to NATO Enlargement," *Interntional Herald Tribune*, June 5, 1996.; Bruce Clark, "Bonn Says Russia Easing NATO Stance," *Financial Times*, June 5, 1996.

것이다. 북대서양조약기구는 국력방안에 대한 전략을 통해 헌장 5장에 있는 안보보장의 이행을 위한 북대서양조약기구에 대한 위임을 수행할 수 있을 것이다.[10] 사실 평시에는 핵무기나 대규모의 전투부대가 주둔하지 않는 노르웨이 모델이 중동부유럽을 위한 최상의 형태가 되리라 보여지며, 확대문제로 인한 러시아와의 현재의 긴장상태를 제거하는 데 도움이 될 것이다.

또한 미국과 미국의 유럽 동맹국들은 북대서양조약기구 평화유지군의 경험에 기반을 둘 필요가 있다. 보스니아에서 북대서양조약기구가 이끄는 평화유지군에 참여하겠다는 러시아의 결정과 러시아 부대를 미국 사령관의 지휘하에 두겠다는 것은 미래의 북대서양조약기구와의 협력을 향한 러시아의 태도를 위한 광범위한 함의를 가질 수 있는 중요한 돌파구를 제공하여준다. 러시아가 매일매일 북대서양조약기구와 함께 작전을 수행하는 것에 익숙해짐에 따라, 북대서양조약기구에 대한 군사적인 적대심은 점차 완화될 수 있으며 협력으로 인한 확실한 이익을 도출해내는 데 도움이 될 수 있다. 그렇게 된다면 장기적인 측면에서 협력의 확대를 위한 길도 마련되는 것이다.

또한 북대서양조약기구 자체의 구조적인 개혁도 러시아의 동맹에 대한 인식에 중요한 함의를 가질 것이다. 동맹이 이제 더이상 근본적으로 러시아에 적대적으로 형성되지 않았다는 것을 보여주면 줄수록 북대서양조약기구는 자국에 적대적이라는 러시아측의 논쟁을 반박할 수 있고 확대에 대한 러시아의 우려감을 보다 더 완화시킬 수 있을 것이다. 그러므로 이 책의 저자들이 옹호했던 바와 같이, 영토방위(제5조)보다는 위기관리(제4조)에 더 많은 초점을 두는 북대서양조약기구의 개혁은 앞으로 다가오는 10년 동안 반드시 변화될 서방국가들의 이익에 동맹이 좀더 효율적으로 대처할 수 있게 할 뿐만 아니라 러시아와의 좀더 협력적

---

10) 보다 자세한 논문은 다음을 참조. Ronald D. Asmus, Richard L. Kugler and F. Stephen Larrabee, "NATO Expansion: The Next Steps," *Survival*, vol.37, no.1, Spring 1995, pp.7-33.

인 관계 설립을 훨씬 더 용이하게 해줄 것이다.

발틱에서의 난제들

그와 동시에 대서양동맹은 확대의 첫 논의에서 포함되지 않았던 국가들, 특히 발틱제국들을 다룰 전략들을 발전시킬 필요가 있다. 현재 발틱 문제는 등한시되고 있다. 그러나 이 문제는 유럽연합의 확대논쟁에서 점차적으로 중요시될 것이다. 원칙적으로 유럽연합과 북대서양조약기구의 회원국 자격은 분리된 영역의 문제이다. 그러나 유럽연합의 회원국들은 발틱영역에서의 안보상의 측면이 명확하게 될 때까지 발틱국가들을 어떻게 처리할 것인가에 관해 합의를 보지 못한 것 같다. 이런 측면에서 보았을 때, 원칙적으로 두 영역은 밀접하게 연관되어 있다.

발틱영역은 사실 '잠자는 사람' 혹은 '망쳐버리는 사람'으로 판명될 수 있다. 만약 발틱 영역을 잘못 다룬다면, 그것은 확대과정을 완전히 망쳐놓을 수 있다. 노르딕국가들(덴마크, 스웨덴, 핀란드)은 발틱국가들이 유럽연합과 북대서양조약기구 모두의 회원국이 되는 것을 강력하게 지지하고 있다. 그렇기 때문에 발틱국가들이 어느 제도에서 배제되는 것은 유럽연합과 북대서양조약기구 내에서의 분열을 초래할 수 있으며, 어쩌면 확대과정 자체가 이탈될 수도 있다.

또한 발틱국가들을 북대서양조약기구에 가입시키는 것은 러시아와의 매우 복잡한 관계를 유발할 수도 있다. 러시아 관료들은 발틱국가들을 구소연방의 국가들과는 분리된 범주에 두고 있다. 그러나 러시아는 발틱국가들과 북대서양조약기구와의 연계에 대하여 극도의 민감성을 보이고 있다. 러시아는 발틱국가들을 북대서양조약기구에 통합시키려는 어떠한 시도도 이를 러시아의 안보에 대한 심각한 위협으로 간주하겠다는 점을 분명히 하고 있다. 또한 러시아는 공식적으로 발틱국가들 중, 특히 에스토니아에 있는 러시아 소수민족의 대우에 대하여 계속적으로 불만을 토로하고 있다.

그러한 상황들은 분명히 발틱국가들을 초조하게 만들어 서방국가들의 제도들, 특히 북대서양조약기구와의 밀접한 연계로 나아가고 싶은 욕구를 증대시키고 있다. 1996년 5월 말 빌니우스(Vilnius)에서 있었던 발틱국가들의 정상회담에서 세 명의 대통령들은 북대서양조약기구와 유럽연합에 가능한 한 빠른 시일내에 참여하고 싶다는 자신들의 열망을 반복했었다.[11] 발틱국가들의 지도자들은 확대가 단순히 비제가드 국가들에 제한되어서는 안된다고 논의한다. 그들은 북대서양조약기구 회원국 자격을 얻기 위한 압력과 어쩌면 가능할지도 모르는 유럽연합의 회원국 자격에 만족해야만 한다는 서방 관료들의 발언에 대해 강하게 반발하고 있다.[12]

그러나 북대서양조약기구 회원국들 중 상당수는 몇 가지 이유에서 발틱국가들의 북대서양조약기구 가입에 대해 조심하고 있다. 첫째, 발틱국가들은 군사적으로 방어하기가 힘들다. 두번째, 앞서 보았듯이, 러시아가 발틱국가들의 북대서양조약기구의 가입을 결사적으로 반대하고 있다. 일부 러시아 관료들은 만약 북대서양조약기구가 그들을 받아들이기로 한다면 러시아는 발틱국가들에 대해 예방적 차원의 군사적 행동을 취할 것이라는 점을 암시할 정도로 강경한 입장을 취하고 있다. 셋째 라트비아와 에스토니아는 러시아와의 국경분쟁이 아직 해결되지 않은 상태이고 그들의 영토에 많은 러시아 소수 민족들이 살고 있다. 대다수의 동맹 가입국들은 발틱국가들의 회원국자격 부여로 북대서양조약기구와 러시아가 대립으로 향하는 상황을 두려워하고 있다. 특히 러시아는 그들 소수 민족에 대한 보호를 러시아 외교정책과 군사적 독트린의 중요한 부분으로 간주해오고 있다.

---

11) Burton Frierson, "Baltic Presidents. We Go West Together," *Baltic Times,* May 30~June 5, 1996.

12) 발틱 지도자들은 독일 국방장관인 루에(Volker Ruhe)가 1995년 8월 발틱국가들의 방문시 발틱국가들은 조만간에는 북대서양조약기구에 가입하지 못할 것이라는 발언에 대해 상당히 분개했다. "Es gibt da schon Unterschiede" and "Das darf Herr Ruhe nichttun," *Frankfurter Allgemeine Zeitung*, August 23 and 24, 1995, respectively.

이러한 이유들 때문에 발틱국가들은 확대의 첫 논의에서 포함되지 않을 것이다. 덴마크의 예외가 있기는 하지만, 북대서양조약기구 내의 어떤 국가도 발틱국가들의 회원가입에 대한 조기 승인을 강하게 지지하지는 않을 것이며, 비공식적으로는 이에 반대할 것이다. 지금까지 대서양 동맹은 이러한 문제에 대하여 술책을 쓸 수 있었기 때문에 새로운 회원국들에 대한 어떠한 결정도 내리지 못한 체 논쟁만 해오고 있다. 하지만 유럽연합 확대과정에 대한 논의와 북대서양조약기구가 동맹의 확대에 대해 그들 자신의 결정쪽으로 옮겨가고 있는 문제에 대해 적당히 꾸며대기는 점차 어려워질 것이다. 그렇기 때문에 미국과 미국의 유럽 동맹국들은 발틱의 독립과 서방국가들에게 확고한 교두보를 제공하기 위하여 '발틱 패키지'를 발전시켜나갈 필요가 있다.

이러한 패키지에는 다음과 같은 요소가 반드시 포함되어야 한다.

- 유럽연합의 회원국 자격
- 서유럽연합에서 도움을 줄 수 있는 동반자로서의 지위
- 북대서양조약기구 내에서 미국과 미국의 유럽 동맹국들과의 강화된 상호 안보동맹
- 노르웨이 국가들과의 보다 긴밀한 방위 협력
- 북대서양조약기구 회원국 자격에 대한 궁극적인 문호개방

서방정책의 근본적인 목표는 발틱국가들을 할 수 있는 한 최대로 서방국가들에게 확고히 연계시키고 발틱국가들에 대한 러시아의 있을 수 있는 간섭이나 압력에 대한 비용을 증대시키자는 데 있다. 이를 위한 최선의 방법은 가능한 한 빨리 발틱국가들을 유럽연합에 통합시키는 것이다. 그렇게 한다면 러시아의 압력이나 간섭은 유럽연합 및 유럽 전체와 러시아와의 관계에 심각한 결과를 가져올 것이다. 이 점은 러시아의 군사적 행동에 대한 정치적 억지력으로 작용하거나 혹은 적어도 러시아의 지도자들이 발틱국가들에 대해 압력을 가하는 데 수반되는 정치적 비용

을 심각하게 고려하게 만들 수 있다.

발틱국가들의 유럽연합으로의 통합은 그들 국가경제의 작은 경제규모와 대규모의 농업지대의 부재, 세 개의 발틱국가 내에서 진행되고 있는 경제개혁의 전반적인 진행과정 등을 고려할 때 비교적 쉬울 것이다. 그런 까닭에 새 회원국들의 첫번째 부류에 그들을 포함시켜 빠른 속도로 진행하는 것이 이익이 될 것이다. 이것은 발틱의 안보를 강화하기 위한 유럽의 임무수행에 대한 강력한 신호가 될 것이며, 러시아에 대하여 유럽은 이들 국가들을 유럽-대서양 공동체의 일부분으로 여기고 있다는 중대한 실례가 될 것이다.

잠재적인 '뒷마당' 안보 위임을 피하기 위해서, 발틱국가들은 먼저 유럽연합의 회원국이 되어야 하며, 서유럽연합 내에서 협력적인 동반자로서의 지위(그들의 현재 지위)를 계속 유지하거나, 핀란드의 경우처럼 참관인으로서의 지위를 받아들이는 데 동의해야 할 것이다. 그와 동시에 북대서양조약기구 회원국이 되기 위한 순탄한 진행을 위한 문호를 개방해 놓아야 할 것이다. 만약 발틱국가들이 북대서양조약기구에 통합된다면, 동시에 서유럽연합의 완전한 회원국자격을 승인받을 수 있을 것이다.

그외에도 서방국가들은 발틱국가들과의 상호 방위협력을 증진시켜야만 할 것이다. 최종 목표는 발틱국가들이 외부의 군사적 공격으로부터 자신들을 방어할 능력을 증진시키고 침략국가가 지불해야만 하는 기회비용을 증대시키는 것이 되어야만 한다. 첫번째로 소규모 무기의 공급과 국경방위를 위한 발틱국가들의 능력 강화에 중점을 두어야만 한다.

미국은 현장에서 물러나 뒤에서 지원하는 역할을 맡는 가운데, 핀란드와 스웨덴, 덴마크가 주도를 하는 것이 바람직하다. 노르웨이 국가들은 발틱국가들의 가장 적합한 동반자들이다. 이것이 미국이 앞에 나서서 눈에 띄는 역할을 맡는 것보다는 러시아를 덜 의아하게 여기게 할 것이다. 노르웨이 국가들은 이미 많은 것들을 해오고 있다. 덴마크는 발틱평화유지군(BALTBAT)의 발전을 지원하는 데 주도적인 역할을 하고 있고, 스웨덴과 핀란드는 낮은 수준의 방위와 안보협력을 제공해오고 있다.

평화를 위한 동반자관계도 역시 발틱국가들과의 실제적인 군사협력을 확대하고 북대서양조약기구와의 유대를 강화하는 데 간접적으로 유용한 수단들을 제공한다. 발틱국가들은 덴마크 부대의 일원으로 보스니아 북대서양조약기구의 평화유지군에 참여하고 있다. 이러한 부대는 결국 노르웨이 국가들의 군단에 속한다. 이러한 군단에는 노르웨이 국가들뿐만 아니라 폴란드 부대도 소속되어 있으며 전체적으로 미국사령관의 지휘를 받는다. 평화유지군의 경험은 발틱국가들에게 북대서양조약기구와의 긴밀한 협력의 실제적인 경험들을 제공할 것이며, 또한 노르웨이 국가들과의 군사적인 유대를 강화하기도 할 것이다.

그러나 노르웨이 국가들은 공이 혼자 굴러가게 내버려두어서는 안된다. 다른 유럽국가들, 특히 영국, 폴란드, 독일도 역시 안보협력을 제공하는 데 강력한 지지적인 역할을 수행해야만 한다. 예를 들어 발틱지역에서의 폴란드-독일-덴마크의 군사적 협력은 종국적으로 발틱국가들을 포함시키는 쪽으로 확대될 수 있을 것이다. 사실 몬스(Mons)에 위치한 유럽연합군최고사령부와 같은 경우가 아니고, 제한된 지역의 통제를 받는 발틱국가들의 연락장교를 두는 것이 유용할 수도 있다. 이것은 실질적인 차원에서 이들 장교들에게 북대서양조약기구와 협력하는 데 직접적인 경험을 제공할 것이며, 장래 발틱국가들이 북대서양조약기구에 통합되는 것을 훨씬 용이하게 해줄 것이다. 북대서양조약기구의 연락장교를 발틱국가들에 두는 것도 역시 발틱국가들과 북대서양조약기구간의 관계를 강화하는 데 도움이 될 것이다.

그러한 전략은 발틱국가들이 서방국가들에 대해 긴밀히 다가갈 수 있는 교두보가 될 것이며, 러시아의 반감을 불러일으키지 않고 더 많은 안보감을 제공하여줄 것이다. 그와 동시에 북대서양조약기구와 유럽안보질서가 전개되어나가기 위해서는 숨쉴 공간의 제공과 시간이 필요할 것이다. 발틱국가들이 유럽연합에 가입할 준비가 될 때가 되면, 북대서양조약기구 회원국자격 문제는 러시아에게는 덜 적대적인 것으로 보일 것이다. 각별히 러시아가 북대서양조약기구와 좀더 긴밀한 협력을 시작한다면 말이다.

이것과 병행하여 미국과 유럽은 인권, 특히 소수민족의 인권에 대한 강조를 계속해야만 한다. 이는 발틱국가에서 특히, 라트비아와 에스토니아에서는 민감한 문제인데, 이 두 국가에서는 제2차세계대전 이후로 러시아인들의 대량 유입이 목격되었기 때문이다. 러시아 이민의 대다수는 현재 양 국가에서 일어나는 정치적 변화과정의 결과 때문에 고립감과 불안감을 느끼고 있다. 소수민족 권리의 존중에 대한 서방국들의 주장은 라트비아와 에스토니아의 자신들의 권리를 위해서도 중요하다. 왜냐하면 러시아는 외국에 있는 러시아인들의 권리보호를 중요한 외교정책으로 우선시해오고 있기 때문이다.

이러한 문제에 대해서는 유럽안보협력기구와 유럽의회가 주도적 역할을 맡아야 한다. 유럽연합은 소수민족의 권리에 대한 보호를 회원국 자격을 위한 중요한 전제조건으로 삼아야 한다. 이것은 발틱국가들이 러시아와 소수민족 문제들의 해결을 지속하기 위한 중대한 동기를 제공하여 주며, 또한 러시아로 하여금 발틱국가들에게 압력을 증대하려는 어떠한 구실도 제거해줄 것이다.

우크라이나의 안보 보장

우크라이나는 다른 형태의 도전을 보이고 있다. 이는 발틱국가들과는 달리 우크라이나는 중립정책을 선택해왔고 북대서양조약기구에 가입하고 싶다는 의도를 공개적으로 보이고 있지 않기 때문이다.[13] 그러나 안정되고, 민주적이며, 독립된 우크라이나는 서방국가들의 이익에 매우 중요하다. 우크라이나는 러시아와 중유럽 사이에서 지정학적으로 중요한 완충국의 역할을 한다. 만약 우크라이나가 러시아가 주도하는 독립국가연합 안보체제에 다시 통합된다면, 이는 중유럽과 대서양동맹의 방어계획에 주요한 안보상의 함의를 가지는 것이며, 폴란드의 뒤쪽 국경이 러

13) 보다 자세한 논문은 다음을 참조. F. Stephen Larrabee, "Ukraine's Balancing Act," *Survival*, vol.38, no.2, Summer 1996, pp.143-165.

시아 국력의 그늘 아래에 놓이게 될 것이다.

그런 까닭에 미국과 유럽은 우크라이나의 독립을 강화하기 위한 다각적인 전략을 발전시켜나가야 한다. 이 전략의 목표는 우크라이나를 유럽과 대서양을 가로지르는 체제의 넓은 조직망에 묶어두는 것이 되어야만 한다. 이것은 우크라이나의 유럽화방침의 강화를 도와줄 것이며 우크라이나의 전반적인 안보강화에 기여할 것이다. 1995년 9월에 있었던 우크라이나의 회원국신청을 승인한 유럽의회의 결정은 이러한 방향에서 중요한 조치이다.

러시아와 마찬가지로 미국과 유럽은 우크라이나에 대한 일반적인 경제정책을 발전시킬 필요가 있다. 우크라이나에게 진정한 위협은 군사적인 것이 아닌 경제적인 것이다. 이는 우크라이나 경제개혁의 늦은 속도에 있다. 강력한 시장경제가 없다면 우크라이나는 자신을 서방제도에 통합시키고 서방의 원조를 받는 데 어려움을 겪을 것이다. 이것은 외부에서의 경제적·정치적 압력에 취약한 상태로 노출될 것이다.

몇 년 동안을 질질 끈 이후에서야 우크라이나는 최근에 중대한 개혁프로그램을 완성했다. 쿠크마(Kuchma) 정부에 의한 중대한 개혁프로그램의 도입은 우크라이나에 대한 서방국가들의 확신을 재건하는 데 도움이 되었으며, 그 결과는 1995년 3월에 있었던 18억 달러의 국제통화기금 원조신용대출을 포함한 몇 번의 대규모 서방측의 원조로 나타났다. 하지만 우크라이나는 아직 곤란에서 벗어나지 못했다. 우크라이나의 심각한 경제적 어려움을 극복하고 쿠크마 대통령에 의해 추진되는 개혁프로그램을 보완하기 위해서는 서방국가의 실질적인 원조가 필요하다. 특히 우크라이나의 국제수지 적자의 감소가 필요하다(현재 약 55억 달러에 이른다).

미국은 우크라이나에 대한 경제적 원조자 중 가장 강력한 지지자 중의 하나가 되고 있다. 미국은 1995년 3월에 있었던 18억 달러의 국제통화기금 원조신용대출을 해주는 데 배후에서 결정적인 역할을 했다. 또한 미국정부는 1994년 7월 나폴리에서 열렸던 G-7 정상회담에서 우크라이나에 40억 달러 이상의 경제적 지원을 결의하도록 배후에서 주도적인 역할을 했었다. 그외에도 미국은 우크라이나에게 상호 경제협력의 일환으로 1994년에서 1995년 사이에 9억 달러를 제공하였다. 이러한 제공에는 1994년 11월에 있었던 중요한 1억 달러의 국제수지 신용대부를 포함하고 있으며, 이는 우크라이나를 이스라엘, 이집트, 러시아에 이어 미국 원조의 네번째로 큰 수혜자로 만드는 것이다.14)

그러나 우크라이나의 독립을 유지하도록 미국이 위임을 하는 것과 미국의 유럽 동맹국들의 위임과는 명백한 차이가 있다. 독일과 영국의 경우를 제외하면, 대부분의 유럽국가들은 우크라이나에 경제적으로든 정치적으로든 깊숙한 개입을 꺼리고 있다. 이는 한편으로는 러시아를 자극한다는 두려움과 유럽 관료들은 우크라이나가 독립국가로서 생존할 수 있을까 하고 의아해하기 때문이다. 그러나 이러한 망설임이 실제 우려한 대로의 결과를 가져올 위험성이 있다.

만약 우크라이나가 독립국가로서 생존하고 중유럽에서의 안보에 기여를 하려면, 미국과 유럽국가들은 장기적인 생존성, 특히 경제적 안정성을 더욱 보장해주어야 한다. 경제적 지원을 담당하는 주요한 역할은 국제통화기금과 세계은행과 같은 국제금융기구가 수행해야 한다. 하지만 유럽연합 역시 중요한 역할을 담당해야만 한다. 유럽연합과 독립국가연합 회원국 사이에 처음으로 협정된, 1994년 7월에 있었던 유럽연합과 우크라이나 간의 협력과 동반자관계의 협정은 올바른 방향으로 나아가는 중요한 첫 발걸음이다. 그러나 유럽연합은 더 많은 것을 할 수 있고, 또 그렇게 해야만 한다. 특히 국제수지에 원조를 지원하는 것(이것은 현재 우크라이나의 단기적이고 장기적인 경제문제들을 해결하는 데 아주 중요하다)과 우크라이나의 생산품에 대하여 그들의 시장을 개방하는 것

---

14) Warren Christoper, "U.S. Policy Toward the New Independent States: A Pragmatic Strategy Grounded in America's Fundamental Interests," Speech at Indiana University, *U.S. Department of State*, Office of the Spokesman, Washington, D.C., March 29, 1995, p.5.

으로 실행해야 한다.

보다 넓어진 유럽 확대는 가장 중요한데, 이는 쿠크마 정부가 최근 자신의 개혁프로그램을 완화시키려는 우크라이나 라다(Ukrainian Rada) 당 내의 보수주의자들에 의한 압력이 점차 증가해오고 있기 때문이다. 1995년 초반에 시작되었던 민영화계획은 점차 느려지고 있으며, 경제에 정부의 역할을 축소시키기 위해 최초로 정부에 의해 시도된 노력들을 점차 축소해왔다. 그 이외에도 러시아에 대한 우크라이나의 천연가스와 석유 부채도 그대로 남아 있다. 서방국가들의 보다 더 커다란 원조가 없다면, 쿠크마 정부가 자신의 부채를 줄이고 개혁프로그램을 축소시키려는 라다 당의 압력 증대를 극복하기가 힘들 것이다.

중유럽국가들, 특히 폴란드와 헝가리 역시 우크라이나를 유럽체제에 더욱 가깝게 연계시키는 데 도움을 주는 중요한 역할을 수행할 수 있으며, 우크라이나와 확대되고 있는 미국과 유럽공동체 간에 교량역할을 할 수 있다. 1995년 10월 바르샤바에서 있었던 우크라이나(벨라루스, 불가리아, 루마니아, 알바니아도 포함)를 완전한 회원국으로 받아들이기로 한 중유럽발의(Central European Initiative)의 결정은 올바른 방향으로 나아가는 중요한 조치라고 여겨진다. 우크라이나의 경제적 안정과 정치체제가 성숙되고 다른 조건들도 발전하면, 특히 중유럽 자유무역연합에서의 회원국 자격도 역시 고려되어야만 한다. 이는 우크라이나의 전반적인 유럽화 방침과 세계경제로의 통합을 강화하는 데 도움을 주는 반면에 러시아에게는 어떤 위협도 주지 않을 것이다.

서방 제도와의 안보연합도 역시 점진적으로 확대되어야만 한다. 하지만 미국과 미국의 유럽 동맹국들은 신중하게 진행할 필요가 있다. 우크라이나에 대한 러시아의 민감성은 지대한 것이다. 가까운 장래에 우크라이나를 북대서양조약기구에 가입시키려는 어떠한 시도도 러시아의 불안감을 증대시켜서 우크라이나를 독립국가연합 방위동맹에 결합시키려는 러시아의 압력을 증대시킬 것이다. 사실 헝가리, 폴란드 그리고 체코공화국에 대한 북대서양조약기구의 확대에 관한 러시아의 가장 주요한 관심 중의 하나는 그것이 우크라이나(그리고 발틱)의 북대서양조약기구에 대한 순탄한 회원가입에 문호를 개방할 것이라는 두려움이다.

러시아의 빈삼성과 우크라이나 자체의 안보문제를 고려해볼 때, 현 시점에서 미국과 미국의 유럽 동맹국들이 우크라이나와의 안보협력을 강화하기 위해 할 수 있는 최선의 방법은 강건한 평화를 위한 동반자관계 프로그램을 통하는 것이다. 이것은 우크라이나의 북대서양조약기구와 러시아에 대한 강력한 반사행위를 불러일으키지 않고 서방에 대한 연대를 강화시켜줄 수 있다. 우크라이나는 보스니아에서 북대서양조약기구의 평화유지군에 참여했었다. 또한 2~3년내에 언제든지 행동할 수 있으리라 기대되는 평화유지군에 참여하기를 폴란드와 함께 결성하기로 결정했다. 이러한 행동들은 우크라이나로 하여금 북대서양조약기구와 긴밀한 접촉을 하고 있다는 실질적인 경험과 앞으로 예상되는 북대서양조약기구의 회원국 자격을 부여할 것이며 그리고 북대서양조약기구와의 진행과정에서 우크라이나의 군사적인 친근감을 증대시키는 데 도움을 줄 것이다.

북대서양조약기구 역시 1995년 9월 브뤼셀에서 북대서양조약기구 본부들에서 우도벤코(Udovenko) 외무장관에 의해 제시된 평화를 위한 동반자관계에 관한 각국의 협력자 프로그램 문서에 제안되었던 다른 협력 방안들, 이를테면 키예프(Kiev)에 북대서양조약기구 특별사무소를 설치한다는 것과 특별한 영역들(즉 핵확산금지, 과학과 기술분야)에 대해 특별협력그룹을 창설하는 것과 같은 것을 보완하고 발전시켜야 한다.[15] 키예프에 평화를 위한 동반자프로그램과 북대서양협력이사회의 기본체제 내에서 일부 북대서양조약기구의 영구기관을 설치해야 한다는 방안도 역시 검토되어야 한다. 그외에도 유사한 선택의 기회가 러시아에게도 주어진다면, 러시아 정부는 반대하기가 힘들 것이다.

---

15) "Statement by H. E. Mr. Gennadi Udovenko, Minister for Foreign Affairs of Ukraine at the North Atlantic Council plus Ukraine Meeting," Brussels, mimeo., September 14, 1995.

또한 폴란드와 같은 중유럽국가들의 군사력과 우크라이나의 군대 사이에 더 긴밀한 방위협력도 북대서양조약기구와 우크라이나를 밀접하게 연결시킬 수 있는 간접적이고 유용한 방안을 제공해줄 수 있다. 폴란드와 우크라이나의 방위협력은 북대서양조약기구가 우크라이나와 '뒷문을 통한' 연계를 강화시키는 데 유용한 방법이 될 수 있다. 미국이 우크라이나와 방위협력을 확대하려는 과도한 가시적 노력을 하는 것보다 이러한 방안이 러시아 정부의 관심을 덜 야기할 것이다.

발칸국가들

미국과 유럽은 발칸국가들을 처리하기 위한 전략도 개발해야만 한다. 발칸은 역사적으로 볼 때 유럽에서 가장 불안정한 지역이었다. 취약한 민주적 제도와 경제적 기반부재 그리고 유독한 민족주의의 결합이 이 지역을 유럽의 화약고라는 잘 알려진 명성을 얻게 하고 있다. 공산주의 통치 기간 동안 발칸의 전통적인 긴장의 원인들은 대부분 억눌려왔었다. 그러나 공산주의의 붕괴로 이러한 적의들은 다시 나타났으며, 발칸국가들은 다시 유럽에서 안정된 안보질서를 창출하는 데 주요한 방해물과 불안정성의 근원이 되고 있다.[16)]

구유고슬라비아의 붕괴와 보스니아에서의 전쟁은 유럽안보와 발칸안보 간의 긴밀한 연관성을 강조하고 있으며, 이것은 또한 유럽은 발칸에서의 분쟁으로부터 자신을 봉인시킬 수 있으며 유럽 자신의 영역에 집중할 수 있을 것이라는 유고 분쟁의 초기단계에서 유럽 대부분 국가들에게 만연했던 믿음이 어리석었다는 것을 강조해주고 있다. 게다가 구유고슬라비아 전쟁은 부시 행정부가 최초로 받아들였고 지금까지도 미국 내의 여러 단체에 만연하고 있는 근시안적 전망, 즉 그 전쟁은 미국의 중요한 이익에는 영향을 끼치지 않는 본질적으로 유럽의 문제라는 점을 보여주었다. 반면에 좁은 시각에서 보았을 때, 이것은 사실이 될 수 있

16) F. Stephen Larrabee, *The Volatile Power Keg: Balkan Security After The Cold War*, American University Press, Washington, D.C., 1994.

을지도 모르는데, 이것은 분쟁이 유럽에서 확대된 안정에 가져올 수 있는, 또 실제로 발생한 분쟁에 대한 충격을 간과했다. 분쟁의 지속은 유럽에서 새로운 탈냉전 안보질서를 구축하려는 북대서양조약기구를 포함한 많은 핵심적 제도들을 불신하고 있다. 사실 이것은 아마도 데이턴(Dayton) 평화협정에 나타났던 외교적 원칙들을 미국이 취하는 것을 활성화시키는 데 가장 중요한 요인이었다.

그와 동시에 보스니아에서의 분쟁은 대서양동맹으로 하여금 분쟁이 없었더라면 착수되지 않았을 대단히 필요한 개혁들을 출발시키고, 일찍이 제기된 영토방위에 대한 강조에서 위기관리와 평화유지에 대한 강조로 옮겨갈 것을 강요하고 있다. 그 결과 오늘날의 대서양동맹은 대부분 유럽의 주변지역이나 유럽 국경 너머에 있었던 탈냉전시대의 안보상의 새로운 도전들을 다루기 위해 3년 전보다 훨씬 더 나아진 입장에 있다. 대서양동맹이 '역외로까지' 나아가야 하는지의 여부에 대한 논쟁은 효과적으로 끝났다. 북대서양조약기구는 역내를 넘어섰으며, 몇 년 동안 계속 그렇게 해오고 있다.

그외에도 북대서양조약기구가 이끄는 평화유지군도 이 책에서 옹호되고 있는 '새로운 북대서양조약기구' 형태를 창설하는 데 중요한 자극을 줄 수 있을 것이다. 평화유지군에의 참여는 폴란드, 헝가리 그리고 체코공화국 같은 예상되는 동유럽 회원국가들에게 북대서양조약기구와 긴밀히 협력하는 구체적인 경험을 줄 것이며, 그렇게 함으로써 북대서양조약기구 회원국 자격을 위해 그들이 준비하는 것을 도와줄 것이다. 이것이 바로 이들 국가들이 평화유지군에 참여하고자 열망하는 가장 중요한 이유 중의 하나이다. 더 나아가 이들 국가들은 확고한 행동을 통해 단지 안보 '소비자'가 아닌 '안보 기여자'가 될 수 있다는 것을 증명해 보일 수 있을 것이다.

데이턴 협정은 보스니아와 발칸 전체에 걸쳐 보다 더 안정적인 정치질서를 창조하는 데 중요한 추진중인 뒷받침을 제공해준다. 그와 동시에 증대하고 있는 관심은 지역 경제의 재건과 발전을 필요로 한다. 지속적인 경제적 성장과 발전이 없다면, 그 지역 내의 민주적 개혁의 대부분은 비틀거리게 되어 그 지역을 새로운 정치적 불안정과 인종적 폭력의 장으로 몰아넣을 것이다. 따라서 보스니아 전쟁이 끝난 다음에는 더 거대한 지역경제개발과 협력을 증대하기 위한 지속적인 노력이 반드시 뒤따라야 한다.

이는 미국과 유럽의 동등한 협조로 이루어진 결합된 노력을 필요로 할 것이다. 그러나 주도적인 역할은 유럽연합을 통한 협력으로 유럽국가들에 의해 수행되어야만 한다. 일반적인 일련의 경제적 무역협정은 발칸의 모든 국가들(불가리아, 루마니아, 슬로베니아는 제외되어야만 한다. 왜냐하면 이들은 이미 유럽연합과 원조협정을 맺고 있기 때문이다)과 체결되어야만 한다. 이러한 협정들은 인권에 대한 존중과 안정적인 민주체제 형성의 보장을 위한 준비뿐만 아니라 발칸자유무역지대 창설을 목표로 하는 광범위한 무역준비도 역시 포함해야만 한다. 이것은 슬로베니아의 남쪽의 발칸반도 전체의 관계를 발전시키기 위한 토대를 제공해줄 것이다. 만약 그렇게 하지 않는다면, 지역 내의 다양한 국가들은 브뤼셀로부터 이탈하여 각각의 길로 나가려고 애쓰게 될 위험이 있어 지역적 협력을 위한 노력들을 훼손시킬 것이다.

동시에 특히 운송과 전송과 같은 핵심분야에서의 거대한 지역적 협력은 보다 넓은 무역과 경제적 상호작용의 망을 구축하도록 격려되어야만 한다. 지역 운송망의 현대화는 가장 우선적인 것이 되어야 한다. 동-서부와 남-북 간의 고속도로의 개발은 무역의 확대와 발칸국가들을 유럽에 더욱 가깝게 하는 데 가장 중요한 선결조건이다. 하지만 이러한 계획들을 완료하는 데에는 외부로부터의, 특히 유럽연합과 유럽부흥개발은행으로부터의 실질적인 자금을 필요로 할 것이다. 흑해경제지대를 창설하기 위한 터키의 주도적 노력과 같은 지역협력체를 위한 준비는 거대한 지역경제성장을 양성하기 위해 필요한 사적 자본들을 끌어들이는 것을 도와주는 데 중요한 역할을 할 수 있다.[17)]

---

17) 터키 계획에 대한 보다 자세한 논문은 다음을 참조. Oktay Ozuye, "Black Sea Economic Cooperation," *Mediterranean Quarterly*, vol.3, Summer 1992, pp.48-

북대서양조약기구도 또한 맡아야 할 역할이 있다. 발칸에 있는 국가들 중 가까운 장래에 북대서양조약기구의 회원국이 될 국가는, 만약 있다고 하더라도 아주 소수이거나, 거의 없다. 그러나 평화를 위한 동반자관계는 지역 내에서 더욱 긴밀한 방위협력을 증진하기 위한 중요한 수단을 제공하여 준다. 이는 또한 발칸의 군사력과 무력을 획득한 훨씬 강대해진 민족주의에 대해 더 커진 시민의 통제력을 양성하는 데 도움을 줄 수 있다. 이렇게 해서 전반적인 지역안정에 기여하게 되는 것이다. 미국과 미국의 유럽 동맹국들은 1996년 4월에 알바니아의 티라나에서 있었던 미 국방장관 페리(William Perry)와 남부 발칸국 국방장관들과의 회담에서 제안된 조치들을 확장하고 구체화시켜나갈 필요가 있다.[18] 이러한 제안들은 발칸국가들 내에서 더 긴밀한 지역적 방위협력을 양성하기 위한 좋은 수단을 제공하여 준다.

마지막으로 미국과 유럽은 데이턴 협정에 남아 있는 두 가지 문제영역인 마케도니아와 코소보(Kosovo)를 해결하기 위한 공통의 전략을 수립해나갈 필요가 있다. 이 두 영역에서의 해결 없이는 발칸국가 내에서 평화와 안정은 지속되지 않을 것이다.

마케도니아(FYROM) 마케도니아에서의 상황은 슬라브계 인구와 알바니아 소수민족 사이의 강력한 긴장감 때문에 폭발 가능성이 매우 높다.[19] 더구나 세르비아에 대한 유엔의 금수조치는 1994년 2월에 있었던 마케도니아에 대한 그리스의 금수조치와 더불어 마케도니아 지역의 경제에 심각한 악영향을 끼치고 있다. 만약 마케도니아에서 심각한 불안이

54; Tansu Bleda, "Black Sea Economic Cooperation," *Die Politika*, vol.16, no.1-2, 1994, pp.50-62; F. Stephen Larrabee, *East European Security After the Cold War*, MR-254-USDP, RAND, Santa Monica, CA, 1993, pp.112-113.

18) Robert Burns, "Perry Propose Regional Cooperation in Balkans," European Stars and Stripes, April 2, 1996. "Perry Offers Steps to Avoid Conflict," *Washington Post*, April 2, 1996.

19) Misha Glenny, "Macedonian Birth Pangs," *New York Review of Books*, vol.42, no.18, November 16, 1995, pp.24-28.

폭발된다면, 이는 남부 발칸국 전체를 도화시켜 그리스와 터키뿐만 아니라 역사적으로 마케도니아에 많은 것을 빼앗긴 알바니아, 세르비아, 불가리아도 연루될 수 있다. 그렇기 때문에 미국과 유럽은 마케도니아에서의 인종적인 긴장감을 제거하기 위한 협력과 그곳에서 내부의 폭발을 막기 위해 강력한 공통의 이익을 가져야만 한다.

그리스, 알바니아 그리고 마케도니아 정부 간의 강력한 유대를 고려해볼 때, 미국은 정치적인 최전선에서 주도를 해야 하고, 유럽 동맹국들은 유럽연합을 통해서 경제적인 최전선에서 주도적인 역할을 해야 한다. 마케도니아 정부에게 알바니아 소수민족에 대한 교육과 고용의 기회를 확대하도록 격려해야 하며 마케도니아 국가의 명칭에 대하여 그리스와의 차이점을 해결해야 한다. 유럽연합에 의한 앞으로의 경제적 협력은 이러한 문제들을 보완하는 데의 진행과정과 심각한 경제적 개혁프로그램을 수행하려는 마케도니아의 의지를 함께 묶어야만 한다.

코소보(Kosovo) 비록 지금까지 코소보는 비교적 평온한 채 유지되었지만, 여기서의 상황은 폭발 직전이다. 만약 그 지역에서 90%를 넘는 알바니아어를 사용하는 국민들에 대한 정치적·시민적 권리를 회복하는 해결안이 마련되지 않는다면, 우발적·의도적 사건이건 간에 이것은 대규모의 불안을 야기시킬 수 있는 위험이 된다. 더군다나 코소보에 있는 알바니아어를 사용하는 국민들 사이에서의 어떠한 불안도 세르비아와 알바니아 사이의 긴장을 높여서 알바니아 사람들이 많은(25%~35%) 마케도니아에게까지 확산될 수 있다. 그렇기 때문에 코소보와 마케도니아에서의 내부적인 안정성은 밀접한 연관성이 있다.

더군다나 시간이 지남에 따라 인구학적인 압력은 점차 코소보/알바니아 문제를 시급한 문제로 만들 것 같다. 일부 조사에 의하면, 만약 현재의 인구통계적 경향이 계속된다면 21세기의 2020년대 혹은 2030년대에는 발칸지역에는 약 800만 알바니아인들이 거주하게 될 것이다.[20] 이는 만약 세르비아인들과 마케도니아인들이 장차 예견되는 대규모의 정치적 혼란과 그들 각각의 국가에서 발생할 수 있는 붕괴에 직면하기를 원하지 않는다면 알바니아의 정치적 열망에 부합하는 길을 모색할 필요가 있다는 것을 의미한다. 사실 알바니아인들의 민족주의와 민족주의적 열망을 어떻게 조화시키는가 하는 문제는 발칸 내에서 점차 증대하는 중요한 문제가 될 것이다.

그렇기 때문에 코소보 문제에 대한 해결방안이 장기적인 관점에서 발칸 내에서의 안정성을 위한 선결조건이 된다. 미국과 유럽은 코소보에 대한 심사를 기울인 협력된 전략을 추구해야만 한다. 이러한 전략을 위한 주요 요소는 다음과 같다.

- 1974년 유고슬라비아 헌법하에서 코소보인들이 누렸던 정치적 권리의 복구
- 유고슬라비아 연방의 완전한 일부분으로서의 코소보의 지위 보유

후자가 특히 중요하다. 코소보 지도자들은 독립된 코소보, 즉 알바니아 본국과의 연맹에 대한 서두로서의 지위를 원한다. 하지만 미국과 유럽은 그러한 노력을 지원해서는 안된다. 독립된 코소보를 건설하려는 노력은 알바니아의 민족주의적 창궐을 불러일으켜 마케도니아와 남부 발칸국가들 중 나머지 국가들에 대한 즉각적인 충격으로 인해 매우 불안정해질 것이다.

터키

마지막으로 미국과 유럽은 터키 민주주의의 계속적인 발전을 보장하고 터키를 서방에 더 확고히 묶어두기 위한 방안을 찾을 필요가 있다. 냉전의 종식과 더불어 터키의 전략적 중요성은 증가하고 있다. 터키는 세 가지 영역에서 지정학적 중요성의 역할을 가진다. 즉 중동지역, 코카

20) Ibid., p.27.

서스지역 그리고 발칸지역이 그것이다. 그렇기 때문에 터키를 서방에 긴밀히 묶어두는 것은 미국과 유럽 양쪽 모두에게 명백한 이익이다.

그러나 터키의 내부적, 외부적 적응은 최근 더 불확실해지고 있다. 지난 몇십 년 동안 터키 사회의 진보적인 민주화는 아타투르크(Ataturk) 전통의 약화를 가져왔고 터키의 국내정치적 질서와 외교정책의 근본 기조의 일부를 변화시키고 있는 터키 내에서의 새로운 정치적이고 사회적 세력의 출현을 가져오고 있다. 특히, 친이슬람 세력이 점점 강성해지고 있다. 비록 터키가 제2의 이란이 될 위험은 없지만, 이러한 세력들의 성장은 그들의 친서방화 경향의 약화를 이끌 수 있다.

동시에 터키의 서방과의 관계는 점차 긴장관계로 되어가고 있다. 터키의 인권전력(前歷), 특히 쿠르드족에 대한 그들의 처우는 터키와 유럽연합(그리고 어느 정도까지는 미국도 마찬가지다) 간 분쟁의 원인으로 변모되고 있다. 비록 유럽연합-터키 관세동맹의 비준이 악순환의 악화를 막는 데 도움이 된다 할지라도 터키의 인권전력은 많은 서방국가들의 정부와 의회와의 불화의 원인으로 계속 유지될 것 같다.

더군다나 냉전 종식으로 터키의 안보에 대한 유럽의 태도가 바뀌기 시작했다. 냉전기간 동안 터키는 소련의 팽창에 대한 동쪽의 중요한 보루로 여겨졌다. 하지만 오늘날 터키는 점차 많은 유럽인들에게 안보 제공자가 아닌 소비자로서 여겨지고 있다. 유럽연합에 터키를 포함시키는 문제는 유럽을 새로운 위험에 노출시키고 유럽의 국경을 중동까지 확대할 수 있다는 두려움을 유발시키고 있다. 소련 혹은 소생하는 러시아에 대항하는 터키를 원조하는 방위 위임과 이라크나 시리아와의 분쟁에서 터키를 원조하기 위한 위임과는 전혀 다른 것이다.

이러한 전개는 터키의 지정학적 특수성을 재강화하는 경향이 있다. 이러한 경향은 유럽연합이 터키가 배제된 더 강력한 공동외교안보정책의 창조 쪽으로 나아가는 시기에 보다 강화될 수 있다. 만약 터키가 가까운 장래에 유럽연합에 가입하지 않는다면(가입하리라 여겨지지만), 터키 정부는 유럽과 자신의 안보에 영향을 끼칠 중요 결정들을 계속적으로 배제할 것이다. 이것은 결국 터키 정부의 유럽으로부터의 소외감을 높일 수 있으며 터키의 서방화의 약화를 초래할 수 있다.

유럽연합으로부터의 터키의 배제는 터키의 주요 안보연결은 북대서양조약기구를 통해서 이루어질 것이라는 점을 시사한다. 터키는 점차 헌장 제5조를 희석시키거나 약화시킬 것 같은 북대서양조약기구의 어떠한 변형도 두려워하고 있다. 터키는 이것이 자국에 대한 북대서양조약기구의 방위 위임을 약화시킬 것이라는 두려움을 갖고 있기 때문이다. 따라서 터키는 우선 이 책에서 제안된 북대서양조약기구의 변화에 대해 의구심을 품거나 혹은 적대시할 수도 있을 것이다. 하지만 여기서 옹호된 북대서양조약기구의 외견상 형태는 터키의 이익에 훨씬 많은 이익이 될 것이다. 새로운 북대서양조약기구는 중앙정면(비록 영토방위가 여전히 중요한 기능일 것이지만)의 문제에 대해서는 덜 중요시할 것이지만, 측면의 문제 특히 터키의 가장 중요한 전략적 이익에 관계되는 영역인 지중해와 중동에 대해서는 더 많은 관심을 기울일 것이다. 이는 또한 터키의 핵심 사항에 관계되는 영역과 문제들에 대해서 유럽인들이 보다 더 직접적으로 생각하고 계획한다는 것을 포함한다. 결론적으로 이는 대서양동맹 내에서 터키의 전략적 중요성과 비중을 증가시킬 것이다. 따라서 전체적으로 볼 때, 터키는 이 책에서 옹호되고 있는 대서양동맹의 변형과 개혁으로부터 많은 이익을 얻을 것이다.

그러나 북대서양조약기구와의 강력한 유대만으로는 충분하지 않다. 오늘날 터키의 안보와 장래의 전개에 대한 가장 위압적인 도전은 내부에 있다. 즉 경제적 미개발, 급속한 인구증가, 높은 실직률, 고조되어가는 사회적·인종적 긴장감, (특히 대도시에 있어서) 사회적 서비스의 저하, 법체계의 후진성 그리고 정치적 일치의 부재가 그것이다. 사실 1995년 12월 총선에서 절대 다수를 획득한 친이슬람 복지당(Refah)에 대한 대부분의 지지는 정부의 이러한 문제들에 대한 대응의 실패로부터 나왔다. 유럽연합은 북대서양조약기구보다 이러한 문제들을 처리하는 데 훨씬 유리한 위치에 있다. 그렇기 때문에 유럽연합에 대한 터키의 연계의 강화는 터키의 계속된 안정성과 민주적 혁명을 보장하기 위한 가장 중요한 전제조건이다.

1995년 12월에 있었던 관세동맹협약의 비준은 이러한 방향을 향한 중요한 첫 조치임을 암시한다. 그러나 터키가 자신의 심각한 국내적 도전들에 착수하기 위해서는 다른 구체적 조치들을 실행할 수 있는 도움이 필요하다. 그렇지 않다면, 터키의 서방화는 터키 정부의 서방에 대한 전술적·지정학적·정치적 중요성이 증대되면 될수록 위태롭게 될 수 있다.

이것은 광범위하고 많은 것을 필요로 하는 의제이다. 이 장의 첫 부분에서 언급한 대로, 미국이나 유럽 그 어느쪽도 혼자서는 이러한 도전에 대처할 수 없다. 오직 새롭고, 보다 더 야심적이고, 훨씬 더 동등한 동반자관계의 형성과 구체적인 협력에 의해서만 이러한 도전들이 성공적으로 해결될 수 있을 것이다.

그러나 이러한 새로운 동반자관계는 강하고 응집력 있는 유럽의 동반자를 필요로 한다. 유럽이 그러한 동반자가 될 수 있을지는 제5장에서 오더나렌(John Van Oudenaren)에 의해 논의되었던 정체성에 관한 문제들에 대해 유럽이 얼마나 잘 해결할 수 있는가에 전적으로 달려 있을 것이다. 그가 지적한 대로 1996년 3월 투린(Turin)에서 시작된 초정부적 회의의 결과에 많은 것이 달려 있을 것이다. 만약 이 회담이 단지 집단결정과 응집력을 강화시키는 쪽으로 중도적인 조치밖에 산출해내지 못한다면, 확대는 연기될 것이고 유럽은 약화될 것이다. 그러한 유럽은 아마도 유럽의 주변과 그 너머로부터의 도전에 대처하는 데 효율적이지 못하고 의지가 결여되어 있으며, 능력도 떨어진 동반자가 될 것이다.

이와 동시에 강력하고 안정적인 미국의 지도력이 중요할 것이다. 보스니아의 경험이 강조하듯, 유럽은 그들 자신에 대한 이렇게 많은 도전들을 해결할 위치에 있지 않다. 그렇기 때문에 유럽안보에 대한 미국의 계속된 개입은 유럽의 주변지역으로부터의 도전에 대처해나가는 것을 돕고 유럽의 역외로부터의 확대된 도전에 유럽이 착수하는 동기를 부여하는 것 모두에 가장 중요한 것이다.

8 대중동으로부터의 도전들

잘메이 칼리자드

냉전을 승리로 이끌고 서유럽과 동아시아를 번영하는 자유시장 민주주의로 만든 것은 제2차세계대전이 이후 미국의 가장 성공적인 외교정책 중 두 가지 사례이다. 유럽과 아시아에서 미국의 성공은 소련을 패배시키는 데 절대적으로 기여했다. 장기적으로 그것은 더욱 중요해질 수도 있다. 통일성과 미국의 지도력을 감안하면, 세계에서 경제적으로 가장 능력 있는 민주주의 나라들은 외부로부터 예견되는 어떠한 도전으로부터도 공동이익을 지킬 수 있도록 충분히 강해야 한다. 그러나 이러한 동맹들이 지속될 것인가? 이 문제는 다가오는 10년과 그 이후 세계정치의 중심 쟁점이다.

북아메리카, 서유럽 그리고 동아시아에 있는 나라들 중에서 미국이 주도하는 냉전시대의 동맹들이 미국이 이끄는 지구적 동반자관계로 발전한다면, 21세기 국제체제는 세계에서 월등한 강대국인 미국을 그 중심으로 할 것이다. 그러나 이러한 동맹들이 대중동-모로코에서 인디아에 걸친 광대한 지역에서 경쟁과 대결로 인해 끝장난다면, 미국과 그 동맹국들은 보다 불안해져 번영하지 못하고, 또 전체로서 세계는 보다 불안정한 곳이 될 것이다. 자국의 우월한 지위를 유지하기 위한 미국의 비용도 증가하게 되어 부담할 수 없게 될 수도 있다.

미국과 그 냉전 동맹국들은 냉전시대에 창설된 동맹들을 지속시키길 바란다고 거듭 밝히고 있다. 그러나 공동의 적인 소련이 없어진 지금, 미국, 유럽 및 동아시아는 흩어지고 있다. 미국에게는 지구적 피곤함의 징후가 보인다. 냉전 동안에 미국은 자국의 목표를 비교적 확신했다. 지금은 그렇지 않다. 냉전이 끝난 지 5년이 지났지만, 경제적 번영의 증대를 독특하게 강조하는 것 외의 어떠한 새로운 대전략도 구체화되지 않았다. 비록 정치 엘리트들은 일반적으로 국제적 개입이라는 미국의 자세에 호의적일지라도 세계에서 미국의 역할을 포함한 많은 쟁점들에 관해서는 근본적으로 의견이 갈라진 채로 있다. 몇몇 사람들은 미국의 지구적 지도력을 지지해서 양극 또는 다극체제의 등장을 미리 배제한다. 다른 사람들은 미국이 다극체제의 등장을 용이하게 하길 원한다. 또 다른 사람들은 고립주의를 선호한다. 세계에서 미국의 역할에 대한 의견차이는 재원의 지출과 미국 남녀 군인들의 생명을 위험에 처하게 하는 미국의 군사적 개입과 관련된 논의에 생생하게 반영되어 있다.

마찬가지로 유럽과 아시아 국가들은 자신들이 원하는 것에 대해서 확신하지 못한다. 몇몇 국가들은 미국과는 독자적으로 스스로 수행할 역할을 모색한다. 그 나라들은 경제 및 무역상의 쟁점들에 보다 초점을 두는데, 그 쟁점들은 대중동과 같은 그러한 지역에서 서로 서로 또한 미국과 경쟁하게 만드는 경향이 있다. 그리고 다른 동맹국들은 미국이 불개입할 경우와 그리고/혹은 장기적으로 쇠퇴할 가능성에 또한 대비하고 있다. 또 다른 국가들은 다극체제가 바람직함을 거리낌없이 말하고 있다.

세계 선진민주주의 국가들 사이에 동맹이 계속 유지되려면 그것들은 과거의 업적이 아니라 현재의 공동이익에 근거해야만 한다. 다른 말로 하면 미국과 다양한 유럽 및 동아시아 강대국들을 위한 무엇이 있어야 한다는 것이다. 이상적으로 유럽인들 및 동아시아인들과 새로운 동반자 관계를 수립하기 위해서 미국—군사적 힘, 경제력 및 정치적 영향력을 합쳤을 때 지도국이 될—은 어떤 역할을 모색하고 어떤 이익이 자기에게 중요한가를 분명히 해야 한다. 유럽인들과 동아시아인들도 유사한 결정을 할 필요가 있다. 일단 새 시대에 각자의 이익을 결정하면 이 나라들은 어떤 이익을 공유하고 그리고 어떻게 그것을 지키기 위해서 협력할 것인가를 결정할 수 있다. 공동이익을 정하고 나면, 부담을 나누어지기 위해서 각 회원국이 무엇을 협상 테이블로 가져오고, 또 새로운 동반자관계가 작동하기 위해서 어떤 제도적 변화가 필요한가에 관한 결정이 뒤따라야 한다. 새로운 환경에 적응하기 위해서 동맹국들이 지금까지 취한 조치들은 별 의미가 없다. 미국과 그 동맹국들은 위협과 기회를 재검토하고, 그것들을 처리할 공동계획을 진행시키고 그리고 적절해진 새로운 혹은 개조된 틀 안에서 군사력을 제공할 필요가 있다.

그러한 재검토와 개조 없이는 냉전시대의 동맹들은 쇠퇴하여 결국 산산조각이 날 것이다. 그 동맹들이 해체된다면 미국이나 다른 주요 민주주의 국가들에게도 이익이 되지 않는다. 동맹이 해체됨으로써 주요 강대국들 사이에 지정학적 대결을 악화시키는 다극적 국제체제가 결국 창출될 개연성이 증대될 것이다. 주요 민주주의 강대국들 사이의 지정학적 대결로 인해서 보다 위험한 세계가 될 것이며, 미국의 선택권이 제한되고 주요 강대국들 사이의 관계에 긴장과 불안정이 증대될 것이다.[1] 또한 미국의 이익을 방어하는 비용이 증가될 것이다. 유럽국가들과 일본에게는 비용과 위험이 더욱 높아질 것이다—아마도 재난처럼 그렇게 높을 것이다. 자국의 이익을 스스로 방어하는 데 드는 군사적 비용은 미국이 이끄는 동반자관계에 의해 공동이익을 보호할 때 드는 것보다 훨씬 높을 것이다. 게다가, 동맹국들 중 몇 나라가 자신들을 방어하는 데 필요한 능력을 획득하는 데 많은 세월이 걸릴 것이다. 그동안에, 그 나라들은 적대적 국가들에게 취약해질 것이다. 그러나 비록 전부 가담하는 활발한 대결이 없다 하더라도, 동반자관계의 부재는 공동이익을 보호하고 세계를 위한 건설적인 미래를 만드는 데 도움이 되는 기회를 잃어버림

1) "지고 있는 순간인가? 냉전 후 미국과 세계"(*The Washington Quarterly*, vol.18, no.2, Spring, pp.87-107)에서 본인은 새로운 시대에 미국의 이익과 다양한 개연성 있는 미국의 전략 속에서 동맹들의 역할이란 쟁점 사안을 다루었다.

을 의미한다.

세계 선진민주주의 국가들 사이의 동반자관계가 대결보다는 좋지만, 어떤 형태의 동반자관계가 실현 가능한가에 관한 중요한 문제는 남아 있다. 동반자관계가 미국, 유럽 그리고 동아시아의 역할과 책임에 가지는 함의는 무엇인가, 그러한 동반자관계가 어떤 위험과 제약을 강요하는가, 그리고 미국이 그러한 동반자들을 얼마만큼 믿을 수 있고 또한 얼마만큼 믿어야 신중한 것인가.

대중동에서 미국-유럽 동반자관계의 가능성을 검토함으로써 이러한 쟁점들을 상술하고자 한다. 동아시아 국가들, 특히 일본을 충분한 동반자로 여겨야 한다. 일본과 다른 동아시아 국가들을 배제한다면, 그 나라들을 실망시켜 미국-유럽 동맹에 대항하는 '균형을 이룰' 수도 있고, 안정을 해치는 경쟁의 악순환을 유발할 가능성도 있다. 더욱이, 일본인들과 다른 동아시아인들을 포함하면, 미국—미국이 지구적 지도력을 발휘하기로 결정한다면—은 새로운 지구적 도전들을 처리함에 있어 보다 많은 선택권을 제공받게 된다. 그러나 여기에서 초점은 미국-유럽 동반자관계에 둔다. 민주주의 국가들 사이의 동반자관계는 서유럽에 인접한 지역, 동유럽이나 대중동과 같은 곳에서 미국과 유럽이 협력함으로써 시작될 수 있다. 그러나 그러한 움직임도 아시아를 중심으로 하는 미국-동아시아 동반자관계의 일부이어야만 하고 그리고 궁극적으로는 미국이 주도하는 세계에서 가장 부유한 민주주의 국가들간의 지구적 동반자관계 속에 두 동반자관계를 편입시키는 보다 원대한 전략의 일부가 되어야만 한다.

이 장에서는 특히 다음 질문들에 집중된다.

- 대중동에서 어떤 핵심 이익을 미국과 유럽이 공유하는가? 대중동에서 주된 조류는 무엇이고 그리고 그것들이 미국과 유럽의 공동이익에 대해 가지는 함의는 무엇인가?
- 공동이익에 대한 위협은 무엇인가?

- 중동에 대한 유럽과 미국의 현재 접근 방식들은 무엇인가?
- 협력을 용이하게 하고 차이점을 완화시키기 위해서 어떤 조치들을 취할 수 있나? 미국과 유럽 사이에 어떤 유형의 동반자관계가 실현 가능한가? 이러한 동반자관계를 전체 유럽과 맺어야 하는가, 유럽의 일부와, 아니면 개개의 핵심적 유럽국가들과 인가? 어떤 합의, 조약, 제도적 장치들이 바람직하고 실현가능한가, 또 어떤 조건으로 해야 하는가?

대중동에서의 공동이익

새로운 시대에 대중동의 미국과 유럽에 대한 중요성이 상대적으로 증대했다. 이렇게 증대되었음에도 불구하고, 유럽인들은 남쪽으로부터 제기되는 자신들의 안보에 대한 전략적 도전을 더디게 인식해왔다. 심지어 최근에 관심이 더욱 집중되었지만, 대중동에서 유럽의 이익을 확보하기 위해서 군사적 조치를 취하는 것을 심각하게 고려하는 것은 그 속에 포함되지 않았다.

놀랄 것도 없이 이 지역에서 공동이익과 위협에 대한 미국과 유럽국가들 간에 합의도 없다. 또한 북대서양조약기구 내에 혹은 밖에도 이 지역에서 또 이 지역으로부터 야기되는 안보문제들을 처리하기 위한 합동계획이나 적절한 안보기구도 없다.

냉전이 끝남에 따라 북대서양조약기구는 동유럽에서, 대중동이 아니라, 평화를 유지하고 예상되는 도전에 주로 초점을 두어왔다. 동쪽으로부터 잠재적 문제들을 처리하기 위해서 동맹은 점차 동쪽으로 확대됨으로써 동유럽에 안정을 수출하기로 결심했다. 1990년대가 끝날 때까지는 폴란드, 체코공화국 그리고 헝가리를 북대서양조약기구에 가입하라고 권유할 것이고 그리고 다른 동유럽국가들, 발트해국가들 및 그외 국가들을 끌어들일 선택안을 계속 열어둘 것 같다. 동시에, 동맹은 러시아와 유대를 강화하는 길을 모색하는 한편 러시아의 되살아난 제국주의화에 대한 대비를 할 것이다. 러시아에 대한 이러한 양면적 접근방법은 러시아의 국내 상황과 전략 방향이 불확실한 채로 있는 한 지속될 것 같다. 최근, 동맹은 또한 확산 문제에 관심을 집중하기 시작했다. 이것들 모두는 중요한 행보이다. 그러나 유럽 남쪽에 대해선 어떠한 포괄적인 전략도 아직까지 나타나지 않았다.

이 지역에 대해서 미국과 유럽이 합동전략을 가지고 있지 않다는 사실은 마드리드에서 클린턴 대통령과 유럽연합 의장 사이에 1995년 후반 조인된 신대서양의제에서 드러난다. 이 의제는 대서양동맹에 영향을 미치는 많은 쟁점들을 다루고 있지만, 대중동에 대해서는 중동 평화협상과정에 대해 광범위한 지지를 표한 것을 제외하곤 거의 아무런 말도 없다. 1994년 북대서양조약기구 사령부에서 개최된 북대서양이사회의에 참여한 국가 및 정부 수뇌 선언에도 똑같이 적용된다. 페르시아만 안보 쟁점들에 관해서는 언급조차 하지 않았다.

대중동에서 안보상 쟁점 사안들을 처리하는 것은 주로 미국에 맡겨져 왔고, 미국은 도전들을 떠맡았다. 다른 지역에서는 군대를 감축하면서도, 미국은 계속 페르시아만에서는 군사력을 증강하고 있다. 미국은 그 지역에서 200대 이상의 비행기를 유지하고, 그 지역 및 인접 수역에 20여 척의 배를 거느린 제5함대를 창설했다. 미국은 또한 그 지역의 선상과 해안에 2만 여 명의 군인들을 주둔시키고 있고 그리고 걸프 해역에 지상군 사단을 신속히 투입하기 위한 재원을 사전에 마련해놓았다. 그 지역 국가들과 합동군사훈련을 하고 몇몇 핵심 국가들에 있는 광범위한 군사시설들도 이용가능하다. 그 결과, 미국은 그곳의 안보 관리자와 걸프협력이사회(GCC) 회원국(바레인, 쿠웨이트, 오만, 카타르, 사우디아라비아 그리고 아랍에미레이트연합)들의 수호자가 되었다. 이러한 조류들을 감안해서 순수한 군사적 견지에서 본다면, 미국은 서유럽의 직접적인 군사적 참전 없이도 그 지역에서 위협의 대부분을 처리할 수 있다.

이 책에서 옹호되는 미국-유럽 지구적 동반자관계는 유럽뿐만 아니라 다른 핵심 지역, 특히 대중동에도 또한 초점을 두어야 했다. 그러나 유럽인들과 미국인들은 그 지역과 그곳의 문제에 대해서 동일한 접근법을 취하지 않아왔다. 그 지역에서 유럽과 미국의 이익은 다음을 포함한다.

에너지 안보 대중동에서 석유가 합리적인 가격으로 자유롭게 교역되는 것을 확고히 하는 것이 미국과 유럽의 이익이 된다. 유럽과 미국 양자는 경제번영을 위해서 수입 원유에 의존한다. 사실 유럽은 그 지역으로부터 원유의 30% 이상을 수입하는 한편 미국은 10%를 수입한다. 일본은 걸프지역으로부터 석유의 50% 이상을 수입한다. 유럽의 중동에 대한 천연가스 의존도도 또한 증가하고 있다. 원유와 관련해서, 비록 종속의 정도와 핵심 공급자의 상대적 비중은 다르지만(이탈리아는 리비아로부터 보다 많이 수입하고, 반면에 미국은 사우디아라비아에 상당히 의존한다), 원유의 대체 가능성을 감안하면, 중동 어느 지역에서 주 공급원이 단절된다면 모든 소비국들에게 경제적 문제가 일어난다. 유럽과 일본은 특히 취약하다. 원유에 대한 걱정이 중동에 대한 군사적 개입의 주된 원인이었다. 예를 들면, 원유의 자유로운 교역확보가 모사데크(Mossadeq) 정부 전복, 수에즈 운하 침공, 정직한 의지 작전(Operation Earnest Will: 이란-이라크 전쟁 동안 미국이 쿠웨이트산 원유를 수송하는 것을 보호) 그리고 사막의 폭풍 작전(Operation Desert Storm)에 인용되었다.

이스라엘의 안보와 아랍-이스라엘간의 평화 공고화 미국은 유대 국가의 안보가 중요한 미국의 이익이라고 오랫동안 간주해왔다. 워싱턴 당국은 이스라엘과 광범위한 경제·정치 및 안보상 유대를 맺어왔고, 미국 정치 엘리트들 사이에 그 관계에 대한 넓은 지지가 있다. 유럽과 이스라엘간의 유대는 이스라엘과 미국의 그것만큼 강하지 않다.

아랍과 이스라엘 간의 분쟁은 미국과 유럽 관계를 긴장시켰다. 양측이 서로 정도가 다르게 이스라엘을 지지함으로써 아랍세계에서 자국의 이익이 균형을 이루도록 하였기 때문이다. 비록 유럽인들과 미국인들은 모두 다 아랍인들과 이스라엘인들 사이가 평화로운 것을 좋아했지만, 접근 방식에는 차이가 있었다. 1967년 아랍-이스라엘 전쟁 후에, 이스라엘

-유럽 관계는 보다 긴장된 반면 미국-이스라엘 유대는 강화되었다. 때때로 1973년 10월전쟁과 같은 그러한 경우, 아랍-이스라엘간 쟁점 사안들이 미국과 몇몇 유럽인들 사이에 대결의 원인이 되었었다.

냉전과 사막의 폭풍 작전이 끝난 후에 아랍-이스라엘 평화 협상과정에 의미심장한 진전이 있었다. 요르단과 팔레스타인 해방기구(PLO)가 이집트와 함께 이스라엘과 정식 평화협정을 맺었다. 시리아와 이스라엘간에도 협정을 맺을 전망이 밝아보인다. 하지만 평화협상과정에 대한 전망은 지금은 불확실하고, 또 후퇴할 약간의 위험도 있다.

평화협상과정이 성공을 거두자 그 과정에 반대하는 유대인들과 이슬람들이 과격해진 듯하다. 특히 이슬람 과격파들은 폭력으로 그 과정을 탈선시키려고 들었다. 팔레스타인 극단주의자들은 이스라엘 민간인들을 공격해서 이스라엘-팔레스타인 협정과 더 많은 영토에서 철수하는 것에 대한 지지를 잠식하고자 하였다. 주로 안보에 대한 불안감 때문에 이스라엘인들은 리쿠드(Likud) 당 당수인 벤자민 네탄야후(Binyamin Netanyahu)를 수상으로 선출하였는데, 그는 평화에 대한 대가로서 땅 공식—아랍·이스라엘 협상의 기초—을 공격하는 운동을 하였고 또 안보문제를 강조했다. 비록 남부 레바논 국경선에서 철수하는 것에 대해서 이스라엘 정부가 약간 과감한 조치를 취하는 것도 배제할 수 없지만, 이스라엘 내에서 변화는 적어도 팔레스타인과 시리아 변방에 관한 평화협상과정이 지연될 수 있을 것임을 의미한다. 심지어 약간의 역행조차도 배제할 수 없다. 모든 핵심적 영토 문제를 해결할 포괄적인 평화협정을 체결하는 것은 더욱 어려워보인다.

이미 이룩한 것을 공고하게 하고 역행을 방지하는 것이 미국과 유럽의 최고 단기 목표이어야 한다. 많은 이스라엘인들은 네탄야후 정부로 하여금 팔레스타인 사람들이 자치를 하도록 합의한 요소들을 무시하거나 철회하라고 압력을 넣고 있다. 마찬가지로 이스라엘을 그 지역에서 정당성 있고 정상적인 국가로서 인정하는 데 거둔 진전을 아랍인들이 돌이키지 못하도록 기를 꺾는 것에 미국과 유럽의 지지는 결정적으로 중요하다.

장기적으로는 이스라엘-시리아 평화협정, 이스라엘과 팔레스타인 간의 최종 지위협정 그리고 이스라엘과 다른 아랍국가들 간에 평화조약 체결 등을 용이하게 하는 것이 미국과 유럽의 중요한 이익이 되어야 한다. 아랍과 이스라엘 간에 평화가 찾아오게 되면 그 지역에서 경제 및 정치 발전에 노력을 집중하는 데 도움이 될 것이다. 최근의 사태 전개가 분명히 보여주듯이 이스라엘과 아랍 간의 합의는 앞으로 당분간 취약할 것이므로 그것을 지속시키기 위한 미국과 유럽의 지원과 보호가 필요하다.

지역 안보와 번영 경제적 번영, 정치적 발전 그리고 중동이 선진민주주의 세계 속으로 통합된다면 중동인, 유럽인 및 그리고 미국인들에게도 이로울 것이다. 대중동에는 굉장한 경제 및 사회적 발전을 이룰 수 있는 잠재력이 있다. 그 지역에 있는 나라들은 올바른 정책을 추진하고 주요 내부 및 외부 분쟁을 피한다면 소득을 두 배로 늘릴 수 있다.[2] 원유가 아닌 제품의 질을 향상시키고, 민간부문을 보다 경쟁력 있게 만들고, 보다 융통성 있고 숙련된 노동자들을 배출해내고 그리고 경제성장을 촉진한다면 중동 사람들은 번영할 수 있다. 그 지역에 있는 나라들이 그러한 전략−단기적으로 상당한 정치 및 경제적 비용을 수반하는−을 이행하는 데 미국과 유럽의 도움이 필요하다.

중동의 번영은 유럽과 미국산 제품의 보다 큰 시장이 될 것이고, 또한 그 지역을 안정시키는 데 도움이 되고, 그럼으로써 미국의 군사적 개입에 대한 요구가 줄어들 것이다. 사우디아라비아에는 서구인들의 수가 총 10만 명을 넘고 또한 조국에 10억 달러 이상을 송금한다.

그러나 내부 불안으로 해서 지역의 잠재적 경제성장이 위협을 받는다. 만일 원유 생산지역에서 분쟁이 일어나 핵심 원유생산 및 혹은 수송시설이 파괴된다면, 또는 만일 극단주의자 집단이 석유를 통제하고 주요

2) World Bank, "*Claiming the Future-Choosing Prosperity in the Middle East and North Africa,*" World Bank, Washington, D.C., 1995, p.1 참조.

수입국들에 대한 무기로 사용한다면, 석유공급이 끈길 수도 있다. 지역에서 패권을 추구하는 나라들은, 이란과 이라크의 현 정권과 같이, 불안을 부추기려 할 것이다. 사막의 폭풍 작전이 끝난 후, 그 나라들은 이러한 간접적인 접근방법이 직접적인 군사적 정복보다 위험이 적다고 여길 것이다. 알제리의 경우에서 본 바와 같이, 내부 분쟁은 그 대상 나라에 살고 있는 모든 혹은 일부 서구인들을 목표로 하는 결과가 나오게 할 수도 있다. 불안정해지면 또한 외국 투자가 감소하고, 이집트와 같은 나라들에게는 주 수입원인 관광산업도 침체된다. 결국 불안정으로 해서 국내 자본의 이탈이 증가되어 경제적 번영을 저해될 수도 있다. 많은 부자 아랍인들은 보다 나은 투자기회를 이유로 자신들의 돈 중 대부분을 외국에 두기도 하지만, 불안 혹은 잠재적 불안에 대한 두려움은 종종 잠재적 투자자로 하여금 겁에 질려 단념하게 만든다. 이라크가 침공한 후에 많은 양의 돈이 사우디아라비아와 다른 걸프협력이사회 국가들로부터 빠져나갔다. 많은 외국인들도 또한 떠났다.

불안정으로 해서 많은 난민들이 유럽에 유입되는 결과가 또한 발생할 수도 있다. 이 이주민들은 심지어 테러리즘과 국내 극단주의를 유럽에 수출할지도 모른다. 유럽공동체 내에 수백만 명이나 되는 북서아프리카인과 중동 출신의 노동자들이 있고, 그중에 독일에 있는 수십만 명의 쿠르드족도 포함된다. 이탈리아, 스페인, 프랑스 그리고 독일에, 이러한 이주민들이 뜨거운 국내 정치의 쟁점화가 되어 이민을 줄이라는 요구가 발생하기에 이르렀고, 또 최근 이민자들에 대한 폭력을 촉발시켰다. 이것은 정말 진퇴양난이다. 왜냐하면 많은 중동경제는 이들 나라로부터 오는 송금에 의존하기 때문이다.

중동에서 번영과 정치발전에 대한 전망엔 밝음과 어둠이 뒤섞여 있다. 중동국가들은 대체로 1960년대, 1970년대 및 1980년대 초만큼 좋은 성과를 거두지 못하고 있는데, 그 이유는 원유소득의 격감, 상당한 인구증가, 낮은 생산성 그리고 적절하지 못한 정책들에 있다. 이러한 요인들로 인해서 1986~1995년 사이 아랍국가들 및 이란에서 실질소득이 2%

—어떤 개발도상지역에서도 가장 많은 감소량—나 줄어들었다.[3] 이 지역의 원유에 대한 세계(특히 아시아)의 의존도가 증가함에 따라, 전망은 밝아지겠지만, 그러나 1970년대 후반이나 1980년대 초의 수준에는 못 미칠 것 같다. 국가소유기업에 엄청난 투자를 하는 것은 오늘날의 시장엔 맞지 않는다는 인식이 점차 확산되고 있다는 점이 그 지역 대부분에서 이루어지고 있는 또 다른 긍정적인 발전이다. 민영화가 추진되고 있고, 외국에서 돈을 가져다가 국내에 투자하도록 투자자들—특히 그 지역 출신들—에게 유인이 제공되고 있다. 그러나 그 지역이 갈 길은 멀다. 부유한 걸프국가들조차도 불필요한 규제와 구식 법률로 인해서 외국 투자자를 끌어들이는 데 어려움을 겪고 있다.[4]

정치적인 측면에서 볼 때, 잠재적인 위험이 존재하는 상황이고 지금까지 이룩해놓은 것을 밑에서부터 허물 수도 있다. 1995년 11월 13일 사우디아라비아에서 일어난 차량 폭탄 테러와 같은 그러한 공격이 더욱 많이 발생한다면, 투자자들은 겁에 질려 적어도 그 나라를 떠날 것이다. 그곳에 있는 국가들이 그 나라 국민들에게 익숙해진 선심을 제공할 수 없을 것 같기 때문에 사우디아라비아와 걸프협력이사회 회원국들에서 정치적 불안정은 증대될 수도 있다. 예를 들면, 사우디아라비아는 전기, 가솔린 및 전화를 포함한 많은 품목들에 대한 보조금을 벌써 줄였다. 리야드(Riyadh) 왕국도 2000년도까지 예산의 균형을 이루겠다는 목표를 달성하기 위해서는 보조금을 더욱 줄여야 할 것이다. 이러한 조치들로 인한 정치적 비용을 줄이고자 하는 희망에서 파드 국왕(King Fahd)은 이러한 허리띠 졸라매기 조치는 잠시 동안만 시행될 것이라고 국민들에게 약속했다. 경제문제가 증대됨으로 해서 걸프협력이사회 회원국 정부들로 하여금 정치적 참여와 책임을 확대하라는 압력이 수반되었다. 정부에 대한 압력이 커지자, 그들은 경제적 개혁을 보류하고 정부 지출을 증가시키고자 하는 유혹을 느껴서, 보다 큰 경제 및 정치적 문제를 언젠가

3) Ibid., p.3.
4) *Financial Times*, January 30, 1996, p.17.

는 일으킬 소지를 증대시킨다.

이란과 이라크는 외부 침공, 국내 불안정, 심지어 양국 정권의 전복을 일으킬 수도 있는 중대한 경제 및 정치적 문제에 직면했다. 이란의 국내 상황은 여전히 문제가 많고 또 악화되고 있다. 1990년대 초 라프산자니(Rafsanjani) 대통령의 경제정책들, 개혁을 강조하고 민간 부문에 집중되었던 정책들은 폐기되었다. 부채와 경제에 대한 국가의 개입은 증대되었고, 따라서 경제문제도 증가되었다. 지난 6년 동안 쌓인 부채는 360억 달러가 넘고, 또한 이란 화폐인 리얄(riyal) 화는 상당히 평가절하되었다. 원유수입은 늘지 않고, 또 이란의 원유생산은 생산할 수 있는 최대량에 근접했다. 광대한 가스 유전을 시장에 내놓으려는 이란의 노력은 아무런 성과도 없었는데, 그것은 미국의 반대 때문이다. 이란은 외국 투자를 모색하고 있는데, 자국 원유회사인 코노코(Conoco) 사로 하여금 거래의 취소를 강제하는 미국의 결정으로 인해 성사될 전망은 줄어들었다. 미국의 경제적 압력으로 해서 이란 정부가 경제에 더 커다란 역할을 하게 되는 결과를 낳았다. 악화되고 있는 경제로 인한 이란인들 사이의 불만을 주원인으로 한 불안이 테헤란과 그 근교를 포함한 도시에 초래되었다.

이라크에서는 사담 후세인(Saddam Hussein) 대통령의 정책과 쿠웨이트 침공 후 가해진 제재로 인해서 경제상황이 더욱 악화되고 있다. 사막의 폭풍 작전의 전후 처리를 위한 유엔결의안을 이라크가 준수하게 할 뿐만 아니라 또한 정권의 변화를 유발하기 위해서 제재가 가해졌다. 이 정권이 서서히 무너져가고 있는 듯 보이지만, 사담 후세인은 통제력을 계속해서 유지하고 자신의 목적을 위해 국민들을 동원할 수 있다. 이라크 민족주의가 여전히 강하기는 하지만, 새로운 내전이 발발해서 심지어 이라크가 분열될 가능성조차 약간 있다. 이웃에 있는 강대국들이 이라크에 대한 간섭을 증대시키고 그리고 북쪽은 쿠르드로, 남쪽은 시아파(Shiites)로, 중앙은 수니파(Sunnis)로 분할될 위험조차 있다. 제재를 계속 가하는 데 대한 지지는 줄어들었지만, 그러나 이라크가 생물학 무기, 화학 무기 및 미사일 발사 능력에서 예상했던 것보다 더 발전시켰다고 최근 유엔 조사에 의해 밝혀짐으로써, 제재가 가까운 장래에 철회될 것 같지는 않다. 그 결과, 이라크의 경제상황은 더욱 악화될 것 같다. 이렇게 될 것으로 예상됨으로 해서 이라크 정부는 식량과 의약품을 구입하기 위해서 유엔 감시 아래 석유를 수출하는 것에 대해 이전에 거부했던 결정을 철회했다.

걸프지역 밖에서는 전망이 밝은 나라들이 몇 있을 뿐이다. 이스라엘 경제는 극히 좋은 성과를 거두고 있다. 이스라엘의 1인당 GNP는 현재 1만 6,000달러 이상이다. 튀니지, 요르단 및 모로코는 아시아로 하여금 그토록 극적인 성장을 이룩하게 한 유형의 경제개혁을 채택하기 시작했다. 이집트와 알제리처럼 많은 인구를 가진 나라들을 포함한 다른 아랍 국가들은 자신들의 노선을 바꾸지 않는 한 어두운 경제전망에 당면한다. 많은 나라들은 막대한 보조금을 지급하는 사회주의적 경제체제를 가지고 있다. 이집트에서는 경제개혁이 지체되고, 인구가 계속 급증하고, 또한 공공부문이 팽창된 채로 있다. 그 나라에서 외국 직접투자가 1985~1986년 11억 달러에서 1993~1994년 5억 달러로 급격히 감소했다.

알제리에서는 내전으로 인해 어떠한 경제개혁도 성공하지 못하고 있다. 지난 4년 동안 40만이나 되는 많은 알제리인들이 생명을 잃었고, 또한 수십억 달러 가치가 나가는 경제적 자산들이 파괴되었다. 비록(수백만 명의 알제리 국민들이 참여한) 최근 대통령 선거는 야당에게는 커다란 패배였지만, 안정될 전망은 여전히 어둡다. 시장 지향적 경제에서조차도 부패는 만연하고 국내 정치는 전체적으로 새로운 세계 현실에 제대로 대응하지 못한다.

안정에 대한 유럽인들의 우려는 나라마다 다르다. 유럽남부국가들(이탈리아, 스페인 그리고 프랑스)은 역사적 유대와 많은 수의 이민들 때문에 북아프리카에 대해 우려하고 있다. 독일과 영국의 국내정치와 안보는 이와 대조적으로 북아프리카에서 일어난 사건들로 인해서 직접적으로 영향을 받지는 않는다.

공동이익에 대한 위협

미국-유럽 동반자관계가 수립되기 위해서는 공동이익에 대한 이해뿐만 아니라 또한 그것에 대한 위협도 알고 있는 것이 필요하다. 서구의 이익은 다음과 같은 추세나 사태 전개에 의해 위협을 받는다. 가장 큰 위협은 지역의 불안정이다. 대중동은 몇 개의 잠재적 요인들로 인해서 불안정한 상태로 있을 것이다.

인구 성장 중동의 대부분 지역에서 인구증가는 경제성장의 속도를 빠르게 추월하고 있다. 사하라 하부 지역 다음으로, 중동에서 세계 어느 지역보다 높은 인구증가가 일어나고 있다. 인구의 급속한 증가가 다른 바람직하지 못한 추세들과 결합함으로써, 그 지역 밖으로 이주해가는 많은 사람들이 생겼다. 중동으로부터 온 이민들은 유럽, 특히 프랑스, 스페인 및 이탈리아인들에게 걱정거리다. 상당한 수의 이민을 보내는 리비아, 알제리, 이집트, 모로코 및 튀니지 출신의 총 이민자 수는 현재 1억 3,000여 만 명이고 또 1년에 400만 명씩 늘어나고 있다. 유럽에 이민을 보내는 나라 중에 이집트와 알제리의 추세는 특히 놀랍다. 예를 들면, 알제리 인구 2천 700만 명 중 70%의 나이가 15살 미만이고, 또한 42%는 10살 미만이다. 알제리 경제는 지국의 잠재적 노동자들에게 일자리를 제공할 만큼 팽창되지는 못했다. 이민의 유럽에 미치는 순수한 경제적 영향은 긍정적–특히 노령화되는 인구를 감안하면–이지만, 그러나 정치적 영향은 부정적이다. 이민으로 인해 몇몇 유럽국가들에서 극단주의자 및 외국인 혐오 우익정치운동이 더욱 끓어오르게 되었다.

정당성 위기 대다수 정권의 정당화 이념들이 계속되는 부패, 억압 그리고 때때로 경제적 쇠퇴에 직면해서 점차 허물어지고 있다. 이는 미국의 적과 마찬가지로 핵심 우방에게도 어느 정도 해당된다. 이러한 문제들은 이라크, 이란 및 리비아뿐만 아니라, 또한 이집트, 사우디아라비아 및 다른 걸프협력이사회 회원국들 중 몇 나라에서도 발생한다. 그 지역 대부분의 핵심국가들에서도 정치적 책임과 참여에 대한 요구가 점차 증대하고 있다. 몇 개의 쟁점들에 관해서 그 나라 정부들도 조화시킬 수 없는 것들이 있는데, 그 범위가 이슬람 과격주의로부터 자유주의에 이르기 때문이다. 또한 정치적 논쟁의 해결을 위한 평화적 규칙에 대한 공감대도 없다. 비록 아랍-이스라엘 분쟁의 종식은 바람직하지만, 아랍인들이 자국 내 문제에 관심을 보다 집중함으로써 정당성 위기가 가속화될 수도 있다. 분쟁의 종식으로 해서 몇몇 정부들이 자국 내 문제를 처리함에 있어 성과가 형편없었음을 감추기 위해 했던 핑곗거리가 제거되었다.

동요하는 사회 인구 및 정당성 문제를 더욱 복잡하게 만드는 것은 도시화, 중산층의 성장, 여성들이 투표권이 없는 자신들의 지위를 받아들일 의사가 점차 약해지는 것 그리고 정보혁명 등이다. 이 모든 것들은 사회의 전통적 구조에 도전을 한다. 정보혁명은 다른 것들에도 기름을 부은 것과 같아서, 세계 다른 곳에서 이룩된 발전에 관한 정보를 엘리트들이 더이상 통제하지 못함에 따라 기대가 상승하기에 이르렀다.

형편없는 경제성장과 쇠퇴하는 생산성 모든 아랍국가에서 거대하지만 반드시 효율적이지는 못한 공공부문과 형편 없는 계획으로 인해 경제성장이 제약되고 있다. 전체 생산성이 그 지역 국가들 대부분에서 쇠퇴하고 있다. 세계의 다른 대부분 지역에서 일어나고 있는 것과는 정반대이다. 그 지역 많은 국가들은 경제적 환경을 변화시키는 데 필요한 개혁에 저항해왔다. 변화를 바라는 압력이 있지만, 또한 상품과 서비스에 보조금을 계속 지급하라는 압력도 존재한다.

이슬람 극단주의의 확산 이슬람 극단주의자 운동은 중동에 있는 몇몇 정부에 대한 주요 도전이 되고 있다. 다양한 이슬람교도들끼리 또 정부와 이슬람 극단주의자 집단들 간의 싸움의 결과로 내전과 주요 분쟁이 발발했다. 알제리와 아프가니스탄은 전면적인 내전의 무대이다. 사우디아라비아, 이집트, 바레인, 튀니지 그리고 새로운 팔레스타인 자치정부에서도 반서구적인 이슬람 과격주의로부터 위협은 현실적으로 존재한다. 비록 국내 상황이 이슬람 과격주의의 원인이기는 하지만, 이란은 극단주의 집단의 확산을 고무해왔다. 아프가니스탄도 광범위한 지역적 연대를 가진 극단주의자 집단들의 훈련소가 되었다. 이집트, 알제리 및 사우디아라비아와 같은 나라에서 국가가 탈취되었다면, 미국과 영국의 이익에 중대한 의미를 내포했을 수도 있었다. 그렇게 사태가 전개되었다면, 이스라엘과 아랍국가들 간의 평화, 테러리즘의 확산, 원유생산과 가격 설정, 그 지역 국가들의 대량파괴무기 도입 추진 그리고 이러한 국가들이 서구의 관심 및 이익을 전체적으로 수용하는 정도 등에 영향을 주었을 것이다. 이란의 경우에서 나타났듯이, 이슬람 과격주의에는 건전한 경제원리가 포함되어 있지 않다. 그러므로 이슬람 과격주의의 확산은 중동국가들이 번영할 수 있는 능력을 약화시킬 것이다－비록 번영하지 못함에 따라 이슬람 극단주의의 확산은 긍정적인 영향을 받을 수도 있다. 그 지역 인구의 급속한 인구증가를 감안하면, 이슬람 극단주의에 의해 초래된 경제적 문제들로 인해서 부유한 이웃 유럽으로 떠나는 이민자들이 보다 많아질 것이다.

제한된 지역 협력과 미미한 세계화 경제 및 정치, 혹은 안보상 쟁점들에 관한 협력을 위한 범지역적인 기구도 없고, 또한 그곳 국가들 사이에 무역도 거의 없다. 많은 수의 소지역적 조직들이 존재하지만 성공적이었다는 기록은 얼마 되지 않는다. 가장 중요한 소지역적 조직들 중 하나는 걸프협력이사회이나 영토분쟁과 사우디아라비아의 지배에 대한 우려로 인해 그 유효성이 제한받는다. 그 지역에 있는 대부분의 국가들은 경제성장을 증진할 수 있는 세계경제 속에 통합을 활용하지 못해왔다. 세계 다른 지역에 있는 모든 국가들과는 대조적으로－사하라 이남 아프리카를 제외하고－대중동에 있는 대부분 국가에서 산출량에서 무역이 차지하는 몫이 줄어들어왔다. 무역의 견지에서 보면, 그 지역 대부분의 국가

들은 지금보다 30년 전에 세계와 더 통합되어 있었다.[5)]

영토 및 자원 분쟁 많은 수의 영토분쟁이 그 지역의 안정을 위협하는데, 특히 원유와 물과 관련된 것들이 더욱 그렇다. 영토 및 자원 분쟁이 지역에 항구적인 평화를 유지하는 데 장애물이 된다. 그것들은 중대한 군사적 충돌을 일으키는 잠재적 발화점이다. 이스라엘 대 팔레스타인, 이스라엘 대 레바논 그리고 이스라엘 대 시리아뿐만 아니라, 또한 바레인 대 카타르, 사우디아라비아 대 쿠웨이트, 예멘 대 사우디아라비아, 이란 대 아랍에미리트연합, 이라크 대 쿠웨이트 등에서 지속되고 있는 영토 문제, 유프라테스 강물 이용에 대한 이라크 대 시리아, 티그리스와 이스켄데룬 강물에 대한 터키 대 시리아 그리고 마찬가지로 북아프리카국가들 사이의 분쟁인 이집트 대 수단 등이 영토 및 자원 분쟁에 포함된다.

두번째 위협은 테러리즘이다. 파리에서 연속적으로 발생한 폭발이 상기시키듯이, 중동문제는 유럽에선 정치적 폭력으로 귀결된다. 미국, 스페인, 영국, 이탈리아, 독일 및 그리스는 중동에서의 분쟁이 자국의 영토로 연장되는 것을 목격했다. 알제리, 시리아, 예멘, 이란, 리비아, 레바논 및 이라크 모두가 테러리스트 집단의 주요 후원국 혹은 본국이거나 또는 후원국/본국이었다. 현재, 이란인이 후원하는 테러리스트들이 가장 활발하다. 미래의 테러리스트들은 보다 파괴력 있는 수단—대량파괴무기와 정보전 수행과 같은 그러한 신무기들을 포함해서—을 사용해서 대규모 파괴와 살상을 초래할 수도 있다. 서구에서 중동에 기지를 둔 집단들이 수행하는 테러리스트 공격을 억제하고 방지하는 것은 분명히 미국과 유럽의 공동이익이 걸린 두 과업이다.

세번째 위협은 이스라엘과 아랍국가들 사이의 평화에 반대하는 침략적인 또는 무법자 국가들로부터 유래한다. 국내 불안정, 제한된 지역 협력 그리고 영토 분쟁 이외에도, 중동은 세계에서 가장 침략적인 정권들

---

5) World Bank, *Claiming the Future*, p.16.

중 몇 나라의 고향이다. 특히 이란, 이라크 및 리비아는 이 범주에 딱 들어맞는다. 최근 1995년 8월, 미국은 그 지역에서 이란의 움직임을 억제하기 위해서 어쩔 수 없이 요르단에 군대를 파견하였다. 이 정권들은 자국의 이웃나라를 위협하고 또 이스라엘의 정통성을 인정하는 것을 거부해왔다. 이란은 중동 평화협상과정을 무너뜨리려는 시도를 특히 활발하게 하였다. 예를 들면, 이란은 이스라엘 수상 이작크 라빈(Yitzhak Rabin)이 암살당한 사후에 잔인한 논평을 한 세계에서 몇 안되는 나라들 중 하나이다.

네번째 위협은 원유공급의 안전을 해치고자 하는 침략 혹은 무법자 국가들로부터 비롯된다. 이란이나 이라크 같은 적대적인 국가가 걸프지역에서 패권을 장악하거나, 혹은 극단주의자들이 사우디아라비아를 찬탈하면, 원유 안보는 위협받는다. 만일 호르무즈(Hormuz) 해협이 봉쇄되었어도 똑같은 일이 일어났을 것이다. 따라서 적대적인 지역 패권국의 등장을 배제하고, 호르무즈 해협 봉쇄를 방지하고, 또 사우디아라비아의 안정을 확보하는 것들이 걸프지역으로부터 원유공급을 안전하게 하는데 중요하다.

다섯번째이자 마지막 위협은 대량파괴무기와 미사일 발사장치의 확산이다. 그 지역에 있는 몇몇 국가들은 이미 대량파괴무기와 미사일 발사장비를 보유하고 있다. 이란은 이미 화학무기를 보유하고 있고 또한 생물학무기를 보유했거나 아니면 거의 획득했을지도 모른다. 테헤란 당국은 핵무기와 아울러서 보다 많고 보다 좋은 미사일을 보유하기로 결심한 듯하다. 사막의 폭풍에서 미국의 승리와 자국의 재래식 무기들—무기와 조직 및 군대의 전반적인 질을 포함해서—을 증강하면서 이란이 문제에 직면함에 따라 핵무기를 획득하고자 하는 이란의 유인이 증대되었다. 미국과 유럽 둘 다 중동에서 대량파괴무기와 미사일 발사장치의 확산에 대해 관심을 가지고 있다. 그러나 유럽은 확산을 막으려는 시도를 미국만큼 집중적으로 하지 않았다.

미래에 또한 유럽이 직접적인 스스로의 안보를 고려해야만 함에 따라,

이러한 쟁점은 유럽에게 사활이 걸린 것이 될 수도 있다. 그 지역에 지리적으로 가까운 것을 감안하면, 이탈리아, 스페인, 터키, 그리스 및 프랑스 등에서는 북아프리카와 동지중해(Levant) 지역에 대량파괴무기와 미사일이 확산되는 것에 대한 우려가 특히 커질 것 같다. 향후 10년에서 15년내에, 주요 유럽도시들 중 많은 곳들이 과격한 중동국가들이 보유한 대량파괴무기로 무장된 미사일의 사정거리 내에 들 것이다. 그러한 사정거리를 가진 미사일은 국내에서 개발되거나 혹은 수입될 수도 있다. 후자의 경우 위협은 좀더 일찍 나타날 수도 있다. 중동의 과격한 나라들에 이미 미사일을 판매하고 있는 북한은 적당한 사정거리를 가진 미사일을 개발중이다.6)

대량파괴무기와 미사일 공격으로부터 유럽이 취약함으로 인해 심각한 결과를 초래할 수도 있다. 첫째, 유럽도시들은 중동에 있는 불량배국가들로부터 가해지는 미사일 공격에 노출될지도 모르는데, 그 지역에 있는 대량파괴무기의 확산을 감안하면 생각만 해도 무시무시하다. 둘째, 지역의 침략자들이 보복 미사일 공격에 대한 볼모로 유럽 도시들을 잡고 있게 된다면, 그 지역에서 작전을 수행할 미국의 능력은 손상될지도 모른다. 워싱턴 당국은 리야드하고 파리를 바꾸지 않을 것이라고 그러한 침략자들은 믿을 것이고, 그러한 믿음은 침략을 부추길 수도 있다. 이러한 보복 가능성으로 인해 어느 경우이든지, 그 지역에서 미국의 군사작전은 어렵게 될 것이다.

중동에 대한 유럽과 미국의 현재적 접근방법

비록 미국과 유럽측에 중동에 관련된 많은 공동이익이 있지만, 공동의 비전이나 전략은 없다. 미국인들과 유럽인들은 몇몇 쟁점에 대해서는 협력을 하고, 또한 그 나라들의 정책은 서로를 보완해준다. 아직은 경쟁

6) 북한의 노동 미사일은 1,000킬로미터의 사정거리를 갖고 있다. 대포동 1호와 대포동 2호의 사정거리는 3,000킬로미터 이상이다(*Jane's Defense Weekly*, March 12, 1994, p.1).

혹은 방해가 종종 그 지역에서 양자관계의 특징을 이루고 있다.

냉전 종식과 사막의 폭풍 작전 이래로 미국은 페르시아만 지역에서 우월한 외부 강대국이 되었다. 실제로 미국은 그 지역의 최종적인 안보 관리자이며, 이러한 역할을 통해, 그 지역으로부터 원유공급의 안전을 확보하는 데 도움을 주고 있다. 한편 최근에 세계 다른 곳에서는 군사력을 감축하면서도, 미국은 페르시아만 지역에서 계속된 군사적 증강 속에서 군사능력을 증대시켜왔다. 미국은 또한 걸프협력이사회 회원국들과 안보상 유대를 강화시켜왔다. 워싱턴 당국은 이란과 이라크가 걸프 지역을 지배하려 기도하고 있음을 알고서 양국을 봉쇄하고 약화시키려 노력해왔다. 이라크에 대한 제재가 지속되길 원하고 또 이란을 더욱더 고립시키길 바란다.

이란과 이라크로부터 군사적 위협에 대처하기 위한 미국의 그 지역에 대한 계획은 동맹국들의 어떠한 중대한 군사적 기여에도 의존하지 않는다. 유럽이 현재 기여하는 데 제한을 받는 데는 몇 개의 이유가 있다. 첫째, 몇몇 유럽국가들은 걸프지역에 대한 위협을 미국과는 다르게 인식한다. 둘째, 위협에 대해서 동일한 인식을 하는 나라들조차도 그것들을 처리하는 미국의 접근방법에 공감하지 않는다. 이러한 차이는 이란과 이라크에 대한 다양한 접근방법 속에 반영되어 있다. 비록 미국이 이란을 봉쇄해서 고립시키고자 하여도, 유럽인들은 일반적으로 이슬람 정권과 '비판적 대화'를 선호한다. 최근 이란에 대한 압력을 증대하기 위한 미국의 제재는 프랑스와 같은 몇몇 나라들에게 상업적 기회로 이용되었다—이는 미국의 목표와 전략을 잠식한다. 또한 유럽인들은 이란산 원유에 대한 자국의 의존도를 감안하면, 이란을 고립시키는 데 미국이 바라는 만큼 나아갈 수 없다고 주장한다. 이란 및 리비아와 사업을 하는 외국기업에 대해 제재를 가하겠다고 위협하는 미국의 입법에 대해서 유럽인은 분노했다. 셋째, 유럽인들은 중동에서 핵심적인 안보상 쟁점들 중 몇몇에 관해서 자기들 사이에서도 또한 의견이 다르다. 이라크에 대해선, 런던 당국은 워싱턴의 정책과 비슷한 강경노선을 선호하지만, 그러나 파리

당국은 보다 온건한 노선을 모색한다(비록 이라크의 생물 및 화학 무기와 미사일 개발 계획에 관한 최근 유엔 조사보고서로 인해 제재 완화에 대한 프랑스의 지지가 심한 타격을 받았다). 넷째, 그 지역 안보에 직접 기여할 수 있는 유럽의 군사력은 제한되어 있다. 다섯째, 몇몇 유럽인들은 미국이 걸프지역에서 월등한 지위를 유지하면서 무기판매와 같은 분야–미국과 유럽이 경쟁을 하는 분야–에서 자국이 유리하다고 생각한다. 여섯째이자 마지막으로, 많은 유럽인들은 그 지역에 대한 미국의 접근방법에 동의하겠지만 그러나 지역적 패권국의 등장을 저지하는 정치 및 재정적 비용을 미국이 부담하도록 하는 데 만족한다.

아랍-이스라엘간 평화와 관련해서 미국은 유사하게 지도적 역할을 담당한다. 워싱턴 당국은 이스라엘과 아랍국가들 사이에서 주된 사회자이고, 이스라엘과 안보상 유대의 덕분에 사회자로서 미국의 역할에 대해서 텔 아비브(Tel Aviv) 당국이 안도감과 신뢰감을 가지게 되었다. 미국의 이집트에 대한 경제 및 안보적인 도움으로 해서 그 나라와 이스라엘 간에 평화가 유지되어왔다. 미국은 또한 경제적 개혁을 독려하고 있다. 최근에, 이집트 대통령 무바라크(Mubarak)와 미국 부통령 고어(Gore) 사이의 회담에서 이것이 추진되었다. 비록 시리아와 팔레스타인은 자국의 땅을 돌려받기 위해서 평화를 정착시키기 바라나, 세계 유일 초강대국과의 관계를 개선하고자 하는 바람도 이스라엘과 평화로 그 나라들을 나아가게 하는 제2의 강한 동기이다. 평화를 정착시키고자 하는 나라들 사이에 경제적 협력을 용이하게 만들기 위해서 미국은 이스라엘, 이집트, 팔레스타인, 및 요르단을 포함해서 타바(Taba) 회담을 개최했다. 유사하게 미국은 이스라엘과 아랍국가들 사이에 경제 및 무역상 유대를 증진하기 위한 1995년 암만(Amman) 회담을 후원하였다.

유럽은 이스라엘과 아랍국가들 간에 평화협정을 공고화하는 것을 용이하게 하는 데 중요한 역할을 할 수도 있고 또 해야만 한다. 유럽인들은 팔레스타인 자치정부에 경제적 원조를 제공해왔고 또 요르단과 이스라엘 간의 공동계획 지원을 고려하고 있다. 또한 이집트와 이스라엘에 경제적 원조를 제공함으로써 양국간 평화협정을 지원해왔다. 몇몇 유럽국가들은 아랍과 이스라엘을 포함하는 다국적 작업그룹에 기여하고 있다.

미국과 유럽은 때때로 여하한 평화라도 어떻게 해야 가장 잘 공고화할 수 있는가에 의견을 달리하기도 했다. 유럽국가들은 그들 사이에서도 의견이 다르지만 그러나 전체적으로 미국과 합동으로 일을 하기 위한 개별적 계획안을 선호해왔다. 예를 들면, 지역경제 발전을 증진하기 위해서 미국은 아랍국가들, 유럽, 일본 및 미국으로부터 재정적 공약을 가지고 중동개발은행을 설립하는 것을 옹호해왔다. 한편 일본은 지지를 표했지만, 대부분 유럽인들은 그 생각에 반대하고(비록 현재 유럽연합 의장국인 이탈리아는 그 구상에 지지를 표명했다), 그들 자신의 유럽부흥개발은행을 선호했다.

그러나 유럽인들은 북아프리카의 경제를 발전시키는 데 앞장서고 있다. 부분적으로 이러한 노력은 이들 지역으로부터 유럽으로 불법 이민을 줄이려는 것이고 그리하여 그 지역에 보다 많은 일자리를 창출하려는 넓은 전략의 일환이다. 프랑스와 다른 남부유럽국가들은 동쪽으로부터 위협을 우려하고 있는 독일과 다른 국가들로 하여금 북아프리카에 좀더 주의를 기울이도록 압력을 가해왔다. 유럽연합은 북아프리카와 자유무역협정을 2010년까지 체결하는 것을 고려하고 있다. 2년 반 동안에 걸친 어려운 협상 후, 1995년 11월 15일에, 무엇보다도 점진적인 자유무역지역을 제공하는 제휴협정이 모로코와 유럽연합 사이에 체결되었다. 유사한 협정이 튀니지와 지난 1995년 7월에 조인되었다. 이집트와 요르단이 다음 차례를 기다리고 있다. 이스라엘은 아랍국가들보다 먼저 자국을 유럽경제지역에 편입시킬 협정을 개별적으로 협상중이다. 하지만 유럽인들은 그 사안에 관해서 의견이 갈라져왔다. 몇몇 남부유럽인들은 농업 생산품에 관해서 북아프리카와 자유무역제도를 설립하는 것에 반대해왔다. 왜냐하면 북아프리카에서 자신들이 생산하는 제품과 동일한 것들 중 얼마가 생산되기 때문이다. 또한 적은 임금을 받는 북아프리카인들에게 일자리를 잃을까 두려워하고 있다.

유럽과 그 남쪽에 있는 국가들간에 협력을 증진하기 위해서 유럽인들은 유럽-지중해회의를 1995년 바르셀로나에서 조직했다. 관계된 모든 나라들—리비아는 제외[7]된 반면 시리아와 이스라엘은 포함되었다—은 참여해서 정치, 경제 및 문화 협력 계획에 합의했다. 미래에 협력할 자세한 사항들은 다음 회의에서 협상하기로 되었다. 유럽연합은 1995년과 1999년 사이에 지중해 국가들에 대한 원조로 65억 달러를 제공하겠다고 공약했다.

비록 유럽과 북아프리카 사이의 자유무역지역에 미국의 이익이 영향을 받지만 미국은 이러한 다양한 유럽 계획안에 직접 관여하지는 않았다. 예를 들면, 북아프리카에서 유럽연합 제품에 관세상의 특혜가 주어지면, 미국-북아프리카 무역에 악영향을 줄 수도 있다. 이러한 요인들로 인해서 미국 관리들은 바르셀로나 회의에 자신들의 입장을 적절히 표시하지 못한 것에 대해서 불쾌해했다.

유럽인들도 안보면에서는 마찬가지로 분열되어 있다. 몇몇 사람들은 북대서양조약기구와 동유럽국가들 사이의 협정과 유사한 동반자관계 협정을 북대서양조약기구와 그 지역 몇 개 국가 사이에 맺는 것을 선호한다. 1994년에 북대서양조약기구는 남쪽에 있는 몇몇 국가들과 대화를 개시하기 위한 지중해계획안을 발의했다. 처음에는 이스라엘, 이집트, 모로코, 튀니지, 및 모리타니아 등이 초빙되었다. 요르단은 1995년 가입했다. 미국 국방부는 북대서양조약기구와 동반자관계라는 선택권을 고려하는 데 동의했다. 그러나 대중동에서 문제를 처리하는 데 북대서양조약기구의 역할은 여전히 불분명하다.

다른 유럽인들은 서유럽연합이 이러한 역할을 담당하는 것을 선호할 수도 있다. 유럽과 북아프리카 사이에 지역에 관한 대화를 위한 다른 제안들이 많이 있는데, 그중에 유럽-지중해 안보지역구상—지역 분쟁 및 마약 거래와 같은 문제들을 해결하기 위한 제도의 발전을 목적으로 한

7) 리비아는 1998년 12월 21일 팬암(Pan Am) 107호기 폭발과 관련해서 유엔의 제재로 인해 제외되었다.

유럽안보협력회의 유형의 장치가 포함된다.

유럽과 미국의 정책들은 리비아에 관해서는 여전히 상보적이다. 비록 유럽인들은 리비아에 대해서 원유 금수조치와 같은 제재를 강화하는 것을 지지하지 않지만 유럽인들과 미국인들은 팬암 107호기 폭파혐의를 받고 있는 두 명의 테러리스트들을 나중에 스코틀랜드에서 재판하기 위해 유럽에 있는 영국 대사관에 리비아가 넘겨주기 전까지는 제재가 지속되어야만 한다는 데 의견이 같다.

대량파괴무기와 미사일 문제를 처리함에 있어, 미국과 유럽국가들 중 몇 나라는 계속해서 위협에 대한 인식과 대중동에 있는 국가들이 그러한 장치들을 습득하는 것을 억제하고, 지연시키고, 또한 대항하는 데 견해가 다르다. 미국은 유럽보다 그 위협에 더욱 경악해서 보다 강경한 대응 전략을 추진해왔다. 하나의 긍정적인 발전은 확산에 관한 합동 위원회가 북대서양조약기구의 북대서양이사회 산하에 설치되었고, 또한 중동은 그 위원회가 집중적으로 관심을 가져온 지역들 중 하나라는 것이다. 이 위원회에는 두 개의 하위 부서가 있다. 확산방위그룹(Defense Group on Proliferation)이 그들 중 하나로 현재 및 미래 위협에 대한 위험평가를 이미 수행했고 그리고 확산고위급그룹(Senior Group on Proliferation)은 외교적 도구에 초점을 둔다.

확산방위그룹은 미래의 임무에 초점을 둘 것이다. 비록 유럽이 미국보다 중동에서 확산위협에 더 취약하지만, 그 위협을 지체시키고 맞서는 데 미국보다 하는 일이 더 적다. 유럽인들은 대량파괴무기와 미사일 개발 계획과 직접 관련된 기술의 판매를 제한하기 위한 자신들의 수출 정책을 엄격하게 했지만, 그러나 중동에 그러한 능력을 수출하는 것을 제한하기 위해서 러시아, 중국 및 북한에 영향력을 행사하지는 않았다. 미국은 훨씬 더 적극적이었고, 때론 자국의 상업 및 경제적 이익을 위태롭게 하였다. 유럽인들은 그러한 위험을 무릅쓰려는 의지가 없다. 비록 미국이 이란에 대한 우려의 근거가 되는 정보의 어느 정도를 공유해왔지만, 대부분 유럽국가들은 테헤란에 대한 자국의 유화적 태도를 변화시키지 않았다. 대량파괴무기와 미사일에 대응하기 위한 능력을 개발-전술적 탄두 미사일 방위무기, 전자전 수행 및 지휘, 통제 및 통신무기 개선, 보호장구 등과 같은-함에 있어 유럽인들은 미국에서 진행되고 있는 노력에 가까운 어떤 노력도 하지 않고 있다.

중동을 위한 동반자관계

미국과 유럽은 중동에 관해서 중요한 공동이익이 있고 또 대체로 유사한 위협 인식을 하고 있지만, 공동계획이나 전략은 없다. 만일 미국과 유럽이 독자적으로 혹은 서로 경쟁해서 그 지역에서 자국의 전체적 이익을 추구한다면, 둘 다에게 덜 효과적일 것이다. 지금은 유럽과 미국은 유럽에선 동맹국들이지만 그러나 대중동에선 동반자들이 아니다. 동반자관계에 대한 대안들-독자적 정책을 추구하거나, 혹은 더 나쁜 경우 대결-은 양측에 해로울 것이며, 또한 대중동에서 적대적인 지역적 강대국들이 등장할 수 있는 출구를 제공하게 될 것이다.

만일 그러한 대결이 전개된다면 유럽인들의 사정은 미국보다 더 나빠질 것이다. 지리적 위치와 수입 원유에 대한 보다 큰 의존도로 인해서, 유럽은 확산 문제나 혹은 중동에 의한 에너지 삭감에 미국보다 더 취약하다. 유럽은 분열됨으로 인해서 또한 보다 약한 처지에 있다. 냉전 후 시대에 유럽이 공동 외교 및 안보 정책을 개발하기란 더욱 어려워졌다. 미국과 경쟁한다면 유럽인들은 단결하기보다는 더욱 분열될 것 같다.

극단적인 경우에, 미국은 유럽을 대가로 경제적으로 이득을 챙기기 위해서 자국의 상대적 유리함을 이용할 수도 있다. 현재, 비록 미국인들과 유럽인들이 사업 기회 및 무역을 위해 경쟁을 하지만, 미국은 그 지역에 대한 유럽의 시장접근을 심하게 제한하기 위해서 자국의 정치 및 군사적 이점을 사용하지는 않았다. 그 지역에 미국이 더 큰 정치 및 군사적 존재임에도 불구하고 미국인들보다 유럽인들이 중동과 무역을 더 많이 하고 있다는 사실이다. 하지만 중동에서 미국과 유럽 간의 정면 대결로 인해서 그 지역에 부정적인 영향을 줄 수도 있고 또한 유럽 자체에서의 미국-유럽 관계에 해를 끼칠 수도 있다.

지구적 지도력이라는 전략을 추진하고 또 세계에서 월등한 강국으로서 미국의 지위를 공고히 하기로 결정한다면, 미국에게는 유럽 및 일본과 같은 다른 부유한 자유시장 민주주의 국가들과 동반자관계가 절대적으로 중요하다. 유럽 및 다른 주요 민주주의 국가들과 대결하면 지구적 지도력 전략을 추진하는 미국의 비용이 증가할 것이다. 그래서 미국, 유럽 및 일본에게는 서로에 대항해서 일을 추진하게 만들 수도 있는 상황을 피하는 것이 최우선이 되어야 한다.

동반자관계가 맺어지면 또한 '안정 수출'에 대한 미국의 부담을 덜어주어야 한다. 비록 미국이 당분간 또 예견할 수 있는 미래에까진 중동에서 국익을 스스로 보호하기에 충분할 정도로 군사적으로 강하겠지만, 이런 안보에 대한 접근방법은 장기적으로는 자기 스스로를 파괴할 수도 있는 가능성이 잠재해 있다. 서구의 필수적인 안보 이익을 지켜줌으로써, 미국은 유럽국가들이 미국과 막 시작되고 있는 대결 속에서 경제 및 외교적 이익을 추진하는 것을 안전하도록 해주고 있다. 하지만 그러한 대결로 인해, 중동에서 적대 세력은 강화되고 또한 그곳의 상황도 보다 위험하게 될 것이다. 적대적인 중동국가들은 유럽 인구 중심지를 위협할 수 있는 대량파괴 및 장거리미사일을 획득할 수도 있다. 그렇게 되면 위협은 미국이 혼자 대항하기에는 훨씬 많은 비용이 드는 수준으로 높아질 수도 있고, 또한 그때는 미국이 유럽과 협력하는 것이 너무 미약해져서 방위할 때 조정하는 것이 더욱더 어려워질 것이다. 이란이나 리비아 같은 적대적인 중동국가들로부터 대량파괴무기와 미사일 공격에 유럽이 취약해짐으로써, 미국이 유럽도시들을 보호할 입장이 되지 않으면 미국은 그 국가들에 대항한 군사행동이나 혹은 그 지역의 다른 곳에서 국익에 제약을 받을 수도 있다.

유럽인들에게는 미국과 동반자관계를 수립하는 것이 자신들의 이익을 더 적은 비용으로 보호할 수 있는 방법이다. 안보 사안에 관해서는, 유럽인들에겐 협력 외의 어떤 현실주의적 대안도 없다. 왜냐하면 그들은 대중동—특히 걸프지역과 대량파괴무기 및 미사일에 의해 나타나고 있는 위협에 대항해서—에서 스스로 자신들의 이익을 보호할 입장에 있지도 않고 또한 곧 그렇게 되지도 않을 것이기 때문이다. 단기적으로는, 동반자관계가 되면, 유럽은 무임승차를 할 때 보다 더 많은 비용을 지불해야겠지만, 그러나 홀로 아니면 미국과 대결하면서 중동에서 자신들의 이익을 도모하는 것보다는 훨씬 적게 들고 또 보다 안전하다는 것을 알게 될 것이다.

현재는, 중동에서 공동이익을 보호함에 있어 미국은 자국의 공정한 몫보다 더 많은 것을 부담하고 있다. 유럽경제의 규모와 유럽인들이 방위를 위해 사용하는 재원—매년 약 1,650억 달러—을 감안하고, 미국과의 협력 및 조율에서 미래의 능력에 대해 올바른 선택을 하려면 그들은 대중동 및 그밖에서 공동이익을 보호하기 위해서 중대한 공헌을 할 수 있어야 한다. 유럽국가들은 세계 개발 원조의 53%를 제공한다. 미국과 조율한다면, 이 원조는 공동목표를 적극적으로 달성하는 데 중요한 역할을 할 수 있다. 마찬가지로, 그 지역에 있는 국가들과 역사적인 유대와 유엔 및 다른 국제기관에서의 역할 등으로 인해서 몇몇 유럽국가들은 상당한 정치적 영향력을 발휘할 수 있다.

어떤 종류의 동반자관계?

몇 개 유형의 동반자관계가 가능하나 어떤 것들은 다른 것들에 비해서 실제적이지 못하고 또 바람직하지도 않다. 하나의 대안은 안보 분야에서 동등한 책임을 분담하는 동등한 두 국가들 사이의 정식 동반자관계이다. 이것은 예견할 수 있는 미래까지는 실용적인 제안은 아닌데, 유럽인들은 아직은 그러한 역할을 수행할 정도로 충분히 통합되지 않았다. 공동외교 및 안보정책을 추진하는 데 전념하고 있지만, 정부간 협정과 각 국가 사이의 동등한 주권—확고하고 결정적인 행동을 하기 힘든 행동강령—에 이러한 정책들이 기초하기를 원한다. 유럽연합 내에서 골치아픈 현재의 정책결정절차와 그러한 초국가를 세우는 데 대한 근본적인 의견차이로 인해서 그러한 유럽에 대한 전망이 불투명하게 되었다. 이러한 현실을 감안하면, 양자간의 안보, 정치 및 경제적 관계와 중동 및 양자에게 중요한 다른 지역 등을 포함하게 될 유럽연합과 미국 간의 정식 동반자관계를 건설하는 것은 시기상조인 듯하다.

미국은 군사적으로 지배적인 역할을 수행하고 유럽은 경제 및 사업적 관계에 초점을 두는 현재의 진행 방향은 장기간 지속될 것 같지는 않다. 이란을 돕거나, 혹은 러시아, 중국 및 북한이 이란을 군사적으로 지원하는 것을 중지시키기 위해 유럽의 영향력을 활용하지 않는 것과 같은 것 등은 미국-유럽 동맹을 긴장시키는 안보상의 문제들을 일으킨다. 그러한 접근방법은 또한 미국에서 그 동맹에 대한 국내 지지를 잠식한다. 왜냐하면 공동이익을 보호하는 책임을 동등하게 분배하자고 제안되지 않기 때문이다.

현실주의적 대안은 각 동반자가 협상의 자리에 가지고 올 수 있는 것을 반영하는 실용적이고 탄력적인 동반자관계이다. 동반자관계에는 약간의 노동의 분업이 포함되어야 한다. 비록 전반적인 동반자관계 협정—중동에서 공동이익을 보호하기 위한 협정과 이 목표를 위해서 적절한 계획, 구조 및 군사력 등의 설치를 포함—이 미국과 유럽 사이에 조인될 수도 있지만 그것을 이행하기 위해서는 다른 제도들과 유럽 행위자들이 포함될 것이다.

우선, 동반자관계에는 중동의 세 부분의 주요 소지역과 두 개의 기능적으로 구별되는 쟁점들이 있다고 인식되어야만 한다. 지역적 수준에서 대중동은 세 부분의 소지역으로 나누어져야 한다. 그것은 원유 안보가 핵심적인 공동이익이 되는 걸프지역, 아랍-이스라엘 평화의 공고화가 의제에서 지배적인 비옥한 초승달 지역, 그리고 경제발전과 사회적 쟁점들이 가장 큰 관심사들인 북아프리카로 나뉜다. 확산저지와 테러방지가 두 개의 기능적 핵심 쟁점사안들이다.

그 지역이 불확실하다는 것을 감안하면, 걸프지역 원유공급원을 보호하는 데 군사력이 중요한 역할을 할 것이다. 일반적으로 또 특히 걸프

지역 국가들과 관련해서 미국 군대는 유럽 군대보다 훨씬 강하다. 그리고 미국의 상대적 유리함은 커지고 있다. 동반자 협정의 일부로서 유럽인들은 걸프 지역에서 지도적인 외부 강대국으로서 미국의 역할을 묵시적으로 인정해야만 하고 미국의 정책에 대항해서는 안된다. 단기적으로는, 이것은 이란과 이라크를 다루는 데 미국 전략과 유럽이 협력하는 것을 포함한다. 양측은 이란과 이라크 사이에 세력 균형이 유지되어야만 하고 또 둘 중 하나라도 핵무기와 장거리미사일을 확보하는 것을 저지해야 한다는 데 의견을 같이해야 한다. 그러나 이번에는 미국이 유럽의 접근방법을 보다 잘 이해해주어야만 할 차례고, 또 이란과 이라크의 행위에 영향을 미치는 방법으로서 긍정적이거나 부정적인 유인 둘 다 고려하려고 노력해야 한다. 봉쇄한다고 해서 반드시 대화나 앞으로의 경제 및 정치적 유대를 배제해야 하는 것은 아니다. 동반자들은 걸프협력이사회 회원국들간에 협력을 장려하고 또 정치 및 경제적 개혁을 증진함으로써 그 국가들을 안정시키는 데 초점을 두어야 한다. 그러나 유럽 핵심 국가들은 특정한 위협에 직면해서 그 지역에 배치할 수 있는 군대를 지정해야 한다. 보다 장기적으로 그리고 아랍-이스라엘 분쟁이 종식된다는 걸 가정하면, 동반자관계는 또한 그 이익을 지렛대로 활용하고 이스라엘과 다른 걸프 지역에 있지 않은 강대국들이 걸프지역의 안보를 지키기 위해 제시할 수 있는 것을 고려해야 한다.

동반자관계에는 그 지역에 대한 미국과 유럽의 정치 및 군사 평가 그룹과 또한 작전시 유럽과 미국 군대의 지휘-통제기관이 꼭 필요하다. 단기적으로 유럽의 군사적 기여는 적을 것 같다. 사막의 폭풍 작전이 진행되는 동안, 그것은 참가한 군사력의 10% 미만이었다. 군대를 파병해서 작전을 준비하는 데 이용할 수 있는 시간은 사막의 폭풍 작전에 걸린 6개월보다 더 짧을 수도 있는 미래의 우발적 사건에서도 유럽이 대비-계획, 훈련 및 조직-하지 않는 한 10%보다 더 적게 기여할 수도 있다.

장기적으로는, 유럽 동반자들은 북대서양조약기구나 혹은 새로운 조직을 통해서 걸프지역 원유를 보호하겠다고 공약을 하고, 따라서 그 지역으로 군사력을 파병할 수 있는 능력을 증대하는 데 투자를 해야 한다. 궁극적인 목표는 북대서양조약기구의 유럽회원국들이 다양한 잠재적 위협을 물리치는 데 필요한 그 지역 외부의 군사력 중 1/3을 제공하는 것이 될 것이다. 그러나 그 나라들이 이 목표를 달성하기까지, 1/3의 책임을 이행하는 데 제공할 수 있는 군사력을 제공하고, 또한 미래의 군사적 작전—군사적 분쟁에 이르지 않는 위기관리활동을 포함한—의 나머지 비용을 대겠다고 공약해야만 한다. 이것의 전례가 없는 것은 아니다. 사막의 폭풍 작전에 병력을 제공하지 않았던 독일과 일본은 그 비용을 지불하는 데 실질적인 재정적 지원을 했다.

북대서양조약기구는 또한 그 지역으로부터 확산과 테러리즘의 도전에 대응하기 위한 주 수단이 되어야 한다. 국가별로 보유한 장비와 북대서양조약기구가 보유한 장비를 결합하는 일이 확산저지 임무를 위해 개발되어야 한다. 북대서양조약기구가 운용하는 감시, 지휘 및 통제 장비가 있어야 한다. 또한 다국적 북대서양조약기구 지휘, 통제, 및 통신수단 등과 그리고 대량파괴무기를 사용한 공격에 대항에서 유럽을 방위하기 위해서 북대서양조약기구는 대항 전술탄도미사일 부대가 필요하다. 확산저지 노력의 일환으로, 지하에 깊이 묻혀 있는 군사시설들을 파괴하는 탄도와 같은 대량파괴무기의 사용을 방지하기 위해서 북대서양조약기구 회원국들은 공동으로 억지 개념과 공격무기들을 개발하여야 한다. 북대서양조약기구는 잠재적 테러리스트들의 위협을 억지하고 물리치기 위한 능력을 또한 제고해야 한다.

아랍-이스라엘 평화를 증진하고 강화하는 데 외교, 군사 및 경제적 수단이 중요한 역할을 할 것이다. 유럽과 미국은 아랍-이스라엘 평화 정착 과정에서 얻어진 것들을 공고하게 하고 또 남아 있는 쟁점들에서도 포괄적 평화라는 궁극적 목표를 가지고 진전이 일어나도록 격려하기 위한 공동계획을 가지고 있어야 한다. 이것은 시리아와 이스라엘 사이의 포괄적 평화협정을 공동으로 보장하고 지원하는 것을 고려할 의지가 있어야 된다는 것을 의미한다. 비록 유럽의 역할이 지금까지는 제한되었지만,

점차 중요해지고 있다. 미국은 유럽인들에게 이 문제에서 맡았어야 했을 두드러진 역할과 책임을 충분히 부여하지는 않았다. 시리아-이스라엘 관계에서 협정 후와 아울러 시리아-이스라엘간 평화를 감시하는 데 유럽의 역할을 정해야만 한다. 최근 미래 지역적 경제협력에 관한 암만 회의와 같은 그러한 몇몇 예에서, 유럽은 제한된 역할만 했다. 이것은 다음 회의가 카이로에서 열리기로 계획됨에 따라 바뀌어야 한다. 미래의 노력에서, 유럽은 미국과 공동 후원자여야 한다. 유럽은 아랍-이스라엘 평화협정을 공고하게 하는 데 러시아보다 중요한 역할을 할 수 있으나, 미국은 상응하는 지위를 유럽에 종종 부여하지 않았다. 이란, 이라크 및 리비아의 위협으로부터 평화를 지키는 데는 아직도 미국의 개입이 필요하지만, 그러나 유럽도 이스라엘과 아랍국가들 사이의 평화에 반대하지 못하도록 이란과 다른 나라들에 압력을 넣는 데 긍정적인 역할을 할 수 있다. 그러나 유럽은 평화정착과정에 반대하는 것에 대해 이란에 제재를 가할 준비가 되었다면, 오직 이란에만 영향을 줄 수 있다.

그러나 평화를 공고하게 하는 데 가장 중요한 필요조건은 평화진영에 가담하는 나라들의 번영을 증대시키는 것이다. 평화를 공고하기 위한 미국-유럽공동계획안의 한 특징은 지역적 경제협력과 자유무역지대를 설립하는 데 격려하고 도와주는 것이어야 한다. 여기에서도 역시, 유럽의 경제적 도움은 결정적으로 중요할 수가 있다. 이집트-이스라엘간 평화를 강화하기 위하여, 미국은 경제와 안보 둘 다 원조하는 데 매년 50억 달러 이상을 제공한다. 유럽의 기여도는 매우 적다. 이 계획에 대한 유럽의 원조 수준은 미국이 공약한 것과 유사한 수준에 도달하여야 한다. 새로운 동반자관계계획의 일부로서 또 유럽의 기여도가 증가함에 따라, 유럽 핵심 국가들, 미국 및 유럽연합은 이스라엘과 아랍국가들 간의 평화를 공고하게 하려는 노력에 함께 앞장서야 한다. 미국과 유럽은 이집트의 경제개혁을 다시 활성화하는 것을 증진해야 하고 또한 평화조약들에 서명하는 국가들 사이에 포괄적 자유무역협정을 추진해야 한다. 동반자관계의 일부로서 도달해야 하는 공동목표들을 지원해서 경제 및 무역사안들을 향상하는 데 개별적으로 접근했던 미국과 유럽은 그 방식을 합쳐야 한다.

이스라엘과 아랍국가들 사이의 평화가 계속 앞으로 나아간다면, 그 지역과 서구에 긍정적인 물결 효과를 미칠 것이다. 그것으로 인해서 이스라엘과 아랍국가들 사이에 전쟁의 위험이 제거될 것이다. 시간이 지나면, 이스라엘과 아랍국가들 사이에 경제 및 상업적 협력이 초래될 수도 있고 또 아랍과 서구 사이의 협력을 증대하는 데 중요한 장애물이 제거될 수도 있다. 마지막으로, 그것으로 인해 극단주의자들에게 보다 불리하게 지역이 편재되는 일—비록 극단주의자들이 평화를 이룩한 나라들을 무너뜨리려 시도하겠지만—도 생길 수 있다. 최근의 사태전개가 나타내듯이, 극단주의자들은 상당한 성공을 거두어왔다.

유럽인들은 경제발전, 무역, 투자 및 정치발전 등을 통해서 북아프리카를 안정시키는 데 계속해서 앞장서야 한다. 지구적 역할과 유럽 및 중동에서의 이익으로 인해서, 미국은 북아프리카에서 발전에 무관심할 수 없다. 그러나 워싱턴 당국은 세계의 이 지역에서 유럽의 높은 수준의 이익을 감안해서 이 지역에 관한 경제 및 정치적 전략에서 유럽이 앞장서는 것을 받아들이려고 해야 한다. 미국과 유럽은 아직은 이 지역에 대한 자국의 경제 및 정치적 전략들을 조율하지 못하고 있다. 이것에 변화가 있어야만 한다. 미국과 유럽—특히 프랑스—은 알제리가 이슬람 극단주의자들에 의해서 탈취되는 것을 방지하고 또 보다 확고한 안정을 가져올 수 있는 긍정적인 정치 및 경제적 변화를 하도록 용기를 주어야 한다. 마찬가지로, 유럽과 미국은 이집트에서 경제적 개혁 및 발전을 증진시키기 위한 공동방안을 고안해야 한다. 보다 넓게는, 미국과 관련 유럽국가들은 북아프리카에 대한 원조와 가능성 있는 자유무역제도와 관계된 정책들을 조율해야만 한다.

결론

미국과 유럽 핵심국가들은 대중동에서 많은 이익을 공유한다. 하지만,

그 지역에 대한 공동비전과 전략은 부족하다. 공동이익을 추구하는 데 협력은 양측에 도움이 되지만, 그러나 목표와 규칙의 공통집합을 보다 명확하게 구성하고 또 책임을 약간 넓히고 재구성하는 것은 냉전 시기에 성립된 미국-유럽동맹들에겐 새로운 시대에 적응하는 데 필수적이다. 그러한 갱신과 명확화가 없다면, 동맹들은 쇠퇴해서 결국 해체될 수도 있다. 그 동맹들이 끝장나면 대결이 생길 것이다. 경쟁이 증대되면 유럽인들과 미국인들 모두에게 해로울 것이고 또한 이란과 이라크와 같은 그러한 나라들이 그 지역에서 패권을 장악할 수 있는 기회를 제공하게 될 것이다.

공동이익이 필요하지만, 미국과 유럽의 동맹이 새로운 도전을 처리할 수 있는 능력이 있는 새로운 동반자관계에 다시 관심을 집중해서 개조하는 데 충분치 못하다. 몇몇 유럽인들은 미국이, 과거에 바로 그렇게 했던 것처럼, 중동과 같은 그러한 장소에서 공동이익을 계속해서 지켜줄 거라고 믿을 수도 있다. 하지만 다른 몇몇 사람들은 그러한 동반자관계의 비용과 위험이 그 편익보다 더 큰 것으로 볼 수도 있다. 미국의 정책 때문에 유럽이 분쟁에 얽혀들지도 모른다고 두려워할지도 모른다. 그리고 또 다른 사람들은 영향력과 시장을 위해서 유럽이 미국과 경쟁하기를 선호할 수도 있다.

제안된 동반자관계가 신중히 고려되어 혹시 채택된다면, 미국은 지도력을 발휘해야만 한다. 미국의 지도력은 동반자관계가 일을 하고 오랫동안 지속되는 데 또한 필수적이다. 어떤 동반자관계도 예견가능한 미래에 미국의 지구적 지도력을 대체할 수는 없다. 다르게 생각한다면 그것은 환상이다. 그러한 동반자관계가 있건 없건 간에, 가까운 미래에 미국의 지구적 지도력과 힘—미국의 사활이 걸린 이익을 보호할 수 있는 군사적 능력을 포함해서—이 지속되어야 한다는 것에 대한 안전한 대안은 없다.

9 유럽의 논평

존 로퍼

미국과 유럽의 분석가들과 정책결정자들은 사실상 냉전 종식에 대비하지 못했다. 따라서 이러한 변화가 대서양간의 장래 관계에 미치는 함축성들을 적절하게 분석하는 데 시간이 걸렸다는 것은 놀랄 만한 일이 아니다. 비정상적 상황으로 간주되고 평화로의 복귀를 준비할 동기들을 만드는 전쟁과는 달리, 냉전은 정상적인 것으로 받아들여지게 되었다. 서방 지도자들과 분석가들은 냉전 종식 이후의 세계를 위해 준비해야 할 어떤 것도 사실상 실천하지 못했다.

냉전이 종식되었을 때, 유럽의 많은 사람들과 아마도 미국의 많은 사람들은 필요한 변화들에 관해 생각하는 데 저지를 수 있는 두 가지 실수 중의 한 가지 실수를 저질렀다. 그들은 서방이 정상적인 업무를 진행시켰듯이, 그러한 변화들은 공산주의 이후의 국가들에서 이루어져야 한다거나 혹은 그러한 변화들은 제도적인 것이 될 것이고 새로운 안보구축물이 발전되어야 한다고 생각했다. 두 가지 사고방식은 국제정치의 본질에서 발생한 변화들이 20세기 후반의 가장 중요한 안보성취물 중의 하나인 서유럽과 미국 사이의 대서양에 걸친 광범위한 영역에 기반한 동반자관계에 미칠 영향들을 적절하게 조사하지 못했다.

이 장은 냉전 종식이 미국과 서유럽 간에 존재했던 핵심적인 이익들에 관한 근본적인 일체감을 불러일으켰던 심오한 변화들을 설명하고 쇄신된 동반자관계를 위한 제안들을 하는 것이다. 필자의 작업은 이러한 제안들에 관한 유럽인의 견해와 이러한 제안들이 갖고 있는 매력을 유럽 동료들에게 제공하는 것이다. 이러한 작업을 통해 필자는 새로운 동반자관계를 위한 제안으로부터 나오는 세 가지 문제들을 표명한다.

- 안보환경에서의 변화, 안보행위자로서 유럽의 역할 그리고 안보동반자로서 미국에 대한 유럽의 인식은 무엇인가?
- 유럽의 능력에 있어서 이 책의 제안들을 실행한다는 것은 무엇을 의미하는가?
- 이러한 제안들이 범대서양 동반자관계를 틀지우는 다양한 안보제도들에 미치는 영향에 관해 유럽의 견해는 어떠한가?

안보환경에서의 변화들

미국과 유럽국가들의 안보 관심사들은 상당히 중첩적이다.[1] 그럼에도 불구하고 전체로서 그리고 전체의 개별국가들로서 미국과 유럽은 상이한 우선순위들과 그들의 관심사들 중에서 상이한 정치적 공식화를 가지고 있다.

예를 들면, 이 책에서 미국 저자들은 냉전 종식 이후의 환경에서 핵무기의 확산에 따른 위험들에 직접적인 관심을 보였다. 유럽은 이러한 위험들에 관해 미국보다 적은 관심을 표명한다. 이러한 관심부족은 핵위험성에 대한 완화에서 기인하는 것이 아니다. 정말로 북한을 포함한 잠재적 핵확산 행위자들은 미국보다는 유럽의 도시들과 더 가까이 있다. 그보다는 미국은 탄도미사일로부터의 직접적인 공격에 가장 취약하지만, 그것은 수많은 무기들에 대한 유럽의 취약성에서 기인한다. 상당수의 유

---

1) 다음을 참조. WEU Council of Ministers, *European Security: A Common Concept of the 27 WEU Countries*, WEU Council of Ministers, Madrid, November 14, 1995.

럽의 정치 엘리트들과 특히 핵무기를 가지고 있지 않은 유럽국가들의 일반 대중들은 핵무기 쟁점을 무시하기를 선호한다.

이 책에서 필자의 동료 저자들은 바르샤바조약기구의 해체, 소련의 붕괴 그리고 러시아 병력의 철수로 영토방위는, 20세기 대부분 기간 동안 미국에게 연관성이 있었듯이, 서유럽과는 거의 관련성이 없는 쟁점이 되었다고 주장한다. 또다시 이것이 객관적으로 사실일지라도, 영토방위를 위해 그 효용성이 떨어지고 있는 핵무기의 필요성에 대한 유럽인들의 인식은 확실히 현실을 무시해왔다. 북대서양조약기구 회원국가가 되고자 하는 중·동유럽국가들에서 영토적 쟁점들은 아직도 울려퍼지고 있다.

유럽의 확장된 이익들—여기에서 주장했듯이 대개가 미국의 이익들과 일치하는 이익들로의 관심 전환은 더뎠다. 특히 유럽인들은 "믿을 만한 파이프라인과 항로를 통해서 유럽시장으로의 가스와 석유의 흐름은 정치적·전략적 중요성을 가지고 있고, 유럽국가들은 현재적·잠재적 불안정 때문에 북아프리카, 걸프 혹은 중동으로부터의 연료공급의 중단 가능성에 취약하다"는 입장을 표명하는 데 주저하지 않는다.[2] 그러나 유럽국가들은 이러한 도전에 대한 군사적 대응을 어떻게 조직할 수 있는가를 분석하지 않는다.

이 책에서 제시해왔듯이, '핵심적인 범법국가들'을 다루는 데는 미국과 유럽 간의 상이한 인식과 접근방법이 존재해왔다. 유럽인들은 단기적·상업적 이익들이 정치-전략적 고려를 압도한다고 생각했기 때문에 이러한 상이성들은 일부 사례에서 나타났을 수도 있다. 그러나 그러한 상이성들은 또한 미국이 민감한 정보를 포함하는 쟁점들에 관한 공동입장을 발전시키기 위해 광범위한 범위에 걸쳐 동반자국가들과 협의를 하지 않은 결과일 수도 있다. 냉전은 일단의 국가들이 군사적 잠재성을 지닌 수출품에 대한 제재를 결정하는 데 문제를 부과하지 않는다(비록 제재 대상에 관한 불일치가 존재했지만). 오늘날의 어려움은 특정 국가를 범

2) Ibid., paragraphs 26 and 104.

법국가로 지명하는 데 동의하고, 그 국가에 대해 어떤 제재를 부과할 것인가에 관한 합의를 이루는 데 있다.

필사의 동료 저자들이 일반적으로 유럽의 '전략적 근시'를 비판한다는 점에서 옳다. 그러나 일부 유럽국가들은 최근에 아프리카에 개입하는 경험이 있었다. 부분적으로 지리적 인접성 때문에 그리고 부분적으로는 역사적 이유 때문에 유럽은 북아프리카와 사하라 사막 이남의 아프리카에서의 안보쟁점들에 대해 미국보다 더 중요한 우선순위를 두고 거기에서 행동할 가능성이 더 높다. 그러나 유럽은 보다 광범위한 전략적 관계를 가지는 다른 지역들로 유럽의 전략적 견해를 확장해야만 한다.

안보행위자로서 유럽의 역할

미국에게 지구적 동반자로서의 유럽의 잠재성은 자신에 대한 유럽의 인식에 달려 있다. 유럽공동체의 경제적·상업적 행위들은 주로 정부간 차원이었다. 그러나 유럽은, 다른 국가들은 고사하고, 아직까지도 외교안보정책의 관심을 어디에 두어야 하고 그 자신이 중·소국가들의 집합 이상인 하나의 강력한 행위자라는 점을 이해하지 못하고 있다. 다양한 이유 때문에 중요한 소수가 그러한 보다 큰 역할을 방해한다.

심지어 유럽을 하나의 행위자로 파악하고자 하는 사람들조차도 유럽이 어떠한 종류의 역할을 맡아야만 하는지를 확신하지 못하고 있다. 다소 불친절하게 '큰 글씨로 쓰여진 스위스'로 풍자적으로 묘사된 첫번째 선택은 그 자신의 자위적 방위를 제공하는 시민권력으로서 행위하는 유럽이 될 것이다. 이러한 선택은 확실히 미국에게 지구적 동반자를 제공하지 못할 뿐만 아니라 냉전 종식 이후의 세계에서 대서양에 걸친 중요한 안보관계의 유지를 정당화시키지도 못할 것이다. 유럽연합의 회원국가의 어떠한 중요한 정치세력도 그것을 옹호하지 않는다. 그러므로 서유럽의 집단적 행동을 중요한 행위자로 파악하고자 하는 사람들간의 열띤 논쟁은 남아 있는 두 가지 선택 사이에 있다.

두번째 선택은 유럽이 자국의 안보노력을 동쪽과 남쪽지역 중에서 잠재적으로 불안정한 지역들에 집중시키는 지역세력으로 행동하는 것이 될 것이다. 이 선택에서 유럽은 자신의 주변 경계를 넘어서는 안보문제들에 큰 관심을 기울이지 않을 것이다. 유럽연합과 서유럽연합은 현재 자신들의 접근방법에서 동쪽과 남쪽지역에서 경제적·사회적 차원의 안보뿐만 아니라 정치-군사적 차원을 표명한 정책들을 발전시키고 있다.

세번째 선택은 유럽이 지구적 강대국으로서의 역할을 받아들이는 것이 될 것이다. 이러한 측면에서만 유럽은 미국의 완전한 지구적 동반자가 될 것이고, 북대서양조약기구, G-7 그리고 유럽안보협력기구 내에서 발생하는 대서양간 협력을 넓힐 것이다.

일부 관찰자들은 유럽은 지구적 이익들과 책임감들을 가지고 있고 이미 지구적 세력으로서 국제무역협상에서 활동하고 있다고 주장한다. 그러나 프랑스를 제외하고는 그러한 지위에 따른 완전한 정치적·군사적 짐을 짊어질 명백한 의지가 아직까지는 보이지 않는다. 향후 몇 년에 걸쳐서 유럽에서의 논쟁은 유럽국가들이 이러한 보다 큰 역할을 맡아야 할지 그리고 그러한 역할에서 유럽국가들이 어떠한 제도적 준비들을 필요로 할지의 여부에 초점을 맞출 필요가 있다.

그러한 지구적 역할은 유럽의 정책수단들을 위한 함축성을 가질 것이다. 유럽은 이미 필요한 정치적, 외교적 그리고 경제적 수단들을 많이 가지고 있다. 그러나 지구적 역할을 받아들이는 것은 유럽의 전력상황과 무장전력의 구조에서 급격한 변화를 필요로 한다. 이 책에서 정확히 주장하고 있듯이, 유럽의 국가적 전력들은 주로 자신들의 영토와 일부 경우에 있어서 자신들과 인접한 북대서양조약기구 주변국들의 영토를 방위하기 위해 조직화되었다.[3] 지난 50년 동안 영토방위는 유럽의 주된 급선무였다. 그리고 유럽군사력의 훈련과 장비는 이러한 임무에 맞게 계획되었다.

---

3) 유럽연합에서 북대서양조약기구의 비회원국들—오스트리아, 핀란드, 아이슬란드 그리고 스웨덴은 유엔 임무들을 위한 '전통적인' 평화유지자의 규정을 위해서 자신들의 부분적인 무장전력을 갖추었고 이러한 행동들에서 가장 큰 기여를 할 일부 국가들이라는 점은 아마도 지적할 만한 가치가 있다.

물론 유럽국가들 사이에서도 차이점들이 존재한다. 과거 식민주의 국가들, 특히 영국과 프랑스는 어느 정도 전력투사능력[4]을 보유하고 있다. 독일은 역사적 이유뿐만 아니라 냉전기간 동안 그 자신의 지전략적 상황 때문에 그러한 입장에 대해 반대하기로 매우 확실하게 결정했고, 자국의 전력구조의 조정을 매우 완만하게 진행시키고 있다. 이탈리아, 스페인, 프랑스 그리고 포르투갈로 구성되는 신속대응군을 야기하는 다국적 전력을 창설하기로 한 1995년 결정이 그러한 능력을 갖추기 위한 의미 있는 조치이지만, 이탈리아와 스페인은 그러한 임무들을 수행하는 데 있어 제한적인 능력이나 경험을 보여왔다.

영국과 룩셈부르크를 제외한 모든 유럽국가들이 냉전 종식때까지 유지했던 징병정책은 영토방위를 넘어서는 역할과 임무에 상당한 제재를 부과해왔다. 일부 경우에 있어서 법전화되고 다른 경우에서는 관행으로 유지되었던 징모병들은 영토방위 이외의 다른 임무들을 위해서는 배치되지 못할 것이다. 이러한 어려움들은 프랑스가 착수해서 자국 전력을 사막의 폭풍 작전에 참전시켰던 복잡한 전력구조조정에서 잘 나타난다. 보스니아에 있는 프랑스 전력의 40%는 징모병들이지만, 프랑스는 외인부대가 제공한 전문전력들을 쉽분 활용해왔다.

다른 요소들도 또한 유럽의 전력투사를 가로막는다. 많은 유럽인들은 사활적 이익의 방위는 자국의 국경선을 넘어서거나 심지어는 당장 자국에 바로 인접한 동맹국들의 국경선을 넘어서까지 필요하다고는 생각하지 않는다. 그리고 대부분의 유럽국가들이 식민지를 보유했고 식민지 전쟁에 관여했었지만, 유럽국가들은 적어도 반세기 동안 그러한 경험이 없었다. 해외에서 전력을 전개하는 것은 그러한 식민지 시대의 함축성을 가지고 있고, 기껏해야 낡은 것으로 인식되고 그리고 최악의 경우 비도덕적인 신식민주의로 인식된다.

심지어 '수에즈의 동쪽지역'에 대한 자신의 군사적 공약의 철회라는

4) 1996년 2월 프랑스가 방위정책의 변화를 발표한 것은 명백히 프랑스의 전력투사능력의 효율성을 증대시키기 위함이었다.

쓰라린 경험을 갖고 있는 영국조차도 상대적으로 소수 사람들만이 쇄신된 세계적 군사역할을 옹호한다. 그리고 그들은 유럽구조의 일부분으로서 그러한 역할을 추구하는 것을 지지하지 않을 것이다. 해외영토와 이전의 아프리카 식민지에 군대를 주둔시킴으로써 유럽 외부에서 중요한 군사적 현존을 유지해온 프랑스는 반복적으로 이러한 전력들의 상당한 감축을 고려하고 있으나, 동시에 자국에서 유럽외부의 지역으로 신속하게 전개될 수 있는 전력을 증대시킬 것을 계획하고 있다.

또한 유럽국가들에게는 전력투사역할에서 자신들의 전력을 사용하는 것에 관해서 잠복해 있는 긴장들이 존재한다. 작은 국가들은 큰 구식민주의 국가들의 동기들을 의심한다. '수에즈 증후군(Suez syndrome)'의 어떤 것이 아직도 남아 있고, 프랑스가 1994년 6월 르완다에서 인도주의적 개입을 제안했을 때 다른 유럽국가들의 대응미비에서 입증되었듯이, 영국이나 프랑스에 의한 전력투사를 위한 제안들은 신식민주의적 함축성을 갖는 것으로 의심받는다. 어떠한 유럽동반자도 그러한 개입을 지지하지 않는다. 이러한 태도는 작은 유럽국가들에게만 한정된 것이 아니다. 대부분의 독일인들은 유럽군대가 새로운 아프리카 군대가 되는 것을 원치 않는다.

안보 동반자로서 미국

유럽인들은 또한 상상력의 도약과 미국과의 완전한 동반자관계의 역할을 수락할 열망이 필요할 것이다. 냉전은 종속문화를 창출했고, 그로 인해 유럽은 안보문제에 관해 미국이 지도력을 제공하기를 기대한다. 미국의 안보보장의 조건이 되어왔거나 되지 않았던 것이 상당할 정도로 습관이 되었다. 현재 많은 유럽인들은 그 지도력은 이제 더이상 보호국과 피보호국의 지도력이 아니라는 점을 깨닫기를 싫어한다.

유럽에서 미국의 계속적인 군사적 현존을 바라는 광범위한 바람이 존재하지만, 유럽인들은 그러한 현존이 변함없이 미국의 이익인지의 여부를 분석하는 데 거의 시간을 투자하지 않는다. 일부 미국의 관료들과 분석가들이 제시했던 유럽국가로서의 미국에 대한 개념은 결코 유럽에서 실제적으로 이해된 적이 없었다.[5] 이러한 묘사는 아마도 냉전 종식 이후의 세계에서 유럽에서의 미국의 계속적인 현존을 정당화하기 위해 미국 행정부들이 사용해왔지만, 그것은 유럽인들에게 지리적으로 무의미한 것 같다. 유럽인들은 대서양과는 구별되듯이 유럽의 제도에서 미국이 어떠한 특별한 지위를 추구하는가를 물어본다. 또한 유럽의 일부 집단들은 미국이 유럽에서 전력을 유지하는 데 계속적으로 관심이 있다고 생각한다. 왜냐하면 유럽은 중동이나 그밖의 다른 지역으로의 전력전개를 위한 편리한 '정착지'이기 때문이다. 불행하게도 이러한 유럽인들은 종종 중동에서의 우발사건에서 미국과 협력하고자 하는 마지막 사람들이다.

그러나 보다 현실적인 이유 때문에 동반자관계를 받아들이기 어려운 것으로 생각하는 유럽인들이 광범위하게 존재한다. 미국은 제한적인 전력투사능력을 가진 유럽을 진지하게 동반자로서 대우하지 않을 것이고, 동반자관계에 대한 미국의 사상은 유럽인들이 비용을 부담하거나 지상군을 제공하는 것이지 전략을 기획하거나 전력사용을 위한 주요 결정들에 참여하는 것은 아니라는 점이다. 많은 유럽인들은 아직까지도 동반자관계는 실질적으로 진지한 제의라고 확신하지 못한다. 만약 유럽이 상대적으로 원조하는 것이 적다면, 왜 미국은 유럽에게 먼저 협정체결을 요구하여 제3세계와의 자신의 관계를 복잡하게 만들고자 하는가?

동반자관계는 그것이 진지하다면 선택적이 될 수 없거나 미국의 이익에 도움이 될 경우에만 이용될 수 없다. 그것은 일반적으로 그리고 진실로 정책의 공동실행뿐만 아니라 공동계획에 유럽이 관여해야만 할 것이다.

유럽의 능력

이 책의 앞 장들은 오늘날 유럽국가들은 상대적으로 제한적인 전력투사능력을 가지고 있다고 지적한다. 이것은 확실히 미국이 정상적으로 하

---

5) 다음을 참조. Richard C. Holbrooke, "America, A European Power," *Foreign Affairs*, vol.74, no.2, March-April 1995, pp.38-51.

는 것처럼 유럽의 본국 기지로부터 멀리 떨어진 곳으로 병력을 투사하는 경우이다. 서유럽은 보스니아에서의 북대서양조약기구 주도 실행전력에서 전개된 여단, 사단 그리고 군단 수준의 지휘구조의 중요한 부분들을 포함하여 약 3만 병력 중의 50%를 맡았다. 논의되어왔듯이, 유럽 전력은 징모병에 의존하는 정도에 따라 곤경을 겪는 반면, 프랑스에서 현저하듯이 모두 자원병력으로 충당하기로 결정하는 유럽국가들의 수가 증가해왔다.

유럽의 인접환경을 넘어서는 병력전개는 항공과 해양공수, 정보 그리고 때로는 커뮤니케이션과 관련된 문제들을 상정할 것이다. 이러한 문제들은 유럽 그 자신이 수행하는 활동들을 복잡하게 만들지만, 여기에서 고려하는 것은 미국의 일부 자산들을 이용할 수 있는 미국과의 동반자관계 활동들이다. 어떤 경우이든, 심지어 줄어든 예산으로도 유럽인들은 이러한 부족함을 인식하고 있고 그것들을 개선할 수 있다. 미국의 방위예산의 2/3에 해당되지만, 그럼에도 불구하고 서유럽의 결집된 방위예산은 세계에서 두번째로 막대하고 시간이 지나면서 발전될 적응력 있는 전력을 제공할 수 있을 것이다.

이러한 연구에서 제기된 구체적인 쟁점은, 올바른 것으로 여겨지듯이, 북대서양조약기구가 이러한 확대된 동반자관계를 위한 틀을 제공할지의 여부이다. 전통적으로 유럽연합군최고사령관은 미국인이었다는 사실은 계속적으로 미국 지배의 상황을 부여할 가능성이 크고 이러한 제안에 핵심적인 진정한 동반자관계를 가로막을 것이다. 일부 관찰자들은 계속적으로 미국인이 맡을 유럽연합군최고사령관과 병행하여 북대서양이사회에 직접 보고하고 북대서양조약 제5조에 명기되지 않은 임무에 책임을 지는 새로운 사령관을 창출할 수 있다고 제안한다. 이러한 지위는 미국 장교와 유럽 장교들이 번갈아가면서 맡을 수도 있고, 아마도 유럽 장교들은 영국, 프랑스 그리고 독일로 제한될 것이다. 그러한 순번제는 어떤 정치적 이점을 가지고 있지만, 예산이 줄어드는 시기에 유럽연합군최고사령부 구조의 일부를 복제하는 비용을 주의깊게 평가해야만 할 것이다.

이러한 제안에 대한 보다 급진적인 견해는 제4장에서 톰슨이 제기한 제안이다. 그는 새로운 사령관은 자율성을 갖고 유럽 외부에서 서유럽과 미국 전력의 동반자관계 행동에 대해 전적인 책임을 져야 한다고 제안한다. 이러한 새로운 지위의 장교인 서유럽전력의 사령관은 언제나 겸직을 하는 유럽인이 될 것이다. "미국은 유럽인들이 미국의 지휘구조처럼 독자적으로 운영할 수 있는 유사한 지휘구조를 창설하도록 장려해야 한다"는 톰슨의 제안은 유럽과 미국전력 모두를 위한 냉전 종식 이후의 역할과 임무는 유럽인들을 통해서 고려되고 있고 유럽인들에 의해서 지지되어야 한다는 것을 암시한다.

대서양연합군최고사령관의 북대서양조약기구 본부들이 미국 버지니아의 노폭(Norfolk)에 위치한 미국의 대서양사령부와 같이 위치하고 있는 똑같은 방식으로 동반자관계 활동을 위한 새로운 연합군최고사령부도 새로운 서유럽연합 사령부와 같이 위치하여 CJTF의 발전을 용이하게 할 수 있다. 새로운 본부들은 현재의 북대서양조약기구 본부들로부터 발전되거나 톰슨이 제시했듯이 다국적 혹은 국가적 본부들과 같이 위치할 수 있다.

만약 북대서양조약 제5조의 임무가 큰 문제가 안된다면, 두 사령부의 상대적 지위는 조심스럽게 평가될 필요가 있다. 특별한 활동을 위해 북대서양이사회에 직접적인 접근권을 가진 특정 사령관을 임명하는 대안적인 가능성을 고려할 수 있으나 이것은 또한 단점을 가지고 있다.

트레버턴이 제3장에서 주장하듯이, 유럽은 이미 지경제적 영역에서 하나의 행위자이다. 따라서 유럽은 이익의 공유가 이루어졌을 때 이 영역에서 미국과 기꺼이 동반자관계를 발전시킬 것이다. 공동외교안보정책들을 발전시키는 데 시간이 오래 걸리고 그것들을 실행에 옮기기 위한 메커니즘이 필요한 시기에 왜 이러한 지경제적 협력이 발생해왔는가? 1960년대 세계무역협상의 케네디 라운드(Kennedy Round)에서 처음으로 반영되었듯이, 유럽은 유럽경제공동체의 창설 초기부터 경제와 무역분야에서 공동대외정책들을 발전시켜왔다. 그리고 이러한 발전은 30여 년 동안 꾸준히 이루어졌고, 상대적으로 냉전 종식은 이러한 발전에 큰 영향을 미치지 못했다.

세계무역에서 유럽의 이익들이 무엇이냐에 대해 유럽의 견해들은 다르지만, 쌍무적이고 다자적인 협상에서 그러한 이익들을 조화시키고 실행에 옮기기 위한 제도적 절차들은 유럽 수준에서 체계화가 잘 이루어져 왔다. 한마디로, 유럽인들은 정치-군사적 쟁점의 사례에서보다는 지경제적 쟁점의 사례에서 국가적 특권들을 기꺼이 유럽제도들에 이양하는 준비성을 보여준다.

제도적 차원

정치-군사적 차원과 경제적 차원으로 특징되는 새로운 미국-유럽의 지구적 동반자관계의 실체가 무엇이든지 간에 문제는 남아 있다. 어떠한 제도적 메커니즘에 의해서 그러한 지구적 동반자관계를 진전시킬 것인가? 유럽연합, 북대서양조약기구 그리고 어느 정도 서유럽연합의 병행적 발전은 전통적으로 미국이 개별적인 유럽국가들과 행해온 사업이 시간이 지나면서 점차적으로 브뤼셀에 있는 유럽연합기구들과 행한다는 것을 의미하지만, 가까운 장래에 조정된 해결책이 있을 것 같지는 않다. 문제는 북대서양조약기구의 모든 유럽회원국가들이 유럽연합에 속하지 않으며, 또한 유럽연합의 모든 회원국가들이 북대서양조약기구에 속하지 않는다는 사실로 인해 더욱 복잡해진다.

1991년 마스트리히트에서 결정된 공동외교안보정책이 얼마나 빠르게 발전할 것인가를 평가하는 것은 어려운 일이다. 통합을 추구해야만 하는 많은 동기들 중에서 유럽인들은 통합을 통해 경제적·정치적 환경을 결정할 더 좋은 기회를 갖고 그러한 환경에서 자신들의 번영을 증진시킬 수 있다고 믿었다. 이제까지 경험해왔듯이, 통합된 정책은 세계무역협상에서 유럽이 한 목소리를 낼 수 있는 상업적 분야에서 달성되어왔다. 정치-군사적 분야에서의 진전은 매우 더뎠다. 위에서 주장했듯이, 유럽인들은 자신들의 결집된 이익이 존재하거나 보통 하나로서 행동하는 것이 보다 효율적일 때 그들이 함께 행동하는 중·소국가들의 집합체가 되기를 바라야 하는지의 여부를 결정하지 못해왔다.

공동외교안보정책은 정부간 차원이고 그것은 '공동(common)'이라는 단어가 오해의 소지가 있거나 적어도 애매모호하다는 것을 의미한다. 공동농업정책이나 공동상업정책의 경우에 있어서 공동은 그 분야에서 유럽연합의 15개 회원국들의 총체적 행동을 포괄하는 단일정책, 즉 유럽이사회에 의해서 준비되고 각료이사회가 수락하는 정책을 의미한다. 그러나 공동외교안보정책에 있어서 유럽이사회는 정책을 발의할 유일한 권한을 가지고 있지 않다. 공동은 모든 회원국가들이 하나로 행동할 준비를 하는 외교안보정책의 부분들을 언급한다. 마케도니아의 승인에 있어서 그리스의 입장이나 슬로베니아의 유럽연합 가입에 대한 이탈리아의 입장에 의해서 입증되었듯이, 단일국가는 정책발전을 가로막거나 지연시킬 수 있다.

특정 유럽국가들에서 특별한 이익집단들은 통합의 경제적 측면들을 밀어붙여왔다. 시장이 개방적이라는 사실을 알고 있는 그들은 국가적 권위로부터 유럽적 차원으로 책임전가를 추구해왔다. 그러나 독일정부의 그러한 조치에 대한 장기적인 지지에도 불구하고, 일부 관찰자들은 유럽의 외무부들은 그들이 다른 장관들의 권한들을 유럽의 제도들로 이전하는 것을 협상하는 것보다 자신들의 책임감의 일부를 브뤼셀로 넘기는 것에 대해서는 큰 관심이 없다고 제안한다.[6] 따라서 고위정치 이외에 관료정치의 주장들이 이러한 과정을 지연시킬 수 있다. 유럽통합의 과정이 유럽낙관주의를 뒤이어 유럽회의주의가 나타나는 순환양상을 보이지만, 대다수의 관찰자들은 1996~1997년의 정부간회의로부터 신중한 결과를 예측한다.

미국은 유럽연합의장직을 통해서 공동외교안보정책과 상호작용한다.

6) 다음을 참조. David Buchan, *Europe, The Strange Superpower*, Aldershot, Hants, UK, and Dartmouth, Brookfield, VT, 1993, p.55.

6개월마다 순환되는 유럽연합의장직은, 1995년 12월 미국-유럽간의 마드리드 정상회담에서 개선을 위한 몇 가지 제안들이 이루어졌지만, 만족스럽지 못한 과정이다. 유럽 장관들의 공동안보정책결정들은 본국 출신인 정치지도자들에 의해서 준비된다. 그들은 유럽연합의 미국 대사와 접촉을 하는 브뤼셀에 있는 그들의 상임대표자들로 구성되지 않는다. 게다가 적어도 이론적으로는 북대서양이사회에서 개진되는 유럽의 공동입장은 외교관들이라는 제3의 집단과 서유럽연합이사회의 상임대표자들에 의해서 발전되고, 또한 그들 중의 일부만이 북대서양이사회의 국가적 대표자들이다.7)

1991년 유럽연합이 체결되었을 때 '북대서양조약기구의 유럽기둥을 강화시키는 수단'으로서 의도되었지만, 실제적으로 서유럽연합은 사실상 대서양동맹의 동맹정책을 발전시키는 데 참여하지 않는다. 북대서양이사회에서 논의할 유럽의 공동입장의 준비는 미국에게 '패거리를 지어 자신을 공격하는 모습'으로 비쳐 미국이 분개할 수 있는 두려움이 남아있다. 효율적인 동반자관계의 기본적인 특권인 그러한 유럽의 준비로부터 나타나는 두려움은 어떠한 실질적인 진전이 이루어지기 전에 사라져야만 할 것이다.

북대서양조약기구는 냉전 종식 이후에 자신의 강점과 약점 모두를 보여주었다. 강점은 정치적·활동적 수준 모두에서 수십년 간의 협력을 통해 이룩된 공동안보문화에서 나온다. 이러한 강점은 회원국가들에게 그들의 젊은이들이 보스니아처럼 위험한 곳으로 가야만 할 때 그러한 강점을 사용할 대응태세와 지휘구조의 신뢰성에 확신감을 부여해왔다. 약점은 모든 제도에 내재해 있는 보수주의에서 나온다. 북대서양조약기구가 처음 몇 년 동안 이전의 유고슬라비아의 갈등에서 보여주었듯이 단순히 말이 아닌 행동에 대해서 '전체로서 유럽에서의 안보를 관리하는'

---

7) 서유럽연합의 정회원국인 영국, 네덜란드, 포르투갈, 옵서버인 덴마크 그리고 준회원국인 아이슬란드, 노르웨이, 터키는 서유럽연합과 북대서양이사회에서 똑같은 대표자를 가진다.

책임을 맡는 데에는 시간이 걸렸다.

북대서양조약기구는 또한 전통적인 조약 제5조의 기능들(영토방위)을 위한 틀을 세공하는 데 자신의 인정된 힘 때문에 곤란을 겪을 수도 있을 것이다. 따라서 북대서양조약기구가 반드시 이 책에서 개요를 밝힌 새로운 도전들과 새로운 동반자관계를 위한 절차들을 고려하고 발전시키기 위한 최선의 수단은 아니었다. 만약 동맹국가들이 이러한 방식으로 북대서양조약기구 구조들을 변화시키고자 한다면, 정부들로부터의 분명한 지시들이 필요할 것이다. 보스니아에서의 북대서양조약기구 주도 실행전력을 지휘하는 경험은 새로운 임무 범위를 충족시킬 수 있는 북대서양조약기구의 능력을 강화시키는 데 도움이 될 것이다.

심지어 그러한 구조들을 가지고도 문제가 있을 것이다. 새로운 동반자관계를 위한 조정된 초점을 제공하는 것이다. 그것은 이미 유럽측에서 보다 강한 결속력이 요구된다는 점을 보여왔다. 미국측이 보다 효율적인 구조들을 제공하기 위한 해결들을 제시할 수 있을까? 곰퍼트가 제6장에서 제의하듯이, 유럽연합의 미국 대사는 국제연합의 미국 대사와 비교될 수 있는 고위 직책을 가져야만 하는가? 왜 북대서양조약기구의 미국 대사는 그렇지 않은가?

국제연합과 관련하여 존재하는 미국과 유럽 간의 차이점들은 대서양 동맹의 동반자관계를 집단적인 자기방위를 넘어서는 기능들로 확대하는 과정을 무리하게 할 수 있다. 미리 유럽인들은 집단적으로, 그에 대한 동의는 물론이고, 국제연합으로부터의 명시적 정당성을 받지 않고는 군사력의 투사를 고려할 것 같지 않다. 유럽인들은 심지어 유엔안전보장이사회가 거부권을 행사하더라도 제3국에 대한 명백한 침공에 대한 대응으로 행동할 가능성이 있다. 그러나 유럽인들은 그것이 발생하기 전에 이러한 상황을 고려하지 않을 것이다. 유엔의 평화유지 수행에 대한 미국의 비난을 공감하면서도 유럽인들은 유엔을 국제평화와 안보를 위한 전반적인 책임감을 가진 다자주의적 구조로 강화시키기를 원할 것이다. 이것이 어느 정도로 유엔에 대한 현재의 미국의 회의주의와 양립할 것인지는 불확실하다.

결론

'새로운 홍정'이라는 문구는 때때로 이 책에서 논의되고 있는 과정을 기술하기 위해서 사용된다. 그러나 그 목적이 유럽인들과 미국인들을 정해진 경로에 따르도록 설득하는 것이라면, 그것은 반드시 그 문구를 사용하는 것이 최선은 아니다. 홍정이라는 단어는 하나의 교환, 즉 유럽인들과 미국인들은 행동을 취하도록 설득당하고 있고, 그렇지 않으면 그들은 그 대가로 서로로부터 어떤 이점을 얻을 수 없다는 점을 제시한다. 사실 유럽인들은 자신들의 안보 관심을 유럽대륙 밖으로 확대하는 데 관심이 있다. 그리고 미국인들은 상대 동반자의 행동에 관계없이 유럽에서 안정을 유지하는 데 관심이 있다. 실제로 논의되고 있는 것은 유럽과 미국이 상호이익을 위해 자신들을 안전하게 지켜주는 데 협력하기 위한 공유된 이익과 동의를 깨닫게 하는 맹약이다.

이 책에서 제시된 지구적 동반자관계는 유럽과 미국의 상호혜택에 존재해야만 한다. 대서양의 어느 한 진영에서 그러한 동반자관계를 위한 지지를 얻는 것은 반드시 수월하지만은 않을 것이다. 정말로, 러시아와 북대서양조약기구 확대와 그러한 지구적 동반자관계에 수반될 수 있는 것의 초기 예인 (이라크와 이란을 포함하는) 중동에 대한 공유된 전략들을 발전시키는 이중적 작업은 공동 접근방법의 과정이 확실히 어려울 것이라는 점 중의 하나이다.

대다수의 유럽국가들은 유럽통합과정에 대한 미국의 확고하고 계속적인 공약을 지지의 전제조건으로 파악할 것이다. 이러한 공약이 없다면, 대다수는 아니라도 일부 유럽인들은 동반자관계 제안을 가장 부정적으로 해석할 수 있고 그것을 유럽통합과정을 약화시키는 시도로 파악할 수 있다. 사실, 곰퍼트가 주장하듯이, 유럽통합의 심화는 그러한 동반자관계를 용이하게 할 것이고 미국은 그것을 강하게 지지해야만 한다. 유럽의 결속력 강화는 동반자관계 형성을 보다 쉽게 달성할 수 있는 길이다.

10 결론: 제도와 정책

데이비드 곰퍼트 · 스티븐 라라비

이와 같은 책－많은 저자들이 많은 드럼에 맞추어 행진하는 것과도 같은－은 보통 요약하기가 쉽지 않다. 하지만, 앞에 나온 장들의 분석과 구상을 보고 세 가지 핵심 명제가 지지되고 있음을 발견했다.

- 미국과 유럽의 공동이익과 비할 데 없는 풍부한 자원 및 상호 신뢰를 근거로 세계 발전을 선도하는 원동력이 될 능력을 갖춘 보다 야심적인 대서양 동반자관계가 수립되어야 한다고 주장한다.
- 그러한 동반자관계의 안보 및 경제 기구들은 그러한 원리들을 구현하기 위해서 정밀하게 검토되어야 한다. 그러한 원리들은 지구적 목표, 평등, 책임분담 및 지도력 공유 등이다.
- 동반자관계의 최고이익은 경제적 건강과 확장 그리고 민주주의적 사회로 이루어진 공동체의 안보이다. 따라서 동반자관계의 최우선 과제들은 자유무역을 달성하고, 거시경제적 정책들을 조화시키고, 세계 에너지 공급원의 안보를 지키고, 대량파괴무기의 확산에 대항하며 그리고 중동과 구소련의 위험지역들을 안정시키는 것이어야 한다.

다음에서는 이러한 명제들 하나하나를 탐구해본 후 이 책에서 저자들이 시종일관 회피했던 두 가지 문제를 다루겠다.

- 그 속에서 유럽에게 유리한 점은 무엇이 있나?
- 미국은 유럽을 믿을 수 있나?

새로운 동반자관계의 수립 논거

미국 생활수준에 대해서 세계경제가 가지는 중요성이 소련의 위협을 대신하여 미국의 국제적 개입을 주장하는 가장 강력한 논거가 되었다. 하지만 미국인들은 개입을 위한 전략으로서 일방적인 미국의 세계 지도력도 혹은 유엔에 기초한 다자주의도 역시 선호하지 않는다. 전자에 재원을 제공하지도 않을 것이고 또한 후자에 주권을 양도하지도 않을 것이다. 미국은 지도력을 공유하길 원하지, 독점하길 원치 않는다. 그래서 미국은 강하고 믿을 만한 동반자가 필요하다.

가장 당연한 후보자는 유럽이다. 미국과 기본적 이익을 공유한다. 새로 민주화된 지역으로 확대되고 있는 자유무역에 의해 통합되고, 또 불안정, 무법 및 대량파괴무기의 위험들로부터 안전한 튼튼한 세계경제가 그것이다. 또한 경제력과 군사력을 합친 유럽의 능력에 비견될 수 있는 것은 오직 미국의 국력뿐이다.

불행하게도, 유럽은 고립된 채로 있다. 미국과 야심적인 동반자관계를 맺기 위해서는 유럽인들이 자신들의 지구적 경제 및 전략적 이익을 인정하는 것이 필요하다. 이렇게 보다 넓은 시야를 갖지 못하고 또 보다 무거운 책임을 받아들이지 못한다면, 미국이 유럽의 이익을 무한정 돌봐줄 수 있다고 기대할 수는 없다. 유럽인들이 무임 승차자로 여겨진다면 심지어 유럽에 관한 미국의 공약도 약해질 수 있다.

동시에, 미국이 유럽을 동등한 동반자로 대우할 의지가 없다면, 유럽도 보다 많은 책임을 떠맡으려 하지 않을 것이다. 미국은 그러한 특권을 공유할 의지를 가져야만 하고, 또한 필요하다면 유럽의 접근방법과 공통되는 기초를 찾기 위해서 자국의 정책을 굽힐 줄도 알아야만 한다. 미국의 '지구적 지도력'이라는 주문을 미국 연사들이 지나치게 외우게 되면 대서양 양측이 동반자관계의 편익을 맑은 정신으로 평가하는 데 방해가 된다.

그러한 동반자관계는 현재 미국-유럽 관계보다 더 지구적이고 더 동등해야만 한다. 그렇지 않으면, 유럽은 자기 일에만 몰두한 채 있을 것이고, 미국은 고립주의와 일방주의 사이에서 왔다갔다할 것이다. 그땐 둘은 갈라지거나, 더 악화되면 서로 다투게 될 것이다. 상대방의 지원을 얻지 못하게 될 것이고 그리고 세계는 공동의 지도력을 박탈당하게 될 것이다.

한편 유럽은 그 자체가 응집력 있고 실효성 있는 힘이라는 것을 아직은 증명해야 하지만, 지구적 동반자관계의 수립을 유럽이 더 통합될 때까지로 연기해서는 안된다. 동반자관계가 수립되면, 유럽이 보다 많은 책임을 지도록 강권함으로써 유럽통합을 도우면 도왔지, 저해하지는 않을 것이다. 어느 경우에건, 유럽연합에서 정부간 협력의 현재 수준을 보면, 적어도 보다 동등하고 보다 지구적인 대서양관계를 수립하기에 충분하다. 이러한 논리를 따르면 두 개의 최종 명제에 이른다.

- 동반자관계가 어떠한 강대국, 예컨대 일본, 아시아, 혹은 이슬람을 적으로 해서 수립되어서는 안된다. 일본에게도 참여하라고 권고해야 한다. 그러나 일본은 안보 혹은 경제적인 지도력 역할(미국과 유럽은 담당할 능력이 있는)을 할 준비가 안되있다.
- 유럽의 고립주의적 견해를 감안하면, 대서양관계를 지구적 동반자관계로 변형시키는 데 미국은 그 촉매가 되어야만 한다.

새로운 대서양 동반자관계의 실체는 어떤 모습인가(그 제도들)와 무엇을 하는가(가장 중요한 이익을 성취하기 위해서 채택하는 정책) 둘 다에 의존하게 될 것이다. 양측에 중대한 변화가 필요하다.

동반자관계 제도화

학자들은 원인과 결과에 대해선 논쟁을 벌이겠지만, 한편 제2차세계대전 이래 유럽과 대서양 공동체의 성공에는 강력한 국제제도들의 발전이 수반했다는 것에는 의문의 여지가 없다. 두 개의 가장 중요한 제도인 북대서양조약기구와 유럽연합은 각자 안보와 번영이란 말과 같은 의미를 가지게 되었다. 하지만 이러한 제도들은 새로운 시대와 새로운 동반자관계에는 적합하지 않다. 정부의 성향과 관료제가 자주 쓰는 말은 제도를 주의 깊고 점진적으로 변화시키라는 것이다. 지난 10년 동안의 혁명적인 변화에 비추어보면, 이 시점에서 보다 나은 접근방법은 동반자들의 목표를 달성하는 데 도움을 주기 위해서 제도에 부여되어야 하는 특징과 수단을 분석한 다음, 그때 그것을 개혁하는 것이다. 북대서양조약기구와 미국-유럽 관계 모두 새로운 동반자관계의 원칙들을 반영해야 한다. 지구적 목표(그러므로 어떠한 인위적 제한도 받지 않는 관할권), 평등, 책임 공유 및 주고받기 등이다.

두 개의 제도는 중대한 기능을 수행해야 한다. 북대서양조약기구 및 미국과 유럽 사이에 무엇을 다루어야 하는가에 관한 대립 중 많은 부분이 단순한 노동 분업에 의해 해소될 수도 있다. 공동안보이익은 북대서양조약기구의 관할권 아래에 두고, 경제적 공동이익은 미국-유럽의 기제를 통해서 추구되어야 한다. 주지하다시피, 세계는 그렇게 질서정연한 것만은 아니다. 하지만 대부분의 이익과 문제들은 주로 이런 유형 아니면 저런 유형으로 간주될 수 있다. 이렇게 해서 동맹에는 보다 넓은 행동 범위－지금 보다 더 넓은－가 주어지고, 또한 한편으로는 북대서양조약기구를 제외한 채 미국-유럽 공동 노력을 제고해야 할 필요가 있다. 북대서양조약기구의 과거 인사들은 미국-유럽간 채널들의 활용 증대를 동맹의 생명수를 고갈시키려는 음모로 파악하는 것을 그만두어야 한다(북대서양조약기구를 변형시키려고 한다면, 북대서양조약기구 관리인들은 경쟁 대상이 되는 대서양관계를 우려할 필요가 없다). 경제협력이 확대되고 안보문제가 극복됨에 따라, 바라는 바대로 미국-유럽간 채널들은 상대적으로 보다 중요하게 될 것이다.

북대서양조약기구 개혁

새로운 동반자관계의 전략적 목표달성에 기여하려면, 북대서양조약기구는 네 가지 측면에서 변형될 필요가 있다.

첫째, 북대서양조약기구를 통해 사활이 걸린 모든 공동이익을 보호할 수 있는 능력을 창출해야 한다. 북대서양조약기구가 동쪽으로 계획대로 확대된다고 해서 동맹의 전략이 분명해지는 것이 아니라, 단지 그 명단만 그렇게 될 뿐이다. 회원국의 확대는 유럽을 통합하는 데 꼭 필요한 조치이다. 그러나 그렇게 해서 동맹의 전략적 목표－즉 러시아에 대항해서 신생 민주주의 국가들을 보호하는 것－가 정해진다고 하는 것은 기껏해야 냉전 동안에 수행한 역할의 희미한 그림자에 지나지 않는 임무를 북대서양조약기구에게 떠넘기는 것이다. 한편 일부 사람들은 확대되지 못하면 북대서양조약기구는 쇠퇴할 것이라고 주장하지만 확대되더라도 탈냉전시대에 진정한 안보상의 도전에 대처할 수 있도록 다시 방향설정이 이루어지지 않는다면 북대서양조약기구는 똑같은 운명을 겪을 것이다－실제로 겪어야만 한다. 사활이 걸린 공동이익에 대한 가장 심각한 위협은 유럽의 외각 너머에 존재한다. 대중동과 구소련에서 대량파괴무기의 확산, 에너지 공급의 단절 및 불안정이 그것이다.

북대서양조약기구를 단지 유럽의 지역적 안보문제에 미국이 개입하기 위한 도구로 취급하는 것은 동맹의 잠재력이나 새로운 시대의 필요성 어느 것도 고려하지 않은 것이 된다. 북대서양조약기구는 사활이 걸린 공동이익의 안전을, 위협을 받는 곳이면 어디에서나, 확보하기 위해서 대서양 동반자들이 계획을 세우고 행동할 수 있는 제도가 되어야 한다. 오늘날에는 그렇지 못하다. 아직은 이러한 목적을 위한 더 좋은 제도는 없다.

북대서양조약기구의 임무와 활동범위를 확대하는 것은 미국에게 전략적으로 중요하다. 이렇게 확대되지 않는다면, 유럽 밖－예를 들면, 중동-에서 공동이익을 보호하는 짐은 유럽의 군사력 투사능력의 부족으로 거의 전적으로 미국이 부담하게 될 것이다.

자기 영역 밖으로 나가지 못한다면(비록 이 표현이 사문화되고 있지만), 북대서양조약기구는 전략적 존재 기반의 상실로 점차 군사적으로나 정치적으로도 빈 껍질만 남게 될 것이다. 새로운 동유럽회원국들을 (있지도 않은 러시아의 위협에 대항해서) 방위하는 것이나 또한 발칸지역에서 평화를 유지하는 것도 세계 두 최강 사이의 군사적 동맹에 대한 견고한 존재이유를 구성하지 못한다. 북대서양조약기구의 전략적 근거가 유럽 밖에서 공동이익을 보호하는 것을 포함하지 않는다면, 유럽 내에서 그 생명력은 소진될 것이다. 북대서양조약기구가 미국의 지구적 전략과 재결합될 때까지, 미국에게 유럽의 중요성은 계속해서 줄어들 것이다.

일반적으로 유럽인들은 유럽 영토의 보호-무난하지만 불필요한 임무-에서 역외로 군사력을 투사하여-의미 있지만 논쟁거리인-자신들의 방위 태세를 재조정하는 것에 열성적이지 않다. 유럽 군사력의 일부만이 유럽 밖에서 이익을 보호할 능력이 있고 그리고 비록 약간의 미약한 개선이 이루어지고 있지만(예를 들면, 프랑스에서) 현재 계획은 이러한 단점을 완화시키지는 못할 것이다.[1] 침략의 위험이 없으므로 미국의 규모와 거의 같은 상당한 유럽의 군대와 방위 예산은 옛날의 존재 근거를 상실했다. 유럽에서 이것이 용납된다는 것은 변화가 미국에 의해서 촉발되어야만 한다는 증거가 된다. 사활이 걸린 공동이익을 가장 위협하는 곳-유럽 역외-에서 방위하는 모든 실질적 위험을 미국이 감당하고 있기 때문에 현상유지는 유럽인들에게 유리하다.

미국의 재촉으로 유럽이 미국에 대한 의존도를 줄이는 것은 충분하지 못하다. 오히려 유럽이 부담의 정당한 몫을 떠맡지 않는다면, 미국은 유

---

1) John E. Peters and Howard Deshong, *Out of Area or Out of Reach? European Military Support for Operations in Southwest Asia,* MR-629-OSD, RAND, Santa Monica, CA, 1995. Richard L. Kuguer, *U. S.-West European Cooperation in Out-of-Area Military Operations: Problems and Prospects,* MR-349-USdp, Santa Monica, CA, 1994.

럽의 사활이 걸린 이익을 보호하지 않을 수도 있다는 점을 인지시켜야 한다. 비록 현재는 북대서양조약기구 동맹국들이 미국보다 걸프지역의 원유에 더 의존하지만, 미국의 군사 계획은 유럽 동맹국들에 의존하지 않고서도 페르시아만 원유공급원을 방위하는 것을 포함하고 있다. 이로 인해서 유럽은 상당한 전력투사능력을 증강, 이를 사용할 유인을 거의 갖지 않게 된다. 이를 치유하기 위해서 페르시아만 지역을 일방적으로 방위하려는 현재 미국의 계획은 공동계획에 의거, 동맹의 활동을 공동으로 수행하는 방향으로 바뀌어야 한다. 그러나 공동 계획을 세움으로써 미국과 유럽 동맹국들은 그러한 위협에 공동으로 대응할 뿐만 아니라 또한 효과적인 군사적 연대로서 그렇게 한다는 신뢰를 강화시킬 것이다. 미국의 새로운 군사전략계획은 유럽 역내와 또한 유럽 역외방위를 위해서 가능한 한 북대서양조약기구와 유럽 군대를 통합시켜야 한다.

목표로서, 북대서양조약기구의 유럽 회원국들은 사활이 걸린 공동이익을 방위하는 데 필요한 전력투사능력의 절반을 기여해야 한다. 유럽국가들은 분명히 그렇게 할 수 있는 경제적 수단이 있고, 또한 자신들이 방어해야 할 이익이 미국에 비해서 가치가 적은 것이 아니다. 그러한 목표는 다양한 방법으로 달성될 수 있다. 자세히 설명하기 위해, 장래에 북대서양조약기구가 대규모의 군사력 투사가 요구되는 두 개의 주요 안보상 도전[새로운 동유럽 회원국 보호(가령, 폴란드)와 적대적 강국의 세계 원유공급을 두절시키려는 시도]에 직면했다고 가정하자. 장기적인 목표로서, 북대서양조약기구의 행동계획에 동기를 부여하고 지도하기 위해서 미국은 각 사태에 대처하기 위해 절반을 제공하겠다고 공약한 독일, 프랑스, 영국 및 다른 유럽 회원국들에게 나머지 반을 제공하겠다고 공약할 수도 있다. 대안은 미국이 페르시아만의 분쟁에 전력의 2/3를 제공하고 그리고 새로운 회원국의 방위 원조를 위해서 동유럽에 투사될 전력의 1/3을 제공하고, 유럽 회원국들이 그에 따라 1/3과 그리고 2/3를 제공하는 계획을 미국은 세울 수도 있다.

유럽이 페르시아만 사태에 그러한 전력을 파견한다고 공약하지 못하면, 미국은 동유럽 사태에 전력을 실질적으로 제공한다고 보장하지 못할 수도 있다. 왜냐하면 걸프지역에서 또 전쟁이 발생할 경우 유럽에 있는 미군 병력을 빼내갈 수도 있기 때문이다. 이는 북대서양조약기구의 새로운 동유럽 회원국의 안보를 전적으로 서유럽 동맹국들에게 맡기는 것으로 별로 만족스런 상태는 아니다. 그러므로 새로운 북대서양조약기구 회원국의 방위를 위해 개입하겠다고 공약할 수 있는 미국의 능력은 페르시아만을 방위하는 데 기여하겠다는 주요 서유럽 회원국들의 의지와 능력에 달려 있다.

미국은 현재 이러한 두 가지 임무의 정당한 몫을 수행할 수 있는 제대로 된 형태의 충분한 군사력을 보유하고 있다. 대조적으로, 최악의 경우에 동유럽과 걸프지역 둘 다 위협을 받는다면 필요하게 될 8에서 10개 사단을 편성할 수 있도록 유럽 동맹국들은 영토방위에서 전력투사로 군사력을 재편하려는 현 계획을 확대하려 했어야 한다. 단기적으로는 유럽 동맹국들이 대략 여섯 개 사단을 목표로 하는 것은 불공평하지도 않고 또한 어렵지도 않다. 북대서양조약기구의 유럽 회원국들은 영토방위군을 감축시키는 데서 커다란 절약을 할 수 있기 때문에 특히 더 그렇다.

한편 북대서양조약기구는 회원국들의 이익이 보장되는 곳은 어디에나 군사력을 투사할 수 있지만, 실제적인 문제로서 공동 대응을 정당화시킬 가능성이 가장 큰 이익은 동맹의 영토 너머 남쪽과 동쪽에 있다. 북아프리카에서 과격파들에 의한 국가 찬탈, 다른 페르시아만 국가들과 해상수송에 대한 이라크나 이란의 위협, 사우디아라비아의 불안정, 남부 발칸지역에서 분쟁의 확산, 하나 또는 그 이상의 신생 민주주의 국가들에 대한 위협, 대서양 이익에 적대적인 어느 정권에 의한 대량파괴무기 사용 위협 그리고 사하라 이남 아프리카에서 인도주의적 재난 등과 같은 그러한 사태에 대비하기 위해서 북대서양조약기구는 조용히 계획을 세우기 시작해야 한다. 그러한 모든 사태에 군사적 대응이 강제되는 것은 아니다(또한 이것이 모든 것을 다 나열한 목록도 아니다). 그러나 그러한 위기들이 양 동반자의 이익과 관계되기 때문에 합의된 계획에 따라 필요한 군사력을 가지고 공동으로 대응할 수 있는 준비가 되어야 한다.

두번째, 새로운 북대서양조약기구의 임무 활동에 융통성을 두어야 한다. 북대서양소약기구 회원국들에 대해 유일하게 구속력 있는 의무는 워싱턴 조약 제5조에 따른 북대서양조약기구 영토방위이다. 원래 소련의 침략에 대한 유럽방위를 목표로 하였기 때문에 북대서양조약기구는 아직도 제5조에 따라서 활동하도록 조직되었다. 북대서양조약기구의 어느 회원국의 영토가 공격을 받은 경우, 북대서양이사회에서 신속한 합의를 통한 결정으로 이전의 의무와 회원국들이 상호 방위를 위해 개입하는 계획을 이행하게 될 통합 지휘체계를 편성하게 된다. 따라서 북대서양조약기구는 사라져버린 위협에 대응하는 데 현재 적합하다.

영토방위 이외의 임무는 조약 제4조에 의해 허용되지만 의무로서 부과되는 것은 아니다. 제4조에 예정된 바에 의하면 가맹국들은 행동을 공약하는 것이 아니라, 단지 협의하는 것이다. 넓은 범위의 이익이 위협을 받을 때는 언제나 또 어디서나 북대서양조약기구가 공동 행동을 취하겠다는 확고한 사전 공약을 얻어내는 것이 불가능할 것이기 때문에, 제4조에 의해 사태를 처리할 수 있도록 조약을 개정하려는 시도는 소용이 없을 것이다. 더욱이 제4조에 의해 정당화되는 무력 행사는, 정의에 의하면, 좁은 의미에서 영토에서 '방어적'이지 않다. 그러한 임무는 몇몇 서유럽국가에서는 인기가 없을 수도 있다. 북대서양조약기구가 대서양 이익을 방어하기 위한 합동 행동을 위한 믿을 수 있는 메커니즘이 되려면, 다른 회원국의 유보에도 불구하고, 북대서양조약기구의 일원으로서 제4조에 따라서 행동할 의지를 가진 그러한 국가들이 아주 신속히 그렇게 하는 것을 가능하게 해주는 절차를 모색해야만 한다.

이와 관련해서, 자격을 가진 비회원국들('동반자'로 알려진)－제5조에 있는 방위공약을 교환하지 않은 나라들－이 북대서양조약기구에 의해 준비된 제4조에 의한 작전에 참가할 수 있도록 격려되어야 한다. 걸프전과 보스니아의 경우와 마찬가지로, 유럽 내외에서 발생한 위기에 대응하기 위한 국제적 연합에 비회원국들을 포함시킬 수도 있다.

따라서 북대서양조약기구의 정치적 정책결정과 군사적 지휘체계는 제4조상의 사태해결에 이바지할 준비가 된 비회원국들의 참여를 허용하고, 그러한 사태해결에 기여할 준비가 안된 회원국들의 불참을 허용하도록 둘 다 변경되어야 한다. 이러한 사전 준비는 오직 회원국들의 합의에 따라 행동하고 또한 동맹의 정책결정에 비회원국들을 배제했던 북대서양조약기구의 전통과는 과감히 결별하는 것이다. 그러나 북대서양조약기구가 유럽 내 어디서나 또 외부에서 자국의 이익을 보호하기 위해 동반자들이 이용할 수 있는 메커니즘이 되려면 그러한 융통성은 꼭 필요하다. 그렇게 되면 유럽과 세계에서 가장 중요한 안보동맹의 임무를 수행하고자 협력하고 참가하려고 해도 북대서양조약기구 제5조에 포함되지 않은 국가들(예를 들면, 러시아와 우크라이나)이 배제될 때 생기는 바람직하지 못한 결과를 피하는 데 도움이 될 수도 있다. 1995년 후반에 북대서양조약기구가 주도하였지만 러시아와 다른 비회원국들을 포함시킨 보스니아 평화유지군은 중요한 선례이다. 심지어 보다 긴급을 요하고 갑작스런 사태에도 북대서양조약기구의 '동반자들'을 포함하는 것을 허용하기 위해서도 제도적 개혁이 필요하다.

세번째, 북대서양조약기구 내에서 유럽연합이 정체성을 형성하도록 허용해야 한다. 유럽통합의 심화와 진정한 대서양 동반자관계에 대한 두 개의 전망을 살펴보면 (캐나다를 포함한) 미국 동반자와 (터키와 노르웨이를 포함한) 유럽연합 동반자로 이루어진 두 개의 정점을 가진 동맹이 결국 성립될 것임을 알게 된다. 침략에 대항해서 회원국을 방어할 필요가 있는 제5조를 원용해서 내리게 되는 사태가, 그러한 경우 개별적인 유럽연합의 결정은 불필요하고 또한 어떠한 회원국에 대한 공격도 전체에 대한 공격이 된다는 원리로부터 벗어나기 때문에, 중대한 예외가 된다. 다른(즉 제4조) 상황에서는, 발생할 가능성이 더욱 높지만, 유럽연합 회원국들은 공동 입장을 형성할 수 있는 기회가, 적어도 유럽연합이 공동 외교 및 안보정책을 추진할 수 있을 때까지는 부여되어야 한다.

미국과 영국은 북대서양조약기구 내부에 유럽연합 진영이 형성되는 데 반대해왔다. 워싱턴 당국은 그렇게 되면 동맹의 정책결정을 내리는 것이 지연될 것이라고 우려하였고 그리고 런던 당국은 유럽연합에게 영국 주권을 상실하게 될 것이라고 걱정하고 있다. 그러나 한편으로는 유럽인들 대부분이 그들 사이에 보다 커다란 응집력을 가지게 되는 것에 반대하면서도 동시에 자국의 유럽 동맹국들이 책임감 있는 동반자—유럽 내부에서와 마찬가지로 밖에서도 미국인들과 나란히 싸울 준비가 된—가 되는 것을 미국은 기대할 순 없다. 북대서양조약기구 내에서 유럽연합 정체성이 형성되는 것을 미국이 저지하게 되면 북대서양조약기구 밖에서 결과적으로 유럽연합 군사동맹을 형성하자는 것에 대한 유럽의 관심을 다시 불붙이는 격이 된다.

미국이 북대서양조약기구 내에서 유럽에게 먼 곳에서의 역할을 부여하게 된다면, 유럽인들은 북대서양조약기구 밖에서 안보협력을 추구할 필요가 거의 없어지게 된다. 유럽연합의 '공동방위'는 두 가지 방식으로 대서양동맹에 의해서 또 동맹 내에서 충족될 수 있다. 유럽연합 회원국들의 영토방위는 북대서양조약기구 조약 제5조에 의해 확보될 것이고 그리고 다른 유럽연합의 이익의 방어는 북대서양조약기구 조약 제4조에 의해, 유럽연합이 하나로 행동할 수 있게 됨으로써 제공될 수 있다. 공동 행동에 지원하는 역할조차도 미국이 유럽에 가담하기를 거부하는 유일한 경우에만, 북대서양조약기구 밖에서 유럽연합이 혼자 행동할 수 있게 될 필요가 있을 것이다. 그러한 경우는 상상하기조차 힘들고—최후의 사례가 1956년 수에즈(Suez) 운하의 경우이다— 그리고 새로운 조치를 거의 찾을 수 없다. 유럽 회원국들이 군사작전을 수행하는 데 심지어 미군이 개입하지 않았더라도, 북대서양조약기구가 도울 수 있도록 허용해준 1996년 6월 베를린 북대서양조약기구 각료 회담의 결정은 북대서양조약기구를 미국-유럽 동반자관계로 만드는 데 있어 작지만 중요한 진전이다.

당연히, 위협받는 곳이면 어디서나 공동이익을 보호하기 위해서 군사적으로 기여할 능력을 유럽인들이 발전시키지 못하면 북대서양조약기구 내에서 유럽연합 정체성은 의미가 없다. 북대서양조약기구 내에서 유럽연합의 목소리는 유럽연합이 책임을 지는 것에 비례해서 진지하게 받아들여질 것이라는 점을 미국은 분명히 해두어야 한다.

네번째, 책임을 유럽 쪽으로 전가하기 위해서 지휘 구조를 재편성해야 한다. 앞으로 수십년 동안 북대서양조약기구가 당면하게 될 새로운 도전에 보다 적합한 새로운 북대서양조약기구 지휘구조를 미국은 수락 ―더 좋게는 제안―해야 한다. 소련의 위협에 대항해서 유럽을 방위하기에 적합했던 경직된 구체계는 군사력 투사 임무의 성질과 그에 참여하는 것과 지휘권을 일치하게 하는 보다 유연한 접근법에 의해 대체되어야 한다.

오늘날 북대서양조약기구의 군사지휘구조 최상위에는 미국인 유럽연합군최고사령관이 있다. 미군 장교가 이 자리에 있음으로 해서 혹시 미국이 병력의 합당한 몫―특히 가장 큰 위험에 처하게 될 지상군―을 제공하지 않을 때 북대서양조약기구의 작전에 몇몇 유럽국가들―적어도, 프랑스―의 참가는 불가능하지는 않더라도 어렵게 된다. 유럽은 병사들(과 사상자들)을 제공하는데, 한편 미국은 스스로 선택한 특기인 지휘와 통제에 집중하는 것에 대해서 유럽인들은 동의하지 않을 것이다. 결과적으로 미국이 지휘하는 지휘 구조하에 북대서양조약기구가 위기에 대응하려면 미국은 군대 파견―단지 공군, 해군 지휘권과 지원 전력보다는―을 공약하는 수밖에는 없다. 더욱이, 미국과 유럽의 상대적 병력 지원에 관계없이, 고위 장교가 한결같이 미국인일 때 북대서양조약기구가 유럽 안보상의 필요를 모두 충족시킨다고 주장하기는 어렵다.

동반자 중의 하나가 항상 주도하길 기대한다든지 혹은 그러한 기대를 받게 될 때 동등한 책임을 부담하는 회원국들로 이루어진 동반자관계는 수립될 수 없다. 미국이 북대서양조약기구에서 지배적인 위치―'최고사령관'은 분명히 지배를 의미한다―에 남아 있을 때, 자주적 방위력이 아니면 유럽연합은 진정한 유럽의 공동방위력을 보유할 수 없다고 주장하는 많은 유럽인들의 생각은 정당하다. 더욱이, 미국의 지휘 외에는 전력투사능력을 사용할 수 없다면 유럽은 제4조에 의해 규정되는 능력은 증강하지 않을 것 같다. 결국에는 유럽은 동등한 부담을 수락하지 않고 종속적인 부담을 지게 될 것이다.

군사지휘구조의 최상층부를 포함해서, 중대한 개혁 없이는, 대서양 동반자 둘 모두의 사활이 걸린 이익을 방어하는 데 필요한(아마도 대규모) 병력 파견 임무를 수행하는 데 북대서양조약기구는 적합하지 못한 채로 남아 있을 것이다. 최악의 경우, 그때는 이러한 필요를 각자 별개로—미국은 현재의 일방적 방위전략 노선을 따라서 그리고 유럽은 유럽연합을 통하거나 아니면 전혀 행동하지 않거나—처리할 것이다. 북대서양조약기구는 정치적 이유에서 또는 보다 중요성이 적은 임무를 위해서(예를 들면, 유럽에서 평화유지) 존재할 수도 있지만, 그러나 변화가 없다면, 냉전기간 동안 회원국 자격으로 누렸던 전략적으로 중요하다는 위상은 다시 회복하지 못할 것이다.

가능한 해결책 하나는 현 구조는 유지한 채 유럽연합군최고사령관 지위에 미국인과 유럽인이 몇 년마다 번갈아 맡음으로써 그 지위를 탈국적화하는 것이다. 이 구조에서는 어떠한 회원국도, 심지어 미국이나 프랑스도 현재 최고사령관의 국적에 따라서 북대서양조약기구 작전에 자국 군대를 참가하게 해서는 안된다. 미국이 이를 맹세할 수 있다면—'혹시' 그렇게 한다면 대단한 것이다—프랑스도 그렇게 할 수 있다. 미국 시민들은 미군을 유엔의 지휘권하에 두는 것에는 반대하는 한편 북대서양조약기구 내에서 작전을 수행하는 유럽 동맹국의 유능한 최고사령부 아래 임무를 수행하는 미군이란 구상은 기꺼이 받아들일 수도 있다.

제4장에서 톰슨이 제안한 제2의 선택은 제5조에서 요구하는 바를 충족시키는 지휘 책임을 미군 사령관인 유럽연합군최고사령관에게 맡기는 한편, 제4조의 작전을 위해서는 새로운 '북대서양조약기구 사령부'를 창설하는 것이다. 새로운 사령관 지위를 유럽인으로 충원함으로써, 유럽이 역외 작전수행 능력을 개선하게 권고하고 또 유럽인들이 더이상 추종자들이 아니라는 의미를 가지게 하자고 톰슨은 제안하고 있다. 그렇게 되

면 북대서양조약기구 밖에서 독자적인 유럽연합 방위 정체성을 형성하자는 주장은 확실히 약화될 것이다.

이러한 접근방법—미국인에게 유럽방위 지휘권을 부여하는 한편 유럽인을 전력투사 지휘권자의 자리에 올려놓는—의 결점은 유럽 군대는 주로 전자의 임무에 적합하고 그리고 적합할 상태인 반면 미국은 후자의 임무에서 압도적인 군사력을 보유하고 있다는 것이다. 더욱이, 미국은 그러한 군사력을 미국인이 아닌 사람—비록 유능한 유럽인이라도—의 지휘권 아래 두는 것에 찬성하지 않을 것 같기 때문에 톰슨이 제시한 해결책은 지난번과 마찬가지로 이후의 사막의 폭풍 작전도 북대서양조약기구 밖에서 수행될 것이라는 것을 의미한다. 이렇게 되면 새로운 대서양동맹의 기조를 파괴하는 것이다. 그것은 동맹을 이용해서 동반자들이 함께 사활이 걸린 공동이익을 방어하자는 것이다.

세번째 대안—오히려 보다 과격한—은 유럽연합군최고사령관을 유럽인으로 하고 톰슨이 제안한 새로운 전력투사 사령관을 미국인이 맡는 것이다. 미국이 보좌하겠다고 공약하고, 유럽인이 자신들의 방위를 위한 일차적 책임을 담당할 때—아이젠하워(Eisenhower)가 초대 유럽연합군최고사령관으로 임명된 지 50년이 흘렀고, 또 소련이 해체된 지도 5년이 지났다—가 아닌가? 유럽의 '최고사령관' 자리에 미국인이 앉아 있다는 것은 특별히 유럽을 위협하는 적대적인 초강대국이 더이상 존재하지 않는데, 유럽의 '종속문화'를 영속화하는 것이 아닌가?

미국인이 유럽연합군최고사령관의 지위를 맡아야 한다고 주장하는 전략적 논거는 초강대국 소련이 북대서양조약기구와 대결하고 있었을 때는 반박의 여지가 없었다. 유럽연합군최고사령관은 서유럽 침략에 맞서겠다고 미국이 확고히 공약했다는 것을 크렘린에게 상기시키는 존재였고 그리고 그러한 침략을 억지하기 위해서 미국의 핵무기를 사용하겠다는 공약을 용이하게 하고, 또한 신뢰성을 부여하기 위해서였다. 심지어 오늘날에도 유럽연합군최고사령관 지위에 있는 사람의 국적이 어떻게든 바뀐다면 그것은 유럽에서 미군 철수의 신호가 될 것이고, 또한 핵

연결고리를 약화시키게 될 것이라는 것이 통설이다.

그러나 유럽연합군최고사령관의 국적이 무엇이든, 그 지역에 미군이 10만 명이나 있는데, 미국의 방위 공약이 의심스럽다고 유럽인들이 말한다면 어떻게 그것이 타당할 수 있겠는가? 그리고 모든 상상할 수 있는 적과 관련해서 북대서양조약기구의 능력이 만성적인 열세에서 우세로 바뀐 지금 핵 연결고리는 그 중요성을 상실했다. 어느 경우에건, 미국이 유럽연합군최고사령관의 지위를 포기하겠다고 갑작스럽게 일방적 결정을 내린다면 이 책의 저자들은 그 결정을 지지하지 않을 것이다. 그렇게 되면 촉진하고자 하는 동반자관계는 바로 손상될 것이 확실하기 때문이다. 오히려, 미국인들과 유럽인들은 유럽영토를 방위할 북대서양조약기구 전력을 지휘하는 지위에 결국－수십년 후가 아니라 수년내에－유럽 장교를 임명하는 것에 대한 논리와 그것이 바람직하다는 것을 함께 추론하기 시작해야 한다고 믿는다.

이번에는 북대서양조약기구의 새로운 전력투사 임무를 맡은 미군 사령부는 미국과 북대서양조약기구의(그러므로 유럽의) 계획 및 군사력을 통합해서 그러한 사령관 지위에 보다 적합한 자격을 가진 동반자 예하에 두어야 한다. 이러한 미국의 파병 사령관 예하에서, 미국인이건 아니면 유럽인이건 구체적인 북대서양조약기구 파병 작전을 지휘할 지위에 앉게 될 것인데, 그 작전은 사태의 본질과 위치 그리고 각각의 동반자의 공헌에 달려 있다.

북대서양조약기구의 지휘구조라는 주제는 중요한 만큼 난해하다. 변화가 일어날 조짐인데, 그것은 좋은 현상이다. 그러나 논의가 오가는 선택안에는 하위 지휘체계의 개혁을 설정하고 있다. 최고사령부를 포함해서 근본적인 변화가 필요하고 그리고 미국은 브레이크 대신에 가속기를 밟아야 한다고 믿고 있다.

미국-유럽 협력의 제도화

국제안보환경의 악화를 방지하면서 새로운 대서양 동반자관계가 추진해야 할 가장 중요한 계획은 통합된 지구경제에 지도력을 제공하는 것이다. 이 때문에 미국-유럽 관계가 잠재적으로 세계에서 가장 중요하다.

트레버턴이 저술한 장에서는 구체적인 미국-유럽 경제정책의제가 나열되어 있다. 무역장벽 제거, 거시경제정책 조화 및 에너지와 기술 안보에 관한 공동전략 수립 등이다. 선진 중심국가인 동반자들과 아울러 보다 넓게는 국제 공동체의 경제적 이익 획득에 이바지하는 정책과, 또한 그렇게 되면 G-7과 다른 국제기구에 도입될 수도 있는 정책에 관해서 미국과 유럽은 합의를 하려고 노력하게 될 것이다.

그렇게 커다란 노력을 요하는 목표와 더불어, 미국-유럽 협력의 필요성은 적어도 북대서양조약기구의 개혁의 필요성만큼이나 크다. 당연히, 북대서양조약기구에는 잘 다듬어진 제도적 장치와 관례가 있지만 미국-유럽 관계는 그렇지 못하다. 유럽연합 제도들은 정신을 마비시킬 정도로 복잡한데다가 유럽연합의 공동정책에 도달하는 어려움이 그 복잡함을 가중시켜서 미국-유럽연합간의 정책조정은 여기에서 실제적인 문제를 자세하게 해결하기에는 지극히 난해하다. 그러나 몇 개의 원칙들은 많은 진전이 있을 수도 있다.

첫번째, 유럽연합은 정책결정과정에 있어서 미국의 견해를 수용해야 한다. 유럽이 공동정책을 수립하려고 노력하고 있는 한편 미국은 한 발 떨어져 있을 수만 없다. 미국인들은 이 점을 되풀이해서 지적하고 있다. 하지만 아직은 유럽인들이 그것을 결코 실제로 시행하지는 않았다. 브뤼셀에서는 워싱턴에서보다는 상호관여가 잘 이루어지고, 또한 미국이 유럽연합의 정책결정에 영향을 미치게 될 가능성보다 미국 정부의 부처간 정책결정 절차에 유럽이 영향을 미칠 수 있는 가능성이 더 적다고 유럽인들은 강변한다. 유럽연합이 결정을 내리기 전에 미국과 상의를 하라는 미국의 요청에 대한 이 반론은 겉으로는 설득력이 있어보일지 몰라도, 비논리적이고도 불길하다. 미국은 주권국가로 그 지위는 유럽인들이 유럽연합의 미래목표조차도 설정해놓은 것이 결코 아니기 때문에 비논리적이고, 그것으로 인해서 공통문제에 대한 미국과 유럽의 접근방법을 조율하려는 진실한 노력이 무산될 것이기 때문에 불길하다. 미국과 수렴되는 접근방법을 강구하고자 할 때, 적당히 서둘러서, 유럽연합은 정책을 채택하기 전에 미국의 견해를 구하고 비중을 따져보아야 하고, 미국의 입장을 다시 한번 고려해야 한다. 이렇게 하는 것은 유럽연합 회원국가들과 그 기구에는 어색하겠지만, 효과적인 동반자관계를 위해서는 꼭 필요하다.

두번째, 워싱턴과 브뤼셀에서 동반자관계를 제고해야 한다. 비록 위원회와 이사회, 일정과 보도기관 등이 중첩되어 번거롭더라도, 대서양 동반자들이 함께 추구하겠다고 합의한 광범위한 경제 및 정치적 목표를 성취하기 위해 미국과 협력하는 것을 제도화할 의지를 유럽연합은 가져야 한다. 대서양을 건너는 이러한 노력이 없으면, 유럽연합 내 관례로 인해서 유럽-미국 공동정책을 작성하려는 모든 시도는 무산될 것이다. 이러한 방향으로 나가려는 노력이 최근 강화되었다 유럽연합의 제도적 순수성을 주장하는 사람들에게는 이전 구상보다 현 구상을 더 좋아하지 않을 수도 있다. 둘 다 유럽연합 관리를 복잡하게 만들기 때문이다. 그러나 공동이익의 증진이 단정함보다 앞서야 한다.

몇몇 유럽인들에게는 이것은 절차적 쟁점인 만큼이나 철학적인 것이다. 다른 어느 비유럽국가와 맺은 유대를 능가하도록 미국과 유럽연합의 관계를 격상시켜야 한다는 논거에는 유럽은 계속 의존적이 되고 미국은 유럽에서 특권을 보유한다는 의미가 내포되어 있을 수도 있다. 진정한 공동이익을 달성하기 위해서는 필히 그러한 '타협'을 해야만 한다고 하는 것을 유럽연합의 자주성을 성스럽게 여기는 사람들은 납득할 수 없다. 그러한 사람에게는 미국을 다루기 위한 올바른 거리는 한 발 떨어져서 어느 정도 거리를 두는 것이다. 그러나 미국은 특별한 관계를 가질 자격이 있는데, 그것은 강력할 뿐만 아니라 또한 유럽의 동반자이기 때문이라는 것을 유럽 지도자들은 실용적으로 결정할 수 있다.

미국은 워싱턴 행정부 내에서 유럽연합관계를 격상시킴으로써 비대칭감을 불식하는 데 도움을 줄 수 있다. 유럽연합 주재 미국 대사의 직급을 각료 수준(현재 유엔 주재 미 대사가 누리는 지위)에 위치시킨다면 미국정책결정에서 동반자관계의 힘은 증대하게 될 것이다. 비록 유럽연합의 군소 회원국들 중의 한 나라가 담당할지라도, 유럽연합이사회 순환제 의장국과 신중히 일을 해나감으로써, 미국이 유럽연합을 받아들이는 것에 대한 유럽인들의 의심을 불식시키는 한편, 미국은 또한 동반자관계의 유효성을 개선할 수 있다. 무엇보다도 미국 대통령과 내각은 유럽연합과 동반자관계를 자연스럽고, 국익을 증진시키기 위해 우선적인 노선이라고 보는 한편, 관료들도 역시 그렇게 해야 한다고 주장해야 한다.

세번째, 미국-유럽 협력을 강화하기 위해서 핵심적인 양자간 유대를 활용해야 한다. 미국은 명시적으로 유럽연합에 할당되지 않은 문제에 관해서 개개의 유럽연합 회원국들과 무제한적인 양자관계를 계속 유지해야만 한다. 지금까지는 중요한 문제가 아니었지만, 유럽연합의 공동외교정책이 보다 내실 있고 또한 경제정책결정 권위가 각 국의 수도에서 브뤼셀로 보다 많이 이전됨에 따라 중요하게 될 수도 있다. 미국이 양자적 유대관계에 계속 의존하게 되면 미국에 의한 분할 그리고 정복전술을 시사하게 되어 유럽인들이 깜짝 놀라게 될 것이다. 하지만 미국과 독일, 영국, 프랑스 또는 다른 회원국들간의 유대가 미국-유럽 협력을 위해서 격하되어야만 한다고 미국이 조금이라도 생각한다면, 새로운 대서양 동반자관계는 전진하기보다 오히려 후퇴하게 될 것이다.

강한 양자적 유대는 미국-유럽 협력의 대안이나 방해물이 아니라 필수 불가결한 요소이다. 미국과 독일 관계는 핵심 경제의 관리와 대서양 사이뿐만 아니라 범세계적으로 자유무역을 공동추진하는 데 중심이 될 것이다. 미국-독일 양해는 북대서양조약기구를 공평한 책임의 분배에 기초한 지구적 안보 연합으로 변형시키는 데 꼭 필요하게 될 것이다. 그리고 영국이 미국과 유럽 동반자들이 안보와 경제적 노력에서 공통 기반을 모색하는 데 돕겠다는 독특한 입장을 취한다는 점에서 미국-영국의 '특별한 관계'는 절대적으로 필요하다.

통합에 호의적인 유럽인들은 미국인들은 그렇지 않을 것이라고 의심한다. 유럽의 선진 강대국인 독일과 미국의 관계와 마찬가지로 영국과 특별한 관계−통합에 관해서 모순 양립되는 관계−도 정치 및 경제적 통일에 대한 미국의 수사학적 지지와는 모순된다고 본다. 유럽인들은 미국에 대한 우려감을 계속적으로 갖고 있을 것이다. 유럽통합 과정은 (주로 경제적 힘에 의해서) 계속 진행될 것이고, 그 과정에 순응하는 것이 유일한 분별력 있는 미국정책이고 그리고 보다 통합된 유럽만이 보다 책임 있고 효과적인 지구적 동반자가 될 수 있다는 것 등을 미국이 납득하는 것이 유일하고 진정한 해결책이다.

공동전략 추진

이런 저런 제도들을 활용하기 위해서 그리고 가장 장래성 있는 기회와 핵심 이익에 대한 가장 첨예한 위협에 집중할 수 있도록 하기 위해서 동반자들은 통합된 경제의 건강, 안전 및 확대라는 측면에서 우선 순위에 대한 생각을 공유하는 것이 필요하다. 최우선 순위에는 자유무역과 거시 경제적 조화 그리고 중동 및 개도국들이 안정되는 것이 포함되어야 한다. 첫 노력이 세계의 경제적 활력에 극히 중대하다. 뒤의 두 가지는 가장 심각한 안보문제−에너지 공급에 대한 위협과 대량파괴무기의 확산−를 포함한다.

세계경제에 지도력 제공

대서양과 궁극적으로는 세계적 자유무역에 대한 공약은 대서양 양쪽 정부들과 국민들에게 동기를 부여하는 '대계획'이 될 수 있다고 트레버턴은 제3장에서 제시한다. 그는 또한 미국은 더이상 세계경제의 '체제 안정자'가 될 준비가 안되었다고 시사한다. 둘 중 어느 한 관점에서 보아도, 미국과 유럽연합이 합심해서 선진 경제들 사이의 무역을 증대하고 그리고 중국과 인도를 포함해서, 세계의 광대하고 역동적인 신흥시장으로 개방경제체제를 확대하는 데 불가결한 지도력을 제공할 수 있는 것은 분명하다. 상대적으로, 대서양 동반자들은 변화하는 지구 경제의 지속적 성장과 안정을 관리하는 중심 역할을 수행할 수 있다. 그중 두 개의 과업이 특히 중요하다.

첫번째, 대서양 자유무역협정을 통해서 유럽연합 단일시장과 북미자유무역지대를 연결해야 한다. 이러한 조치로 인해 유럽-미국간 무역 총량이 증가하고, 경제성장이 확고해지고, 지역적 결합이 무역과 관세에 관한 일반협정으로부터 일탈하는 것이라기보다는 어떻게 그것을 지원하는지 확실히 보여주고 그리고 대서양 동반자관계가 세계무역을 자유화시키는 선도적인 힘인가를 입증하게 된다. 모든 부문들이 첫 단계에서 다루어지지 않을 것이기 때문에 궁극적 목표는 대서양 자유무역이라고 구체적으로 정해놓는 것이 동반자들에게는 더욱 중요하다. 가장 힘든 고비는 농업이 될 것이다. 유럽연합과 미국 둘 다 농업지원계획을 어쨌든 개혁해야만 하는 데, 함께 '강제적으로 폐지'하는 것이 가장 좋을 것 같다고 제안한다. 다른 한편, 다른 부문에서 자유 무역을 이룩하는 데 대한 장애물도 매우 높을 것이다. 농업을 포함하게 되면 여러 협상들도 함께 경색될 것이다.

보다 광범위한 문제는 유럽의 정치적 의지이다. 관대한 사회복지에 주로 기인한, 고질적인 높은 실업과 공공부채를 가지고 있음으로 해서, 유럽연합-북미자유무역지대간 자유무역은 몇몇 유럽지역—특히 약한 경제부문과 약한 정부들—에게는 불황과 정치적 자살을 위한 처방으로 보여질 수 있다. 하지만 대서양 자유무역에 기인한 수출기회 확대와 경쟁압력으로 해서 유럽이 실업-부채로 인한 곤경에서 벗어나는 데 도움을 얻고 또 유럽연합 산업이 장기적으로 보다 적절할 수도 있다. 보다 장기적인 이 견해는 확실히 옳지만 그만큼 확실히 위험하다. 어쨌든 이러한 일이 진전을 보기 위해서는 힘이 있는 독일과 확신이 있는 영국 둘 다이 구상을 앞장서 주장해야만 할 것이다. 이에 덧붙여, 이것은 유럽연합 집행위원회에게는 일상적인 정치적 열기에 덜 노출되었기 때문에 유럽의 장기적 건강을 위해서 올바른 일을 할 하나의 기회이다.

두번째, 거시경제적 조화를 제고해야 한다. 유럽통화연맹의 준비로서 유럽연합 경제정책을 조화시키게 되면 대서양관계에 새로운 긴장이 가중될 위험이 있고, 특히 유럽의 통화수축이 미국경제성장의 기반을 무너뜨리는 것으로 보여진다면 더욱 그렇게 될 것이다. 그러한 긴장은 이번에는 단일통화를 창출하려는 유럽연합의 노력에 대한 미국의 반대를 불러일으킬 수 있고, 또한 정치적 손해를 초래할 수도 있다. 왜냐하면 유럽인들은 이것을 통합 자체에 대한 미국의 적대감으로 해석할 것이기 때문이다. 지속적인 성장, 낮은 인플레이션, 통화연합 및 통화시장 안정 등을 어떻게 모두 달성할 수 있는가에 관해서 미국과 유럽연합이 공통된 비전을 가짐으로써 이러한 상황을 피하는 것이 가장 좋다.

그러한 비전을 가짐으로써 G-7을 통해서 대서양 동반자들이 변화하는 세계경제의 방향, 체력 및 안정을 관리하는 것이 또한 가능해진다. 신흥시장의 불안정(멕시코의 불안정을 눈으로 직접 보면 알겠지만), 구공산 세계의 자본 요구 그리고 세계 금융 및 주식 시장의 상호의존성 증대 속에서 대서양 지도력은 없어서는 안된다.

동유럽 안정화

유럽의 동쪽 변경으로부터 도전들 중 어느 것도 미국이나 유럽연합 혼자서는 대처할 수 없다. 동반자관계를 주장하는 논거로서 이보다 더이상 강한 것은 어디에도 없고, 어디에도 더 시급한 필요성은 존재하지 않는다. 이 지역 전역에서 경제적 진보가 중요함으로 경제협력이 꼭 필요하게 된다. 이로 인해서 유럽연합은 동유럽을 안정시키고 전환시키는 것을 돕는 데 중심 역할을 부여받았다. 이 점에서 최우선 순위는 다음과 같아야 한다.

첫번째, 북대서양조약기구의 확대 과정과 유럽연합의 그 과정을 종합해야 한다. 이 책에서는 북대서양조약기구와 유럽연합은 확대되어야 하고 또 확대될 것이라는 믿음에 근거해서 저술되었다. 하지만 두 과정은 조화될 필요가 있다. 관념적으로는 안정을 동쪽으로 확장하는 단일한 전략의 두 측면이다. 두 과정이 보다 잘 조율되고 보다 넓은 틀 속에서 형성되면 될수록, 러시아에게는 북대서양조약기구 확대를 수긍하는 것이 보다 용이해지고 또 동맹의 확대에 대한 유럽의 지지는 보다 튼튼해질 것이다. 비록 새 회원국이 가입하는 날짜는 각 경우에 약간 다를 수도 있지만, 두 과정은 대략 나란히 이루어져야 한다. 어떤 날짜가 적힌 북대서양조약기구와 유럽연합의 회원가입 초청장을 가입 가능한 동유럽 신생 민주주의 국가들에게 발부함으로써 대서양 동반자들은 유럽연합을 분열시키는 것을 더이상 지체하지 말고 그만두어야 한다.

두번째, 러시아의 개혁과 협력을 격려해야 한다. 대서양 동반자들에게는 러시아의 개혁과정을 지원하고 또 러시아를 유럽안보구조에 적합하게 하는 새로운 전략이 필요하다. 교역 상대로서 유럽연합은 러시아의 가장 큰 희망이며 그러므로 러시아에 대한 동반자관계의 경제적 전략수립에 앞장서야 한다. 외국의 직접 투자를 촉진하고 러시아의 생산 및 수출 잠재력, 특히 비채취산업과 부가가치 창출 부문에서 잠재력을 확대시키는 데 우선 순위를 두어야만 한다. 동시에, 러시아의 화석연료 매장량과 페르시아만의 공급에 대해 세계가 과도하게 의존하고 있음을 고려했을 때, 원유와 가스생산을 늘리고, 공급을 보장하고, 러시아의 에너지 인프라를 재구축하고 그리고 러시아의 비에너지 부문에 투자할 수 있는 경화를 벌어들이기 위한 계획을 대서양 동반자들은 일본과 더불어 러시아와 함께 구상해야 한다.

안보문제에서는 러시아가 민주적 개혁과 시장경제를 제도화하는 데 전념하고 있는 한, 북대서양조약기구는 평화를 위한 동반자관계를 통한 협력 확대를 제안해야 한다. 북대서양조약기구 영토방위(제5조)의 중요성이 줄어드는 한편 북대서양조약기구 모든 회원국들에게만 국한되어서는 안되는 다른 임무(제4조)의 중요성은 증대함에 따라, 러시아가 북대서양조약기구와 광범위한 협력을 하지 못할 이유는 없다. 예를 들면, 러시아가 북대서양조약기구 평화유지활동에 정식으로 참가할 수도 있다. 러시아가 현재 북대서양조약기구의 확대에 반대하고 있음을 감안하면, 이것은 처음에는 어려울 것이 틀림없다. 하지만 보스니아에서 북대서양조약기구 평화유지군의 일원으로 북대서양조약기구와 실질적으로 협력하게 되면 북대서양조약기구에 대한 러시아의 적대감은 줄어들게 되고 시간이 흐르면 협력 확대가 쉬워질 것이다.

비록 처음에는 러시아가 협력에 반대하더라도, 북대서양조약기구는 문을 활짝 열어놓아야 한다. 하지만 결국 대서양 동반자관계의 안보의제에서 러시아가 협력적 역할을 하는가는 러시아의 외교정책—특히 직접적으로 국경을 접한 이웃나라들에 대한 태도—이 책임감이 있는가 아니면 대신에 실패했던 러시아의 제국주의자 단계에 형성된 구습으로 되돌아가는가에 달려 있다. 마찬가지로 러시아와 무역, 투자 및 에너지 협력 등을 장려하고자 하는 새로운 대서양 전략은 러시아인들이 내부적 개혁을 추진해나갈 의지와 지혜를 가지고 있느냐에 좌우된다.

세번째, 우크라이나의 생존과 독립을 지지해야 한다. 러시아의 미래에 대한 의구심으로 인해 민주적이고 독립한 우크라이나를 존속시키기 위한 유럽과 미국의 노력은 더욱 중요하게 되었다. 동반자들의 주요 목표는 계속해서 개혁을 장려하고 우크라이나의 유럽 지향을 증대하는 것이 되어야 한다. 다시 말하자면, 유럽연합의 경제적 역할은 결정적으로 중요하다. 우크라이나가 단기 및 장기적 경제문제들을 해결하는 데 그토록 결정적으로 중요한 수출기회와 국제수지상의 원조를 제공하는 데 유럽연합은 앞장서야 한다.

우크라이나와 대서양의 안보 유대는 러시아에 제안된 것과 동일 선상에서 강화되어야 한다. 우크라이나를 북대서양조약기구에 포함시키려 시도하게 되면 러시아의 고립이 심화되고 우크라이나에 대한 러시아의 압력이 가중될 것이다. 우크라이나와 안보협력을 증대하고 키예프(Kiev)의 유럽 지향을 강화시키는 더 나은 길은 제5조에 있지 않은 임무에 대한 러시아와 북대서양조약기구의 협력과 유사하게, 동반자관계 속에서 협력을 확대하는 것이다. 이렇게 하면 부당하게 러시아의 의심이나 우려를 심화시키지 않은 채 우크라이나에게 서구와 안보상의 유대를 제공하는 데 도움이 될 것이다. 왜냐하면 러시아에게는 우크라이나와 동일한 유대가 제공될 것이기 때문이다.

네번째, 발트해국가들의 독립을 확실히 해야 한다. 라트비아(Latvia), 리투아니아(Lithuania) 및 에스토니아(Eastonia)가 결국에 유럽연합의 회원국이 되는 것이 유럽-미국 접근방법의 중심이 되어야 한다. 그러나 유럽연합 회원국들은 발트해국가들의 안보상 지위가 해결되기 전까지는 회원국이 되는 데 동의하지 못할 수도 있다. 동시에, 발트해국가들을 북대서양조약기구에 포함시키려는 어떠한 노력도 러시아의 반발을 촉발하는 계기가 될 수도 있다. 그러므로 대서양 동반자들에게는 러시아를 자극하는 것을 피하는 방식으로 발트해국가들을 서구에 보다 확고하게 연계시키는 전략이 필요하다. 여기에는 유럽연합의 회원국 지위, 북유럽의 방위 및 안보 유대 강화 그리고 평화를 위한 동반자관계를 통한 북대서양조약기구와의 방위 협력(우크라이나 및 러시아의 그것과 유사한) 등이 포함될 수도 있다. 하지만 나중에 북대서양조약기구의 회원국이 될 수 있는 길을 막아서는 안된다.

북유럽국가들－핀란드, 스웨덴 및 노르웨이－이 미국을 배경으로 해서 발트해국가들에게 구체적인 안보상의 도움(예, 방어용 무기)을 제공하는 데 앞장서야 한다. 이렇게 되면 모스크바 당국의 의심을 불러일으킬 소지가 더 적어진다. 하지만 발트해 지역안보에 대한 전적인 책임을 스칸디나비아인들에게만 맡겨서는 안된다. 다른 대서양국가들, 영국, 폴란드, 독일 및 캐나다와 같은 그러한 국가들도 또한 양 국간 계획을 통해서 일부 역할을 수행해야 한다.

다섯째, 발칸지역에서 분쟁이 재발하는 것을 방지해야 한다. 발칸 지역에서 안정된 안보질서를 구축하는 것은 대서양공동계획이어야 한다. 그러나 그 주역은 유럽연합이 담당해야 하는데, 그 이유는 경제발전과 지역적 협력을 촉진하는 데 유럽연합이 가장 좋은 위치에 있고, 또한 유럽연합이 없다면 불안정이 지속될 것이고 폭력이 재발할 것이기 때문이다.

비록 보스니아에서 데이턴 평화협정이 유지된다 해도, 남부 발칸지역에는 위험이 지속적으로 존재할 것이다. 코소보가 지역 안보에 특별한 위협이 되기 때문에 그 문제의 해결이 대서양 동반자관계의 우선 과제 중의 하나가 되어야 한다. 코소보 해결안은 코소보인들에게 정치적 권리를 회복시켜주는 한편 그러한 권리들이 회복된다면 코스보는 유고연방에 남아 있어야 한다. 분할하거나 코스보 독립국을 수립하려는 어떠한 기도도 그 지역에서 새로운 분쟁을 발발하게 하는 발판이 될 것이며, 그렇게 되면 대서양 동반자들은 커다란 안보문제에 봉착하게 될 것이다.

남부유럽 안정화

동반자들은 대중동에서 사활이 걸린 이익을 공유해야 한다. 아랍-이스라엘 평화 달성, 안정된 원유공급 확보, 북아프리카에서 소요 방지, 테러리즘에 대한 대항 및 대량파괴무기의 확산 저지 등이 그것이다. 제8장에서 칼리자드가 주장하듯이, 이러한 이익을 증진하는 데에는 개별적으로보다는 합심해서 하는 것이 더 낫다.

아랍-이스라엘간 평화를 보장해야 한다. 중동에서 포괄적인 정치적 해결을 위해서는 무거운 책임이 수반된다. 새로운 안보협정을 보장하고, 새로운(가난한) 팔레스타인 국가를 원조하고, 지역경제발전을 촉진하는 것 등이다. 미국, 유럽 및 일본 모두는 아랍-이스라엘 평화에 이해관계를 가지고 있고 또 가장 실현가능한 기회를 부여할 책임도 있다. 미국과 이스라엘 간의 독특한 관계로 인해서, 유럽연합은 경제력을 가짐으로 해서, 동반자와 지도자로서 행동하여 서로의 노력을 조율하고 그리고 일본을 포함한 다른 나라들에게 기여하도록 강하게 권고해야만 한다.

성취하는 데 아무런 도움도 제공하지 않았던 평화협정에 유럽은 자금을 제공하길 원하지 않을 것이다. 또한 미국도 유럽인들에게 협상과정에 참여하라고 강요하지 않는다. 부분적인 이유는 유럽인들이 이스라엘의 완전한 신뢰를 받지 못하기 때문이다. 그래서 평화를 위한 노력에서 유럽연합의 역할에 대한 유럽과 미국 간의 의견차이로 평화정착을 지원하기 위한 동반자관계가 사전에 배제될 위험도 있다. 최근 이스라엘의 선거에 따른 평화정착 과정이 지체되는 듯하므로 대서양 동반자들이 힘을 합쳐 노력하는 것은 더욱 중요해진다. 왜냐하면 미국에게는 혼자서 모든 당사국들을 합의로 나아가게 하기에 충분한 정치 및 경제적 지렛대가 부족하기 때문이다.

미국이 최초의 움직임을 보여야 한다. 유럽연합의 대규모 경제협력은 평화를 지속시키는 데 무척 중요하기 때문에 현재 참여자인 러시아가 감당할 수 없는 책임인 평화협상 과정에 공동의장국의 지위를 유럽에 제공하는 대가로 얻어질 수 있다.

북아프리카에서 질서 있는 변화를 촉진해야 한다. 대서양 동반자들은 북아프리카의 안정에 중대한 이익을 공유한다. 북아프리카에서 도전은 경제적이자 정치적인 것들이다. 저발전과 정치적 정통성의 결여가 그것들이다. 북아프리카의 소요로부터 직접적인 영향을 받기 때문에 유럽은 그곳의 안정에 더 큰 이익을 가지고 있다. 그러므로 지난 1995년 후반 유럽연합-지중해 동반자관계 계획안의 착수와 바르셀로나에서 열린 유럽연합-지중해 정상회담과 함께 시작된 것처럼, 이러한 문제들을 처리하는 데 유럽연합이 앞장서야 한다.

그러나 미국도 이 지역에 이익을 가지고 있다. 북아프리카가 불안정 —예를 들면, 알제리에서 과격 정권의 권력 장악—해지면 그 파장은 북아프리카 전역과 아마도 중동 어느 곳에도 미칠 것이다. 특히, 이집트가 위협을 받을 수도 있다. 극단적인 경우에는, 그 지역에 위기가 발생하게 되면 북대서양조약기구가 약간의 집단적 군사행동을 취하는 것이 필요할지도 모르다. 그렇기 때문에 북아프리카에 대한 미국-유럽 공동전략이 꼭 필요하게 되었다.

유럽연합이 북아프리카를 안정시키는 데 보다 깊이 관여하게 됨에 따라, 미국은 유럽연합 지원을 증대하고 유럽연합-북아프리카 특혜 무역협정을 용인함으로써 도와줄 수 있다. 북아프리카에서 북대서양조약기구의 역할도 또한 분명히 할 필요가 있다. 동반자인가, 경찰인가. 1994년 말에 시작된 북대서양조약기구의 지중해계획안은 지금까지 이집트, 이스라엘, 모리타니, 모로코, 튀니지 및 요르단을 포함한 지중해 연안을 따라 있는 나라들과 대화 관계를 수립하려고 의도한 것이다. 당분간 북대서양조약기구는 직접방위협력을 목표로 하기보다는 차라리 북아프리카에서 위협의식을 불식하는 데 집중해야 한다. 위협의식을 줄이는 노력에 성공한다면, 다음 단계에서 구체적 방위협력을 제안하는 것이 가능할 수도 있다.

걸프지역에서 대서양 합동전략을 작성해야 한다. 엇갈린 목표를 추구하기에는 페르시아만에는 미국과 유럽에게 너무 중대한 이해 관계가 걸려 있다—아직까지 그들은 그렇게 하고 있다. 사활이 걸린 대서양의 이익에 대한 위험은 집요하게 존재한다. 이란과 이라크는 온건하고 원유가 풍부한 이웃 나라에 대해서와 마찬가지로 서구의 가치와 영향력에 공공연히 적대적이다. 특히 사우디반도에서 정정이 불안정해질 경우, 이란과 이라크는 세계원유공급을 위협할 수도 있다. 이들 국가들은 미국의 군사적 우위에 대등해지기 위해서 대량파괴무기를 획득하는 데 여전히 전력하고 있다.

미국은 걸프지역의 '안보 관리자'로서 남아 있고 또 남아 있을 것이다. 그러나 위기에 대응하는 데 군사력을 제공하고, 대량파괴무기의 위협에 대항하고 그리고 이란과 이라크의 비행을 저지하는 데 유럽의 도움이 필요하다. 유럽으로서는 걸프지역에서 미국의 힘에 경의를 표하느라고 자신의 사활이 걸린 이익을 무시하고 있다. 더욱 나쁜 것은 유럽의 몇몇 활동들—예를 들자면, 민감한 기술을 이란과 교역하는 것—로 인해서, 미국뿐만 아니라 유럽의 이익을 지키려고 의도한 미국의 태도가 밑으로부터 허물어지고 있다. 걸프지역을 놓고 '거래'가 행해진다면 미래의 걸프 사태에 북대서양조약기구를 통해서 상당한 군사력을 제공하겠다는 공약이 포함되어야 할 것이다. 이란정권을 유럽이 포용하는 데 미국이 참여하려는 의지, 명명백백하게 위험한 기술의 거래를 전적으로 금지하자는 합의, 그리고 대량파괴무기의 위협에 대항하기 위한 전략에 유럽의 지원 등이 그것들이다. 이것은 테헤란 당국의 온건함에는 문호를 여는 한편, 온건함이 확보되지 않을 때에는 역시 미국의 강경한 전략에 유럽을 단단히 결부시키는 것이다. 이렇게 하는 것이 또한 미국이 반대하는 이란과 거래에 참여한 유럽회사에 대해서 법적인 조치를 취하는 미국의 정책—유럽인들에게 그토록 분노를 자아내는—을 사전에 방지하는 길이다.

그 속에 유럽을 위한 것이 무엇이 있는가?

페르시아만에서 발트해까지, 에너지 안보에서 자유무역에 이르기까지, 새로운 대서양 동반자관계는 유럽연합에게 많은 것을 요구할 것이다. 경쟁력이 없는 산업을 대서양 자유무역에 노출, 파병할 수 있는 군사력 증강, 북아프리카, 발칸 지역 및 구소련에 보다 많은 경제적 지원, 아랍-이스라엘 평화 보장, 그리고 거시경제정책에서 대서양간 다툼을 피하기 위한 통화동맹 추진속도 조절 등이다. 미국인들이 유럽에게 그러한 짐을 전가해야 한다고 주장하는 주된 논거는 간단하다. 미국은 현재 자국의 정당한 몫보다 더 많은 책임을 지고 있다. 그러나 형평에 대한 호소는 유럽으로 하여금 유럽에 고정된 시야를 다른 데로 돌리게 하는 데 충분하지 못하다. 또한 유럽이 지도력을 공동으로 담당할 준비가 되었다고 약속한 것도 그렇지 못하다. 왜냐하면 유럽인들은 분명히 그것을 열망하지 않기 때문이다. 오히려 유럽인들은 오직 자신들의 사활이 걸린 이익에 필요할 경우에만 새로운 동반자관계를 환영할 것이다.

현상 유지는 유럽에 유리하다. 그러나 현상은 지속될 수 없다는 것을 유럽인들은 깨닫지 못한 듯하다. 미국은 계속해서 지구적 지도력이라는 짐을 혼자 짊어질 것이라고 미리 짐작한다. 이것은 미국 정치에 대한 오해가 반영되어 있다. 유럽인들은 부정확하게도 미국인들을 대서양주의자와 고립주의자로 나누는 경우가 있는데, 그것은 대부분의 미국인들은 둘 중 어느 한 부류에도 속하지 않는다는 것을 충분히 알지 못한 까닭이다. 미국이 계속해서 유럽에 개입할 것인가에 유럽인들이 너무 관심을 둔 나머지보다 중요한 점을 간과하고 있다. 가장 가까운 우방으로부터 보다 커다란 도움을 받지 못하게 되면, 미국은 일방적인 국제전략으로 갑자기 돌아설 수도 있다.

유럽인들은 미국정치에서 고립주의의 호소나 함의를 과소평가해서는 안된다. 필요하지 않다면 미국은 안보를 다른 나라들에 의존해선 안된다는 정서와 결합된, 미국의 군사적 우위에 대한 높은 자신감의 부분적인 소산이다. 또한 무역상 쟁점사안에 대한 호전적인 접근방법이 인기가 있음으로 해서 조장되었다. 그리고 그러한 접근방법은 공평한 시장 접근이 가능하도록 영향력을 행사하기 위한 일방적 조치들—세계무역기구에 호된 비난을 받는—에 의존한다. 다자적 제도에 대한 불신, 미국 '지도력'에 대한 수사학적 매력 및 미국의 행동 이전에 동맹국들간의 협의시 빈번했던 실기 등을 통해 실타래처럼 얽히고설킨 것이다. 고립주의가 미국의 정치적 이념 분포범위에서 외각으로 밀려난 반면, 일방주의는 중심에서 넓은 범위를 점하고 있다.

유럽인들이 보다 동등하고 보다 지구적인 동반자관계의 요구를 수용할 필요에 의문을 제기하게 되면, 그 대안으로 일방주의에 관해서 상상해보아야 한다. 즉 다음과 같은 미국을 상상해보라.

- '체제'에 대한 고려 없는 자국경제 관리
- 세계적 자유무역보다 서반구의 자유무역 선호
- 구소련, 원조를 필요로 하는 다른 수혜국 및 국제기구들에 대한 경제적 원조 삭감
- 방위계획 재조정—자국 미사일 방위 강조, 해외 주둔 군사력 감축 그리고 페르시아만 원유공급 보호 보장 거부 등
- 유럽 스스로 북아프리카와 발칸지역을 방위
- 중동에서 유럽의 영향력을 최소화하고자 시도
- 유럽안보에서 미국의 역할 축소

냉전기간 동안보다 공평한 책임분담이 이루어지지 않는다면 안보 공약을 축소하겠다는 미국의 협박을 유럽은 불신하게 되었다. 소련의 지구

적 도전으로 미국은 불균형한 책임을 강요되다시피 감당할 수밖에 없었다. 그러나 자국이 위협받고 있지 않은 지금, 미국은 사정이 다르다고 본다. 미국은 이전보다 유럽에게 더 많은 것을 기대하고, 또 다른 나라보다도 유럽으로부터 많은 것을 기대한다. 유럽연합이 자기 능력을 발휘하지 않는 것으로 인식된다면, 미국의 세계관과 역할은 유럽의 경제 및 안보상 이익을 위협에 노출시키는 방식으로 바뀔 것이다.

유럽인들이 유럽이나 다른 곳에서 공동이익을 위한 보다 많은 책임을 지지 못하게 되면, 유럽에서 미국의 역할 그 자체도 확보되지 못할 수도 있다. 특히, 유럽에 미군을 파견하겠다는 공약은 어디에서나 공동이익을 방어하는 데 유럽이 돕겠다는 공약에 달려 있다. 유럽에 미국이 개입하는 것을 가로막을 가장 큰 위험은 미국의 고립주의가 아니라 미국의 조바심이다. 현 대서양관계는 책임-분담으로 인한 심각한 위기가 발생한다면 지속될 수 없다. 동맹국들의 실질적인 참여 없이 원유공급을 보호하기 위한 전투에 미국이 다시 개입해야 한다면, 북대서양조약기구의 기반 바로 그 자체에 금이 가게 될 것이다. 역으로, 이 책에서 제안된 대로 유럽이 책임을 수락한다면 미국이 다시 한번 유럽의 유익함을 확신하게 될 것이고 그럼으로써 유럽에서 계속적으로 역할을 해야 한다는 논거는 힘을 얻게 될 것이다. 미국은 유럽에서 보호자로서가 아니라 동반자로서 남아 있을 것이다.

같은 이유로, 유럽의 안보에 대한 미국의 공약을 철회할 것이라는 두려움 속에서 유럽 동맹국들이 살게 된다면, 미국은 유럽 동맹국들이 지구적 동반자가 되기를 기대할 수 없을 것이다. 그러한 우려로 인해 유럽인들은, 미국이 바라는 것과는 정반대로, 내부지향적이 될 수도 있다. 자기들이 살고 있는 지역의 안보에 대한 보다 많은 책임을 담당해야 하는 한편, 유럽에서 주요 역할을 계속 수행하겠다고 미국이 공약하지 않는다면 새로운 대서양관계는 성공하지 못할 것이고 심지어 성립조차 안될 것이다. 자기 지역의 안보에 대해서 유럽인들이 이러한 확신을 더 많이 가지면 가질수록, 외부에서 도전에 맞서는 것이 더욱 쉬울 것이다.

마찬가지로, 미국과 동반자관계가 수립되면 유럽에게 다른 이익이 생길 수도 있다. 제5장에서, 유럽은 무엇을 성취하느냐보다 무엇이 되느냐에 더 많은 관심을 보이고 있다고 오더나렌은 언급했다. 사실, 많은 유럽인들은 통일됨을 유럽의 궁극적인 성취—분열된 유럽이 유럽과 나머지 세계에 초래했던 문제를 감안한다면, 약간은 가치 있는 견해—로 보고 있다. 그러나 외부적 도전이 통일된 목적과 내부 응집력에 기여하지 못한다면? 미국과 야심적인 동반자관계의 수립에 착수한다면, 그것으로 인해 유럽은 분해되기보다는 단결하게 될 것이다. 동반자관계의 일부로서 유럽이 구체적인 책임을 수락하게 되면 유럽은 분열되는 것이 아니라 시험을 거침으로써 강화될 것이다. 유럽—통일된 유럽이라는 목표—에 위험이 되는 것은 너무 많게가 아니라 너무 적게 요청하는 것이다.

미국은 유럽을 믿을 수 있는가?

제9장에서 이 책의 주제에 대한 논평을 하면서 로퍼는 새로운 대서양 협약에 유럽이 가입할 준비가 되었는가에 관한 회의론의 많은 논거를 제공하고 있다. 50년 동안의 습관—미국에 의존, 침략에 대한 두려움 및 유럽에 온 정신을 빼앗김—이 쉽게 또는 빨리 없어지지 않을 것이다. 사실, 세계와 세계 속에서 유럽의 위치가 얼마나 많이 변했는가를 유럽이 늦게 깨닫는다면, 미국의 지구적 지도력에 의존하는 것이 유럽의 이익에 해롭다는, 이제 막 제기된 주장을 잘 이해할 수 있을까?

이 책의 미국인 저자들은 이러한 새로운 동반자관계가 신속하게 또는 쉽게 실현될 수 있다는 환상 속에 전혀 빠져 있지 않다. 유럽인으로서 로퍼가 상기시켜주었듯이, 오늘날의 유럽은 미국의 동등하고 지구적 동반자인 유럽이 되려면 아직 멀었다는 것을 알고 있다. 확신의 기반이 취약하기 때문에 미국이 유럽과 동반자관계에 의지—즉 정책을 변경하거나 재원을 재할당할 수 있을 정도로 의지—하는 것이 실수가 아닐까?

페르시아만의 안보에 관한 문제를 예로 들자. 유럽이 미래의 걸프지역 분쟁에 4개 사단을 지원한다는 북대서양조약기구의 계획에 근거해서 가령 미국이 2개 사단 병력을 감축하였을 때 유럽병력 중 얼마가 실제 위기가 발발했을 때 유럽인들이 다시 생각한 결과로 인해 철수했다는 것을 발견했다고 가정하자. 유럽의 지원을 기대했기 때문에 미국은 자국의 사활이 걸린 이익을 독자적으로 방어할 수 없다는 것을 알게 될 것이다. 하지만 공동이익을 보호하기 위한 독자적인 군사력을 유지하기로 미국이 결심하는 한, 그러한 이익 방어를 위한 보다 커다란 책임을 다하는 데 유럽이 기여하게 만들 수 있는 가장 좋은 유인은 제거된다.

이러한 신뢰 차이를 극복하고 딜레마를 해결할 수 있는 몇 가지 방안이 있다. 첫째, 미국에 대한 치명적인 위협은 없기 때문에 미국은 다른 나라들, 특히 유럽을 믿음으로써 보다 많은 일을 하라고 권유하는 위험을 무릅쓸 수도 있다. 이것은 가장 신중한 접근법은 아니다. 둘째, 다음 조치를 취하기 전에, 보다 큰 위험에 처하기 전에 미래의 동반자가 어떻게 반응하는가를 관찰하면서 시험삼아 일을 추진하는 것이다. 북대서양조약기구에서 우발사태에 대한 계획을 세운다든지 부문별 대서양 무역을 협상한다든지 하면 신뢰도를 제고하는 데 도움이 될 것이다. 그러한 과정은 새로운 대서양 동반자관계를 창설할 수 있는 가장 그럴듯한 것이다.

셋째, 지구적 비전을 공유해서, 공통의 비전과 확고한 신뢰로 나아가는 것이다. 위대한 미국과 유럽의 지도자들이라면 자신들이 창조하고자 원하는 세상에 대한 생각, 창조하기 위한 전략 및 자신과 다른 사람들의 역할에 대한 의견을 교환할 수도 있다. 그러한 대화가 50년 전 중대한 고비에 이루어졌다. 그것들은 미국과 유럽의 지도자들이 오늘날 서로서로 나누고 있는 종류의 의견 교환은 아니다. 그러나 너무 늦지는 않았다. 사실, 지금이 적기다.

최종 각서

유럽의 지도자들이 유럽의 내부 문제에만 여념이 없고 또 미국의 지도자들이 자국의 문제에만 골몰하는 한, 필요한 비전의 공유와 공약은 이루어지지 않을 것 같다. 양측에게는 새로운 대서양 동반자관계 구상은 재미있지만 주제에서 어긋나보인다. 하지만 동반자관계가 최우선 사안들을 성취하는 데 어떻게 도움이 될 것인가를 유럽과 미국의 지도자들은 곰곰이 생각해보아야 한다. 미국에게는 동반자관계는 경제성장을 지속하는 데 도움이 되고, 자국의 사활이 걸린 이익을 보다 저렴한 가격으로 보호할 수 있게 해주고 그리고 지구적 개입이라는 용어에 새로운 국민적 공감대가 생기도록 해준다. 유럽에게는 유럽의 남부와 동부에 대한 불안과 위험을 줄여주고, 유럽연합이 중대한 일을 하도록 동기를 부여해주고, 또한 유럽에서 보호자가 아니라 동반자로서 미국의 역할을 출범시킨다.

새로운 세기를 위한 대서양 협정은 끝나가고 있는 세기의 성공적이었던 관계와는 전혀 다른 것이 될 것이다. 그 목적—모두 지구적 규모인 번영과 안보, 정치 및 경제적 자유—은 보다 원대할 수 있다. 그러한 야망은 외교관들간의 주의 깊은 공식 성명서나 세심하게 준비된 정상회담에서 찍은 웃고 있는 단체사진에 의해서 실현되지는 않을 것이다. 그것은 오직 비전과 지도력을 통해서만 이룩될 것이다.

참고문헌

Agmon, Marcy, James L. Bonomo and Michael Kennedy. 1996, *Arms Proliferaton Policy: Support to the Presidential Advisory Board,* MR-771-OSD. RAND, Santa Monica, CA.

Allison, Graham T., Owen R. Coté, Jr., Richard A. Falkenrath and Steven Miller. 1996, *Avoiding Nuclear Anarchy,* MIT Press, Cambridge, MA.

Asmus, Ronald D. 1994, *German Strategy and Public Opinion After the Wall, 1990~1993,* MR-444-FNF/OSD/A/AF. RAND, Santa Monica, CA.

_____. 1995, *Germany's Contribution to Peacekeeping: Issues and Outlook*, MR-602-OSD. RAND, Santa Monica, CA.

_____. 1994, *The New U.S. Strategic Debate*, MR-240-1-A. RAND, Santa Monica, CA.

Asmus, Ronald D., Robert Blackwill and F. Stephen Larrabee. 1996, "Can NATO Survive?" *The Washington Quarterly,* 19(2):79-101, Spring.

Asmus, Ronald D., Richard L. Kugler and F. Stephen Larrabee. 1993, "Building a New NATO," *Foreign Affairs,* 72(4): 28-40, September-October.

_____. 1995, "NATO Expansion: The Next Steps," *Survival,* 37(1): 7-33, Spring.

Aspin, Les. 1993, *The Bottom-Up Review: Forces for a New Era,* U.S.

Department of Defense, Washington, D.C., September 1.

Baker, James A., III. 1995, *The Politics of Diplomacy: Revolution, War & Peace 1989~1992,* G. P. Putnam and Sons, New York.

Barry, Charles. 1996, "NATO's Combined Joint Task Forces in Theory and Practice," *Survival,* 38(1): 81-97, Spring.

Bauer, Raymond A., Ithiel de Sola Pool and Lewis Anthony Dexter. 1963, *American Business and Public Policy: The Politics of Foreign Trade,* New York: Atherton Press.

Bertram, Christoph. 1995, *Europe in the Balance: Securing the Peace Won in the Cold War,* Carnegie Endowment, Washington, D.C.

_____. 1993, "Better Than Aid," *The Economist*, 327(7809): 56, May 1.

Bleda, Tansu. 1994, "Black Sea Economic Cooperation," *Dis Politika*, 16(1-2): 50-62.

Bluth, Christoph. 1995, "Arms Control and Nuclear Safety: The National and International Politics of Russia's Nuclear Arsenal," *Government and Opposition,* 30(4): 510-532, Autumn.

Borrus, Michael, Steve Weber, Joseph Willihnganz and John Zysman. 1992, "Mercantilism and Global Security," *The National Interest,* (29): 21-29, Fall.

Bracher, Karl Dietrich. 1993, Interview, *Die Welt,* April 26.

Brada, Joseph C., Roland Schönfeld and Ben Slay. 1995, "The Role of International Financial Institutions in Central and Eastern Europe," *Journal of Comparative Economics,* 20(2): 49-56, February.

Brenner, Michael. "EC: Confidence Lost," *Foreign Policy,* (91): 24-43, Summer.

Brown, Harold, Chairman. 1995, *Should NATO Expand? Report of an Independent Task Force,* Council on Foreign Relations, New York.

Buchan, David. 1993, *Europe, the Strange Superpower,* Aldershot, Hants, UK; Dartmouth, Brookfield, VT.

Burghardt, Günter. 1993, "European Union: A Global Power in the Making?" In Werner Weidenfeld and Josef Janning(ed), *Europe in Global Change,* Bertelsmann, Gütersloh.

Carpenter, Ted Galen. 1994, *Beyond NATO: Staying Out of Europe's Wars,* CATO institute, Washington, D.C.

CDU/CSU-Fraktion des Deutschen Bundestages. 1994, *Uberlegungen zur europ-ä ischen Politik,* Bonn, September 1.

Central Intelligence Agency. 1994, *Handbook of International Economic Statistics,* CIA, Directorate of Intelligence, Washington, D.C., September.

_____. 1995, *World Factbook*, Central Intelligence Agency, Washington, C.D.

Christopher Warren. "U.S. Policy Toward the New Independent States: A Pragmatic Strategy Grounded in America's Fundamental Interests," Speech at Indiana University, U.S. Department of State, Office of the Spokesman, Washington, D.C., March 29.

Council on Foreign and Defense Policy. 1994, "Strategy for Russia," as printed in *Gazeta,* May 27.

Dahrendorf, Ralf. 1995, "Alle Eier in einen Korb," Interview by Thomas Darnstüdt and Romaïn Leick, *Der Spiegel*, (50): 27-33, December 11.

Daschitschew, Wjatscheslaw. 1995, "Am Scheideweg. Russland, Europa und der Nachlass des Zweiten Weltkriegs," *Osteuropa,* 45(5): 410-422, May.

Dehio, Ludwig. 1967, *Germany and World Politics in the Twentieth Century,* New York: W. W. Norton.

Dinan, Desmond. 1994, *An Ever Closer Union? An Introduction to the European Community,* Lynne Rienner, Boulder, CO.

Düsterberg, Thomas J. 1995, "Prospects for an EU-NAFTA Free Trade Agreement," *The Washington Quarterly*, 18(2): 71-82, Spring.

Duffield, John S. 1994～1995, "NATO's Functions After the Cold War," *Political Science Quarterly*, 109(5): 763-787, Winter.

"EC Aid to the East: Good intentions, Poor Performance." 1993, *The Economist*, 327(7806): 21-23, April 10.

Eden, Anthony. 1960, *Full Circle,* Boston: Houghton Mifflin.

Ersboll, Niels. 1994, "The European Union: The Immediate Priorities," *International Affairs*, 70(3): 413-420, July.

European Commission. 1993, *Europe in a Changing World,* Office for Official

Publications of the European Communities, Luxembourg.

European Economy. 1995, European Commission, Brussels, no.59.

_____. 1994, *Growth, Competition, Employment*, European Communities, Luxembourg.

_____. 1995, *Report on United States Barriers to Trade and Investment*, European Commission, Brussels, May.

European Commission, Directorate-General for Information. 1996, *The European Councils: Conclusions of the Presidency 1995,* Office for Official Publications of the European Communities, Luxembourg.

European Communities. 1995, *European Union: Selected Instruments Taken from the Treaties,* Book I, vol.1, Office for Official Publications of the European Communities, Luxembourg.

European Monetary Institute. 1995, *Progress Towards Convergence: Report Prepared in Accordance with Article 7 of the EMI Statute,* European Monetary Institute, Frankfurt, November.

European Round Table of Industrialists. 1993, *European Labour Markets,* European Round Table of Industrialists, Brussels.

European Union. 1995, "Progress Report from the Chairman of the Reflection Group on the 1996 Intergovernmental Conference," Madrid, August 24.

Facey, David. 1990, "Reacting Rapidly Together: The ACCS Programme," *NATO's Sixteen Nations,* 35(5): 49-50, September.

"Fact Sheet: The Structure of NATO." 1995, *Foreign Policy Bulletin,* 6(1): 70, July/August.

Fischer, Fritz. 1967, *Germany's Aims in the First World War,* New York: W. W. Norton.

Fox, William T. R. 1994, *The Super-Powers: The United States, Britain and the Soviet Union,* New York: Harcourt Brace and Co.

Freedman, Lawrence. 1994, "Strategic Studies and the New Europe," *European Security After the Cold War Part 1, Conference Papers,* Adelphi Paper no.284. International Institute for Strategic Studies, London, 15-27,

January.

Freedman, Lawrence and Efraim Karsh. 1994, *The Gulf Conflict 1990~1991: Diplomacy and War in the New World Order,* Princeton, NJ: Princeton University Press.

Friedberg, Aaron L. 1994, "The Political Economy of American Renewal," Working Paper no.8, Cambridge, MA: Harvard University, Olin Institute Project on the Changing Security Environment and American National Interests, November.

_____. 1989, *The Weary Titan: Britain and the Experience of Relative Decline, 1895~1905,* Princeton, NJ: Princeton University Press.

Fuller, Graham E. and Ian O. Lesser. 1995, *A Sense of Siege: The Geopolitics of Islam and the West,* Boulder, CO: Westview Press.

Genscher, Hans-Dietrich. 1995, *Erinnerungen,* Berlin: Siedler Verlag.

Glenny, Misha. 1995, "Macedonian Birth Pangs," *New York Review of Books,* 42(18): 24-28, November 16.

Glotz, Peter. *Die falsche Normalisierung, Essays,* 1994, Frankfurt, a.M.: Suhrkamp Verlag.

Gompert, David C. 1996, "Sharing the Burdens of Global Security," Occasional Paper no.1, The Foreign Policy Project, A collaboration of the Henry L. Stimson Center and the Overseas Development Council, August.

Gompert, David C. and Richard Kugler. 1995, "Free-Rider Redux," *Foreign Affairs,* 74(1): 7-12, January/February.

Gordon, Philip H. A. 1993, *Certain Idea of France,* Princeton, NJ: Princeton University Press.

Graney, Paul J. 1995, *Defense Budget for FY 1996: Data Summary,* 95-295 F. Congressional Research Service, Library of Congress, Washington, D.C., February 17, 1995.

Grant, Charles. Delors. 1994, *Inside the House That Jacques Built,* London: Nicholas Brealey Pub.

Greenwood, Ted and Stuart Johnson, 1992, "NATO Force Planning Without the Soviet Threat," *Parameters*, 22(1): 27-37, Spring.

Grudzinski, Przemyslaw and Andrej Karkoszka. 1994, "East-Central Europe in an Uncertain World," In Jeffrey Laurenti(ed.), *Searching for Moorings: East Central Europe in the International System,* United Nations Association of the United States of America, New York.

High-Lecel Group of Experts on the CFSP. 1994, "European Security Policy Towards 2000: Ways and Means to Establish Genuine Credibility, First Report," Brussels, December 19.

Hill, Col., Jerry C. 1993, "Fortune Favors the Brave: NATO's New Rapid Reaction Corps," *Field Artillery,* 9-12, June.

Holbrooke, Richard C. 1995, "America, a European Power," *Foreign Affairs*, 74(2): 38-51, March-April.

Howard, Michael. 1987~1988, "A European Perspective on the Reagan Years," *Foreign Affairs: America and the World*, 66(3): 478-493, Winter.

Hufbauer, Gary Clyde(ed.). 1990, *Europe 1992: An American Perspective,* Brookings Institution, Washington, D.C.

Huntington, Samuel P. 1993, "The Clash of Civilizations?" *Foreign Affairs,* 72(3): 22-49, Summer.

International Institute for Strategic Studies. 1995, *The Military Balance 1995/96,* Oxford: Oxford University Press.

International Labour Office. 1995, *Yearbook of Labour Statistics, 1995,* International Labour Office, Geneva.

Joffe, Josef. 1984, "Europe's American Pacifier," *Foreign Policy*, (54): 64-82, Spring.

Joulwan, gen. George A. 1995, "A New NATO: New Strategy, New Structure and New Programs," *International Defense Review(Defense '95),* 4-6.

Kenen, Peter B. 1995, *Economic and Monetary union in Europe: Moving Beyond Maastricht,* NY: Cambridge University Press.

Khalilzad, Zalmay. 1995, *From Containment to Global Leadership? America and the World After the Cold War,* MR-525-AF. RAND, Santa Monica, CA.

_____. 1995, "Losing the Moment? The United States and the World After the Cold War," *The Washington Quarterly,* 18(2): 87-107, Spring.

Kipling, Rudyard. 1897, "Recessional."

Kissinger, Henry. 1994, *Diplomacy,* Simon & Schuster, New York.

_____. Speech given at 1995, "Britain and the World," conference, London, March 29.

Kohl, Helmut. Speech. 1992, *Das Parlament,* 42(49): 1, November 26.

Kokoshin, Andrei. 1995, "Russia's Interests Centre on Europe, But It Has Interests in Asia as Well," *International Affairs(Moscow),* (2): 39-42, February.

Krugman, Paul. 1991, "Regional Blocs: The Good, the Bad and the Ugly," *The International Economy,* vol.5, November/December.

Kugler, Richard L. 1994, *U.S.: West European Cooperation in Out-of-Area Military Operations: Problems and Prospects,* MR-349-USDP. RAND, Santa Monica, CA.

Lambsdorff, Otto Count and Sergei Karaganov. 1995, *Russia's Economic Role in Europe,* vol.2 of *Report of the Commission for the Greater Europe.*

Larrabee, F. Stephen. 1993, *East European Security After the Cold War,* MR-254-USDP. RAND, Santa Monica, CA.

_____. 1996, "Ukraine's Balancing Act," *Survival*, 38(2): 143-165, Summer.

_____. 1994, *The Volatile Powder Keg: Balkan Security After the Cold War,* Washington, D.C: American University Press.

Luger, Richard G. 1993, "NATO: Out of Area or Out of Business: A Call for U.S. Leadership to Revive and Redefine the Alliance," U.S. Senate Media Release, Press Office of U.S. Senator for Indiana, Richard G. Luger, June 24.

Luttwak, Edward N. 1990, "From Geopolitics to Geoeconomics: Logic of Conflict, Grammar of Commerce," *The National Interest*, (20): 17-23, Summer.

Mackenzie, Lt. Gen. Jeremy. 1993, "Towards a Secure Future," *NATO's Sixteen Nations,* 38(3): 17-19.

Maull, Hanns W. 1992, "Zivilmacht Bundesrepublik Deutschland, Vierzehn

Thesen fiireine neue deutsche Aussenpolitik," *Europa Archiv*, 47(10): 269-278.

Miller, David. 1994, "NATO Command and Information Systems," *International Defense Review,* 27(6): 57-64, June.

_____. 1994, "New Look for European Command," *International Defense Review,* 27(5): 30-32, May.

Mochizuki, Michael. 1995, *Japan-Domestic Change and Foreign Policy,* MR-616-OSD. RAND, Santa Monica, CA.

National Science Foundation. 1991, *International Science and Technology Data Updatem,* NSF 91-309, National Science Foundation, Washington, D.C.

NATO. 1993, "Decisions Taken at the Meeting of the North Atlantic Council," Press Release (93)52, NATO, Brussels, August 9.

_____. 1994, "Decisions Taken at the Meeting of the North Atlantic Council," Press Release (94)31, NATO, Brussels, April 22.

_____. 1994, "Declaration of the Heads of State and Government Participating in the Meeting of the North Atlantic Council Held at NATO Headquarters," Press Communiqué M-1(94)3, NATO, Brussels, January 11.

_____. 1993, "Economic Developments in Cooperation Partner Countries from a Sectoral Perspective: 1993 NATO Economics Colloqium," Press Release (93)47, NATO, Brussels, July 8.

_____. 1994, "Final Communiqué: Ministerial Meeting of the North Atlantic Council in Instanbul," Press Communiqué M-NAC-1(94)46, Vrussels, June 9.

_____. 1994, "Final Communiqué," Press Release M-DPC/NPG-1(94)38, NATO, Brussels, May 24.

_____. 1993, "Joint Session of the North Atlantic Council and the Council of Western European Union," Press Release (93)41, NATO, Brussels, June 8.

NATO Handbook. 1995, NATO Office of Information and Press, Brussels.

_____. 1995, "NATO's New Force Structures," NATO Basic Factsheet no.5,

NATO, Brussels.

_____. "Statement Issued at the Meeting of the North Atlantic Cooperation Council in Istanbul, Turkey," Press Release M-NACC-1(94)48, NATO, Brussels, June 19.

Nerlich, Uwe. 1995, "The Relationship Between a European Common Defence and NATO, the OSCE and the United Nations," In Laurence Martin and John Roper(ed), *Towards a Common Defence Policy,* Institute for Security Studies, Western European Union, Paris.

Neu, C. Richard. 1955, "Who Trades with Whom: Is World Trade Becoming More Regional?" Unpublished paper, National Intelligence Council, Washington, D.C., August.

OECD. 1996, *Development Cooperation: Efforts and Policies of Members of the Development Assistance Committee,* OECD, Paris.

Ott, James. 1994, "U.S. Targets Europe for Free Trade Pacts," *Aviation Week and Space Technology,* 141: 34-35, November 7.

Özüye, Oktay. 1992, "Black Sea Economic Cooperation," *Mediterranean Quarterly*, 3(3): 48-54, Summer.

Pengelley, Rupert.1992, "ARRC Arising," *International Defense Review,* 25(10): 981-987, October.

Peters, John E. and Howard Deshong. 1995, *Out of Area or Out of Reach?: European Military Support for Operations in Southwest Asia,* MR-629-OSD, RAND, Santa Monica, CA.

Prestowitz, Clyde V., Jr. and Lawrence Chimerine. 1995, "The Case for a Transatlantic Free Trade Agreement," Paper prepared for the Council on Foreign Relations, September 19.

Reich, Robert. 1991, *The Work of Nations: Preparing Ourselves for 21st Centruy Capitalism,* A. A. Knoopf, New York.

Rich, Norman. 1973, *Hitler's War Aims,* vol.1, New York: Norton.

_____. 1974, *Hitler's War Aims,* vol.2, New York.

Rielly, Hohn E. 1995, "The Public Mood at Mid-Decade," *Foreign Policy*, (98): 76-93, Spring.

Rielly, Hohn E(ed.). 1995, *American Public Opinion and U.S. Foreign Policy 1995,* Chicago Councilon Foreign Relations, Chicago.

Rodlauer, Markus. 1995, "The Experience with IMF-Supported Reform Programs in Central and Eastern Europe," *Journal of Comparative Economics,* 20(2): 99-115, April.

Rollo, Jim and Alasdair Smith. 1993, "The Political Economy of Eastern European Trade with the European Community: Why So Sensitive?" *Economic Policy*, 8(16): 139-181, April.

Rowe, David M. 1994, "Trade Wars and International Security: The Political Economy of International Economic Conflict," Working Paper no.6, Harvard University, Olin Institute Project on the Changing Security Environment and American National Interests, Cambridge, MA, July.

Rühe, Volker. 1994, Deutschlands Verantwortung, *Perspektiven für das neue Euroopa,* Frankfurt a.M.: Ullstein Verlag.

Sagorskij, Andrej. 1995, "Was für eine GUS erfüllt ihren Zweck?" *Aussen-politik,* 46(3): 263-269.

Saracino, Peter. 1994, "ARRC at the Sharp End," *International Defense Review,* 27(5): 33-35, May.

Sarikov, Anton and Igor Sutyagin. 1994, *Nuclear Weapons in the Former Soviet Union,* Royal International Affairs, London.

Schlesinger, Arthur, Jr. 1995, "Back to the Womb? Isolationism's Renewed Threat," *Foreign Affairs*, 74(4): 2-8, July-August.

Schmidt, Helmut. 1990, Die *Deutschen und ihre Nachbarn,* Berlin: Siedler Verlag.

_____. 1987, *Menschen und Mächte,* Berlin: Siedler Verlag.

Schott, Jeffrey J. 1995, "Reflections on TAFTA," Paper prepared for the Council on Foreign Relations, September 19.

_____. 1994, *The Uruguay Round: An Assessment,* Institute for International Economics, Washington, D.C.

Schwarz, Hans-Peter. 1995, "United Germany and European Intergration," In David P. Calleo and Markus Jelitto(ed.), *The New Germany and the New*

Europe, Special Issue, SAIS Review, Fall.

Serfaty, Simon. 1995, "Half Before Europe, Half Past NATO," *The Washington Quarterly,* 18(2): 49-58, Spring.

Shirley, Edward G. 1994, "The Iran Policy Trap," *Foreign Policy*, (96): 75-93, Fall.

Sommer, Theo. 1993, "Die Krise holt den Westen ein," *Die Zeit,* (15), April 9.

Steinberg, James B. 1993, *An Ever Closer Union: European Integration and Its Implication for the Future of U.S..: European Relations,* R-4177-A. RAND, Santa Monica, CA, 1993.

Stenhouse, Mark. 1995, "US: European Relations in an Era of Transition," *International Defense Review(Defense '95)*, 71-75.

Taylor, A. J. P. 1954, *The Struggle for Mastery in Europe 1848~1918,* Oxford University Press, Oxford.

Thatcher, Margaret. 1993, *The Downing Street Years,* New York: Harper Collins.

Thies, Jochen. 1976, *Architekt der Weltherrschaft: Die "Endziele" Hitlers,* Droste, Düsseldorf.

Thurow, Lester. 1992, Head to Head: *The Coming Economic Battle Among Japan, Europe and America,* New York: William Morrow & Co.

Treverton, Gregory F., Ernest R. May. 1986, "Defence Relationships: American Perspectives," In William Roger Louis and Hedley Bull(ed), *The Special Relationship: Anglo-American Relations Since 1945,* Oxford: Oxford University Press.

United Nations. 1994, *Economic Survey of Europe in 1993~1994,* United Nations, Geneva.

_____. 1995, *International Trade Statistics 1995,* United Nations, New York.

_____. 1994, *World Investment report,* United Nations, New York.

United States Arms Control and Disarmament Agency. 1987, *World Military Expenditures and Arms Transfers 1987,* U.S. Arms Control and Disarmament Agency, Washington, D.C.

_____. 1994, *World Military Expenditures and Arms Transfers 1994,* U.S. Arms Controland Disarmament Agency, Washington, D.C.

United States Bureau of the Census. 1994, *Statistical Abstract of the United States 1994,* U.S. Bureau of the Census, Washington, D.C.

United States Department of Defense. 1995, "Operation Joint Endeavor Fact Sheet," no.006-B, U.S. Department of Defense, Washington, D.C.

United States Department of State, Bureau of Public Affairs, Office of Public Communications. 1995, *The New Transatlantic Agenda: Joint U.S. -European Union Action Plan,* Washington, D.C., December 3.

United States Energy Information Administration. 1994, *Annual Energy Review 1994,* United States Government Printing Office, Washington, D.C.

United States Government Printing Office. 1995, *Economic Report of the President 1995,* washington, D.C., February.

United States Information Agency. 1995, *The New European Security Architecture,* USIA Office of Research and Media Reaction, Washington, D.C., September.

United States International Trade commission. 1993, *The Effects of Greater Economic Integration Within the European Community on the United States: Fifth Followup Report,* Investigation no.332-267, United States International Trade Commission, Washington, D.C.

United States Mission to the European Union. 1995, "Joint U.S.-EU Action Plan," Press Release, Public Affairs Office, December 3.

_____. 1995, "The New Transatlantic Agemda," Press Release, Public Affairs Office, December 3.

Van Oudenaren, John. 1996, "Poland's Accession to the European Union: Outlook and Options," OF-96/14, Occasional Papers in European Studies, Center for Strategic and International Studies, August.

Waltz, Kenneth N. 1993, "The emerging Structure of International Politics," *International Security,* 18(2): 44-79.

WEU Council of Ministers. 1995, *European Security: A Common Concept of the 27 WEU Countries,* WEU Council of Ministers, Madrid, November 14.

World Bank. 1995, *Claiming the Future: Choosing Prosperity in the Middle East and North Africa,* World Bank, Washington, D.C.

World Development Report 1995: Workers in an Integrating World. 1995, World Bank, Washington, D.C.

Wörner, Manfred. 1993, "The Alliance in the New European Security Environment," *NATO's Sixteen Nations,* 38(3): 8-11.

Zelikow, Philip and Condoleeza Rice. 1995, *Germany Unified and Europe Transformed: A Study in Statecaft,* Cambridge, MA: Harvard University Press.

찾아보기

ㄱ

ㄴ

ㄷ

ㅎ

G

N

■ 엮은이

데이비드 곰퍼트(David C. Gompert)
랜드 연구소(RAND) 산하 국가방위연구소 부소장, 국가안전보장회의(NSC) 자문위원(유럽·유라시아 문제 담당) 역임, 미국무부 고위직 역임.

스티븐 라라비(F. Stephen Larrabee)
콜롬비아 대학교 정치학 박사, 랜드 연구소(RAND) 수석 연구위원, 뉴욕의 동서안보연구소 부소장, 국가안전보장회의(NSC) 자문위원(소련·동유럽 문제 및 동·서 정치·군사 관계 전문가) 역임.
저서: *East European Security After the Cold War*(1994)

■ 옮긴이

이수형
한국외국어대학교 정치외교학과 졸업
동대학원 정치외교학과 박사과정 졸업
국제평화전략연구원 연구위원, 민족화해협력범국민협의회 정책위원회 위원, 국제사회연구원 원장, 한국외국어대학교, 가톨릭대학교 강사.
논문: 「냉전시대 NATO의 안보 딜레마: 포기-연루 모델을 중심으로」, 『국제정치논총』 제38집 1호, 1998; 「동맹의 안보 딜레마와 포기-연루의 순환: 북핵 문제를 둘러싼 한·미 갈등관계를 중심으로」, 『국제정치논총』 제39집 1호, 1999; 「다자주의 제도에서의 핵무기 정책결정: 북대서양조약기구의 이중결정을 중심으로」 ≪한국정치학회보≫ 제33집 2호, 1999 외 다수.
역서: 『미국외교정책사: 루스벨트에서 레이건까지』(한울, 1997)

한울아카데미 324

미국과 유럽의 21세기 국제질서

엮은이/데이비드 곰퍼트·스티븐 라라비
옮긴이/이수형
펴낸이/김종수
펴낸곳/도서출판 한울

편집책임/곽종구
편집/이선나

초판 1쇄 인쇄/2000년 2월 21일
초판 1쇄 발행/2000년 2월 28일

주소/120-180 서울시 서대문구 창천동 503-24 휴암빌딩 3층
전화/영업 326-0095(대표), 편집 336-6183(대표)
팩스/333-7543
전자우편/newhanul@nuri.net
등록/1980년 3월 13일, 제14-19호

Printed in Korea.
ISBN 89-460-2713-4 94340(양장)
ISBN 89-460-2714-2 94340(반양장)

* 가격은 겉표지에 표시되어 있습니다.